U0111624

大展好書　好書大展
品嘗好書　冠群可期

大展好書　好書大展
品嘗好書　冠群可期

武學釋典：44

# 太極拳道新探

## ─太極拳的道家文化探究

### 修訂本

阮紀正　著

大展出版社有限公司

太極拳道

　　阮紀正，廣東省社會科學院退休研究員，男，1944年生，廣東中山沙溪聖獅村人。1957年起自學習武，1959年初改練太極拳，為民間知名業餘太極拳師。1968年畢業於北京大學哲學系，曾長期在47軍農場和湖南城步苗族自治縣勞動鍛鍊，當過農村基層幹部、縣五七幹校教員，又從事過水稻雜交制種等工作，並當過縣民族中學教員。

　　1980年12月調回廣東從事建材技工教育，又曾兼職廣州武術館教練、廣州精武體育會太極拳總教練等，曾任中國武術學會第二屆委員、廣州體育科學學會常務理事兼體

育史分會顧問，廣州武術協會顧問、佛山武術協會名譽會長，並兼粵、港多個武術團體顧問；1984年底因武術提供機遇「專業歸口」調廣東省社科院從事理論研究工作，曾任哲學原理研究室主任並聘為哲學研究員，還兼廣東省哲學學會、廣東省系統工程學會等多種學術團體理事。

2004年退休後，轉本院老專家工作室工作，並一度受聘為廣州體育學院武術系教授和廣東省政府參事、暨南大學中印比較研究所兼職研究員等等。現已全面退休，但仍掛名廣東省儒學學會常務理事、廣東省老子文化學會顧問，仍掛常務理事、廣東省文化傳播學會顧問、廣東省國學教育促進會副會長等。

# 目 錄

太極拳道新探 太極拳的道家文化探究

# 入道歸真拒異化

季培剛

　　古人「近取諸身，遠取諸物」，觀察、體悟、總結出宇宙和人生無處不在的普遍規律，並給它取了個名──「道」。

　　「一陰一陽之謂道」，古人把這「道」的理總結在《易》裡，「易者，冒天下之道」，且「易有太極，是生兩儀」。「太極」二字正源於此，也可以說是「道」的代名詞。

　　「其大無外，其小無內」。《易》除了以陰陽二爻展示其不同級別的千變萬化，其整體以圖像形象的展示出來，就成了太極圖。太極圖不知始於何代，只知北宋之初，希夷先生陳摶以《先天圖》傳種放，種放傳穆修，穆修以《太極圖》傳周敦頤，周敦頤為此作了《太極圖說》，以文字講述《易》理，成為宋明理學的開創者。

　　且不說老子早已講過的有無、上下、前後、黑白、雌雄等對立統一的例證，也不論孔子七零八碎的「仁」「義」「忠」「信」「孝」「悌」等人道說教又多次強調「吾道一以貫之」。假如把太極圖樣式的古老的一陰一陽

之道理，換作一種現代的表述——二元對立統一的立體雙螺旋結構，在人類知識無限擴展的現代，也被各種新知不斷證實。大者如不同級別、層層包含且並行不悖的星系，星球的磁場；小者如基因，以及分子、原子、量子等不級別的粒子；萊布尼茨（Gottfried WilhelmL eibniz）借鑑《易經》而發明「二進制」，由「二進制」而衍生出的計算機系統，可以虛擬一切；量子物理學家戴維‧玻姆（David Joseph Bohm）、赫拉爾杜斯‧霍夫特（Gerardus't Hooft）的「宇宙全息論」又提出：任一部分都包含著整體的全部訊息⋯⋯

由此來看，「道」也並非多麼神祕不可及，它只是自然存在的普遍規律。發明其理，與之相合，則得機得勢；視而不見，與之相悖，則勞而少功。

技擊之術，淵源久遠，歷代形式也有所變化，而其理論，不外「虛實」，大要不出於「避實擊虛」。所謂「以弱勝強」，本質上或許仍是以弱者之強，擊強者之弱。作為末技小道，歷代留存下來的理論專篇甚少。而經歷實踐並將之最終昇華凝練到理學之「道」層面的著述，要數王宗岳《太極拳論》。王宗岳到底是誰，迄今沒有定論。其《太極拳論》則顯然是在宋儒周敦頤《太極圖說》指導下對拳技的理論總結，是宋明理學與拳術技擊相結合的產物。由此來說，《太極拳論》作者的本意，到底是將「太極拳」作為一個狹義的拳種來「論」，還是以《太極圖說》為指導（或者說是合於「太極」之道）來廣義的論一切拳技之理，實際也是一個未知數。從其中「斯技旁門甚多，雖勢有區別，概不外壯欺弱、慢讓快耳」等句來看，

作者似有後者的意圖，即將合於太極學說的拳技視為正道，不合者視為「旁門」。

在王宗岳《太極拳論》得於舞陽鹽店以前，大約並沒有「太極拳」這個說法。那時的河南懷慶府溫縣陳家溝人正揮舞著「炮捶」，河北廣平府永年縣楊祿躔出去拜師學回來的，叫「化拳」或「綿拳」。直到廣府書香門第的武禹襄出示了這份署名王宗岳的《太極拳論》以後，才隨之有了「太極拳」這麼個文質彬彬的稱呼。而「王宗岳」到底是實有，還是假托，也是含含糊糊。這些歷史問題，要想考證清楚，已很困難。因自民國迄今公之於世的最早的太極拳譜，也只是武禹襄的外甥李亦畬於清光緒辛巳年（1881年）中秋廿六日手書的三本太極拳譜（即「自藏本」「啟軒本」「郝和本」），其中收錄了王宗岳《太極拳論》、武禹襄以及李亦畬本人的心得體會，至於更為珍貴的鹽店原本，包括武禹襄本人手稿，自晚清以來卻從未露面，不知所終。

事實上，直到清末，「太極拳」的傳習者也是屈指可數。從民國以後直到新中國時期，才逐漸衍生出「太極拳」這麼一個大流派來。也不知這一歷史的演化，是否符合《太極拳論》作者的本意。退一步單從狹義層面來說，從當今現狀看去，太極拳的習練者甚眾，雲山霧罩的解說也時有所見。竊以為，太極拳最根本的核心理論，就是王宗岳《太極拳論》，換言之，檢驗太極拳的標準，就是看看是否符合王宗岳《太極拳論》。這是之所以稱其為「太極拳」的最早理論依據。

從現代學術體制下的幾大學科門類及其細化的分支來

看，大多至少要包含三大層面：原理、歷史、技術。太極拳這一研究對象雖無法構成一學科，但要將其研究清楚，大約也同樣需要從此三層面著力，方稱完備。其中對太極拳原理層面的探討，當以王宗岳《太極拳論》為綱領。「理不明、技不精」，阮紀正老師的《太極拳道新探》和進一步發揮的《太極拳譜釋義》，就是抓住了這個核心問題，來闡述他的思考和體會。這對讀者來說，未嘗不算是一個有必要的提示。

古人經驗，大多化繁為簡。王宗岳《太極拳論》總共三百五十六十字，武禹襄所留下的整個《太極拳譜》大約也就一千多字。而前人這有限的字數，若想理解透徹並具有可操作性，卻並不見得那麼容易。所謂「大道至簡」，並非僅能「簡」而不能「繁」。

譬如《淮南子‧原道訓》所云：

夫道者，覆天載地，廓四方，柝八極；高不可際，深不可測；包裹天地，稟授無形；原流泉浡，沖而徐盈；混混滑滑，濁而徐清。故植之而塞於天地，橫之而彌於四海，施之無窮而無所朝夕；舒之幎於六合，捲之不盈於一握。約而能張，幽而能明；弱而能強，柔而能剛；橫四維而含陰陽，紘宇宙而章三光；甚淖而㴕，甚纖而微；山以之高，淵以之深；獸以之走，鳥以之飛；日月以之明，星曆以之行；麟以之遊，鳳以之翔。

阮老師這兩本書，就是將那「簡之又簡」的《太極拳譜》，做充分解讀，使其發揮到充實而有光輝，如此才可

太極拳道新探 太極拳的道家文化探究

能在原理和技術層面上「若問體用何為準，表裡精粗無不到」。讀者也可以透過阮老師哲學思辨的引領，來理解和把握太極拳的核心理論。之後再復歸於技術操作層面的直截了當、簡而有效。數百字的王宗岳《太極拳論》，除去理論徵引和技術描述，其關鍵大約在於提點了「雙重」之病。解決了這個問題，也許其餘就好辦了。

回想十多年前，二十出頭歲的我陰差陽錯的進了廣東社科院，讀近代史碩士。阮老師給所有專業研究生上哲學課，我還有幸成為阮老師所教的最後一屆學生。課餘聽其單獨指點太極拳核心要領，當時我還覺著挺枯燥乏味，長久未能完全接受，但隨著時間的推移，卻不斷有新啟示，受益良多。以致於今，讓我對太極拳有了全新的認識，甚至還有一偏見：在一兩個小時內不能講清楚的技擊技術，可能都是存在問題，難以實用的。畢業之後，仍時常收到阮老師發來的消息，在很多年中，幾乎成為笨拙的我與廣東社科院方面的唯一聯繫。這一切因緣，都起於太極拳這一共同的不務正業的愛好。

阮老師是出身於北京大學哲學系的哲學家，哲學所關注者往往是宏觀的理論問題。阮老師在專業方面的建樹，讀者盡可從其《中國：探究一個辨證的社會存在》等著作中略見一斑。而以哲學家的學識來探討太極拳這一小道末技，頗讓人有大材小用之感，可這對於全球不可計數的太極拳愛好者來說，卻是幸事。阮老師曾多次和我說，他更關注的是社會問題。如今的太極拳，何嘗不是一個很大的社會問題？要想將這一矛盾叢生的社會問題理順，也同樣是「任重而道遠」。

入道歸真拒異化。阮老師在當今太極拳的群體中，頗有點特立獨行的意味。用他自己的話說，就是兩頭大多得不到認可。所謂「兩頭」，簡單來說就是「學院派」和「民間派」。當然，阮老師同時也是對「兩頭」都不那麼認可。在得識阮老師之前，我因不滿於體育界的武術狀況，而更傾向於民間的傳承路數，得識阮老師後的十多年來，不斷讀到其文章和書稿，時時得其提醒。如今想來，大約也是阮老師怕我掉落「民間」難以脫身。經歷近些年的觀察和體會，「民間」路數實際也是問題重重，一點真知灼見和鑽研的興致，也都被複雜的人際關係消耗掉了。能像阮老師這樣邊緣化的兩頭不是，未嘗不是「跳出三界外，不在五行中」的清醒和自在。

「望之儼然，即之也溫」，大約可以表達阮老師給我的印象。其不落俗套的敏捷和深入的思辨，也常讓我感到跟不上趟。在此之前，阮老師讓我為其新書作一新序。躊躇良久，不能下筆。因常見老師為學生作序，沒聽說學生為老師作序。曾去信徵求阮老師意見，答覆：「聞道有先後，術業有專攻」「弟子不必不如師」。即便如此，也還是拖了大半年，遲遲難以動筆。如今，阮老師書稿即將交付出版，謹匆匆作如上介紹代替序言，以便讀者領略阮老師的為人與其思想和精神。

（本序作者季培剛是國內著名的太極拳史研究新秀，復旦大學歷史學博士，南京師範大學體育學院博士後）

太極拳道新探 太極拳的道家文化探究

# 序論　道以啟技
## 太極拳的道家文化取向

　　太極拳屬於「重意不重形」的「內家」武術。作為內家拳術典型代表的太極拳，在自身發展過程中特別突出道家取向。

　　「太極者，無極而生」，而「無者巫也」。所謂「拳起於易而理成於醫」，太極拳的構成因素從原始巫術及其

理性化結果的易理解釋中產生出來以後，傳統中醫則給它提供了一個「人體模型」的說明，古典兵法給它提供一個應對技術框架，由此進一步伴隨著整個中國文化一起發展。道、釋、玄、儒，諸子百家；兵、農、醫、藝，日用百工；輿、卜、星、相，三教九流；琴、棋、書、畫，生活諸藝。中國文化的各種因素對太極拳的產生和成熟，都直接或間接地起過作用並繼續起著作用。

在這錯綜複雜的各種因素相互作用中，道家文化取向則是其主要線索和基本底色。「萬物負陰而抱陽，沖氣以為和」和「道生一，一生二，二生三，三生萬物」的「道本論」，給它提供了本體論支撐。而「反者道之動」、「弱者道之用」、「無為而無不為」的陰柔應對方式，給它提供了方法論原則。「返璞歸真」、「自然無為」的發展走向，則成了它的價值座標。此外道家的「虛己順物」、「人取我予」和「虛心實腹」、「緣督為經」，也在技擊技術和養生方法上給它奠定了堅實的理論基礎。在道家文化的滋養下面，太極拳逐步發展出一整套師法自然（仿生）、參贊化育（參與）、利用環境（就勢）、藉助對手（借力）、契合規律（體道）、寄託精神（歸真）的藝術和技巧。由此，人們往往把太極拳稱之為「道家武術」以突出其道家取向，並把道教人物張三豐奉為其祖師（文化符號）。

下面僅就太極拳道家取向的若干主要理論要素，分別作簡單的介紹和分析。

## 一 道本論：太極拳的立論根據

任何一種文化現象和文化活動，都要尋找自身形而上

的緣由依據。作為人體生命活動那太極拳的拳理闡釋依據，主要是道家文化的「道本論」。它從大道那生生不已、大化流行中，去尋找太極拳得以發生的緣由根據、存在理由和描述太極拳的操作機理、運行特徵。

## （1）道本自根

在漢語中，「道」的本義是人所走的道路途徑，其象形字上為一個頭（象徵一個人）朝著道路上的某處走（即上為「首」下為「走」）。這意味著「道」與「路」有所區別。「路」是「形而下」那實物形態的東西，而「道」更多的是表示道路的「形而上」功能，即能使人由此處走向彼處的「走向」或處於「之間」的在，亦即一個「方生方成」之在。這也就是說，「道」的意義更多的是指人的感性活動而不只是外部依託和約束，由此是「實踐第一」的。「道」蘊含著行走之目的、走勢、方向、步驟、過程、秩序等等，在事物的本然和應然之間貫穿著一個所以然，用現代科學術語來說，這裏蘊含著極簡單的演化程序。道是一步一步走的，每一步都受「規則」的支配（包括調整行走的方向和速度，對外界環境的適應和各種相關情況的處理）。這是一種相當廣泛並起支配作用的「自然程序」，由此引申作為事物存在和發展的過程與根據，用以描述事物的生成和變化，並以此說明事物的運行秩序、客觀規律和終極價值，然後又回過頭來表示一種主體操作那帶根本性的「主義」、「主張」和運行方式、操作導向，如此等等，其意義很大程度頗為類似西方古典哲學所說的「邏各斯」。

於是「道」便具有了人類實踐的特性，當是「合規律性與合目的性的統一」，同時「具有客觀規律性和主觀能動性的雙重功能」。對人來說，一切事物的存在和發展，最終都要取決於是否「合道」；「道」是所有操作的合理性和合法性依據。

「心物一體」的中國文化對「道」的理解不僅包含有秩序和法則的外部強制意蘊，而且還有主體性道義和道理的價值訴求，由此一開始就講究「志於道」，把「道」作為其存在和發展的緣由根據以及追求之價值目標。人的認識開始總是向著面前林林總總的對象問個「為什麼」的，人的自我反思也總是要指向天地萬物的大本大源而尋根究底。人們正是在對這「萬物本源」的追究中，找到自身的價值目標和存在理由。

本來，茫茫宇宙、無窮無盡，有無相生、大化流行，因緣假合、緣起性空。處於無限時空中的無窮宇宙，其實也無所謂什麼先驗的「本體」；然而這無限的宇宙又體現在無數個有限的具體過程之中，由此所有存在都是「連續性與非連續性的統一」。

有道是「理有固然，物有始終」；人們面對的任何一個具體過程，都是有其自身發生和發展之「根據緣由」的，離開這個「根據緣由」而大談什麼一般的運行途徑和功能效應，只能是空談。

哲學上的「本體論」，就是所謂「世界的本原、本體或本根的學說」，其使命即在於尋找過程發生的根據，亦即為人類尋找自身操作行為那「安身立命之本」。

這裏所謂「本原」之說，原義是非創造的開始和根

基，因而也叫做「始基」；而所謂的「本體」之稱，則是指天下萬有大全的永恆最高存在，因而被稱為「萬象之本」；還有所謂「本根」之義，更包含有始基、究竟和統攝三重意謂，是指既周遍一切而又跟萬物相對待的「玄元」。其探究的著眼點則在於「理之究竟」而不是「物之始終」；而人類哲學的智慧，由此便得到了對象化的表現。

中國人認為，「道」是「自本自根」（「自己運動」）而不是「邏輯設定」（「人為賦予」）的。中國古代哲學對作為天地萬物演化本原和邏輯究竟那恆久不變「最高存在」的研究，是由道家開創的。它一開始就表現為對「道」的探討。道家哲學認為：自本自根的自然之「道」為萬物之宗，又是萬事之始，更作萬象之源。一方面萬物恃道以生，由道以成，萬物絕不離乎道；另一方面大道周行，無所不在，大道亦絕不離乎萬物。

這個作為宇宙本根或哲學本體的「道」，是個理論抽象而不是經驗的存在，因而只能由哲學智慧所覺解，不能由科學實證來把握。成熟的中國武術同樣自覺地把這個「自本自根」的道作為自己的存在理由和終極目標，處處都強調要「反求諸己」而又「捨己從人」，「因應隨變」而又「自主自為」，由此把「悟道復性歸真」納入自身練功體系的最高層面。

### （2）道體化生

世間任何事物都是歷史地生成的。與西方哲學比較，「道」並不是純邏輯上「預設的終極存在」，而是實際經

驗中「應對的過程生成」。其要並不在規定好了的主宰控制，而是在於陰陽相濟的虛實變換；它並不完全是別無選擇的「上帝意志」或「客觀規律」，而是可以隨緣應對的靈活操作。先秦諸子大多有自己的「論道」學說，但是其中只有道家的「道論」，才帶有真正哲學「本體論」的意義（它頗為接近海德格爾的「在」，而不是西方古典哲學的「在者」）。

《老子》對「道」的描述是：「有物混成，先天地生。寂兮寥兮，獨立不改，周行而不殆，可以為天下母。吾不知其名，強字之曰道，強為之名曰大。」（25章）「道之為物，惟恍惟惚，惚兮恍兮，其中有象；恍兮惚兮，其中有物。窈兮冥兮，其中有精；其精甚真，其中有信。」（21章）「視之不見，名曰夷；聽之不聞，名曰希；搏之不得，名曰微。此三者不可致詰，故混而為一。其上不皦，其下不昧。繩繩不可名，復歸於無物。是謂無狀之狀，無物之象，是謂惚恍。迎之不見其首，隨之不見其後。」（14章）

這麼一個一方面實而非物、本無不空、無形無象，另一方面又泛在萬物、支配一切、永不枯竭，因而是無以名狀、難以捉摸的混沌東西，卻是天地萬事萬物的總根源和總根據，是萬事萬物之所以為萬事萬物的最高存在，或簡稱之為本原和本根，具有哲學本體論的意義。這也就是《老子》所謂的「道沖，而用之或不盈。淵兮，似萬物之宗。」（4章）這是從「有無相生」中那「萬物所由，性命所以」之「自然造化」去探究問題，表現了中國人高度抽象的哲學思維和想像能力。

所謂「道」者,「行之而成」也。道是動態「生成」而不是靜態「構成」的,所謂「地上本來沒有路,走的人多了,自然也就成了路」。「道」的本義是人走的「道路」。它既不是「精神本體」,也不是「物質本體」,而是實踐本體和過程本體。這也就是說,它所關注的東西只是大化流行中因緣假合的緣由經過,並不是一時一事那不擇手段的成敗得失。而在這個大化流行當中,自有其不易之常則,「道」看似在描述中介和過程,但事實上卻著眼於此中帶「根本」性質的運行方向、活動原則和存在理由、操作機理,而並非停留在那些可以隨機應變的運作方式、方法手段和花樣技巧、具體途徑。

　　嚴君平《老子指歸》曰:「萬物所由,性命所以,無有所名者謂之道」,《韓非子·解老》云:「道者,萬物之所然也,萬理之所稽也」,亦此之謂也。

　　西方哲學的本體,或者是可以透過語言來把握的純思維對象(如唯心論的「理念」、「絕對精神」),或者是可以經由經驗實證所引發的絕對實在的設定(如唯物論的「原子」、「物質」);而中國哲學的「本根」,卻只能是依賴於直觀「感悟」而得到對萬物總體那「生生不已、大化流行」的功能性體會。中國的哲學本體論並未完全從宇宙本根論中分化出來。由此,跟西方式本體論的「構成論」特徵不同,中國式本體論是「生成論」的。它並不執著於物的組織成分和最終結構,而著眼於事的歷史演化及其變換特徵。

　　在中國古人的心目中,宇宙不外是一個永恆生生不息的生命存在和發展的有機系統;生命永恆不止的「大化流

行」，構成了宇宙、天地、萬物最重要的本質。由於中國哲學將人與世界的關係，看成是同處於宇宙生命演化的有機連續整體系統之中，「天時、地利、人和」以及「生命、生活、生態」本來就縱橫交錯地連為一體，因而並沒有從嚴格的意義上將自我與非我、主體與客體、人與天造成一種共時性的、空間性的分離，沒有產生純粹意義上的對象化形式和邏輯思維方式，因而也就沒有西方人所理解的那種純粹的本體論。

我國文化各家各派的「道論」都有其內部陰陽相濟、大化流行的整體性思考，並且認為「道」與「器」是體用一如的。中國人所說的道器關係，並不是西方哲學所謂「現者不實、實者不現」的「本質與現象」關係，而是根枝、本末、源流的「一氣流行」關係，具體到人的身體活動上就是身心、性命、體用關係。

中國文化自《易》把原始巫術理性化以來，沿著陽剛和陰柔這樣兩個相反相成的方向發展。老子開創的道家學派是陰柔方向的代表；它區別於其他學派的地方，就在於揚棄了主流強勢「陽尊陰卑」的顯性既定秩序，突出「萬物負陰而抱陽，沖氣以為和」（42章）那弱勢邊緣的隱性可能秩序。

天道是自然化生的，武道則是長期積累而成；「武術之道在於操作實行」，中國武術所關注的東西是生命演化那生生不已的運動過程，著眼於改變「強加於我」那僵死的束縛狀態，講究操作主體的知行合一、體用一如。在技術上則從肢體運行上大量探討「以弱對強」和「以柔克剛」那非主流的客觀可能性，由此為事物的多樣性發展提

供有關經驗。

老子認為，宇宙間萬事萬物都是由「陰」和「陽」這兩個方面或兩種力量所構成的「對立統一」體；由此我們討論包括「和諧」狀態在內的所有問題時，都不能離開這個總的建構性原則。這裏所謂的「負陰而抱陽」，是說明事物後面隱藏那不可見的部分（「陰」）是其基質「本根」——亦即所謂「玄牝之門，是謂天地根」（6章）——而在這個背景上所呈現出來的運動（「陽」）則是其顯性主導。「負陰」強調陰性的背景狀態，「抱陽」則突出陽性的核心功能。

至於「沖氣」的「沖」字，有相通、湧動、衝撞、激盪和作用、融會、整合、套合等意思，用以描述陰陽這兩個方面或兩種力量之間的相滅相生、相反相成、相裁相輔、相濟互補之相互關係和相互作用，具體表徵矛盾運行生剋制化的不平衡流變和對立統一狀態。它是事物實現協調整合與和諧有序的內在動力，無論陰陽都是事物內部本具運作功能態。而「氣」則是用以表示這陰陽兩個方面或兩種力量的相互作用的載體或機制。「沖氣以為和」，也就是說只有「陰陽二氣」的相互作用的運動，才能構成現實的「矛盾統一體」，亦即構成協調整合的「和」。

所謂「道沖，而用之或不盈」（4章），突出道體為虛而作用無窮，當為「負陰而抱陽」的動態表現。就整個演化過程而言，「道生一，一生二，二生三，三生萬物」（42章），亦即事物運行從無到有、從陰到陽、從隱到顯的狀態變化。在這裏，所謂「有無相生，難易相成，長短相形，高下相傾，音聲相和，前後相隨」（2章），任

何事物都是相對於自己的對立面來說的，離開這一定的對立面無所謂什麼事物。老子的「道」就是用來表述這陰陽兩端（亦即對立統一）的運動秩序好特性。

## （3）道旨弘揚

中國文化是種操作型的實用文化，天道人道總是一道，人則處於天地之間，而整個宇宙運行與人事變化都遵循陰陽變易的基本秩序，由此處處強調操作上的「身體力行」。《淮南子・原道訓》云「道者，物之所導也」，把「道」理解為引導萬物生化的軌道。在中國古人的心目中，宇宙本體跟現象世界是不即不離的。所謂「即體即用、體用一源、顯微無間」，是指本體與現象既分又合、藕斷絲連的某種聯結關係。

在這裏，殊相、個別不但不跟共相、一般相分離，而且這兩個方面還包涵互攝形成「大全」。這個所謂「大全」是一切經驗性表象的總體。由此本根同時也就具有某種規律、規範和規則的內涵。於是「道」的主要內涵，便也就引申出「物之所由」的「因為究竟」意蘊。

《老子》有云：「道生一，一生二，二生三，三生萬物。萬物負陰而抱陽，沖氣以為和。」（42章）「道生之，德畜之，物形之，勢成之。是以萬物莫不尊道而貴德。」（51章）「故道大，天大，地大，人亦大。域中有四大，而人居其一焉。人法地，地法天，天法道，道法自然。」（25章）亦此之謂也。

於是中國人探求宇宙本根的特色，一是「天人合一」的物我交融，探求宇宙即探求自己，研究心性即研究本

根；二是「知行合一」的體用一如，從身心實踐入手，最後則歸結到操作技巧和實用效果。

按中國哲學「天人合一」的意謂，乾坤為大天地，人身為小天地，天人之間全息映照、互相貫通，亦即《莊子‧齊物論》所謂「天地與我並生，而萬物與我為一」是也。馬克思說：「人類歷史的第一個前提無疑是有生命的個人存在。因此第一個需要確定的具體事實就是這些個人的肉體組織，以及受肉體組織制約的他們與自然界的關係。」中國文化的出發點是人在自然中（而不是在自然外）的對生命之感悟，而武術作為一種人體活動、人體技術和人體文化，一切都是圍繞著人的生命活動來展開，著眼於人的生命權利，落腳於人的歷史責任，並且是「身心合一」和「知行合一」的。

所以「布丁之味在於吃」，武術之道則在於「體用一如」的實際操作活動；任何技術都是在具體的活動中產生並且為這個活動服務，學練的「身體文化生產」與應用的「身體文化消費」，在人的生活過程中「體用一如」前後相連地有機地統一起來。

中國武術無論什麼拳種，首先是立足於身體訓練，並且強調「學無止境」、「精益求精」，講究「活到老、學到老」，最後便落實到「心想事成」的社會效應上。在具體操作上，則突出隨機應變的「重勢不重招」，極為強調勁路變換的「太極無法，動即是法」，著眼於某種變化中的「可能性探究」；借用佛家語言，便是決不執著「諸行無常、諸法無我」的「五蘊名相」。

由此，天地萬物的本根，同時也就是太極拳的本根；

天地萬物的規律，同時也就是太極拳的規律。王宗岳《太極拳論》開宗明義即說：「太極者，無極而生，動靜之機，陰陽之母也。動之則分，靜之則合，無過不及，隨曲就伸。人剛我柔謂之走，我順人背為之黏。動急則急應，動緩則緩隨。雖變化萬端，而理為一貫。」在這裏，無極而生太極，是「道生一」；進入太極後分出陰陽、動靜，是「一生二」；太極中的陰陽、動靜形成一系列急應緩隨動作，又可分為形態上的上、中、下三盤和功能上的根、中、梢三節以對應天、地、人三才，是「三生萬物」；其雖變化萬端而理為一貫，則是「通天下一氣」的「道通為一」。

許禹生註解「太極者，無極而生」一句時說道：「太，大也。極者，樞紐根底之謂。太極為天地萬物之根本，而太極拳則為各拳之極至也。無極而生者，本於無極也。」其「以虛無為本，而包羅萬象，故曰無極。」陳微明先生註釋這句時也說：「陰陽生於太極，太極本無極。太極拳處處分虛實陰陽，故名曰太極也。」這些太極拳名家，都是從本體和規律的高度去論拳的。

《老子》有云：「昔之得一者：天得一以清，地得一以寧，神得一以靈，谷得一以盈，萬物得一以生，侯王得一以為天下貞。」（39 章）這裏所說的「一」，就是決定事物本質的那個「道」。所謂「道器同源、道術不二」，太極拳是種「道進乎技」和「以技達道」的技藝，學拳即為求道，練拳即為體道，用拳即為行道，道貫於術中，術極而又可以道化；演練太極拳只要能牢牢地把握住它的本體精神和根本法則，那就一通百通而以至無往不

利。由此整個太極拳活動，也就不外乎是人在環境應對中的陰陽變換而已。

　　由此，道演化為德。所謂「德者得也」，亦即「客觀規律」一方面內化為操作的準則，而另一方面又外化為生活的態度，並因此成就（即「得到」）一定的效應（或曰功業、功德或德行）。

　　例如，「道」的基本特性，是自然、無為、虛靜、柔弱、不先、不爭等等，所以我們在處理問題時，也應採取自然、無為、虛靜、柔弱、不先、不爭的方式，於是獲得以弱對強和以柔克剛的效果。由此，我們不能倒果為因、逆道妄行。

　　應該說這裏有著相當深刻的生活智慧。據此，太極拳以「虛靈頂勁」、「氣沉丹田」、「抻筋拔骨」、「腳踩湧泉」的技術原則，追求「神往上升」、「氣往下沉」、「勁貫四梢」、「頂天立地、八面支撐」的效果，去象天法地，表現宇宙演化中「陰陽判分」所帶來的「清氣上升、濁氣下沉」狀況；又用一系列「上下相隨」、「前後相連」、「內外相合」、「相連不斷」以及「有上即有下、有前即有後、有左即有右」的動作，並透過動作中那動靜、虛實、剛柔、攻守、進退、徐疾等一系列對立範疇狀況的互相變化，「負陰抱陽」和「陰陽相濟」地去表現大道本身那生生不已的運行；更用「鬆靜為本」、「虛胸實腹」、「載營魄抱一」、「專氣致柔」、「滌除玄覽」、「順應自然」、「斂氣凝神」等操作要領，並由「直觀、玄覽」方式去追求和體驗大道那虛靜靈妙的本質。

## 三 用反論：太極拳的運行方式

用反論是一種方法論原則。中國傳統文化是種實用操作型的文化，其提問題方式首先是操作論上的成敗得失而不是認識論上的真假對錯。所謂功夫即本體，中國文化所理解的道並不是跟人類當下活動沒有直接關係的前提預設、最後結果或終極存在，而是人類活動的途徑、道路（條件、方法、過程等等）的總體性操作過程和機制。由此，中國文化中的方法論比本體論顯得更為顯眼和重要；特別是在技術操作的領域，方法論更是其直接支柱。

作為內家柔性武術的太極拳，十分突出「陰陽相濟」的基本結構、「以柔克剛」的總體特性和「以弱對強」的技擊功能；其方法論基礎，就是道家文化的「用反」論。在力量和訊息都不平衡的生存競爭中，它那以弱對強、以柔克剛、以小制大、以靜待動、以順避害、後發先至的戰略戰術和隨機就勢、因應自然、反向著手、曲中求直、知幾其神的操作方式，鮮明地體現了道家文化那尚陰、貴柔、主靜、用虛、崇退、守雌、處下、取後、為客、法水、居弱、出奇、無為、不爭的全部特徵。

這裏所謂的方法，是指主體在實踐中作用於客體的中介或方式，指主體在實踐中為達到自己目的的手段、途徑或工具。而所謂方法論，則是指關於方法的理論和學說，它是主體實踐中那中介、方式、手段、工具等等的一般概括和理論昇華。

前面已經提到，中國傳統文化是種實用操作型的文化，其提問題方式，首先是操作論上的成敗利害，而不是

認識論上的真假對錯。所謂「功夫即認識」，中國文化所理解的「道」並不是跟人類當下活動無關的「前提預設」、「最後結果」或「終極存在」，而是人類活動的「途徑、道路」（條件、方法、過程、措施等等）的操作過程和機制。由此，中國文化中的方法論比本體論顯得更為直接和重要。

## 1. 反爲道動

「用反」乃是「循道、返道」而不是「逆道、背道」。「反者道之動」是用反的根據緣由。宇宙中任何事物內部都存在著相滅相生、相反相成的兩個方面，其運行方式又總是在一定條件下向著自己的對立面轉化（「物極必反」），其價值方向則是揚棄種種異化而復歸自身本真（「返璞歸真」）；對立面的相互作用是事物自身運行的根本動力。問題在於怎樣把握這個規律去實現自己之目的。所謂「用反」的基本內涵，就是由反向操作的陰陽變換去實現正面之目的。有道是欲抑先揚、欲擒故縱、以退為進、以守為攻、借勢假物、引進落空，這不但體現了事物運行的迂迴曲折，而且還體現了弱者處於邊緣位置時應對的生命智慧。

道家文化方法論的核心和靈魂，可以概括為一個否定性的「反」字；道家文化的特色和價值，也相應地突出表現在其反向的批判性思維和返向的負面著力操作上。

基於「道體」的「負陰而抱陽」（42 章），決定「道用」的「守靜、崇虛、貴柔、用反」。老子指出：「反者道之動。弱者道之用。天下萬物生於有，有生於

無。」（40 章）又指出：「大曰逝，逝曰遠，遠曰反。」（25 章）在這裏，「反」字有對立面的反向作用，向對立面相互轉化和返回最初的原點等多重含義。老子哲學中的「反」字，同時還具有狀態上對立、背反和過程上往返、復歸這樣雙重意蘊。這表明老子認識到宇宙間所有事物都具有矛盾的普遍性；所謂相反相成、物極必反，任何事物內部都各有其對立面，而對立面又總是處於陰陽變換和生剋制化之中，這就形成事物自身的運動變化。「反者道之動」就是說對立面的相互作用和轉化是事物發展變化的根本動力。而「弱者道之用」則是表明老子把立足點放在對抗強權的「柔弱」者一方，並以「用弱」的特殊方式去達到自己的目的。

前面所謂「萬物負陰而抱陽」的客觀狀態，是由於「反者道之動，弱者道之用」（40 章）帶來的結果，由此「無為」不是不為，而是「無不為」，「不爭」不是無爭，而是「無可爭」。在這裏，老子不但看到事物內部的對立統一，而且還看到鬥爭中矛盾雙方各向自己的對立面轉化，看到否定是聯繫的中介和發展的環節，接觸到懷疑、批判、反思的哲學方法，由此提出了負面著力、反向而行和曲折迂迴的獨特操作方式。這並不是什麼論域的擴展，而是方法的轉換。

作為一種手段而不是目標，道家的「用反」並不是無視對象、一廂情願、為反而反的「頂撞頑抗」，更不是放棄自身、隨波逐流、自廢武功的「自我異化」，而是因應情勢、利用規律去促成對立面的轉化，藉助對立的力量和迂迴的方式去實現自己之目的，透過被動形式獲得主動內

太極拳道新探 太極拳的道家文化探究

容；所謂以虛求實、由反得正、以小制大、以弱對強、避實擊虛、借力打力等等，即此之謂也。

「人在江湖，身不由己」，儘管人的活動必須心主神明、意氣領先，但人間事務卻又並非總是得心應手、心想事成的。交往博弈往往沒有多少直路可走，面對各種強權和意外，以弱對強經常是大概率事件；我們必須隨時準備走迂迴曲折的路，在運動中尋找最佳的操作方式，由此一切反面的東西或狀況都可以巧妙地用來達到正面的目的。有道是「天地之大德曰生，生生之謂易」，「窮變、易通、求久」於是成了中國人的活動綱領。

在這裏，跟西方哲學從對象化考察的角度強調矛盾對立雙方的衝突不同，中國哲學從主體性操作的角度突出矛盾對立雙方的依存和互用，由此突出一個「用」字。這個用字表明反並不是目的，而是手段，用反不是逆天而行，而是用（行）天之道，亦即應用「反者道之動」的運行機制，並在陰陽相濟和虛實變換的大化流行中由橫向的「相反相成」和縱向的「物極必反」，由此促成事物自身的變化；它所關注的是普遍聯繫、無限發展中的整體格局、基本關係、變化可能，而不是孤立主體、自我中心那清晰邊界、局部細節、一廂情願。對操作者來說，它更多的是強調不同層面的揚長避短、個性發揮、功能替代，而不是單一方向的別無選擇、標準操作、願賭服輸。

## 2. 不爭之德

「用反」的特點是逆向思維的反向入手、負面著力，強調一種「不爭之德」。這是一種否定性的批判思維；跟

西方哲學強調事物本身自我同一、邊界清晰和線性運行不同，中國哲學更強調事物之間的互相作用、相互制衡和圓轉變化，由此陰陽變換，正反順逆其實都是可以相互貫通的（所謂「天道循環、禍福相依」、「塞翁失馬、安知非福」；如果比照西方哲學，它似乎更為接近康德式「二律背反」的辯證思考，而並不類似黑格爾式「絕對觀念」單一方向的理論預設，並跟馬克思關於「在對現存事物的肯定的理解中同時包含對現存事物的否定的理解，即必然滅亡的理解」那「批判的、革命的」辯證法相通）。

老子認為：「有無相生、難易相成，長短相形，高下相傾，聲音相和，前後相隨」（2 章）；由此，「正復為奇，善復為妖」，「禍兮福之所倚，福兮禍之所伏」（58章）。老子以跟西方哲學辯證法不同的方式，突出主體自身怎樣以否定方式並從反面去實際地把握和調控事物，認為「曲則全，枉則直，窪則盈，敝則新，少則得，多則惑」（22 章）；於是既講究「知其雄，守其雌」，「知其榮，守其辱」，「知其白，守其黑」（28 章）；並且還實行「將欲弱之，必固強之，將欲廢之，必固興之，將欲奪之，必固與之」（36 章）；由此便「以天下之至柔，馳騁天下之至堅」（43 章）。

詹劍峰在《老子其人其書及其道論》一書中分析說：按老子所用「反」這一範疇，實涵三義。一是「反者道之動」，二是「相反相成」，三是「物極必反」。用現代術語表之：一切事物的運動與變化，均由於它們本身包含著矛盾，故曰，「反者道之動」；而所謂「相反相成」，即對立面的統一；所謂「物極必反」，即凡有限的事物必然

發展到相反的方面，亦即「對立轉化」。這三種意義誠然有區別，然而又是互相聯繫著的（參見該書第 325—326 頁）。據此老子極為善於從反面去為事物的發展準備條件。《老子》書中的這些論述，後來明顯地構成了太極拳技擊技術和操作技巧的理論基礎。

歷來人們都喜歡批評老子消極被動和不講條件，但就治國用兵等問題看，這些批評至少是不夠全面的。「不爭之爭，乃為大爭」，「夫唯不爭，故天下莫能與之爭」（22 章），「不爭」是為達到自己目的之手段和條件；而「不爭」的結果，則是自己所要達到的目的。歷史上的統治階級，往往借用這些方法作為對付人民的陰謀權術；而那些受壓迫的勞動群眾，同樣也可以利用這些東西去作為克服頑敵的武器。由此處處都體現出人類特有的那種通過「間接性」而獲得的積極性和主動權。

在這裏，還有人喜歡批評老子代表之道家文化的陰險權謀，但道家文化的基本態度是和平主義的「自然無為」，堅決反對各種社會壓迫，其反常規思維主要是用於個體因應環境的禦害自保，最多不外是「以其人之道還治其人之身」的有限還擊，一般並不主動地去進攻和侵犯他人，因而跟各種損人利己的陰險權謀具有極不一樣的性質。好戰必亡、忘戰必危，所謂「非攻不廢武、知兵非好戰」也。中國歷史上「盛世」一般採用儒家，但在「亂世」的撥亂反正問題上，道家卻發揮了更大的作用。老子論治國和用兵時，明顯有因時、因地、因人、因事分別制宜的慎思。

《老子》在用兵或者類似用兵的博弈競爭等一類問題

上，一方面極為強調「兵者不祥之器，非君子之器，不得已而用之」（31章），而且「兵強則滅、木強則折」（76章），「強梁者不得其死」（42章），所以「以道佐人主者，不以兵強天下」（30章）；但另一方面又並不妥協屈服、依附馴從、逆來順受、消極等死，而是從以弱對強的實際出發，突出「以正治國，以奇用兵」（57章），採取「吾不敢為主而為客，不敢進寸而退尺」（69章）方式，創造出「兕無所投其角，虎無所措其爪，兵無所容其刃」的「無死地」（50章）條件，充分發揮「天下之至柔，馳騁天下之至堅，無有入無間」（43章）和「上善若水」（8章）、「用人之力」的「不爭之德」（68章）。

這些東西，都是太極拳技擊技術所追求的基本目標。在這裏，我們看到了一個「柔弱的強者」、「不爭的鬥士」和相應那「溫柔的暴力」、「退守的進攻」之辯證形象。就「術」的層面而言，「不爭之德」是一種個性化「以退為進、以守為攻、引進落空、借力打力」的兵以詐立、機巧權謀之「工具理性」，屬於某種「造作」和「機心」。但就「道」的層面來說，它卻表現了總體性「縱浪大化、自然而然」那「萬物並作、吾以觀復」的價值自信，有道是「有感而應、因敵成形、隨機就勢、自然而然」，它本質上是「不造作」和「無機心」的。

作為一種技擊技術，太極拳基於「不能選擇敵人」和「力量、訊息並不對稱」的前提考慮，選擇了「以弱對強」的自衛型「弱者戰略」，不做主觀冒險的搶先進攻，更不做得不償失拼消耗的蠻力抗衡；但這絕不等於是躺下

等死或妥協投降。它所設定要解決的矛盾，是「保存自己、消滅敵人」那你死我活的生存博弈，在一種「捨己從人」隨曲就伸的消極被動形式當中，包含了「致人而不至於人」的十分積極的內容；藉助時空的「不對稱」，把敵「於己之先」的時間優勢轉換為我「於敵之前」的空間優勢。跟西方式依託力量和速度直接對抗的搏擊技術不同，以太極拳為代表的中國武術更多的是依託智慧和技巧的間接應對，揚長避短、避實擊虛、引進落空、借力打力，把格擋變走化、讓擊打成推按，透過不丟不頂那黏走相生「你打你的、我打我的」，在不同層面並由迂迴方式做非頂撞那「不爭之爭」。

有道是「敵進我退、敵退我追、敵疲我打、敵駐我擾」，對方如果力量強我就跟他玩技巧，對方如果技術高我就與他耍計謀，對方如果計謀多我就「一力降十會」地使蠻力，或者虛虛實實唱「空城計」讓對方摸不到我的底，或者用利害把對方引入歧途；如果什麼也沒有還可以找後台，讓他那個體力量無法對抗我之群體力量；如果他有後台我則可以「利用矛盾、分化瓦解、各個擊破」。具體到技術上則講究「大路朝天各走半邊」，你上我下、你左我右、拳來腳去、刀來槍擋；就像孫臏賽馬一樣，在不同層面做不對等的博弈「超限戰」；這種完全不對等方式，根本就不是什麼「公平競爭」的「比」。

由此，它一方面絕不主動進攻，講究「人不犯我，我不犯人」；但另一方面卻又堅決自衛，「人若犯我，我必犯人」；與此同時還極為注意「有理、有利、有節」，處處「留有餘地」，特別注意不讓拳勢「使老用盡」，著眼

隨機應變的整體效應和自己以後進一步發展的變化可能。

武禹襄《太極拳解》云：「彼不動，己不動，彼微動，己先動。」此乃「以靜待動，以守為攻，以逸待勞、以順避害、不占人先，不落人後」的「後發先至」之術也。其基本方式，是一方面透過運動戰的黏、走以「引進落空」、「牽動四兩撥千斤」，讓敵人處處都打我不到和摸我不著；而另一方面又「曲中求直、蓄而後發」，在「我順人背」的有利條件下就勢拿、發，充分發揮自己對敵打擊的功能。

就戰略而言，它講究「避實擊虛」；就戰術而言，則是強調「虛守實發」；就方式而言，便是「曲中求直、借力打力」、「以其人之道還治其人之身」。

此外，中國武術技擊技術還有培植自身強大內勁的要求，把基點放在自力更生而不是敵手寬容的基礎上，特別強調「整體把握、個性應對」之揚長避短和個性發揮。由此中國武術的「柔」，就不但有外源的環境訊息利用「隨機應變」的含義，而且還有內源的韌性持續力量「順人不失己」那「順而不屈」的意蘊。

處於激烈鬥爭中的技擊活動和技擊事件，並不由孤立主體自我中心的一廂情願所決定，而是敵我雙方以及周圍環境條件相互作用耦合而成的一個結果。由此操作者既要走出自我中心的一廂情願，也不能迷失自我而受制於人。作為以技抗暴、應對外敵的「用武之術」，太極拳必須具有自己帶社會內容的風骨氣概和血性膽識，絕不能沉醉於自我中心的出世冥想或陷入受制於人的依賴外物。

它是一種從獨立自主、自力更生出發，由捨己從人、

因應情勢，最後達到致人而不至於人的積極防禦戰略；這裏的「捨己從人」只是手段上「以虛無為本、因循為用」那「為客不為主」、「無為無不為」的運行方式，而不是目的上迷失自我、放棄抗爭、依附對手、逆來順受的妥協投降。其精神實質，並不是依附型的感恩奉獻，也不是侵略型的暴戾張揚，而是獨立自主的自強用弱，是改變現狀的彈性操作。

就運行方式而言，這是一種在被動的形式中實現主動的內容，而不是在主觀的想像喧鬧或被動的自我欺騙中失去真正的主動權。在應敵博弈過程中，拳手絕不幻想敵方的仁慈寬容，也不迷信對敵方感恩奉獻便可以化解危機。所以太極高手一旦打了起來，至少在理論上就是中國式的「人不犯我，我不犯人；人若犯我，我必犯人」。「你打你的，我打我的；打得贏就打，打不贏就走。」「你發揮你的優勢，我發揮我的優勢；你有你的一套打法，我有我的一套打法。你打我時，叫你打不到，摸不著。但我打你時，就要打上你，打準你，吃掉你。我能吃掉你時就吃掉你，吃不掉你時也不讓你吃掉我。打得贏不打是機會主義，打不贏硬打是冒險主義。」「以其人之道還治其人之身。」請看，這是何等的積極和主動，又是何等嚴格地堅持防禦自保的反侵略正義立場，更是何等瀟灑從容地表現出中國智慧的特色啊！

有道是捨己從人可漸至從心所欲，而自我中心則終陷於受制於人。於此我們可以看到：就形式而言，太極拳處處捨己從人而好像沒有了自我；但就內容而言，它卻是遵循客觀規律、利用環境訊息和藉助對方活動來達到自己的

目的，由此而又復歸了自我，涉及所謂「客觀規律性與主觀能動性的關係」問題。人跟人的生存環境本來就是統一的；「從人本是由己」，獨立自主、自力更生不等於自我封閉，為人作嫁、認賊作父也很難說是對外開放。普遍交往、相互作用是一切事物存在和發展的根本條件，技術操作必須以把握操作對象和操作環境作為前提。

《莊子》有云：「物物而不物於物」、「外化而內不化」，即此之謂也。用黑格爾的話來說，這是一種「理性的狡猾」。馬克思在《資本論》中就引用了黑格爾這幾句話：「理性何等強大，就何等狡猾。理性的狡猾總是在於它的間接活動，這種間接活動讓對象按照它們本身的性質互相影響，互相作用，它自己並不直接參與這個過程，而只是實現自己的目的。」並用以說明人類勞動的特性（參見《馬克思恩格斯全集》中文一版 23 卷第 203 頁）。

據此，我們對道家文化「貴柔用反」的方法論當有新的認識。

### 3. 無為而為

「無為而為」是「不爭之德」的表現和結果。作為一種操作性活動，人們遇到了內部之有目的創造與外部之規律性強制的深刻矛盾。

在中國文化中，「為」指「有目的有意圖之創造製作活動」，突出其有設計、有安排、有機心、有績效的理想性既定狀態；而「無為」則指「無目的無意圖之客觀運行狀態」，強調一種無形跡、無預設、無所執、無所求的「自化、自正、自然」的「自組織」行為。老子在界定

「道」的本質特徵（「常」）時，明確提出了「道常無為而無不為」（37 章）。這就是說，「道」作為天地萬物的存在本根，對於它們具有生化養育的功能，「道」對於天地萬物的生化養育，雖然是一種創造製作的活動，卻又純粹是出於無目的無意圖的自然而然；亦即所謂「道法自然」（25 章），所謂「夫莫之命而常自然」（51 章）是也。這裏說的「法自然」、「莫之命」，其實就是意指「不是出於有目的有意圖的命令」。

「道」在「無目的、無意圖」地生化養育天地萬物的時候，又能夠實現某種「合目的、合意圖」的有常有序，以致可以說「道」彷彿是「有目的、有意圖」地生化養育了天地萬物，所謂「天之道，不爭而善勝，不言而善應，不召而自來，繟然而善謀，天網恢恢，疏而不失」（73 章），所謂「夫物芸芸，各復歸其根，歸根曰靜，是謂復命，復命曰常」（16 章）。這裏說的「繟然而善謀」、「復命」，其實就是意指「復歸有目的有意圖的命令」。正是在這個意義上老子認為：「道」雖然「常無為」，卻又「無不為」。

自然和社會的演化都是「沒有目的」的，但在這演化當中那人的活動卻是「有目的」的，所謂「社會目的」其實也就是人之目的（但處於社會關係中不同地位的人卻有著非常不同之目的，「社會目的」於是也就表現為這不同目的運行之「合力」）。

在老子哲學中，具有否定性內涵的「無為」，並不是斷然主張「根本不去從事任何創造製作活動」（因為「道」畢竟能夠「生」萬物），而是旨在要求遵循天地大

道那「無目的、無意圖地從事創造製作活動」；至於具有否定之否定意蘊的「無不為」，也不是簡單地肯定「有目的有意圖地從事創造製作活動」，而是著重強調了根據自身本性那「合目的合意圖地從事一切創造製作活動」。「道常無為而無不為」的命題，便在「相反相成」之中構成了一個有機的整體，並且從「為」的視角揭示出這樣的一個哲理：大自然之「道」，其實是在「無意圖而合意圖、無目的而合目的」之中生化養育了宇宙天地的萬千事物，自然就是自由。老子如此深刻地揭示大自然在「無為而無不為」之中的創造生化，似乎不是出於「為自然而自然」的好奇心；因為他並沒有進一步去具體考察大自然是怎樣在「無為而無不為」之中生化養育了天地萬物的內在條件和機制問題，而是從「道」的本質特徵中直接就推演出「人」的活動範式，明確要求：「人法地，地法天，天法道，道法自然。」（25 章）

按照這一要求，人在像道那樣堅持「常無為」的基礎上，還應該像道那樣實現「無不為」的目標，即最終使自己的一切創造製作活動都能夠達到合目的合意圖（亦即符合萬物本性）的理想境界。所以老子曾反覆指出：「是以聖人無為故無敗，無執故無失」（64 章）。

這裏所謂的「無敗」、「無失」，顯然就是意指人的無目的無意圖的創造製作活動，能夠像道那樣在合目的合意圖中順利取得成功。不難看出，雖然老子明確倡導「無為」，但無論是在道的本質特徵上、還是在人的活動範式上，他又都充分肯定了「無不為」的積極意義，以致在《老子》的文本中，「無為而無不為」總是構成了一個有

機的整體。

　　自然無為不是聽天由命的接受控制，而是獨立自主的應物自然。這裏蘊涵著人類歷史演化過程中的異化進展和異化揚棄之深刻內涵。就表面看，老子哲學彷彿沒有實現任何超越，因為它所肯定的有關人的存在的一切內容，幾乎都還停留在尚未擺脫最初本能形式的原始質樸狀態之中。不過，進一步看，老子哲學在人的存在問題上，其實又潛藏著一種極其深刻的超越意蘊。

　　這裏關鍵在於，老子是在人的存在已經超越「為無為」的原始狀態、進入「有所為」的文明階段之後，才提出了他「超越當下」那「無為而無不為」哲學。出於對人那「有為」本性的深刻洞察，他並沒有滿足於僅僅由肯定「無為故無敗、無執故無失」去凸顯原始人的「無為之益」，而是還試圖由強調「為者敗之、執者失之」（29章）去批判文明人的「有為之弊」。如果說前一方面曾使老子哲學在「法道」的問題上無奈地陷入了種種「深度悖論」的話，那麼後一方面則使老子哲學精闢揭露了「人為」活動所蘊含的種種「深度悖論」。

　　老子哲學由批判「為者敗之」所揭露的悖論，則直接洞穿了人的根本存在的深度層面：一方面，「為」構成了「人」的自己如此的現實本性；另一方面，「為」又會導致「人」走向「偽」的異化結局。結果，倘若不能「為」，人就不是「人」；但倘若有了「作為」，人又會變成「詐偽」。進一步看，從這個悖論中甚至還能推演出另一個悖論：人的肯定自身的獨特本性（「為」）並非人之「真」、而是人之「偽」；人只有否定自己如此的有為

本性、與本性無為的宇宙萬物渾然同一，才有可能返璞而歸真。結果，一方面，「有為」才能是「人」；另一方面，「無為」才能成「真」。這些思考包含了極為深刻的歷史辯證法。

時下人們喜歡談論「構建和諧」，但構建和諧並不是一廂情願的單向訴求，更不是當下成就的普遍狀況，而是相互作用、多元博弈的追求目標；正因為面對各種不和諧，所以也就產生「建構和諧」的訴求和問題，這跟一般武術技擊中人我關係的基本結構是一致的。

在大千世界的大化流行當中，好花不常開、好景不常在，和諧非常有，於是須構建。訴求的前提是稀缺而不是滿足，老子有云：「正言若反」（78 章），和諧是相對於不和諧來說的，由此「和而不同」、「以他平他」，「在不平衡中找平衡」；中國文化「致中和」的泛和諧訴求，是跟其背後頻繁的激烈矛盾衝突聯繫在一起的。事物運行的對立統一，並不是帶主觀意蘊的「仇必仇到底」或「仇必和而解」。

所謂「致」，就是操作主體由矛盾鬥爭改變當下關係而導致形成，並趨向於自身價值目標的新狀態。人身安全是技藝操作的前提，由此中國「兵農醫藝」這四大實用技術當中，兵法往往被擺在第一位，而《老子》也經常被人們視作為「一本兵書」。所謂「構建和諧」的所有操作，都是「多元互動」的博弈過程。至於這個過程是「零和博弈」還是「非零和博弈」的操作選擇，並非只由參與的某一個方面那主觀意圖就能夠決定。「人在江湖，身不由己」，恐怕從來都是社會的常態。任何客觀矛盾都無法迴

避而必須解決；解決方式則主要依賴矛盾自身性質、對立各方力量對比以及其所處的外部運行條件，操作主體一廂情願在這裏所能起的作用其實相當有限。

必須強調，這裏所謂的「用反」，並不是「逆天而行」的實力抗衡，而是「躬行天道」的柔性守成；它恰好是讓對立的各方「依其本性」交互作用而不是相互背離，由此促成其對立統一那辯證的轉化。

這就像周易中的「泰卦」一樣，向上的「乾陽」處於下位、向下的「坤陰」反倒處於上位，表面看是顛倒了上下之分的既定秩序，但其相互作用卻形成「天地交而萬物通、上下交而其志同」。與此對照的「否卦」則是讓天地尊卑的秩序定位僵化凝固起來，上下分道離散，堵塞了陰陽之間的交通往來，結果便是「天地不交而萬物不通，上下不交而天下無邦」。

老子代表之道家文化在構建和諧中「貴柔用反」之方法論（而不是放棄鬥爭之目的論）的應用，並不是世俗那掩蓋矛盾、迴避鬥爭、拘泥兩執、固化定在，而是負面著力、反向制衡、消除異化、回到本初。其具體操作筆者歸納為互相聯繫的這樣四個基本方面：一是「不頂抗的逆反」，二是「非服從的順化」，三是「不妥協的圓融」，四是「應對中的知幾」。

**一是「不頂抗的逆反」**

它體現的是一種非常規的迂迴性逆反行為，其依據在於事物運行機制上的「反者道之動」，作用上的「相反相成」和結果上的「物極必反」。事物之際，相滅相生，相反相成，相裁相輔，相因相軋。故可逆反而進、負面著

力，「由損之而益，或益之而損；由抑之而揚，或揚之而抑；由奪之而予，或予之而奪」；在這裏守虛並不是放棄，後退卻可以是前進。總之，一切反面的東西或狀況，都可用來達到正面的目的。

這裏需要注意，「逆反」並不是「針鋒相對」那正面衝突的硬性頂撞對抗，而是反向而行的彈性制約平衡，具有「順而不屈、隨而不從、逆而不頂、反而不抗」的特點，藉助對方力量並在被動形式中實現主動內容；由此，這裏所說的逆反與後面所說的順化同是太極中陰陽的兩個方面。道家方法論中的以靜制動、以逸待勞、以退為進、以守為攻、欲抑先揚、欲擒故縱、曲中求直、後發先至和「以其人之道還治其人之身」等等，都是這種東西。

據此，太極拳於內在勁路上講究「有上即有下，有前即有後，有左即有右。如意要向上，即寓下意。若將物掀起，而加以挫之力，斯其根自斷，乃壞之速而無疑。」（武禹襄《十三勢說略》）而於外在招式上，便是直來橫去，橫來直去，指上打下，聲東擊西，示之以虛，開之以利，後之以發，先之以至，欲抑先揚，欲取先予。敵手對此感覺則是「左重則左虛，右重則右杳。仰之則彌高，俯之則彌深。進之則愈長，退之則愈促」。（王宗岳《太極拳論》）

**二是「非服從的順化」**

它體現一種避開正面衝突和實力抗衡的「因應走化、以柔克剛」靈活性抗爭方式，造就一種「柔弱的強者」和「不爭的鬥士」。老子云：「夫唯不爭，故天下莫能與之爭」，即此之謂也。一切有限的事物，都在一定條件下向

太極拳道新探 太極拳的道家文化探究

著自己的反面轉化，這是自然的辯證法則。由此人們處事便要因應順變而能化，隨曲就伸地充分利用物極必反的客觀規律，這就叫做「圓通順化」而不是「僵滯頂抗」。

所謂「順而能化」，就是講究隨機就勢、順而不屈、反而不抗、圓轉走化、出奇制勝，在趨勢裏脅下讓對方違背自身意志而身不由己地實現我方目的，因而不但明顯區別於一廂情願的盲目對抗，而且還完全區別於放棄反抗的妥協投降。

就像太極圖中陰陽魚首尾相接那樣，太極拳中就勢而去與反向而行同樣是一個問題的兩個方面。所謂天道循環，事物發展過程中總是會「物極必反」的，由此完全可以因應情勢並利用中介而圓轉地達到「化境」。

這裏需要注意，「順化」絕不是逆來順受的妥協投降，而是隨機就勢的借力走化。道家方法論中的虛無為本、因循為用、避開鋒芒、捨己從人、引進落空、借力打力等等，都是它的體現。

道家文化並非是主張迴避矛盾、否定鬥爭、逆來順受、忍氣吞聲、皈依附和的妥協藉口，而是在訊息和力量不平衡的條件下採取一種隨機就勢、揚長避短、避實擊虛、利用對手、以柔克剛的鬥爭藝術。

有道是「非攻不棄武、知兵非好戰、順人不失己、柔弱勝剛強」；這一定程度或可類似某種「不抵抗運動」一樣，並非是投降依附或逃避放棄，而恰恰是順而不屈的不妥協鬥爭。

### 三是「不妥協的圓融」

這是上面兩點的綜合；圓融是一種共同參與、協調和

諧的瀟灑得宜狀態，是上述順化逆反雙向共同作用的客觀結果，而不是單向度放棄鬥爭、妥協順從的屈服無奈。這提法借用佛教用語，描述圓滿融通、無所障礙；即操作各方皆能保持其原有立場及行為底線，相濟互補、圓滿無缺，而又為完整一體，且能交互融攝，不作對抗衝突，又不作無原則的折中調和，卻又達到自身之目的。

肢體衝突的操作應對有其實質性矛盾，操作者必有其內在的根本性規定，內在原則問題無法妥協，但在外部交往又能圓轉變通而與人隨和相處，消解各種得不償失的硬性抗衡，獲得對立雙方互動平衡。這是一種大智慧；其通達退讓是無為全生、知止不殆，但背後的堅守和堅持，則是生命自身的維繫和發展。

這裏需要注意，圓融不是單方面的一廂情願、一意孤行，也不是放棄原則的為人所制、依附對手，更不是平均折中的維繫定在、無所作為；而是捨己從人的因應自然和得機得勢的適應合宜。它絕不放棄原則，但又並不僵化死板擴大衝突，而是把原則性和靈活性有機地結合起來，落腳於有理有利的操作效應。

太極拳在應敵過程中，極為強調沾黏連隨、不丟不頂、隨機就勢、捨己從人那「純任自然」的因應行為，採用運動型游擊戰術「敵進我退、敵駐我擾、敵疲我打、敵退我追」的方式，在不正面抗衡的形式下「進以取勢、退以避鋒」、「引進落空、借力打力」，並「以其人之道還治其人之身」，用以實現某種「低投入、高產出」的「牽動四兩撥千斤」，並由此進一步保持自身「可持續發展」條件下的運動主動權。

### 四是「應對中的知幾」

這是「用反」得以實現的前提條件。無論「用反」（以逆為順）還是「順化」（以順為逆），都是「二律背反」式陰陽大化的表現，其操作上的關鍵就在把握陰陽盈虛的「知幾」。

這裏所謂所謂「幾」者，動之微也。客觀事物常由「未形」到「顯著」，亦即由潛在到現實，並由此進一步有規律地演化。故此「得道」當要「知幾」，要從一事之未形，而能看出其趨勢及未來的結果，並根據這未來可能的結果去規劃自己當前的行為。

就技術而言，這還具有明顯的「訊息回饋」意味。在這裏，絕不能掩蓋矛盾、迴避問題、自我麻醉、歌舞昇平，而必須正視現實、面對鬥爭、抓到關鍵、高度警醒。

注意，這裏講「因應知幾」並不是天生的未卜先知，知幾是應對的產物而不是先驗的預言。構建和諧過程中，道家方法論並不是主觀先驗那「情況不明決心大、心中無數主意多」，不是不加分析單向度強調什麼「抓住機遇、大幹快上」的胡闖亂冒，而是突出客觀應對那「見微知著、未雨綢繆」的「防微杜漸、化解危機」。

太極拳在技擊應敵過程中，著眼點不在力量本身而在力量的運用；而力量運用的關鍵，則在於敵情的訊息回饋。由此太極拳在「鬆靜為本」和「捨己從人」中，發展出一整套以自身「本體感覺」為核心的「聽勁技術」，由身體接觸而獲得敵手攻守各個方面的訊息。這也就是王宗岳《太極拳論》中所說的「一羽不能加，蠅蟲不能落。人不知我，我獨知人。英雄所向無敵，蓋皆由此而及也！」

由此看來，太極拳技擊技術在一定意義上也是一種訊息技術，其著眼點是「軟體」而不是「硬體」。

## 三 歸真論：太極拳的價值旨歸

歸真論是一種價值論原則。作為一種成熟的文化活動和文化現象，太極拳不僅有其面對現實、因應情勢的方法論方面，而且還有走出當下、返本求元的價值論方面。太極拳的價值坐標和走向，就是道家文化自然無為、返璞歸真的歸真論，在「求虛靜」的自我修練過程中，追求形上超越、終極關懷、精神自由和自我完滿和走出當下、解構成規、拒絕異化、回歸本真。

### 1. 返樸還淳

這裏所說的價值論是指哲學價值論，這是一種探究人生意義和歸宿的理論和學說。它所要回答的問題是有價值指向的「應是什麼」和「應該怎樣」，而不是無價值指向那「是什麼」和「怎麼樣」。中國傳統文化中價值論處於哲學的核心地位，借「天道」以明「人道」，借「知行」以言「道德」，借「陰陽」以言「治平」，借「理勢」以論「至治」。由此，求道不僅是把握規律，而且還是實現價值。道家文化價值論的立足點是跳出孤立主體的自我異化，「歸根復靜」地回到生命整體的本然。存在狀態稱陰陽、運行方式曰正反、過程走向言順逆（往返）、價值評估說利害、社會操作看權責，而這幾個方面均「道通為一」（時下我們稱之為「對立統一規律的表現」）；所謂「歸真」，就是揚棄顛倒的物化形式，走出僵死的既定秩序和當下定在，由此返回

新陳代謝和大化流行之生命本真。

老子認為，「道」的本身是自本、自根、自在、自然、自化的。這也就是說，「道」以自身狀況為依據，並遵循其內在原因而「自我運動」，正不必依賴什麼外在的原因和人為的文飾。

這裏所謂「自然」者，指「自己如此」的「非人為」本然狀態和「勢當如此」的「自發性」發展趨勢；而所謂「無為」者，則指「遵循規律」的「不妄為」無違方式和「以無為用」的「反向性」操作特點。這亦即是《老子》所說的「以輔萬物之自然而不敢為」（64章）和「夫莫之命而常自然」（51章）的「道法自然」（25章）。

劉笑敢先生在《老子之自然與無為概念新詮》一文中，還由此進一步引申出其可以適應現代社會的自然的四個標準：「發展動因的內在性」、「外力作用的間接性」、「發展軌跡的平緩性」、「總體狀態的和諧性」。面對當前解放與束縛、秩序與自由、壓迫與反抗的現代性衝突，老子文化自然無為的價值理論，看來還可以引申出一些可能的新解。

有人認為《老子》是本氣功書。儘管理論學術跟身體技術不是一回事，但人類早期很多活動領域還是沒有劃清界限的。《老子》書上的生命價值取向，與古老的氣功修練，在整體走向上當是一致的。跟所有的氣功修練一樣，太極拳進階同樣講究「練精化氣、練氣化神、練神還虛」，強調一切都要回到生命的本原。其演練過程中那鬆、穩、慢、圓、柔的操作方式和身體效應，則有鮮明的「歸根復靜」意義。但它在實際應敵過程中，則不僅在動

作上要活動順遂「師法自然」，模擬大道的運行狀態；而且在勁路上還要因應情勢「純任自然」，而不能有絲毫扁、抗、丟、頂的不協調僵硬拙力。這跟外家拳那力量抗衡和外部衝突方式相比，不但突出了自身那與眾不同的道家文化「自然無為」的主要特色，而且還在象徵的角度表現了當代發展方式要求「協調可持」和「能態轉換」、「功能代償」的基本走勢。太極拳這些深層次的價值訴求明顯與道家價值論相通。

道家的價值實現方式，在於極有特色那反向循環、圓轉變化那的「倒退性」返、還、復、歸，突出宇宙運行「生產、消費、還原」三大環節中「還原」對永續循環的關鍵性作用。這裏突出一個「返」字（亦可稱之為「逆」），有道是「無中生有，以有還無，縱浪大化，與道同生」；在大化流行中一方面是「道生一、一生二、二生三、三生萬物」，另一方面又是「萬物含三、三歸二、二歸一」，總之萬物最初源於道而又最後復歸於道，由此歸真就是合道。

據上文所述：大道運行的狀態和機制，是「反者道之動，弱者道之用」（40 章），「無為而無不為」（48章）；大道運行的過程和歸宿是「大曰逝、逝曰遠、遠曰反」（25 章）的「復歸於嬰兒」、「復歸於無極」、「復歸於樸」（28 章）。

在這裏「返」通「反」，亦通「歸」、「逆」。它不僅包括有現實生活中反向著力、負面作用、往復循環、回到本初的含義，而且還包括有對現行關係和秩序進行懷疑、否定、批判、反思等方面的含義。有道是「順為生

人、逆則修仙」（暗含熱力學「熵」與「負熵」的關係）；人一旦誕生就別無選擇地要面對死亡，「死亡是存在的確證」，人要在世間遍歷種種磨難才能最終達到「實現自我」的「圓滿」。價值論的「歸真」與方法論的「用反」，二者是同一的。道家文化就是在這曲折圓轉、一氣流行的生命輪迴中，看到了生命的價值和意義。

基於「反者道之動」的客觀規定，老子把握了生命之道在於反向而動、精神之道在於反向而思、藝術之道在於無跡之跡、文化之道在於無價之價。這其實並不是什麼簡單團團轉的「循環論」，而是「舊事物滅亡和新事物產生」的大化流行。

老子云：「歸根曰靜，是謂復命；復命曰常，知常曰明。」（16章）任何事物都是以過程來展開的，而所有過程開始後便要面臨自己的結束。「歸根曰靜，是謂復命」是講舊過程結束的「靜」即包含著新過程開始的「生」，由此構成永恆的生命；而「復命曰常」則指出這生生死死，不死的死和有死的生交替著演奏有無相生、大化流行的永恆演化。

所謂「氣聚為生、氣散則死」，萬物從「無中產生」最後又「復歸於無」，舊過程於是結束，新過程又醞釀開始。由此生生死死、死死生生、不生不死、不死不生、方生方死、方死方生。這裏所謂的「復靜」、「虛無」是充滿生機可能的隱性基質（佛家稱之為「妙有真空」），而不是失去任何可能的「死寂」（佛家稱之為「頑空」）。「知常曰明」，只有把握了這生命的大化流行才是真正的大智慧。老子進入輪迴之中又跳出輪迴之外，由陰陽、順

逆、進退、屈伸的對立統一音符，為人類種群生命唱出「長生久視」的和諧之歌。

返樸還淳要求從複雜回到簡單；這不是「天命的對抗」，而是「異化的消除」。在這裏，「返」的實質不外是揚棄異化而回到生命自身之本初或本真。運動是物質的存在方式，而任何具體生命都是整個宇宙大化流行中的一種表現為帶有自身邊界的程序性個體性有限存在，其儲備的生命能量頗為有限；在生命的運行過程中，作為生命載體的質料（「形」）會磨損，作為生命動力的能量（「氣」）會枯竭，作為生命主宰的訊息（「神」）會耗散，因而具體運行中的異化總是避免不了的；「發展越高熵增越快」。

據此，一個良好的生命活動當要養形（特別是「保精」）、蓄氣、凝神，講究性命雙修、陰陽顛倒，一方面調理臟腑，另一方面則疏通經絡，總體上追求虛靜無為、和順自然、人我和同，由返璞歸真的「從後天返回先天」的「內丹」修練，努力並不斷地從環境中吸取和儲備生命能量，並且善用、節用、巧用、妙用這些有限的能量，達到保持自身持續和有效活動之目的。

由此，老子及其後學莊子等道家人物並不執著於眼前事象，成了人類歷史上最早對自己存在方式進行反思，並敏銳地批判人與社會異化狀態的少數幾個先知的哲學家。人類生命運行及其所依附的文明或文化的發展，本身總是具有二重性的。一方面，人類生命運行及其所依附的文明或文化之發展標誌著社會與人本身的進步，會給社會和人帶來前所未有的幸福；但在另一方面，這種運行及其發展

同時也會產生社會和人自身的異化，給人們帶來意想不到的損害。

這就是說，生命運行的某種狀態及其依附的文明或文化形態發展到一定程度，又會從推動社會與人本身的發展反轉過來，束縛甚至扼殺社會與人本身的發展。由此必須揚棄異化、超越當下才能走向永恆。

就形式上看，老子哲學這種「返」的方式具有「向後看」的復古主義和倒退傾向，並不符合我們所謂「向前看」的進步主義追求；但就實質上看，它卻具有某種揚棄異化、超越現實、走出當下、指向永恆的基本功能。內容上它確實無法擺脫農業自然經濟小生產的狹隘框架；但就精神而言，它卻包含有後工業社會生態文明的若干因素，方法上跟當下「後現代」的「解構」似乎也有某種可以相通之處。

在茫茫的宇宙太空之中，我們只有一個地球。而這地球本身，又是一個相對封閉的系統。在一個有限的條件和相對封閉的環境下，進步與退步往往是一個問題的兩個方面；在這裏，某些往復循環的方式當是無法避免的。

老子有云：「天之道，損有餘而補不足；人之道，則不然，損不足以奉有餘。孰能有餘以奉天下，唯有道者。」（81 章）世間事物的發展，總是從原先的平衡走向不平衡，然後又打破這種不平衡走向新的平衡。人類社會最初是不斷分化又不斷整合，最後則要走向「人的解放」；時下人們面臨資源有限、能量耗損、環境制約、運行異化，遇到所謂「優勝劣敗」的生存危機。有道是「大有大的難處」，越先進能耗越大，其外部依賴程度越高。

特別是當今工業社會日漸走向盡頭的時候，經濟發展的核心概念已經從「開發量」和「增長率」演變為「儲藏量」、「循環率」和「功能替代」、「能態變換」；天道運行背後，可能有種「逆弱代價」，在這裏，道家文化的生態意蘊更為引人矚目。

中國傳統農耕文化特別講究「落葉歸根」。老子哲學「返璞歸真」的最終目標是「璞」和「真」。所謂「璞」者，未經雕琢、混沌一體、渾全未破的素材原質也；所謂「真」者，沒有異化、未經特化、充滿可能的生命本真也。這是一種「可能性」的探求，而不是某種「確定性」的僵化。事物最原始的「真璞」，就像一根原木那樣，是各種形器的根本。它能大能小、能方能圓、能曲能直、能短能長，包含著極為廣闊的可能性空間；但在「璞散成器」以後，則被拘於特化了的具體型器之內，無法發揮整體渾全之妙用。

所謂「物有本末，事有終始，知所先後，則近道矣」；返樸還淳的實質用現代語言來說也就是守住自身根本的「反異化」。所以能體「自然之道」的聖人，自當還淳返樸，君子不器，復歸於原始的「真樸」狀態；一方面不持雄強而凌雌柔、不以明白而侮黑暗、不稱榮貴而辱卑賤，另一方面又不以小害大、不以末喪本、不拘於形器之末；物我同觀、公而無私、順物施化、不為而成。

道家文化這種對「樸」的追求，顯然是種企圖超越具體型器所限而嚮往大無限的審美性追求。由於人類以往的文明都是經由對象異化的形式來進行的，因而道家文化「返璞歸真」的價值指向，便是要回到人類生命那未經特

化的本真、本性、本然、本能，尋求一種超越當下和揚棄異化的「得道」狀態。

在這裏，我們感到了人類社會必將消滅舊式分工、揚棄社會異化、超越當下存在、實現自由發展的深層意蘊。由此看來，「得道」在實際上便是人性的復歸和當下的超越，是人那「類本質」的進化和自由；而所謂返回「真樸」，實質上也就是超越「當下」那具體型器而擴大演化的「可能性空間」。

《莊子・逍遙遊》所描繪那「若夫乘天地之正，而御六氣之辯，以遊無窮者」的「無待」狀態，亦此之謂也。十分明顯，這裏所謂的「返璞歸真」，並不簡單的是退回動物形態去被動地適應環境，而是要求超越人類自身生物族類的侷限，主動地與整個自然的功能、結構、規律相呼應、相建構。只有揚棄所有外在的異化目的，無怨無悔、無慾無求地回到生命的本真，才能實現自身自由全面的發展，由此可稱之為「得道」。

人在動物界中並無「強牙利爪」，因而可以看作是一種「非特定化」和「尚未完成的」存在物。一些哲學人類學家指出：「人的非特定化是一種不完善，可以說，自然把尚未完成的人放到世界之中；它沒有對人作出最後的限定，在一定程度上給他留下了未確定性。」這就是說，雖然人所處的環境是相對封閉和已特定化了的有限空間，但處於這個空間中的人卻是開放性和非特定化的。具有完全自我意識的人作為一種非特定和未完成的存在物，並不滿足於已經具有的規定性，並不停留在已經成為的樣子上，而是在開放性地展開對世界的關係的自覺自為的活動中，

努力去追求和選擇新的規定性，更加全面地發展自己的特性和本質，不斷地再生產和再創造自己（中國哲學稱之為「成人成己」），從而顯示出自身那自由的創造性本質。

## 2. 抱元守一

前面已經說過，老子文化價值論的實現方式，可以概括為一個「返」字，其歸結點則是「元」或曰「一」。有道是「無中生有，以有還無，縱浪大化，與道同生」；在大化流行中一方面是「道生一、一生二、二生三、三生萬物」，另一方面又是「萬物含三、三歸二、二歸一」，總之萬物最初源於道而又最後復歸於道，由此歸真就是「抱元守一」的合道，這裏彰顯了「反異化」的強烈意味，強調「可能性」的推進而不是「必然性」的宣示，並放眼大尺度的生滅輪迴。

據此可知：大道運行的狀態和機制，是「反者道之動、弱者道之用」（40 章）、「無為而無不為」（48 章）；大道運行的過程和歸宿是「大曰逝、逝曰遠、遠曰反」（25 章）的「復歸於嬰兒」、「復歸於無極」、「復歸於樸」（28 章）。在這裏，「反」通「返」，亦通「歸」。它不僅包括有操作論上現實生活中反向著力、負面作用、往復循環、回到本初的含義，而且還包括有認識論上對現行異化的關係和秩序進行懷疑、否定、批判、反思等方面的含義（「辯證法是在對事物的肯定理解當中同時包含對它的否定理解，從事物的暫時經過的方面去理解，從事物的必然滅亡的方面理解。因此，辯證法本質上是批判的、革命的」）。

有道是「順為生人、逆則修仙」；人一旦誕生就別無選擇地要面對死亡，「死亡是存在的確證」，人要在世間遍歷種種磨難才能最終達到「實現自我」並超越當下的「圓滿」；由此人們的修練，無論「窮理」、「盡性」、「以致於命」，還是「悟真」、「參同」、「還虛合道」，最後都終歸要回到生命的本真和整個宇宙的大道。而相應的人類社會則是從無階級開始，遍歷各種階級分化，最後又要回到無階級狀態。

以道家理論為依託的道教內丹修練理論，則講究個體性生命活動固本培元的「抱元守一」，找到變中之常，亦即堅守自身得以成立的緣由根據。中國式修練特別強調「從後天返回先天」找回自己「本來面目」的那個「根本」和「究竟」；跟內丹修練一樣，太極拳進階同樣講究「練精化氣、練氣化神、練神還虛」，強調一切都要回到自身的「本原、本真」，因此同合整個宇宙大道。其演練過程中那鬆、穩、慢、圓、柔的操作方式和身體效應，則有鮮明的「歸根復靜」意義。

中華武術在練功和應敵過程中，不僅在動作上要活動順遂「師法自然」，模擬大道的運行狀態；而且在勁路上還要因應情勢「純任自然」，而不能有絲毫扁、抗、丟、頂的不協調僵硬拙力。這跟西方拳種那力量抗衡和外部衝突方式相比，不但突出了自身那與眾不同的道家文化「自然無為」的主要特色，而且還在象徵的角度表現了當代生態文明發展方式「要求協調可持」的基本走勢。

抱元守一的哲學意義在於追求和維繫發展變化的原生多種可能性。在這裏，所謂「元」和「一」，通「原」，

都是事物未經分化（即還未特化的「未散之樸」）那最初起點的稱謂。作為生命自我修練方式，「抱元守一」是道家基本的修練方術；其側重點不在「煉形」而是「煉神」，透過它排除心中雜念，凝神聚氣並保持整個心神的清靜，其主旨當為守恃人之「精、氣、神」並使之不內耗，不外逸，讓「神」、「氣」長期充盈體內而與形體相抱為一。

修習此術，可以延年益壽，乃至長生久視。在這裏，「抱」，兼有混融的意思，至於一，則與「元」接近。老子云：「道生一，一生二，二生三，三生萬物」，又曰，「天得一以清，地得一以寧，神得一以靈，谷得一以盈，萬物得一以生，侯王得一以為天下正」。任何事物都是在分化中產生的，原始混沌還不能稱之為事物；然而這些事物在陰陽分化以後，最終還得要回到自己原初的本真。

在這裏，沒有「分」固然也就沒有「合」，然而其能夠「合」的根據，其實還是在於原先的那個「一」，而且運行結果最終還要回到「一」。道家認為，「一」是天地萬物生成變化收藏的根源，是修練逆返元始大道的必由之路。抱元守一法，是道家傳統修練之法。有道是「順為生人、逆則修仙」，其修法為融先後天之一氣，抱道法自然之宗旨，神與氣合，渾然歸一，返歸本始。王重陽真人曰，「澄心定意，抱元守一，存神固氣，真功也」，道家有不少寧神靜氣的內功修練方法。但基本上都是從入靜然後意守丹田而築基。所以大家看王重陽的徒弟鐵腳仙王真人就叫做王處一，也是取抱元守一之意。清淨散人雖然叫孫不二，但「不二」，還是「一」的意思，只不過是換個

說法而已。

從道家和道教的角度來講，常說人都有「先天之神」，但是隨著年齡的增長，這「先天之神」的靈氣就慢慢地被消磨乾淨（即熱力學所說的「熵增」）了。這有點類似於《紅樓夢》中賈寶玉所說的，「女人們本來都是聰慧有靈氣的，但是年紀大了後一嫁了男人就沾上男人氣，比男人更可殺了」。老子說：「載營魄抱一，能無離乎？專氣致柔，能嬰兒乎？」嬰兒一般的睡眠想必是被凡俗之事所困擾的人們的渴望，但能達到此境界恐怕腦白金之類的是無能為力的，心病還須心藥醫，還是要靠精神的修為來解決。從理論上說，「抱元守一」也就是「致虛守靜」回到本根。老子云：「致虛極守靜篤。萬物並作，吾以觀復。夫物芸芸各復歸其根。歸根曰靜，是謂復命；復命曰常，知常曰明。」（16 章），即此之謂也。

### 3. 歸眞復性

道家價值理論的落腳點是人本身的「見性、悟真」、「知命、合道」。見性悟真可以窮神知化（轉識成智、通曉大化），知命合道便會盡性立命（率性任情、承擔使命），二者綜合，便是人類活動的自覺、自為。

中國文字中，心生為性，口令為命，強調「命無性不立，性無命不存」；由此心為主宰、天命難違，而盡心知性、知性知天。所謂順天循性、自然無為者，乃是躬行天命，無可逃於天地之間（區別於接受奴役、逃避責任）。在這裏，有感而應不能迷失自我、因敵成形不能為人所制、隨機就勢不能放棄原則，捨己從人本是由己；這裏的

因應隨變，其實就是相互作用的大化流行。中國文化多言「性命」而罕言「生命」，突出的就是人的使命。

前面已經說過，就歷史內容而言它確實無法擺脫農業自然經濟小生產的狹隘框架；但就精神走向來說它卻包含有後工業社會生態文明的若干因素。特別是在茫茫的宇宙太空之中，我們只有一個地球。而這地球本身，又是一個相對封閉的系統。在一個有限的條件和相對封閉的環境下，進步與退步往往是一個問題的兩個方面；在這裏，某些往復循環的方式當是無法避免的。當今工業社會日漸走向盡頭的時候，於是道家文化的生態意蘊更為引人矚目。

中國傳統農耕文化特別講究「落葉歸根」。人在動物界中並無「強牙利爪」，可以看作是一種「非特定化」和「未完成的」存在物。一些哲學人類學家指出：「人的非特定化是一種不完善，可以說，自然把尚未完成的人放到世界之中；它沒有對人作出最後的限定，在一定程度上給他留下了未確定性。」這就是說，雖然人所處的環境是相對封閉和已特定化了的有限空間，但處於這個空間中的人卻是開放性和非特定化的。

人作為一種非特定和未完成的存在物，並不滿足於已經具有的規定性，並不停留在已經成為的樣子上，而是在開放性地展開對世界的關係的自覺自為的活動中，努力去追求和選擇新的規定性（所謂「可塑」），不偏不倚地融入整個大化流行，更加全面地發展自己的特性和本質，不斷地再生產和再創造自己，從而顯示出自身那自由的創造性本質。

由此看來，道家文化的「變化氣質」、「返璞歸真」

跟馬克思主義所說的「人的自由、全面發展」，就一定意義上說也應是完全相通的，其背後的實質就是探究新的可能。馬克思是個「探索可能性」的哲學家，而不是「獨斷必然性」的政治家，他的歷史唯物主義是「因果有定論」而不是「歷史宿命論」；他所說那作為「自然歷史過程」的社會發展規律，並不是什麼「頂層設計」的理想願望，而是一定條件下由「人民群眾創造歷史的活動」而實現的可能演化狀態。所以「哲學家們只是用不同的方式解釋世界，而問題在於改變世界。」這裏的核心內容，則是「自然的人化」和「人的自然化」的雙向互動。

太極拳作為一種身體活動，按照自然的本性去協調人體內部的身心關係；就客體的角度表現為動靜開合，就主體的角度表現為形神體用，其整合方式是「一氣流行」的「氣」；它透過因應情勢對象化為技擊技術。而武術作為一種技擊技術，則按照社會的方式去處理敵我關係（可推廣為人我關係或主客體關係）；就外部過程的角度表現為攻守進退，就內部狀態的角度表現為虛實剛柔，其整合方式是「得機得勢」的「勢」；它由捨己從人而復歸為精神境界。而武術作為一種精神境界，則按哲學的意蘊去體悟天人關係；就天道的角度表現為陰陽有無，就人道的角度表現為性情志趣，其整合方式是「知幾其神」的「神」。在這裏，所謂的氣、勢、神都是同一「大道」的外化和復歸表現。

以太極拳為代表的中華武術一開始就從「靜極生動」中突出「太極者無極而生」，但最後又從「動極生靜」中強調要「復歸於無極」，處處講究有無相生和陰陽相濟的

「動中求靜」。

它運作時根據道家文化關於載營魄抱一、專氣致柔、滌除玄覽和絕聖棄智、絕仁棄義、絕巧棄利那種見素抱樸、少私寡慾和致虛極、守靜篤的要求，講究長生久視之道的歸根復命，把涵養生命的求虛靜作為自身最高境界，表現出一種對個體生命的尊重、對客觀可能的探究和對自由發展的追求之深刻意蘊。在自身發展過程中，它「循規矩而脫規矩，脫規矩又合規矩」，表現了「從心所欲而不踰矩」式的智慧和自由。太極之道表現為「有無相生、陰陽不測」的「神妙萬物」，拳術之至表現為「虛實變換、拳打不知」的「得心應手」。

作為一種技擊搏鬥之術，中華武技原本是挾技恃力、好勇逞強、詭道以進、性命相搏的實用性技擊技巧；但基於大道運行結果，卻又成了止戈為武、至武為文、以技合道、德藝雙修的超越性審美感受。就這樣，其修性層面也是沿著陰陽相濟兩個方面展開；一方面是「窮神知化於是應物自然」，另一方面是「知性知天得以盡性立命」。而這在實質上同時也就是一種文化的進化。

# 第一章 道體全息
## 太極拳系統文化論綱

　　太極之道，有無相生、一本萬殊、貫穿天人、周遍一切；而太極拳理據陰陽變換的「太極之道」，於是便有「與天地萬物並生」的「道通為一」之全息映照特徵。作為一種文化現象和文化活動，太極拳具有中國社會的「系統質」。它受整個中國環境生態和社會歷史的制約，深刻地體現了中國社會歷史運行的顯著特點。

　　作為一種身體活動和一個獨特的人體文化符號，太極拳又是中華文化的「全息元」，全面表達中國人特有的文化精神、思維定勢、行為方式和審美情趣。換句話說，太極拳是中國傳統文化的一個「全息映像」。把太極拳作為一個文化符號和一種文化樣式加以考察，這在方法論上具有非常重要的意義。

　　本章提出的是一項關於太極拳的比較文化研究綱要。中國文化是一種系統論的文化，而太極拳的系統方法論特徵又特別明顯；其基本內容是在陰陽對待、生剋制化的基礎上講分合、求變化、重整體、勢渾圓那首尾銜接、連綿不斷的立體動態適應性思維。

　　筆者在上世紀 80 年代中期曾經試圖借用系統科學的基本觀點，從文化哲學的角度去概括和描述太極拳的理論和實踐，並透過這個案的分析去探討中國文化的民族特色及其現代發展可能，由此發表過若干探索性文章；其中主

要是由宏觀的種系發展，邏輯的演化層次，微觀的個體發育，內含的方法論結構，外顯的民族文化特徵等五個方面，綜合地對太極拳進行多角度和多層次的探討考察，力圖給太極拳的現代發展提供一個文化參照系。

下面簡要介紹筆者的基本思路：

# 一 太極拳的歷史形成

太極拳作為一個文化現象和一種文化活動來說，是在中國漫長的社會歷史發展過程中逐步形成的。因此，既受到中國獨特的農業自然經濟宗法文化的影響，又反映中華民族某些超越時代意識形態的人生智慧結晶和實踐經驗昇華。

## 1. 學理淵源

這一直可以追溯到原始時期的巫術。太極拳作為一種技擊技術，其生理基礎是動物生存競爭中的攻擊自衛本能；但作為一種文化活動，則源於人類最初的精神覺醒，濫觴於人的自主操作行為。所謂「太極者，無極而生」，而「無」者「巫」也。原始巫術中超越動物界的精神覺醒和相應之身體活動形式，深深地沉澱到一個民族心理活動的潛意識層面上。

所謂「拳起於易」，現在保存下來的《周易》，是原始巫術理性化的結果；它深刻地影響了中華文化爾後發展的全過程。太極拳用一種習武練身、應對用技、修性悟道三位一體的方式，全面體現了《周易》中自強不息、厚德載物的文化精神，陰陽變易、生生不已的基本信念和乾坤

交泰、簡易中和的系統方式。

太極拳的價值取向和認知、操作方式，則基本上是屬於道家的。它處處都呈現出反者道之動、弱者道之用的基本信念，表現了陰柔虛反和自然無為、返璞歸真的價值取向和思維方式，把守靜用反、使柔用虛的智慧發揮到極致。此外，道家的虛己順物、人取我予和虛心實腹、緣督為經，也在技擊技巧和養生技術上給太極拳奠定了堅實的理論基礎，強調人的生命能量之善用、巧用和節用、妙用。

太極拳的技擊技術框架，主要是兵家的。它經由古代兵法的虛實、動靜、主客、奇正、攻守、進退等等範疇來構造自己的戰略戰術原則和攻防格鬥技術，把我國古代兵法中行軍佈陣、示形造勢、隨機應變、避實擊虛的那套克敵制勝原則，具體化為太極拳術中關於招式勁力的操作要領，完成了從兵法到武術的轉化，並突出激烈生存競爭中以弱對強的現實可能。

太極拳人體模型出發點則是中醫的。所謂「理成於醫」，它以天人一體、陰陽平秘、血氣調和、內外合一的方式去挖掘人體自身的各種適應環境和自我發展的潛力，特別是根據中醫的經絡學說和相應的氣功技術建立起一整套動中求靜的演練功法。

太極拳的文化傾向主要是道家，同時還吸收了諸子百家的精華；而其在最後成型建立的過程中，又深受宋明理學太極模型和主靜、主敬學說的影響，採用了把太極範疇哲學本體論化的宋明理學之理論框架。

太極拳學理的形成和發展跟整個中國文化歷史演化聯繫在一起，並依託自身所處的思想學術環境逐步展開；其

學理淵源史在一定意義上可看作是濃縮了的中國學術思想史。概括起來，其奠基層面有三大支柱「起於易、附於兵、成於醫」；核心層面有「道本論、用反論、歸真論」；發展層面有「融百家、匯於理、納新知」。由於太極拳是中華武術全面成熟的產物，可以在總體上反映所有中華武術的特點；由此太極拳這些情況很大程度也可以擴展泛化說明全部武術的技術思想史。

至於在近代太極拳的流派分化和現代的進一步發展中，則還受到西方文化的刺激，吸收了西方文化中諸如數學、力學、物理學、生理學、心理學、社會學、教育學、文化學和哲學等學科的養料，由此形成一種全球化的宏大氣概。

## 2. 技術演化

太極拳是中國武術的一個內家拳種，歸屬於個人肢體衝突的應對技術，本質上區別於一般的身體教育、競技民俗和形體藝術，也明顯區別於群體對抗的軍事活動。其演化是跟中國古代的整個文化技術形態，特別是其中的作戰方式、技擊經驗、藝術趣味和養生技術的歷史演變密切聯繫在一起的，具有中國文化的共性；至於其獨特個性，則主要圍繞一個弱者面對強敵和處於逆境時，到底怎樣透過被動形式並藉助時機位勢、環境條件來實現主動，從而掌握自己命運這個主題進行。

它是中國武術在經歷了依託勇氣和力量的「武勇」、依託個人技巧的「武藝」（「技藝」）和形成規範要領的「武術」幾個發展形態以後，進一步「內、外家分化」的

結果，並似乎跟中國封建社會後期積貧積弱和內憂外患的社會現實，以及講求內向自強用弱和強國保種的社會文化氛圍，有著微妙的聯繫。它使技擊家們的注意力進一步集中到個人內在潛力的培養挖掘（「自力更生」），以及對環境條件、敵手力量的巧妙利用（「隨機就勢」）一類問題上，同時還由一種特殊的身心運動來提升自我，使個人在複雜的環境中得以保持心理平衡和生理適應。

作為一種肢體衝突的應對技術，它把古代附在醫療中的氣功導引養生強體技術跟附在類軍事中的肢體衝突攻防格鬥技術有機地融合在一起，一方面利用經絡氣血的運行去挖掘人體禦敵防身、制人取勝的生理潛力，另一方面又利用人體攻防格鬥動作的形式去調和氣血、疏通經絡。由此，太極拳逐步提煉出一套祛病強身和增長「內勁」的獨特方式，開闢了其日後走向醫療養生活動的可能性。

它的第二條演化路線，是把一些攻防格鬥動作加以典型化和藝術化，並把它跟宮廷百戲、民間雜耍等等結合起來，提煉出肢體活動中某些具有交往和審美意義的東西，由此走向各種民俗活動。

它的第三條演化路線，是把形體訓練跟思想修養結合起來，提煉出一整套身心合一的「修性」技術，用形體動作和心理意象來組織、整理個體經驗和體認、領悟「天人之道」，表現了中國人的民族文化心理基本特徵。

但這所有演化都沒有改變其肢體衝突應對這個核心，生命的新陳代謝必須也必然由環境應對而進行，肢體應對是個基本環節。在這裏，技術演化是武術史的核心，所有技術都來自於人們的實際社會生活需要；我們必須把握好

這個演化中「史實」和「史影」的辯證關係。客觀的獲取食物和配偶之需要和社會人際衝突現實，引發出最初的武術技術，其原始基因是動物生存競爭的攻擊自衛本能。它首先依託使用武器的經驗，並受制於人體結構、生理生化、生物力學、生活方式和武器形制、文化背景、周圍環境。所以訓練學是先練拳術後練器械，把器械看作是人肢體的延長；但發生學卻是先有器械後有拳術，其源於人是製造和使用工具的動物。

人無強牙利爪，拳打腳踢是手腳分工的產物，而人的手腳分工則是製造和使用工具的結果。

太極拳技擊特有的沾黏連隨、引化拿發技術，實際上是利用我國傳統劍法和槍法中「走避」、「圈化」和「黏逼」、「跟進」的經驗，把傳統拳術中的擊打追趕和格擋躲閃發展為順勢借力的推按和走化，解決了技擊訓練中的不帶護具和技擊實作中怎樣更有效地引進落空和借力打力等問題。這也就是太極拳實踐演化中，怎樣從「大丟大頂、丟丟頂頂」的擊打格擋，發展到「沾黏連隨、不丟不頂」的走化推按之演化過程。

### 3. 師承源流

由於缺乏充分確鑿的文獻資料，對太極拳的創作流傳有所謂陳卜、陳王廷、王宗岳以及張三豐，宋遠橋、程靈洗、韓拱月、許宣平、李道子等種種不同的說法，近年還出現有所謂李仲、李岩與陳王廷姑表三兄弟聯合創編太極養生功的家譜記載等等。綜合上述各種說法，可以看出太極拳並不是突然地由那一兩個人創立出來的。

它的一些拳理、招式、動作和操作要領、方法，早已分別在古代拳械和導引中運用。例如《莊子》的《說劍篇》和《吳越春秋》關於「越女論劍」的描述，就包含了太極拳理論某些基礎性的原始因素；民間流傳關於先天拳、後天拳和沾綿拳、十三勢等等一些說法，也曲折地反映出太極拳術源流發展的某些痕跡；戚繼光介紹過的三十六家拳法和山西洪洞的通背拳等等，更是直接反映或保留了太極拳術招式動作的某些初始形態。到了明清之際，一些武術家基於某些深層的社會需要和長期的實踐積累，因而將這些拳法和古代的氣功導引內丹等加以糅合，又參考了若干中國式摔跤的精華，突出其尚智用巧、借勢假物、以小制大、以柔克剛的技術訴求，並由此而逐步創編和演化出太極拳術。太極拳在近代的流派分化，則是在清末陳氏支派經楊氏外傳後逐步繁衍而成。

　　所有拳種和拳師，都是學有淵源、技可演化並且是兼收並蓄的。太極拳的演化節點，很大程度是武術中氣功技術和摔跤技術的有機融入，接著是宋明理學「太極」觀念的直接指導，由此整合出頗為完美的新拳種。目前普遍流傳的陳、楊、吳、武、孫以及趙堡等主要流派的基本特徵，大體上都是在清末民初逐步確定下來的。在這過程中，知識分子的參與介入以及各種帶近代意義的拳社組織，都起了重大的作用。

## 二 太極拳的層次結構

　　太極拳是個非常複雜的動態建構系統。人們可以根據不同的實踐目的，從不同的方面或角度去對它進行分析。

我們這裏先就其宏觀活動展開結構，把它分析為練身、用技、修性這樣三個層次，其內涵用宋明理學的理論框架來解釋，也就是所謂「理（拳理闡釋）、氣（運作原則）、象（演練方式）」問題。現在再按唯物主義原則把順序倒回來變成操作發生學上的邏輯層次，並把它對象化為習武練身、應對用技、修性悟道三個活動領域來加以研究。

## 1. 習武練身

跟動物基於生物遺傳訊息那依託本能、習性的生存方式不同，人的生存還必須依託「非遺傳訊息」的技術、工具，由此產生後天學習、訓練的必要性。習武練身的實質是肢體應對技術的專項（不是專業）培訓，歸屬於一定社會規制下「身體文化的生產」，有點類似軍事中的作戰技能訓練；它儘管要以一般性的身體教育為基礎，依託人的體能體質，但明顯區別於基礎性身體活動素質教育的「體育」。其著眼點是在身體潛能激活和體能體質提高的同時，更突出技術上手和功夫上身的特定技擊技術訓練要求。

其基礎部分是協調整合人體內向的心身關係，涵養生命能量、整合生理機能、協調內外相互作用、形成合理活動結構，用以解決智人直立以後產生的身心分裂和手腳分工問題。它講求形備神足、體用一如，系統方法論上稱之為處理系統內部基本要素的關係，哲學上則屬於處理精神和物質的關係。

從客體方面考察，它呈現為動靜開合；從主體方面考察，它表現為形神體用。這是人體一種特殊的心身運動，

講究鬆靜為本、意氣領先、動分靜合、開合自如、形具神生、體用一如、自然順達、返璞歸真，由肌肉的舒張收縮和意念的興奮抑制來調節人體生命過程。

其核心部分則是肢體技術的學習傳承和操作訓練（區別於動物遺傳本能和習性的發揮），著眼於技術性能內化為操作技能，追求技術上手（非生物遺傳訊息的傳承）、功夫上身（非生物遺傳訊息的積累）；在夯實上述基礎作用的同時，特別強調用生理機能支撐操作技能，藉以解決環境應對中自我防衛的效能和效率問題。正是這種「非物質文化遺產」的傳承和積累，把生物界的適應性演化改變為人之目的性進化，於是使人有了歷史。

不過這裏還必須注意應對專技訓練的特點：從傳統武術角度說，練身是為了習武（這區別於當代人習武是為了健身），實質內容是暴力性（軟暴力也是暴力）應對能力的把握。所謂「身國同構、兵武同源」，武術訓練相當於軍事訓練。武術訓練包含有養生和教育因素，但並不等於就是養生和教育專技；這就像軍事訓練也包含有大量的體質、體能訓練和思想道德、組織紀律教育，但並不可以由此便否認其作戰技術訓練的核心內涵。離開技擊要求的身體訓練不屬於武術訓練；有道是「兵者凶器，備而不用」（有些軍人甚至一輩子都沒有打過仗），肢體訓練儘管占據了武術活動絕大多數時間，但卻並不就是其活動的內涵實質。

但跟剛勁有力、迅猛異常的一般武術訓練不同，太極拳藉助舒緩柔和、聯貫圓活的肢體動作，力圖是把人的形體訓練跟心理訓練結合起來，講求「內外合一」那生理素質和技術性能的全面整合，特別突出心理意念的精神導向

和多方協調作用，亦即所謂「以心行氣、以氣運身」，「意到、氣到、勁到」的「心主神明、意氣領先」，以至被當代人視之為獨特的「心理柔軟體操」。

　　沒有分的前提，便沒有合的要求。人體各種肢體器官和各個組織運行的高度分化，提出了協調序化的系統整合訴求。無論練身習武還是習武練身都是人的身心運動，強調一個「整」字，具有組織管理學意蘊。其實際內涵是內向肢體器官、運行系統的組織起來、協調整合、全面序化，而不是分散下去、各自顧各、各行其是。突出鬆而不懈、柔而不軟、堅而不硬、強而不脆的整體彈性力量。這心身運動的中介環節是「氣」，透過升降出入的「真氣運行」去推動身心兩個方面的活動，在身的一端表現為勁的發揮，在心的一端表現為意的流行。這時的「氣」是生理功能的一個範疇，尚未擺脫生命活動的具體機能狀態；其中呈現的所謂氣感，則是身心調控的自我意識，體現人類生命的自覺特點。這個層次的社會功能，主要是在強身、健體，祛病、延年的基礎上，有效地把握技術性能和發揮操作技能。最後透過體用關係對象化上升為技擊應用領域。

　　基於人的生存方式，先天本具的生理機能、活動潛能必須要跟後天習得的技術性能和操作技能陰陽相濟的全面整合；歸屬於自我調控的組織行為，而不是放任無序的布朗運動，其運作原則是內向「協調整合、配置得宜」。

　　這裏涉及其理法功技的有效實施，並藉助師徒制「言傳身教、手把手來教」得以流傳；一方面講究「因材施教、擇徒而授」，另一方面則強調「自我修練、自家受用」。它師道尊嚴的類宗法結構確實包含有等級差序的不良成分，但

其中「聞道有先後、術業有專攻」的教學相長理念卻極具平等精神。它的訓練和應用儘管混有不少封建落後以及非科學以至反科學的東西，但其多方考慮、整體把握的個性化調適傾向，在當代社會這仍然具有強大的魅力，其總體框架和操作結構應當是具有歷史性合理因素的。

## 2. 應對用技

應對用技層面實質是肢體衝突應對專門技術的操作實施，歸屬於「身體文化的消費」。有生產就有消費，消費是生產的實現。中國文化講究即體即用、體用一如的「實用理性」，學習和訓練之目的全部落腳於應用，其著眼點不是「享受過程」而是「實現目的」；歸屬於社會生活中的「身體文化消費」。

太極拳是中國武術的內家拳種，原初本真和社會歸屬就是以技行擊的「用武之術」；主要用以解決身體衝突時以弱對強的生存策略和操作方式，具有社會行為學和衝突社會學意蘊。不能離開傳統武術的「類本質」來談論拳種特色。所謂「養兵千日、用在一時」，訓練之目的在於應對而不是表演，跟軍事作戰一樣，任何武術的基本任務都是「保護自己、戰勝敵人」那「制人而不制於人」。

它所處理的是敵我雙方關係，強調一個「應」字，內涵在於有感而應、因敵成形、借勢假物、制人取勝，由此必須分敵我、明虛實、知進退。踢打摔拿、引化拿發，不可能是感恩奉獻、合作共贏的基本方式。其特點為反向而行、彈性應對、曲中求直、以柔克剛的「軟暴力」；突出整體把握、個性應對、尚智用巧、集中力量、誘敵深入、

攻守同一、進退自如、揚長避短、觸處成圓、守中取勢、借力打力、後發先至。其戰略出發點是以弱對強，作戰方式是以柔克剛，其背後的實質是避實擊虛，技術特點是虛實變換，關鍵問題是訊息掌握，亦即所謂「人不知我，我獨知人，英雄所向無敵，蓋皆由此而及也」。

這裏的核心技術是「聽勁」，由此操作上把審敵和制敵結合起來，在沾黏連隨，不丟不頂過程中亂環翻滾、陰陽不測、張網設套、引進落空，使敵手總是處在「仰之則彌高，俯之則彌深，進之則愈長，退之則愈促」的無所適從狀態。由此體現「為客不為主」背後的「為主不為奴」，用現代語言說就是「藉助被動形式實現主動內容」。

作為一種肢體衝突應對的技擊技術，首先是「能否打」，然後才是「怎樣打」；能否打取決於矛盾性質和激化程度（而不是倫理道德和主觀意願），怎樣打要看雙方力量對比和相應環境條件（而不是事先設計和表演要求）。儘管中國技術有很強藝術化傾向，但能看不能打的「行為藝術」很難稱之為傳統武術。就像沒有遇到好的中醫師並不能證明中醫不能治病一樣，沒有見到真的傳統武者也不能說武術不能打。拳種無好壞、功夫有高低；操作技能並不就是技術性能，何況「公平競爭」的競技運動跟不對等那自我防衛的技擊應對也沒有什麼可比性。

武術的異化狀況，無法檢驗其本真性能。至於所謂「社會選擇」更會受制於利益驅動、權力干預、力量對比和認知侷限，操作應用問題上的一些簡單化說法，解決不了複雜的現實矛盾。時下人們往往藉口「實踐標準」而把技術性能問題、操作技能問題和作為背景的社會關係問題

三個不同方面統統混為一談，違背最基本的邏輯規則，「張冠李戴」地讓人得出一些似是而非的「雄辯結論」。

技擊應敵不是競技較量。就像軍事演習一樣，武術學習過程中必須要有一定的競技比較和測試；但其不能選擇敵人條件下的肢體隨機應對操作，明顯區別於西方式所謂公平競爭的身體技能比賽。它的著眼點是綜合性技能技巧的隨機應對，而不是規定條件下單項操作技能的競比炫耀。它需要解決的是人體外部之敵我關係，講求防身自衛、緊急避險、危機應對、維繫生命，系統方法論上稱之為處理不同系統間的相互關係，哲學上則屬於處理客體和主體的關係。從外部現象考察，它呈現為攻守進退，從內部狀態考察，它表現為虛實剛柔。

面對強敵，當要有剛柔並濟的兩手準備，發揮虛實變換的高超技能。正視敵方態勢不等於順從敵方訴求。這裏通行的是面對強敵「尚智使巧、自強用弱」（而不是「強而不霸、許諾作秀」）之操作方針，其運作原則是外向「因應隨變、制人取勝」（而不是「感恩奉獻、馴服追隨」）。它所塑造那「柔弱的強者」、「不爭的鬥士」的人格形象和相應之「溫柔的暴力」、「退守的進攻」之辯證形象，確實令人耳目一新。

於此人們可以看到：太極拳那以弱對強的前提設定、自我完善的目標訴求、防身護體的任務限定、因應環境的處事態度、揚長避短的作戰方式、迂迴曲折的運行軌道、以柔克剛的效應追求，明顯區別於西方武技優勝劣敗的前提設定、外向擴張的目標訴求、侵犯征服的任務限定、自我中心的處事態度、實力抗衡的作戰方式、簡單直接的運

行軌道、弱肉強食的效應追求。

必須強調，太極拳是一種突出「陰陽相濟、虛實變換」的柔性拳種，講求相互作用中的生剋制化，處處避免「殺敵一千、自損八百」的實力抗衡，具有不同於剛性抗衡的彈性對抗特徵。其主要的戰略戰術是「穩字當頭、先讓一步、有理有利有節」那自衛型「弱者戰略」，明顯區別於「搶先進攻，出手見紅，競爭當仁不讓」的進攻型「勇者戰略」。這敵我鬥爭的中介環節是「勢」，透過敵我雙方的關係態勢去把握整個戰局進一步發展的可能性。

它以「氣」的流行為自身的物質基礎，強調身心運動裏的「守中、識變、知機」，並透過「聽勁、走位、取勢」以求到處「得機得勢」。它是「氣」的對象化展開，藉助戰場訊息單向透明那獨特的「聽勁」，把人體系統內部機能轉化為外部行為和關係，強調發展變化的某些特定的可能性。這個層次的社會功能，主要是防身、禦敵、制人、取勝。最後，它經由「捨己從人」達到「從心所欲」而實現復歸，上升到哲學領域，特別突出道家那「反者道之動、弱者道之動」和「無為而無不為」狀況。

在這些操作特色背後，則是其在中國文化背景下形成的武學觀念。例如，價值取向上崇尚養護生命、練功儲能，防身護體、維權自保；戰略選擇上突出因應環境、捨己從人，借勢假物、揚長避短；操作機理上講究陰陽五行、生剋制化，尚智取巧、出奇制勝；訓練體繫上注意內向挖潛、外練技巧，身心一體、性命雙修。

此外，還有社會歸屬方面更多地不是社會分工的職業文化而是多種應用的普適文化，不是茶餘飯後的休閒文化

而是維繫生命的實用文化，不是等級差序的主宰文化而是個體本位的自由文化，不是統治菁英的「君子」文化而是江湖草莽的「痞子」文化，如此等等。在這裏我們強調，走出自我中心不等於可以讓人隨意擺佈，巧妙藉助機勢也不等於全面依賴環境。

### 3. 修性悟道

實踐是有意識、有目的之具體操作活動；任何實踐操作背後，都有其認識論和價值論意義。修性悟道層面實質是修心養性、入道歸真、融入大化、成己成人、奪取造化、替天行道；當屬回歸本源、拒絕異化的「順為生人、逆則修仙」，突出其「窮神知化、返璞歸真」（轉識成智的「活動內化」）與「參贊化育、盡性立命」（承擔使命的「活動外化」）雙向活動的「知行合一、體用一如」。作為一種技術昇華，太極理念明顯區別於因信稱義的宗教冥想，區別於意味無窮的藝術鑑賞，也區別於克己復禮的道德說教，最終落腳於去蔽悟真的實踐反思。特別是近代以來，它企圖藉助傳統哲學形式，面對千年未有之巨變，實現適應現代世界的轉型。

這是哲學層面的實踐反思和經驗昇華，用以表述整體把握世界終極問題的探究（但其偏於成己成人內向那「身心性命」的感悟，又明顯區別於西方式外向那把握對象世界的歷史反思），著眼點是超越狹隘經驗論那智能和智慧的融匯，講究人與環境的雙向改造演化，突出「心懷宇宙」而不是「目無全人」態度；它「讓人作為人並且能夠成為人，而不是成為某種人」，其操作上則採用「觀物取

象、以類相推」方法，具有中國式的哲學人類學意蘊。比照於軍事活動，它大體相當於行軍打仗背後的政治和經濟矛盾運動背景（「戰爭是政治的繼續」和需要經濟的支持），並可以昇華為意識形態的軍事哲學和軍事文藝。

其運作原則是超越性的「返身內視、去蔽悟真」。它當要在大千世界中為自己定位，在大化流行中為自己定向；其所要解決的是人與世界那「主客體矛盾運動」的「天人關係」，系統方法論上稱之為處理整個大系統與周圍大環境的關係，傳統說法稱之為「養性悟道」，講求知性知天、承擔使命，哲學上則屬於處理必然和自由的關係。考察它的基本範疇，在天道的一端是有無和陰陽，在人道的一端是性情和志趣；運行中講究有無相生、陰陽相濟，率性任情、志遠趣高。

窮神知化當要面對未知和災難（由此知識轉為智慧），盡性立命不能推卸人的責任（於是活動形成歷史）。但其價值取向和相應路徑，又往往因人而異。傳統儒家，傾向是入世的誠正格致、修齊治平；傳統佛教，傾向是出世的明心見性、涅槃寂靜；傳統道教，傾向是遊世的丹田運轉、肉體修仙。一般認為，儒家迂闊、佛教空寂、道教玄虛；而我等在世凡人，生性愚鈍且胸無大志，世俗肢體活動祈求各盡職責、守護生命，眾生平等、世界和平，從而求得個安心。

太極拳在處理這個問題時表現出來的綜合文化精神，就是中國傳統中「萬物一體、天人合一」的天人融和。它的基本傾向，則是客觀感受的「虛無」，「空靈」和主觀體驗的「虛靜」、「空明」的統一。這天人融和的中介環

節是「神」，由「陰陽相濟」復歸「自然之道」，呈現出應物無方、陰陽不測、窮神知化、知幾其神的特性。

在這裏，原先的心身上升為神靈，亦即個人的心理活動變成一種精神和智慧，個人的身體活動則變成有社會內容的主體能動性，強調人的精神生命在運動中的作用與功能。它是前兩個層次「氣」和「勢」的融合與昇華，亦即老子所說的「道」、程朱所說的「理」、陸王所說的「心」。它在實質上也是「氣」，但已擺脫了「氣」在開始時那些具體形態，成了一種無所不包、無處不在的「天地正氣」或「浩然之氣」。它是有無、動靜、陰陽、心物、主客等各方面的統一，是客觀規律性和主體能動性相互融合的產物。因而在跟西方文化相比時，並不同於純客觀的「邏各斯」或「規律」，也不同於純個體主觀的「感覺復合」或「生存意志」，更不同於超越了個體存在的「客觀理念」或「絕對精神」，但卻有一點兒類似於現代哲學中胡塞爾、海德格爾等人努力描述的那個既不是純客觀，也不是純主觀的「世界」。

這是一個「人的世界」，也就是宋明理學家所概括的那個「全體大用」的「太極」本身。它處理系統跟環境的關係，表現了人類這個主體怎樣在環境中尋找自己的位置，並且怎樣利用這個環境采進行選擇，以解決自身各種力量的合理配置調控，以及自身發展各種潛能的發掘和利用等具有現代意義的問題。

有道是「人活一口氣、樹活一張皮」，「氣」這時已經不僅是生理上身心協調整合的自我意識，而且更是應對環境和提升生命價值的自我意識。這個層次的社會功能，

主要是修心、養性、悟道、怡情。

　　這時它破除了各種偏執，對世俗各種勝負、成敗、利害、得失更是採取一種「超脫」的「遊戲」態度，由「盡性踐形」去進行「人的自我實現」。這時它的交手應敵，已經不是心浮氣躁地去跟敵人拼老命，而是心平氣和地跟對手瀟灑地「玩」上兩手。而這恰好就是人類所特有的自由、自主而又自覺的活動，是人擺脫各種奴隸般依賴關係後的獨立發展本身。

　　由此可見，太極拳三個層次的主題分別是身體新陳代謝的生命（生命個體的肢體應對和自我更新活動），主客多方交往應對的生活（人類生命普遍交往的社會化展開）、綜合環境演化的生態（所有生命活動的前提和結果，亦即所謂「大化流行」）。這些都是人類文化的共同主題。但其中的「氣」（生命活動機制）、「勢」（生活變遷可能）、「神」（生態演化情形），卻跟源於古希臘的西方文化解釋大異其趣。它跟源於中國的其他文化形式一樣，具有所謂「輕實體、重關係」那區別於原子論的元氣論特徵。

　　這是一個不同於西方文化的特殊價值系統，但卻同樣是人類生存和發展的一個可供選擇的文化模式。特別是在工業化後的當代社會中，它對解決「技術異化」而形成的「現代病」，則至少可從個體發育角度提供一條頗有啟發的思路。

　　就一定意義上說，太極拳運作確有所謂「慢節奏、低效率，超穩定」的嚴重缺陷。但只要轉變一下觀察角度，情況便會完全改觀。太極拳考慮和處理問題的一些方式，在某種意義上確有超越時代的永恆意義，並跟現代社會全方位、大協調、能承受和可持續的發展戰略相通。就太極

　太極拳道新探太極拳的道家文化探究

拳理論的抽象層面來看，它確實是既不能證實又不能證偽的。但問題在於太極拳並不是一個純抽象的理論體系而是一個具體的實踐方式，是用來組織經驗和實施操作的，因而既可證實又可證偽，並能在實踐中不斷地豐富和發展。

## 三 太極拳的建構過程

太極拳微觀個體發育的技術建構過程，也就是一般人所說的「習技練功」過程。其實質是一個「濃縮」了的人的發展過程。它在身體上是肌體教學、運動訓練、身體鍛鍊、身體娛樂和技術上手、功夫上身的統一，在應用上是戰鬥力形成和戰鬥力發揮的統一，在哲學上則是人和環境在一定條件下的雙向生成和演化。其內容屬於人的主體性的提高，其過程屬於非生物遺傳訊息的傳遞。它實際上是群體文化訊息世代傳遞的學習過程，個體經驗訊息逐步積累的練習過程，以及綜合上兩方面的應用和創造過程這三者的辯證統一，從一個特定方面反映了人類文化歷史發展的共同規律和中華民族的獨特文化特徵。

太極拳的功夫類似文化上的修養，不僅是一種外在普適性的技術，而且還是一種內在特化亦即個性化了的技能和技巧。它是練功過程和練功結果的統一，包括有技術熟練、功力增長以及智慧成熟、道德圓滿這樣兩個方面。其進程大體有「著熟」、「懂勁」、「神明」三大階段。

### 1. 著熟階段

它的建構手段是動作（招法），建構方式是模仿。它要求人們講招式、盤架子、正姿勢。它的動作構成，有所

謂「八門五步十三勢」的基本元素，其中可分上、中、下三盤和每盤裏的根、中、梢三節。它的動作特徵，強調鬆靜，柔緩、圓活、聯貫，完整。它的技擊內容，這時還屬於「知己功夫」的「見招拆式」。它的文化心理意義，則是由肢體招式動作的外在規定性內化積澱為體內的心理感受性，因而在發生心理學上具有根源性的意義。其發展階段，近似於皮亞傑所說的那個動作沒有內化的感知運動階段（幼兒期）和動作內化為表象的前運算階段（童年期）。它的主要心理學形式是注意、想像、意向，主要心理學內容是身體意識；認識過程尚在自發階段。

這個階段在學練過程中展開，主要講「正」求「合」，主張區分動靜開合、明確形神體用，強調「形正、氣順、神寧、意專」的「正確」，處處講究動作規範和操作原則的「合度」，探求在身心分化後怎樣在操作活動中做到「內外相合」，其中主要有「心與意合、意與氣合、氣與力合」這「內三合」和「手與足合、肘與膝合、肩與胯合」這「外三合」，此外還有所謂「分陰陽」（明確陰陽的分化和整合）「明三節」（梢、中、根三節）、「統四梢」（髮、舌、齒、甲）、「合五行」（人體五臟與動作五形相配）等一系列要求，探究人體活動怎樣「節節鬆開」又「節節貫串」，旨在整合自身內部各種因素和各個方面的力量和操作（著眼於操作上的「知己功夫」）。

在操作技術方面，我們可以透過太極拳行功走架中各種招式動作要素、組合和過程特徵去追溯其構造要領和整體要求，透過各種動作的局部掌握、全體掌握和整體內外各方面的協調掌握循序漸進地完成本階段的建構任務，強

調自我整合體現的「招熟」，具有組織行為學意蘊。

## 2. 懂勁階段

它由著熟漸悟而來，其建構手段是勁路（勁法），建構方式是理解。它要求人們講勁力、悟勁路、會走化。這時它已揚棄了動作。它當然也不是沒有動作，而是每個動作幅度都很小，並且任何一個動作都可以具有多方面意義。

它的勁路構成，有依附於「掤、捋、擠、按、採、挒、肘、靠」八門招勢的「勁別」（勁的類型），以及剛柔、輕重、長短、明暗等運作形式的「勁屬」（勁的性質）。勁路特徵強調「運勁如抽絲、發勁如放箭」和「捨己從人」的「沾黏連隨、不丟不頂」。其力量性質則屬於鬆而不懈、柔而不軟、緊而不僵、剛而不脆、沉而不重、輕而不飄的韌性彈力。它的技擊內容已進入「知人功夫」的勁路「自由問答」。它的文化心理意義是把自身力量的充分發揮和敵手態勢力量的為我所用統一起來，把敵手納入自身的調控系統。其發展階段近似於皮亞傑所說的那個聯繫現實事物進行的具體運算階段（少年期）。它的主要心理學形式是感知、判斷、決策，主要心理學內容是對象意識，認識過程進入自覺階段。

這個階段在應用過程中展開，講究分辨敵我往來、明確攻守進退，突出用「中」求「宜」，強調運行時「守中、用中、適中」的「中道」，處處追求活動適當、合度、有序的「得宜」。它並不是執著定在、維持現狀、拘於名相，而是研幾破執、曲中求直、於不平衡中找平衡的「動態適應」，是上述「正」的動態表現。交手時「手腳

齊進橫豎找」，並用自己的「正中」去對準敵方的「橫中」，旨在協調身體內外各種主客體（著眼於應對時的「知人功夫」）的關係，強調應對恰當的「懂勁」，具有「交往行為學」和「衝突社會學」意蘊。

這是改變現存狀態而不是維持原有秩序；具有人與環境雙向利用和雙向適應內涵。它要求運行變化中那不前不後、不左不右、不上不下的「恰到好處」和不早不晚、不遲不疾的「正當其時」。

太極拳所講的「中」和「宜」，並不是事先設計的理想狀態和標準規範，而是在現實矛盾鬥爭的陰陽變換中綜合性的一種動態平衡或動態適應、動態有序，著眼於相互作用中的相對位置和基本關係，強調知己知彼、攻守同一、乘機取位、隨緣就勢，在「全力以赴」和「並敵一向」的同時又注意「有理、有利、有節」的「留有餘地」，絕不做折中、平均和絕對、僵死的「唯一標準」，在持續跟進的同時，也從不把話說盡、把事做絕、把勢使老。

這個操作模式泛化開去，實際上也就是中國傳統中所謂「修己治人」之道。它的方法論特徵，便是莊子所說的「物物而不物於物」。用黑格爾的話來說，這就是人類「理性的狡猾」。在實際操作上我們又可以先從訓練上自己的「找勁」、同伴間的「摸勁」和老師給的「餵勁」等「勁練」（勁的訓練），走向黏、走，拿、發等「勁用」（勁的使用）。

這個階段的落腳點是「勁用」。在這裏，太極拳的技術性能（「用什麼」）、操作者的運用技能（「怎樣

用」）和活動領域的社會功能（「用在哪」）是互相聯繫而又相互區別的。技術性能源於社會需要，受制於歷史背景和環境條件；操作技能基於學習訓練，受制於身體條件和理解發揮；社會功能出自活動性質，受制於分工領域和參與人群。

### 3. 神明階段

它由懂勁後豁然貫通地頓悟而來，其建構手段是意念（心法），建構方式是創造性的自由運用和發揮。它要求人們講意境、明陰陽、懂虛實、求虛靜，呈現道家所謂「自然無為」和佛家所云的「妙有真空」狀態。這時它不但揚棄了動作，而且還揚棄了勁路。

它在這裏發揮的，僅是動作和勁路的象徵意義，利用太極的文化模型來對世界和宇宙進行解釋和操作。它的武技內容進入自知境界，把心身、敵我、天人全部統一起來，在順應自然、窮神知化、同合大道、返璞歸真的形式下求得自身發展高度自覺（通達明瞭宇宙人生）的所謂「得道」狀態。

它連接過去、現在和未來，是可能和現實、理想和現狀、偶然和必然、必然和自由各個方面的統一；當然，這只是在實踐基礎上此時、此地、此情、此景的具體的歷史的統一。它不可能是真正絕對的。但事實上卻為人們組織經驗和實施操作提供一個切實可行的模型和框架；就像電子計算機的運算程序對於運算過程和結果一樣，在人的發展上具有真正普遍的意義。其發展階段，近似於皮亞傑所說的那個藉助符號系統處理可能假設的形式運算階段（青

年期）以及這個階段以後進一步的發展。

它的主要心理學形式是人格、智慧、情趣；主要心理學內容是明確自身在世界上位置的自我意識；認識過程進入真正自由、自主而又自動化的狀態，呈現所謂因敵成體、隨意生形、渾然無跡、妙手空空、若有鬼神、助我虛靈境況，達到一種神遇、心聽和形無形、意無意、無意之中是真意的「神明脫化」「無所待」境界。

這個階段必須有經驗昇華和實踐反思，但落腳點卻在求「空」現「靈」，但其背後卻講究社會人生的知機勢、履使命、合天人。這是綜合上述「正」、「中」的「和」，是本來如此（本然）及當是如此（應然）的辯證統一，亦即時下所謂「合規律性與合目的性的統一」（表現為「天人合一」的大化流行）；由此形成所謂「增之一分則太長，減之一分則太短」和「出乎意料之外，又在清理之中」那出神入化的虛靈、高妙狀態，表現出傳統文化中儒家的「無可無不可」，道家的「無為無不為」、佛家的「真空妙有」。

所謂千錘百煉而又復歸平淡，這時便到了真正日常生活太極化和太極日常生活化之行走坐臥都可以練功，妙手一著一太極，處處都有一太極又處處總此一太極了。這也就是所謂從平常當中現非常的「返璞歸真」。

由此可見，太極練功過程除反映人類認識和實踐過程的共同規律外，還處處表現出中國傳統認知方式上「知行合一」和審美過程上「情景合一」的那種直觀、體驗、玩味和領悟的特點。

它把艱苦的打拳過程審美化，所以打拳亦稱「玩

拳」，表現出一種品嚐玩味的審美特徵。在這過程中，太極拳不但可以使人們的知識、人格、智慧在理性的層面上得到昇華，而且還可以使人們的情志、本能和潛意識在非理性的層面上得到有序化的陶冶。

## 四 太極拳的整合機制

就觀念形態來看，人們並不難發現太極拳在方法論上特別強調有機整體、動態演化和優勢選擇。這顯然跟現代系統工程的精神基本一致。

當然，太極拳這系統方法是整體圓融、直觀體悟和全息映照的，它跟系統工程的系統分析和系統綜合具有並不一樣的內容和特點。但是，我們也不能因而抹煞它們之間某種精神上的相通。現在，我們從太極拳生命智慧的方法論角度，去看看它的整合機制。

### 1. 全息對應

這是一個總體結構性原則。對應的方法論，古今中外都應用得十分普遍。其客觀依據，則是事物普遍聯繫和結構相關。特別是在中國傳統文化中，講究萬物一體、天人合一、全息映照的大化流行（其思路跟當代的大數假說、人擇原理和量子糾纏諸論在形態上頗為類似相通），突出方法論上的「胸懷宇宙」而不是「目無全人」；其中對應的方法和技術更是引人注目。這主要是中國人觀物取象、比照類推的有機整體觀和相應操作方法論所決定的。

在中國傳統思維框架中，天、道、理、氣、太極等都是代表宏觀整體或微觀個體的基本範疇，而陰陽、五行、

八卦等則是這一整體的基本活動框架。十分明顯，這裏所強調的是系統組織「結構——功能」的演化，而不是系統內部的實體和元素的構成。這種有機循環論的整體思維，是物我、主客、內外同構的。因而在根本上不同於古代西方機械決定論的單向分解思維。

中國文化中的對應原則，就是從這種思維框架中來的；它強調無論物的構成和事的環節，都是互互相應、互互相照、互互涵攝、互互扶持、互互轉換、互互為用，由此形神體用、形上形下，道通為一。

陰陽是一種對立統一的對應性關係，太極拳中對應的方式很多：

第一類，是動作、勁路、意念在空間和時間兩個方面以及敵我之間的呼應關係。太極拳在行功走架和交手應敵中，無論動作、勁路和意念各個方面，都十分講究前後、左右、上下、先後以及敵我之間的結構性呼應和協調。

第二類，是層次、功能和過程的某種同構對應關係。例如，太極拳層次結構中的育體習技層次、技擊應對層次、哲學昇華層次，分別跟社會功能結構中的強身祛病、禦敵制人、養性悟道，或者跟建構過程中的著熟階段、懂勁階段、神明階段，還有跟認識過程的模仿方式、理解方式，創造方式等等，都形成一定的對應關係。

與此同時，它們又互相映射結成立體連環的全面對應關係，形成層次中的結構和結構中的層次，或者某種功能或方式中的階段和一定階段上的功能或方式，以及層次結構中的發展階段和一定發展階段中的層次結構，如此等等，並由此形成類似氣功上的「意、氣、形，神、勁、

勢，虛、空、靈」這樣「三層九步」功夫。

第三類，是文化功能上所謂「物我同一」的天人全息對應關係。它從一定形體動作和敵我形勢的意象領悟入手，把天文（氣象）、地理、身體、環境以及物理、事理、天理、人情等等全都對應起來，給予一個統一的哲學和文化學的意象模型解釋，並由這種意象模型的文化解釋學功能去把握和改造世界。

## 2. 陰陽互補

這是一個運作功能性原則。太極拳術中的對應首先是陰陽的對應，而且這種對應具有互補的功能或性質。在中國傳統文化中，任何東西都具有某種互根、包容或相濟、互補的特性。中國傳統認知並不重視形式邏輯的無矛盾或同一律，但卻善於發現事物的對立，並在對立中把握統一，以此求得系統整體的動態平衡。這是中國人潛意識中的觀物態度所決定的。

人在自然中的天人合一原則，使中國人在各種矛盾對立中看到的並不是簡單的對抗和衝突，也不是一般的均勢、平衡、妥協或轉化，而是一種深刻的相滅相生、相反相成、對待互根、彼此為用的大化流行；特別強調陰陽五行的生剋制化和虛實剛柔的相互轉換，突出反抗鬥爭的多向張力而不是無視矛盾的妥協調和。這顯然區別於西方人所理解的對立統一。中國文化中的相濟互補，就是從這種思維框架中來的。

太極拳善於用虛、用反、用柔、用弱等從負面去校正、補充或取代、平衡正面的工作方式，不能不說是極為

高明玄妙的。太極拳在動作上有時序先後、節奏快慢、幅度大小、空間方位等方面的互補，在勁路上有剛柔、輕重、長短、明暗等力量的互補，吞吐、開合、進退、正隅等形態的互補，攻守、發化、黏走、收放等功能的互補，意念上則是有無、動靜、虛實、陰陽等方面的互補。有道是「一陰一陽之謂道」，如果這諸如此類各個方面的互補耦合關係處理不好，便會陷入所謂「雙重」的毛病，因而不能進入太極的狀態和達到太極的目的。

從操作類型的角度說，太極拳也有三類互補方式。

第一類，「意欲向上，必先寓下；意欲向左，必先右去；前去之中，必有後撐；上下左右，相吸相繫，對拉拔長，曲中求直」的呼應協調型。

第二類，「虛中有實、實中有虛」，「綿裏藏針、剛柔並濟」的包容潛現型。

第三類，「你上我下、橫來直去」，「左重左虛、右重右杳」，「以退為進、以守為攻」，「以靜禦動、後發先至」的對峙轉化型。

用符號來表示，第一類是「有 A 則有 B」和「欲 A 先 B」；第二類是「A 中有 B、B 中有 A」；第三類是「你 A 我 B」和「A 就是 B」。

### 3. 訊息回饋

這是一個運轉機理性原則。它是連接上述結構對應和功能互補的運轉性機制。中國傳統文化在質料、能量和訊息三大要素中，相對重視的東西就是訊息，並在整體圓融中形成類似「有機體是消息」的訊息論觀點。

《孫子兵法》云：「夫兵形像水，水避高而趨下，兵避實而擊虛」，強調了用兵必須充分利用環境訊息來進行攻防戰鬥。

太極拳中所謂「鬆靜為本」、「以柔克剛」、「聽勁走化」、「用意不用力」等等，實質上都是這種訊息回饋調控技術的要求和表現。它的核心內容，也是充分利用環境訊息去進行自身的調控。王宗岳《太極拳論》就十分明確地把敵情訊息放在克敵制勝的關鍵地位上。技擊過程當然是一種力的搏鬥。但「有力打無力、手慢讓手快，是皆先天自然之能，非關學力而有為也。察『四兩撥千斤』之句，顯非力勝，觀耄耋能禦眾之形，快何能為？」太極拳因而捨棄了簡單力量對抗的觀念，從訊息調控技術方面去開發整體功能的新天地。

當然，太極拳的訊息調控技術並不限於技擊，這裏僅是以技擊技術為例給予說明罷了。從操作上說，太極拳的訊息回饋也可以歸納為如下三個類型或層次：

第一，身體感覺訊息回饋調控和「動作相關」原則。在這裏，它的調控目標是人體動作的力學平衡、人體活動的生理平衡和基於上述二者的人體活動的心理平衡。

第二，敵手活動訊息調控和「聽勁走化」原則。在這裏，它把敵手的力量訊息、意圖訊息以及敵我相互關係訊息綜合起來，以調動敵手的力量，破壞敵手意圖和實現自身的願望。

第三，主客體綜合的大環境訊息調控和「用意不用力」原則。在這裏，主要是在適應和協調跟環境關係的過程中，使整個系統實現進化。

## 五 太極拳的文化特徵

最後，我們從太極拳的文化類型特徵這個角度進行比較研究，並在這個廣闊背景下進一步確定太極拳的文化特點和價值。

### 1. 厚生利用、身體力行

作為一種人體活動、人體技術和人體文化來說，太極拳的一切都是圍繞著人的生命活動來展開，並且是「身心合一」和「知行合一」的。它是人體技術操作系統而不是理論概念符號系統。它首先考慮的東西是在操作上如何處理有利，而不是概念上如何演繹明晰。

當然，太極拳是個理論色彩特別濃的拳種，而且十分強調心智的作用。但這一切也首先是直接用來組織經驗和實施操作的。跟中國其他武術觀念一樣，它也最忌別人說自己「沒有用」（即取消其存在理由）。而要瞭解太極拳的真諦，則必須經由長期的身體練習來品味和體認。

中國文化是一種圍繞著生命活動進行並且具有明顯身體化傾向的文化。它提問題的方式，首先是生命體的利害得失，而不是物自體的真假對錯。這種厚生利用、重術輕學的功利主義「操作型」認知態度和方式，顯然不具西方學術那種「為知識而知識」的「形而上」意義，但其以象類推的不懈訴求，又不排除「形而上」探索。

西方文化由分析和還原追求本原，並由各種「元理論」來使自己普遍化。西方的技術包括體育技術同樣帶有這種由實驗分解來達到純粹化和普遍化的傾向，因而在近

代工業的推動下形成技術科學。但據哥德爾定理，任何理論體系都是自我相關的，因而也是不完全的。西方技術分解還原的理論化傾向，曾極大地推動了自身的發展，但在當代條件下卻遇到了嚴重的挑戰。

中國的技術系統首要的一點便是操作，它一開始就直接面對系統整體本身，與此相應的理論系統同樣也帶上操作的意義，因而在中國也就富有技術法而乏有技術論。在實踐過程中，操作自然地引入個體經驗。中國的技術文化系統便透過這些個體經驗來跟外界保持聯繫，並從外界吸取「負熵」。

從這個意義上說，它是開放性的。這是一種經驗綜合型的主體意向性思維，突出整體把握、個性應對。由於缺乏分析和規範，它在近代發展遲緩。但它那強大的解題能力，在當代卻給人以多方面的啟發。

一般地說來，西方學術是具體性分科知識和超驗性個人信仰的組合，而中國學術卻是普泛化的思維範疇和具體化的個體經驗的組合。

與此相應的則是西方人「為知識而知識」的純粹理性和中國人「為人生而知識」的實用理性。在這不同的文化背景下，西方體育運動很早就從日常的生產和生活中獨立出來，並形成一套區別於實際生活並較為完善的身體訓練體系和運動競賽規則，而中國「體育」（身體訓練）則一直割不斷跟其他社會實踐活動的直接聯繫，長期受到所謂禮樂教化和謀生實用的嚴重束縛，難以形成一套嚴格獨立的體育競賽規則。這跟中國的軍事沒有固定不變的打法，中國的社會沒有明晰確定的法規也是一致的。

## 2. 一物兩體、對待流行

太極拳的全部運轉機制，都是按照「一物兩體、對待流行、相滅相生、相反相成」的模式來進行的。它是個互補系統而不是否定系統，講究「柔而不軟、剛而不硬，沉而不重、輕而不飄」，「似鬆非鬆、將展未展、勁斷意不斷」和「虛中有實，實中有虛」等等東西，處處用「虛實變換、陰陽相濟」的方式來建構自己，因而跟西方那種「二元對立、衝突揚棄」的「否定之否定」方式大異其趣。一般說來，這就是中華文化系統的特徵。

中國文化系統是「完善型」的，它追求的目標是反求諸己、自我完善；西方文化系統則是「超越型」的，它追求的目標是不斷革命、揚棄更新。這也就涉及發展中所謂內傾的「超穩定結構」和外傾的「不穩定結構」以及相應的「循環論」和「進化論」等問題。其實，中國式的自我完善並不是靜態的不發展。它在自己運動過程中同樣也會造成不同的「境界」，但這些境界卻是平面的，因而表現出跟西方「一個否定一個」的那種螺旋式「揚棄」溝通並不相同的整體性「昇華」。

從認識角度說，這也就是所謂「頓悟」。由此出發，還可引申出不同的人生態度，分別形成中國式的「樂感文化」和西方式的「罪感文化」。在這不同的文化背景下，中國「體育」形成向自己身體內部發掘潛力以保養生命的性質，並具有身心內外整體協調的特點，而西方體育卻形成向自己身體外部拚搏進取以發展生命的性質，並具有身體單項機能充分展示的特點。由此可見體育上也是太極圖

太極拳道新探 太極拳的道家文化探究

象徵中國文化而十字架象徵西方文化。

太極圖表現中國人講究陰陽互補轉化昇華的自我完善，而十字架反映西方人在精神和物質、此岸世界和彼岸世界的兩極對立中追求極限和超越。

### 3. 模糊靈活、隨機應變

就學用的角度來說，太極拳表現出「重意不重形」的傾向和「隨機應變」的性質。它是個模糊系統而不是精確係統。它裏面的那些陰陽、動靜、虛實、剛柔和黏走運化，都是「無方無體、陰陽不測」地沒有什麼固定的界線，在運動中相互包容、相互作用，相互轉化，而其本身也是相對的。

所謂「太極無法，動即是法」，它確實是難以完全的形式化、數量化和固定化、規範化。跟西方體操伸手、彎腰、轉體、踢腳多少幅度和角度的動作指令不同，太極拳動作名稱大多是「野馬分鬃、白鶴亮翅」一類意象性的。特別是在應用過程中，在有功夫的太極拳家那裏，全都講究「舉動全無定向，發勁專主一方」。「舉動全無定向」，為的是不限制它各個方向的變化可能性，故能「滿身都是手，碰到哪就打哪」。「發勁專主一方」，則發揮「全體」、「用中」之妙，表現出一種整體性的操作效能。

西方的系統方式大多是規範化的，其工作方式是推演和指令，中國的系統方式卻大多是非規範的，其工作方式是示範和啟發。西方的系統方式是建立在集合論和數理統計等基礎上，因而各個子系統都是邊界清晰的。它可以透過工具理性分析來計算極值以尋找最佳狀態。然而中國的系統基本

上都是模糊的。這一方面固然跟中國直觀體悟的意象思維有關，因而無法擺脫思維範疇的形象性、多義性，具體性，但在另一方面又涉及事物構成的複雜性、發展的不確定性和認識的靈活性等問題，因而在當代極富啟發意義。

中國文化是智慧型而不是知識型的。它那「為道不為學」和「重意不重形」的傾向，實際上強調了人的個體感受和主體創造，講究可能而不是必然，這有利於在複雜多變的環境中保持自身的穩定性，因而跟反映當前環境複雜性、資源有限性和人類脆弱性的「後現代思潮」頗為吻合。

中國技藝中那些「神仙難辦」的神祕色彩和奇妙性質，也蘊涵著極大的文化魅力。現代西方文化中出現一股從理性批判向文化批判發展的趨勢，在形式上則呈現為某種「向東方文化復歸」，這不能說不是意味深長的。從體育的角度來看，西方的精確方式導致對人體單項機能極限可能的探究，而中國的模糊方式則導致對人體整體功能應變作用的追求。

總起來說，太極拳所反映出的中國文化這些相互聯繫的特徵，都是中國人在跟環境變遷相互作用而形成的社會演化產物。它是中國人的一種生存和演化方式。作為一種文化方式來說，它顯然是無所謂優劣好壞的。只有把它放在一定參照系下，才有可能讓它獲得自身的意義。而且就其演化來說，也是具有多種可能而不是一種可能。因果有定不等於歷史宿命，強弱定勢並非不能改變，演化目標當有可為；問題關鍵只在於我們的操作選擇，在於我們在一定條件下賦予某種文化方式的意義。

# 第二章　道在養生
## 太極拳養生原理解說

　　西方哲學源於對自然的驚愕，中國哲學卻源於對生命的感悟；由此西方人的思路大多沿對象化的知識論展開，而中國人的習慣則偏好操作法的路子。技術操作的實質，是生命能量目的性之有效發揮，著眼於人的生命實踐、生命體驗、生命權利和生命意義；由此涵養生命能量、優化生命狀況、提高生命境界、發展生命功能，便成了所有技術運行的一個前提和目標。

　　其基本的操作手段和運行方式，則是整合生命體內部的生理機能，以及協調生命體與其外部環境條件的相互關係，在雙向改造中求得雙互適應。

　　生命權利是所有技術操作的前提；作為一種肢體應對的生命技術，太極拳由生命體內外各方面「陰陽相濟」的運行機理，強調「養而少耗」和「能態轉換」的操作「性價比」，至今仍有很高的啟發意義。養生思考遍及中國人所有的生命活動，包括但又不侷限於「日用不知」的衣食住行；但在具體的活動領域和操作技術上，則仍有分工合作的各司其職，很難說已經分化出一個專業性的「養生行業」。儘管養生理念和要求已經貫穿飲食男女、起居勞動、行住坐臥、四時作息，此外還有不少導引存思和修身養性一類活動的特殊操作，但卻很難說哪方面是養生的專門領域。

養生是一種普泛的價值取向而不是專項的行為方式。查「百度」上的說法：「養生，動詞也，亦可為名詞。原指道家透過各種方法頤養生命、增強體質、預防疾病，從而達到延年益壽的一種醫事活動。養，即調養、保養、補養之意；生，即生命、生存、生長之意。現代意義的『養生』指的是根據人的生命過程規律主動進行物質與精神的身心養護活動。」

但我的理解，這說法似乎不夠全面。人不僅是一種物質存在而且還是一種精神存在；從哲學層面看，「養生」還當涵蓋人的生命能量涵養、人的生命權利維繫、人的生命意義把握、人的歷史使命履行等形上層面的實施，其運行方式講究內向修練，不能只是停留在增加營養、休養生息、醫療保健、肢體康復、機能訓練、清潔衛生等形下層面的外在「醫事活動」上。

中國養生觀念往往處於有意無意之間，突出自然無為的循道而行，並不斤斤於某種形下活動。

## 一 中國生命哲學和道門養生原理

太極拳的基本價值取向是「道」，其研究出發點是個體人的生命；人的生命是人類所有活動的前提和歸宿，技術操作是人的生命活動方式。中國道門「尊道尚德、重人貴生」，認為生命是大道的體現，突出道的價值就是生命價值，並且宣稱「我命在我，不屬天地」。

由於人人都具有道性，所以只要由修持修練，由生得道，由道得仙，必能達到生道合一，形神俱妙，以道合真的境界。道門追求「肉體成仙」的修道與促進健康的養生

其基本方向，是頗為一致的；所以修道便是養生，而養生也就是修道。它一方面將宇宙大道的「清虛自然、陰陽之化」立為修道之本；另一方面，又探究身心性命之奇妙，認為養生修命，形神俱妙，可以達成「與天地同流，與太虛同體」的境界。太極拳用自身的人體語言和自身生命實踐向人們反覆申述這點。

### 1. 中國養生理論的哲學背景

在論及道門（包括道家與道教）養生原理之前，有必要簡略地討論一下中國人的生命哲學。目前我們遭遇現代病所碰到的問題，一定意義上都是人們行為的指導思想以及相應的操作方式出了問題；而這些問題的解決方式，一定程度上又往往可以在中國古代的生命哲學中獲得某種啟發。

中國哲學，一定意義上就是生命哲學。《易》云：「天地之大德曰生」，生生不已的有序循環不但是中國人的世界圖景，而且也是中國人的終極價值取向。由此中國哲學是「生」的哲學，中國哲學史上的所有哲學都是圍繞著「生」的問題「向內」來展開的。「生」的哲學至少包括下述三層涵義：

第一層涵義：「生」的哲學是「生成論」哲學而不是「構成論」哲學。

西方人所理解的「本體」，是構成事物本質的對象化靜態實體，由此實者不現、現者不實，本體跟現象永遠無法統一，人們於是追求一種「象外之體」。但中國人所理解的「本體」，卻是生成事物的非實體性「本根」或「本真」，它在操作中由功能或作用而顯示出來，天人合一、

體用一如，現者即實、實者即現，沒有必要去妄分彼此，人們完全可以在操作中「即象明體」。

第二層涵義：「生」的哲學是「生命」哲學而不是「機械」哲學。

西方人所理解的那些構成本體的元素，往往是靜止不變的，甚至連人本身也被看成是一具精巧的機器，人跟自然的關係是種外在的控制反控制、征服被征服的關係。中國人所理解的「本根」卻是一個生生不息的新陳代謝生命過程，自然界是個生命有機體，人的生命不但跟自然界息息相關，而且具有一種道德的意義和價值；人跟自然的關係是內在而不是外在的。

第三層涵義：「生」的哲學是「生態」哲學而不是「個體」哲學。

西方人理解的本體，往往是孤立的個體，是一些獨立的原子、單子，然後再談論這些個體的相互作用，分化出主體與客體、精神與物質的「二元對立」狀態。中國人卻更多的是在整體性的生命意義上講人與自然、人與社會以及人與自身的和諧關係，突出關係中總體性之「人的生命價值」。

中國哲學認為，任何生命現象都不是一個孤立事件而是有機的系統整體，人的生命規律跟整個自然和社會不但是「同構」而且是「統一」的。按照這種理解，人與自然的關係是價值而不是認知的，是一元而不是二元的。荀子云：「水火有氣而無生，草木有生而無知，禽獸有知而無義；人有氣、有生、有知亦且有義，故最為天下貴也。」這就是直接把人的生命跟社會關係和社會價值聯繫起來。

（當然，西方哲學也是處在不斷發展變化過程中的。例如西方的「元哲學」，就經歷了本體論意義上的「外在」形而上學、認識論意義上的「內在」形而上學和生存論意義上的「此在」形而上學這樣三個階段。特別是西方現代哲學中的生命哲學、過程哲學和馬克思主義實踐哲學，都跟中國哲學在精神上有較大的交叉和呼應。但西方哲學整體無論怎樣變化，始終都帶對象化考察的「理性」色彩，缺乏中國哲學主體性情感體驗的「性理」特徵。）

這裏值得注意的是，主客對立的西方式哲學在人體活動的理解上也是身心分裂的。儘管他們對身心活動有著極為精到細緻的分析，然而其對象化的外向性不懈追求卻是造成「現代病」的一個重要方面。

萬物一體、天人合一的中國式哲學在人體活動的理解上則是身心合一的。儘管他們對身心活動缺乏認知層面的清晰理解和邊界明確的邏輯把握，然而其主體性的內向體驗在某種意義和一定程度上卻是抑制「現代病」的一個有效的辦法。

所謂「天地之大德曰生」、「生生不已」，中國哲學是一種「生命哲學」，具有非常深刻的生態意義。生命現象是整體現象，其特徵在於「新陳代謝」亦即跟周圍環境和萬物不斷地進行相互作用，並實施物質、能量、訊息的交換，獲取並涵養「負熵」，由此維持自身的存在和推進自身的發展；這就是說，所有生命都是在與「他者」相聯繫中存在的，由此必須在天地萬物大化流行的整體角度去提出問題，講求「參贊化育」的「天時」（天文、氣象亦即宇宙參數，特別是地球的物理化學、化學物理的程序性

效應）、「地利」（藉助於地形、地貌亦即環境參數和資源物候的條件性依託）、「人和」（操作主體的整合亦即以人際關係和社會機制為運行性中介）。

任何生命現象都是整個天地生態鏈條中的一個環節，是複雜條件耦合的一個「偶然」的特殊事件。構成生命的不同因素都有其時（時間規定）、序（程序次第）、位（空間方位）、機（機遇條件）、勢（發展可能）、度（客觀邊界）、節（運行調控）等等多個不同方面層次的規定，包含有適時、循序、當位、得機、就勢、合度、中節等方面綜合平衡的考慮和訴求，尋找合規律性與合目的性的相互交融；凡有背時、亂序、錯位、失機、逆勢、無度、亂節等任何一種因素出現，都會影響整個生命的運行。

所謂「人身小宇宙、宇宙大人身」，在中國文化的生態擬人宇宙觀中，修身、齊家、治國、平天下是完全相通的；由此「不為良相便為良醫」。由此在中國的傳統養生理論中，養生便是一個整體概念，不能單純地從一個孤立個體「消極保命」的角度，而是從整個人類群體在一定環境條件下普遍交往的全方位視野去理解。

「養」的基本含義是「供養」，具體包含鞠養、教育、修養、治療、信守等多種意義；而「生」的本來含義是從土中長出，包含有生命、生存、活著和天生、本性等意義。把二字合在一起，顯然有鞠養、涵養、保養生命的意義，這跟後世把「養生」理解為「保養身體，促進健康長壽」的大方向當是一致的。

按照天人合一的「大養生」觀念，一個投入養生活動的人，在天地萬物之間既要養己又要養人，既要養人又要

養物，追求天地人相互作用過程中的「三才貫通」，由此得以「參天地，贊化育，奪造化」並「替天行道」。天地生養萬物，由此聖人培賢育能並透過經邦濟世使國人豐衣足食和知書達禮，這一切都要進入「大養生」那「經邦濟世」和「生態平衡」的範圍。

這種觀念超越「一己之私」的簡單生命延續，把歷史使命、社會責任、環境生態、個性表現融為一體，認為養生不僅是個人的事而關乎「天下萬民」和「天地萬物」，亦即所謂「民胞物與」是也。「萬物一體」和「天人合一」的觀念，使中國人相信不可能有純粹和孤立的「獨善其身」；每一個體生命的意義都是由族群與環境的相互關係去定義的。由此，社會性的養生、修德、治世和個體性的養神、養氣、養形是完全統一的，並與修身、齊家、治國、平天下基本同構，「天地正氣」跟個人「浩然之氣」也必然重合。

老子曰：「重為輕根、靜為躁君」，俗語亦云：「休養生息」，如果不加節制地放縱低級生理本能和「跟著感覺走」那心浮氣躁的輕舉妄動，無法成為自然、社會和自身的主人，亦即無法「自我主宰」。事實上沒有自我控制也就沒有個人自由。

中國文化把個體生命與自然生態和社會德性聯繫起來並探究其可持續性的條件，其基點看起來是群體與環境，然而其背後卻是個體的人性關懷，是由對自然和社會的生存價值之深刻認識所達到的人性理解。它不屑於外在的逞強爭霸，致力於內在那人的生命權利。

基於中國哲學對「生」的這種理解，因而中國人發展

出一個強大的「養生學」傳統。就歷史上說，中國原先並沒有「體育（社會規範和肢體技能的身體教育）」概念、沒有「競技（體能和技能比較競賽）」概念、沒有「健美（外顯的身材肌肉展示）」概念、沒有「保健（機械性那外在的醫療預防和衛生防疫）」概念，這些都是西方式對象化考察的外在概念。與此相近的中國式概念是「養生（生命能量的涵養保護）」、「修練（生理潛能的挖掘整合）」、「禮儀（待人、接物、處事的身體儀軌規範）」、「嬉戲（身心活動的娛情享受）」、「遊藝（身體技藝的精神寄託和個性發揮）」、「習武（人體自衛技能的學習訓練）」，這些概念又都跟習禮修德、陶冶性情以實現生命價值密切相關，強調了中國式的主體性內在探求。

　　中國人強身健體、祛病延年的操作方法，其物質依託都在於個體生命能量的涵養、展開和自身潛能的挖掘，由此都可歸到「依自不依他」那變化氣質、陶冶性情的「大養生」概念下面。

### 2. 道門養生的原理和特點

　　在中國生命哲學的基礎上，包括道家和道教在內的整個道門對個體性的生命都較儒、佛各家有著更為深入和細緻的思考。而在中國養生理論上面，則以道門最為高明、圓通、徹達和完善。一般認為，儒家往往偏於入世用世，因此顯得支離繁瑣；佛家往往偏於出世捨世，由此讓人覺得寂滅消極；而唯道家則主超世遊世，可入可出，可用可藏，無二者之偏弊，而又能盡賅其所長。

　　所以，太極拳以道家的學術思想及修養方法為主幹，

而對儒佛之上乘旨意，亦兼收並舉，以參以證，務求貫串融通而一之。跟儒門「家國同構」的設定不同，道門講究「身國同構」，突出「以身載道」的個人身體「先在性」和「神聖性」意義；由此不但與西方文化「身心對立」的假定相反，而且區別於儒門的濟世救俗和佛門的超世脫俗，著眼於遊世應變和葆真全身。道門養生的理論是從中國生命哲學中引申出來的一種系統性理論，其中主要內容可以歸納為如下相互聯繫的幾點：

## （1）人身構成

道門尊道貴生、以身為體，亦即把人身看作是大道的載體，其表現則是形、氣、神三個層面的高度統一。在這裏，「形」是指有形有狀的物體，它是人身的物質基礎、質料載體和表現形式，大體包括有五官四肢、五臟六腑、骨骼肌肉、皮膚毛髮、腦髓筋脈、精血津液等等，其中精華部分則是「精」（包括「先天之精」和「後天之精」）。

「氣」是用以描述人之生理活動的一個範圍相當廣泛、邊界頗為模糊的功能性概念（包括「先天之氣」和「後天之氣」），其核心集中在形成身體活動的能量功能系統，為所有生命活動的動力和源泉。

「神」則指整個生命活動的支配主宰（其中超驗性的「元神」主要是自我主宰，經驗性的「識神」主要是外部把握），大體上相當於現代人所說的「意識」，其功能主要表現有兩個方面，一是對自身和外部世界的認識（所謂「虛靈知覺」、「逆料未來」、「推測禍福」），二是對身體控制支配（所謂「作止任滅」、「千變萬化」、「隨

機應境」）。

在形（軀體結構）、氣（生命結構）、神（心理結構）這三層結構中，形為基礎、氣為中介、神為主導（其操作理念則是「以意導氣、以氣運身」），大體上可以對應現代科學所說的質料、能量、訊息三個概念（當然並不是簡單的一一對應，西方科學概念都是邊界清晰的對象性獨立概念，然中國式範疇卻是邊界模糊的功能性範疇）。

跟這形、氣、神三層結構大體相應的還有「命」與「性」兩大功能性範疇：其中「命」指被先天賦予的生命活動（「口令為命」），為形與氣的統一，包括身體內部的生理、生化過程和外部的肢體形骸之物理活動，相當於現代科學所說的「物質代謝和能量代謝的綜合表現」；而「性」則指人後天獲得並特有的「心性」（「心生為性」），這是一種帶上社會性價值關係的人類精神意識，相當於現代科學所說的「關係確定的訊息引導和調控」。所以形、氣、神的統一，同時也就是「命」與「性」的統一。在先天狀態下，「元神」用事，性命原本就是一氣流行的圓融一體；而後天由於「識神」的作用，才有了身心性命的分別，然而這分別的雙方在事實上仍然互相依存。

（2）生命存在

生命是一種動態流變的存在，它是生命體在一定條件下的新陳代謝過程。按中國哲學的生成論觀點，所有生命都不是造物主事先給定的設計安排，而是大化流行中陰陽運化機緣和合的建構生成。任何生命體都有一定的「自主能力」；其先天的稟賦（遺傳基因）只是給生命的存在提供了可能，而後天的實踐應對則讓生命運行成為現實。由

此也就產生「我命在我不在天」之說。

所謂「氣聚為生，氣散為死」，但其聚散的機緣造化又並不是一個「孤立事件」；生命的活動條件必須依賴於所有的宇宙參數、環境物候、生存競爭、遺傳變異以及社會關係、主體操作等等諸方面的相互耦合，其基本活動方式則有自身內部調控安排和外部應對協調。

人的生命必須沿著生命、生活、生態這三維空間才能夠得以存在和展開。在這三維空間中，「生命」必須依附在一個個具體人的身體形骸上面，是一種「個體性存在」；然而其活動內容和特點則又在於跟周邊環境和其中的萬事萬物相互感應和互相作用，由此不斷地進行物質、能量和訊息相互交換的「新陳代謝」自我更新運動。

「生活」則是生命的社會化展開，「人的本質就其現實性來說是一定生產關係的總和」，它必須由一定的社會關係和社會機制去適應和改造環境，並由此獲得生活資料和表現為具體生活方式。

「生態」則是所有生活的自然環境和物候條件，構成整個生物圈的「生態鏈條」，表現為人類生活的前提和結果。

因而人的所有生命活動都應該在這一定的生態環境中進行自我身心運行應對的雙向調控，參贊化育、奪取造化、同合大道，用以實現「天時、地利、人和」的整體性全面調諧。生命運動的正常狀態亦即健康狀態是一種隨機就勢的「運動性適應」，其內涵大體可對應現代科學所說的「生理適應、心理適應、社會適應」這樣三大適應，以便整個生命能量得以持續維繫的節能減耗和穩態控制。

### （3）生命運行

生命為一個有始有終的主體性環境應對具體過程，它是整個宇宙大化流行的一個部分的突出表現，在這裏「陰陽運化」是其核心機制；所有生命活動的機理就在於使陰陽兩股力量在矛盾對立運動中得以保持「動態平衡」（這裏所說的「動態平衡」並不是熱力學所說那個「能量趨於平衡」的「正熵」，而是「遠離平衡態」那「建立秩序」的「負熵」）；所謂「形神相生」，人的性命並不是將形神鎖定在一個固定和封閉的系統裏，而是在相互作用的動態過程中獲得完善。生命活動就是透過一定的技術操作「在各種現實不平衡中尋找自身的穩態平衡」。

人的生命活動依附於人的身體，但這人的「身」卻並不僅是西方人所理解那事先構成的「靈魂的容器或載體」，而是一個陰陽運化所帶來那整體性「伸展」或「擴展」的生長過程；此外它還與表示「精神」的「神」字同源同音，暗示其同時還蘊涵著鮮活靈動的主體性精神和內外環境的相互作用。人生命運行的內涵不外就是一種「新陳代謝」的應對：對內應對自身的異化，對外應對環境的變遷。

具體地說，人體生命「形神相生」的「陰陽平衡」整合，主要由兩套功能系統承擔：

其一是五臟六腑（五臟功能特點是「藏精氣而不瀉」，六腑功能特點是「傳化物而不藏」），這是一種區別於西方科學所謂生理器官的生理功能系統，其作用是履行人體的各種生理機能（打比方說，西方人所說的器臟類似生產工廠，而中國人所說的臟腑卻類似職能管理部門）；

其二是經絡穴位，這是一種區別於消化道、血管、氣管、淋巴腺、神經元等有形實體的物質、能量和訊息通道，其作用是溝通和整合全身的生理活動（打比方說，西方人所說的通道類似道路、河流和各種管線一類有形通道，而中國人所說的通道卻類似空中航線、大海航道和音頻電波一類無形通道）。

其平衡的方式則有陰陽（兩種不同傾向）的「順」（即同向的參贊天地、順應四時）「逆」（即逆向的負面調節、回饋平衡）「損」（即「瀉」，清除污染、防止異化）「益」（即「補」，吸取精華、儲備能量）和「五行」（金木水火土所象徵的五類不同物質和訊息）的「生剋制化」（相互作用）。

由於「天人相應」，因而所謂修道養生便是「通天地之化，運陰陽之用，源道德之妙，大性命之真」。由此有無相生、順逆循環、動靜相間；所謂「順為生人、逆為修仙」，在一定條件和相應的範圍內，正反、順逆、屈伸、進退是可以由某種特殊的方法相互轉換的。為此，當要絕貪去慾，返樸還淳，遊心於淡，合氣於漠。寂然不動，因自然而行；虛心而冥，函宇宙而無跡；無心而照，普萬物而位物。不以是非好惡，內傷其身，外傷其形，表現出一種「守靜用虛」的傾向特點。

## （4）生命涵養

大全無限而部分有窮，任何生命都是整個宇宙大化流行中的一種具有自身邊界的程序性個體有限存在，其儲備的生命能量頗為有限；所以生命體推動生命運行的有限「生命能量」也就必須積蓄和涵養，絕不能毫無意義地胡

亂浪費自己的生活資源和生命能量。

據此，我們當要煉形、保精、行氣、凝神，其操作性表述則是「性命雙修」，讓有限的生命在內外資源整合的過程中獲得優化和昇華。在生命的運行過程中，作為生命載體的質料（「形」）會磨損，作為生命動力的能量（「氣」）會枯竭，作為生命主宰的訊息（「神」）會耗散，由此良好的生命活動當要養形（特別是「保精」）、蓄氣、凝神，講究性命雙修、陰陽顛倒，一方面調理臟腑，另一方面則疏通經絡，總體上追求虛靜無為、和順自然、人我和同，由返璞歸真的「從後天返回先天」的「內丹」修練，努力並不斷地從環境中吸取和儲備生命能量，並且善用、節用、巧用、妙用這些有限的能量，達到保持自身持續和有效活動之目的。

道門所謂「衛生之經」，乃為「葆真抱元」亦即「保全生命本性之道」。而這追求「本性」，也就是讓形體與精神的健康和整個生命的優化。就其個體性的「保衛其生」說，幾乎包括防疫養生、治病活人、延齡長生，以及防身護體、保命免害等各個方面抽象而且寬泛的涵義。就其社會性的引申義說，則還有濟世救民、保衛生靈的意蘊。

由此，道門不但發展出諸如服食、調神、行氣、導引、調攝、房中、內丹和武功等一系列養生方法和先治未病、節而不耗、陰陽平衡等養生原則，而且還有匡扶正義、躬行天道的社會訴求。

其方法論特點第一是著眼於可能性變化而不是當下既定之狀況；第二是在無限發展面前承認自身存在的有限性；第三是在既定的前提下由協調整合和回饋平衡而提高

自身生存期限、狀態和質量；此外，它還有心性修練和以德潤身的要求，從社會的層面提高生命活動的意義。

這一切的實質其實不外就是制約異化、減少「正熵」（即所謂「損」、「瀉」）和培植「負熵」（即所謂「益」、「補」）。就當代眼光看來，這些觀點和操作具有極大的合理性。比照現代科學我們知道，生命體是一個高度組織起來的複雜系統。任何系統內部都有一定的秩序，這就是系統的有序性。有序的反面是無序亦即混亂。系統的有序性越高，表示這個系統功能越健全；反之有序性就越低，則表示這個系統功能越衰退。

所謂疾病，就是生命系統穩態運行定勢的破壞。任何系統的基本功能都是維持、提高自己的有序性，但這卻是以消耗內部的能量為代價的。物理學中用「熵」（大體對應哲學上的「異化」）這個概念表示系統中能量轉化已經完成的程度，其實也就是系統喪失能量轉化能力的程度，因此，熵這個概念反映了系統的無序程度，熵越低，系統的有序性越高；熵越高，系統的有序性越低，一個系統如果不從周圍環境吸收能量，必將造成系統內熵的不斷增加；熵極大，表示系統內部不再有任何能量轉化過程，達到了「平衡態」，即系統解體。這就是熱力學第二定律。對於生命來說，解體當然意味著死亡。

奧地利著名物理學家薛定諤在其《生命是什麼》的有名演講中為生命科學引入了「負熵」概念。他指出：「一個生命有機體在不斷地增加它的熵——你或者可以說是在增加正熵——並趨於接近最大值的熵的危險狀態，那就是死亡。要擺脫死亡，就是說要活著，唯一的辦法就是從環

境裏不斷地汲取負熵，我們馬上就會明白負熵是十分積極的東西：有機體就是賴負熵為生的，或者更確切地說，新陳代謝中的本質的東西，乃是使有機體成功地消除了當它自身活著的時候不得不產生的全部的熵。」

他還形象地說：「高等動物的食物的物質結構是極有秩序的，而排泄物的有序程度是大為降低的。意思是說失去的秩序用於維持生命的有序程度了。」（當然這只是比喻，實際上生物的新陳代謝並不是直接把外界的秩序變成了自己的秩序，最簡單的事實就是動物排出的尿之結構要比喝進的水之結構複雜得多；另外呼出的二氧化碳之結構也比吸入的氧氣之結構複雜）道門養生中所謂「陰陽順逆」的「返回先天」，一定意義上就是探索人之生命中「熵」與「負熵」相互變換的原理。

### 3. 太極拳的整體動態養生模式

雖然太極拳的原初本性並不屬於專門的養生技術，但把生命能量涵養和運行作為其技術操作的前提設定和價值訴求，卻又是確鑿無疑的。

傳統的農業社會沒有「養生產業」和「養生事業」之分，但作為一種總體價值取向和操作原則，養生卻又貫穿到人們所有社會生活的各個方面。

所謂太極拳的整體動態養生模式，就在上述這幾個道門總論點的基礎上展開。儘管肢體技術僅是人體生命活動的一個方面（不能忽略無視飲食男女、起居勞作、認知思維、多方交往、娛樂休閒等種種活動的生命意義），但作為一種整體性的肢體內向綜合技藝（而不是單向線性的外

部工具技術），太極拳操作基礎是人體生命自我調控那自覺性活動，特別強調生命肌體「氣宜直養、勁要曲蓄、神須內斂」，形成「惜精、練形、養氣、凝神」四大養生觀念，藉助「調身、調息、調心」三大操作方式，講究「動以養形、靜以養神、身心互動、形具神生」，著眼於生命能量攝取涵養和調控配置、恰當得宜，由此進一步把整個價值方向引申為「益壽延年不老春」。

這裏所謂「養生」並不僅僅是肢體活動功能用進廢退的「健身」，而是整個人體涵蓋生理、心理和自然、社會等方方面面因素的協調有序、全面整合的運化和建構，於是從根本上區別於懈怠無序、雜亂無章「去組織化」的自我解體；由此便是一個兼顧生理（身體機能）——心理（精神意識）——自然（因應環境）——社會（修德養性）的整體養生模式，主張形神合一、動靜結合、人我互動、身心俱完。它不僅積澱了中國人的生存智慧，而且還反映了中國人活在當下背後的超越追求。

就操作上說，「太極分陰陽，陰陽為太極」，由此太極拳的操作歷來講究怎樣在這幾個方面相互貫通的「一氣流行」中動靜相生、陰陽相濟、養練結合、內外兼修、蓄而待發、有備而應。它不但講究個「練」字，亦即透過學習和訓練提高身體活動應對環境的技能，而且還要講究個「養」字，亦即由休息和養護，積蓄、擴展和調整、挖掘自身生命能量的效能。

這裏所謂的養生功能，主要是指對人體生命能量的養護和對生命過程的調適，其基本內涵是活得瀟灑和益壽延年，著眼於生命本身的有效持續和生命能量的有效利用。

應該指出，強身跟養生是人的生命活動中既有聯繫，又有區別的兩個不同層面，我們不僅需要有即時呈現的活動能力，而且還需要有持續有效的生命活動。

所謂「光練不養無法持久，光養不練難以發揮，又練又養相得益彰」。由此，人的身體不僅需要鍛鍊，而且更需要養護。

至於所謂「技擊」與「養生」的統一，不外就是生命外向「應對」與內向「養護」的統一（其要在於操作上的潛能挖掘與經驗技巧的實際建構，而不僅是意識上那「超驗心」和「經驗心」的心理調適），由此體現生命那「動態平衡」或曰「運動性適應」之本質。

太極拳這兼顧生理（身體機能）——心理（精神意識）——自然（因應環境）——社會（修德養性）幾個方面的整體動態養生模式，可以總稱之為「練功」（著眼於內在功能亦即實踐能力而不是要素構成的外在形式），操作時大體沿著「身」（人體生命的物質載體）、「技」、（操作性的運行方式）「性」（價值性的操作控制）三個層次展開；由此，人體構成的「形、氣、神」便體現為操作運行的「身、技、性」，兩個方面對應互根（在更高的層次上，還與哲學上的「道本論」、「用反論」、「歸真論」對應）並最後歸結為「性」。

筆者以為，太極拳的「整體參與」和「動態運行」模式，並不是西方式那相關要素的機械性排列組合，而是不同方面相互作用那渾圓性的陰陽相濟和相反相成；它所強調的並不是統一規範、嚴格標準的準確運行，而是個體差異、應對變化的揚長避短和功能代價。

下面我們討論一下這整體模式中的具體層面：

## （1）「身」的層面

即所謂練體修身，著眼於生命的生理機能，其基礎是強身健體的身體調適，表現為招式動作的形體練習，操作上可對應於氣功中的「調身」，其旨在提高生命能量儲備和優化機體活動；這是所有養生的基礎。任何生命都必須附載於生物體，生命是生物體的活動形式；由此中國文化特別講究「以修身為本」。

道門講究「身國同構」，突出「以身載道」的個人身體「先在性」和「神聖性」意義；由此太極拳也把人的身體擺到一個十分重要的位置。《太極拳十大要論》云：「氣之為用，不本諸身則虛而不實」，太極拳中所謂心、意、神、氣、勁等等全部都得行之於身、蘊之於身、發之於身的「功夫上身」。在這裏，其活動原則是「鬆靜為本」，目標是「返璞歸真」，操作是「意氣領先」，效應是「動中求靜」。

養生的基礎是要讓生命機體各種要素和各個方面都得以合理配置和有序運行。深受道門影響的中國的太極拳養生理論認為，在生生不已的大化流行中，人只是一個有限的存在；人的生命機能需要訓練，但生命能量卻需要涵養；訓練當要付出成本，然而成本又「不能做虧本買賣」。因此，生命不僅需要運動，而且還需要休息。

中醫理論認為：「無動不健、無靜不康，動靜互濟、相得益彰；動求合度、靜應適當，過靜積弱、過動致傷；動靜結合、以動為綱，動中求靜、保持健康」。所謂「無動不健」的「健」字，用以表述生理機能的彰顯強大，據

「用進廢退」原理，當以動的方式去訓練促進；所謂「無靜不康」的「康」字，用以表述生理機能的有序延續，當以減少損耗的方式得以維持；而「動靜互濟」，則用以表述動靜對立統一關係。「以靜養生」，並不是不要運動，而是要適當運動、合理運動和採用恰當的運動方式，考慮運動中目標上「有的放矢」和能量上「收支平衡」，講究操作運行的「性價比」和能態轉換的「有效性」，由此維持整個生命運動的協調有序和持續穩定狀態。

至於後面幾句，都是表述人體動靜的操作原則和實際功能，並有大量的經驗事實予以證明。如上所述，人作為動物，其生存方式在於以軀體活動為特徵的新陳代謝類型。而人作為有意識的動物，其精神及能量既要有效發揮，但又不能損耗太過。按中醫理論，「形體靜而貴動，故宜動以養之，神氣動而貴靜，故宜靜以養之」；所以「動以養形、靜以養神、不當使極、持之以恆」。所謂「靜極生動、動極生靜」，動靜兩個方面原是可以互相依存和相互轉化的。

太極拳以鬆靜為本，讓動靜兩端各得其所而彼此不可替代，核心點是其相互的變易和平衡。

對象考察曰「形神」。這是生命活動中形之於外和主宰於內的一對範疇，其運行時強調「養而不耗」，亦即生命能量的涵養貯備和節用、善用。行拳中「養練結合」亦即訓練中「內外兼修」，著眼於人體身心分化後必須進行自我調適整合，由此外向的運動形體與內向的涵養精神分別從不同方面支持人體的生命運動，加強身體的活動能力並使其健康長壽。

太極養生從人的身體之「先在性」和「基礎性」出發，承認其「變動性」和「可塑性」，由此透過自我修練去強身健體、祛病延年；其中動以養形、靜以養神，二者相輔相成密不可分。在這裏，養形要以神氣的清虛靜定為基礎，養神又要以動態的平衡協調為指導。人類生命的新陳代謝，就在這個過程中展開。這時「見山是山，見水是水」，講究「招正式圓」的「形正、氣順、神寧、意專」。它由招式動作活動筋骨，由意氣內斂固本培元（亦即一般武術上所謂「外練筋骨皮、內養精氣神」），分別從身心兩個不同的方面去整合和優化人的生命活動，由此達到「形神俱妙」。因而跟那些「拚命鍛鍊來把自己的身體搞垮」和「跟風從眾形成精神迷信」的西式競技體育有所不同。

太極拳這裏更多強調的是「動靜相兼」的自我保養和「舒適自然」的個性表現。具體到太極拳的訓練體系，則有表現為「手眼身法步」的「外練筋骨皮」（這是一種「從先天到後天」的「學力而有為」經驗型積累，強調一個外向肢體活動的「練」字）和表現為「精神氣力功」的「內練精氣神」（這是一種「從後天返回先天」的「返璞歸真」超越性追求，強調一個內向意氣運行的「養」字）這兩個基本方向。

### （2）「技」的層面

即所謂挾技行功，著眼於生命的活動技能，其核心是生存競爭中應對環境中防身護體的技藝發揮，表現為意氣運行，操作上可對應於氣功中的「調息」，其旨在肌體的自我維護和緊急避險，體現生命主體性的「致人而不致於

人」；任何生命活動都必須要在應對環境中新陳代謝，這是養生的必要條件，屬於「學力而有為」那文氣「功化積累」的非生物遺傳訊息的傳遞，綜合表現為人的技能和潛能的發揮。

人的生活並不是自我中心一廂情願的孤立事件，而是大化流行中取天地萬物精華、應人際交往互動、尋身心自我協調；在這裏，生活是生命的社會化展開，其中動態應對當是核心環節。

必須強調，新陳代謝的生命活動不外就是一種應對：對內應對自身的異化，對外應對環境的變遷。而文化則是人的存在方式，其特點是依託超越本能的技術，由此養生不能無視應對技術。在這裏，其應對原則是「有感而應」，方法是「就勢而動」，操作是「虛實變換」，效應是「以柔克剛」。

生命的基本內涵是生活應對。跟動物不同，人的生活應對不僅依託本能而且還得藉助技術；其內涵為多向互動的「在改造客觀世界的同時也改造自己的主觀世界」，而並不是線性單向那一廂情願的「心想事成」或逆來順受的「改變心態」。

作為一種武術亦即「用武之術」，太極拳的基本功能體現在生活應對。在這過程中，應對中操作主體自我可以調整，但應對條件和對象卻難以選擇。由此必須走出自我中心的個人冥想而真正面對異己現實、正視客觀矛盾、應對反抗環境壓迫和解決面臨問題。訴求的前提是稀缺而不是滿足；太極拳的追求目標確實是平衡、協調、有序、和諧，然而這一切又都是在應對各種失衡、失調、失序、失

和之狀態中去獲得的。所謂「和而不同」、「以他平他」、「物物而不物於物」，不外就是操作者在矛盾鬥爭中一個「擺平」（而不是屈從）另一個。

由此，太極拳講究「鬆以求活、靜以求準」、「隨機就勢、捨己從人」，這是弱勢者在力量和訊息不均衡條件下應對激烈生存競爭的一個基本策略，追求「順人而不失己」和「外化而內不化」，由利用周圍條件的機勢變換和由改變條件而去達到自己之目的。

老子有云：「利而不害、為而不爭」，亦此之謂也。任何生命都是在關係中定義，在應對中展開的。因而人的生命就並不僅是事先設計的生物基因循序展開，而是一定條件下主客互動的隨機應對，於是產生各種新的可能；沒有應對事實上也就沒有了生命。

動物生命依託先天遺傳本能延續，人類生活還要依託後天習得文化展開（所謂「學力而有為」即透過學習、修練而提高自身實踐應對能力）。作為一種武術，太極拳突出其防身禦敵的應敵功能，並把這應對原則泛化擴展到人生的所有方面，強調「行住坐臥、不離這個」。

主體操作曰「體用」。這是技術操作中主體屬性及其功能表現的關係，原先指向自我身體的「修」，必須落實到指向對手那技藝發揮的「用」，突出操作主體個性化的功力和技巧（而不是普遍性的規範技術）；運行時強調「活而不死」，亦即技術操作上的巧用、妙用。這時表現出來的結果反而是解構既定招式動作的「見山不是山，見水不是水」，「捨己從人」竟然就是「從心所欲」，由此呈現「道術圓融、體用不二」的「應物自然」狀態。

在中國文化中，「體用」是獨具特色的主體性操作範疇。「體」字最初從身體和物體的具象出發，逐步延伸到全分、一多、根枝、本末等一系列關係並上升和抽象為存在本體，然後又動詞化被賦予打通心物、融合主客、溝通天人的操作涵義。至於「用」字，則是「必有所依、必有所自」的附屬性概念，為體發出之功能。王夫之云：「用者必有體而後可用」，「用即體之用，要不可分」，即此之謂也。

筆者在這裏強調，有無自我意識之應對轉換，是人的生命活動區別於非人的生命運動之基本標誌。「若言體用何為準？意氣君來骨肉臣」；太極拳的「體用」著眼於意識指導下自身功力和技藝並圍繞防身護體這個中心多向展開，用以應對身外的各種相關因素，涵蓋了社會生活的多種功能，講究「全體大用」。這裏所謂「養生」云云，不外是使這些主體操作性的生活應對得以合理化和持續化而已。所以太極拳無論訓練還是運用，著眼的都不外是意識指導下文化主體操作那些陰陽、虛實、剛柔、人我、進退、動靜、徐疾等等的隨機應對轉換而已。

### （3）「性」的層面

即所謂養性悟道，著眼於生命的社會內涵，其歸宿是悟道怡情那人的自覺，表現為倫常日用，操作上可對應於氣功中的「調心」，其旨在改善生命質量和把握生命意義；這是養生的價值支撐，任何養生都必須提高到養性。任何生活應對都必須突出這操作應對的文化主體及其社會意義，否則只是一般的相互作用。

在「諸行無常、諸法無我」那「因緣假合」的大化流

太極拳道新探 太極拳的道家文化探究

行當中，人的存在到底有什麼意義？人類活動特點，就在於能把自己的生命作為意識的對象，把所有活動的基點都建立在意識的自我控制上面。古人所云人生天地之間，頂天立地、三才貫通，由此可以參天地、贊化育、奪造化，因而可以替天行道，即此之謂也。在這裏，其修練原則是「內向探求」，目標是「同合大道」，操作是「窮理盡性」，效應是「知性知天」，由此走向「窮神知化」和「盡性立命」。

　　人區別於動物的一個重要方面，就是可以把自己的生命作為意識對象；養生的歸宿當是反思生命的意義和追求主體的自覺。太極拳的應對並非是無目的之「為變而變」，所有應變的活動都是用以由自身生命系統的整體協調和有序運行，並由此實現生命的價值和體現存在的意義。它一方面「以不變應萬變」，另一方面又「以萬變保不變」；特別講求自身生命運行的穩定和持續。太極拳的「動中求靜」，不但強調了具體生命過程的邊界和生命能量的有限，而且還強調了生命活動的可控性質和活動目標的有效性能，因此追求自我生命質量的提高。

　　中國式的哲理首先是易理，所謂「易有三義，變易、簡易、不易」，這就是講以動應變、動中求靜，把握規律，在變通上升為通變中求得永恆。所謂「我身自有長生藥」，「我命在我不在天」；旨在健康長壽的養生應對活動最根本的便是調整自身的活動方式，它並不限止於一般適應性的身心自我調整，而且更重要的則是促使生命自覺和挖掘生命潛能，並使之與內外各個方面的演化相適應。在這裏，「即象明體」、「返璞歸真」就是「盡心知性」

和「盡性立命」。

返璞歸真言「性命」。內煉目的是消除後天異化而整個回到人的生命本真；這時「見山還是山，見水還是水」，「飢了就吃、倦了就眠」，但又「行住坐臥、不離這個」，運行中強調「真而不偽」，由此進入真正的「盡性立命」、「悟道歸真」和「明心見性」。中國文化多稱「性命」而罕言「生命」，蓋因所有「有生類」的生命都是一樣的，但「人之性」與「物之性」卻有所不同。由此人文精神應當強調人的本質和使命，講究「人之所以為人」的根本和自覺，不能把人等同於一般的物（包括動物、植物和微生物）。

從現代觀點看，「性」的內涵更多指向人的社會性和主體性的規定，而「命」的內涵則更多指向其自然性和規律性的規定；有道是「性無命不立，命無性不存」，性之造化繫之於心，命之造化繫之於身，由此德藝雙馨、身心並完。整個中國文化就是一種「身心性命之學」，講究踐形盡性、保真去蔽而進入「天地境界」，並不簡單停留在「好死不如賴活」的苟延殘喘。

這裏所說的「真而不偽」，主要有操作主體的真誠而不裝假（反對包裝炒作、表演作秀）、作用對象的真確而不錯位（反對張冠李戴、指鹿為馬）、價值目標的真實而不虛妄（反對南轅北轍、認賊作父）。就其發展而言，理論上當可與馬克思主義那「人的自由全面發展」的「社會化個人」接軌。

太極拳的主要成分是屬於道門（返本還原、契合大道），同時還兼取儒（窮理盡性、安身立命）、佛（明心

見性、勘破生死），屬行氣導引和存思凝神為主的綜合實用養生方式，它把「生命之道」與「存活之術」融為一體，兼顧整個生命活動的涵養與應對，涵蓋生理性的生命能量、生存狀態、存活期限，社會性的生命意義、存在價值、道德表現，還有個體性的情感體驗、意志訴求、生活智慧，以及外部性的環境條件、生態鏈條、歷史背景等等各個方面，由「主體自覺」而達到「自我實現」，這時它全面講求煉形、養氣、調神的性命雙修，其「動以養形、靜以養神」，深入探究陰陽顛倒、相濟互補之術。

太極拳在開始學習時「以形導氣」，「形正、氣順、神寧、意專」；而在熟練以後則是「以心行氣、以氣運身」，由「身心合一」進入「天人合一」，由此全面體現了道門「契合大道」那「大養生」的觀念，遵循「利用環境、先治未病、養練結合、調合身心、積蓄能量、補瀉平衡、改善活動、天人融和」的基本原則。在這裏，形（精）、氣、神是人與自然界相互作用的主體功能，而知、情、意則是人應對社會的自我意識。

## ■二 太極拳的養生、健身機制和功能

這裏所謂的養生和健身機理，是就其強身健體、祛病延年的整體性方面的實際功能而言的。其論證的主要內涵，則是建立在人體生理機制基礎上操作者活動技能的培訓和身體能力的開發，還有生命能量的攝取、儲備、調配和節用、善用、巧用、妙用，一定程度上還包括個體素質的培育和精神氣質的形成等等的所以然。其追求目標則是人的健康。

這裏所說的健康，是指生命活動一種持續穩定的能承受和可持續之「正常狀態」；它並不是某項生命機能的孤立的超常發揮，而是全身所有機能在應對環境時的動態綜合平衡，其主要表現則是生理、心理、社會這三大適應。太極拳是在內外各種應對中不斷地提高自身適應能力的綜合實用技術。

## 1. 太極拳健身的中醫機理解釋

有意思的是，古代中醫的整體醫學模式居然跟當代整體醫學模式同構。誠然，中醫的整體醫學模式只是一個「哲學」的醫學模式，而不是一個「科學」的醫學模式，在很多方面都無法擺脫其邊界不清和牽強附會的毛病。但其辯證的哲學導向、整體性的思維方式和個性化的處理方法，卻給今人以極大的啟發。

太極拳的中醫健身機理可以概括為以下幾句話：活動筋骨、疏通經絡，調和氣血、充實腑臟，養精凝神、平秘陰陽，舒暢情志、涵養智慧；前三句主要是狹義的健身機理，後一句則講包括心理機制和社會機制的生命智慧，所有內容都圍繞生命活動過程中自身跟環境內外各個方面陰陽變換的應對平衡。這裏先講前三句，後面再談後一句。

俗云「拳起於易，而理成於醫」，它說明了我國古代拳術跟中醫的密切關係。中醫為拳理的一個支柱，它給武術活動提供了人體活動的身體機理模型。人的生理活動跟肢體活動，原是緊密相連的。任何生理活動，都可以表現為一定的肢體活動；而任何肢體活動，又都以一定的生理活動為基礎，並反過來影響生理活動。

《孫子》有云：「搏刺強士體。」可見人體的某些生理功能，是可以由一定的肢體活動去鍛鍊和發展；而人體生理功能的某些紊亂或損傷，也可以由一定肢體活動去修復或補償。作為肢體活動的太極拳，因而不僅具有防身禦敵、制人取勝的技擊功能，而且同時還具有強身健體、祛病延年的醫療效果。

　　如前所述，中國文化源於對生命的感悟，強調「天地之大德曰生」，執著現實生命的延續，並在「生生不已」的生命運動中顯示自身的意義。中醫理論則是對此所作的理論說明。在這種文化氛圍下，作為一種人體活動、人體技術和人體文化的太極拳術，也一切圍繞著人的生命活動來展開，並跟傳統的醫療技術一起匯合成強大的養生文化。

　　由此，古代的中醫不僅是一種單純的醫學理論，而且還是一種綜合性人體理論和哲學信念。如前所述，太極拳拳理所依託的人體模型，就是跟易理和道家學說同構的中醫人體理論和哲學信念。它以人跟環境辯證統一的「天人合一」說作為自己的理論前提，又以「氣一元論」去解釋生命的本源，以「陰陽變換」、「五行生剋」的關係去把握人體活動的系統機理，並形成身心一源的「形神」學說。誠然，用以醫人的醫術跟用以打人的武術，其具體的功能並不完全一樣；但作為人體活動應對內外環境變遷的基本機理，則又是完全一樣的。由此用以對付外界環境各種壓迫的技術方式，反過來又成了對付自身內部生老病死的修練方法；其本質都屬於一種「應對行為」。此亦即道教所謂的「順為生人、逆為修仙」是也。

　　在這裏，太極拳全面吸收了中醫關於經絡、腧穴、氣

血、導引、藏象等理論，並由中醫所謂「活動筋骨」、「疏通經絡」、「調和血氣」、「充實臟腑」、「養精凝神」、「平秘陰陽」等等方式，去挖掘人體自身各種適應環境、養護身體和自我發展的潛能；特別是根據中醫的陰陽、五行和經絡臟腑學說以及相應的道門導引、行氣、存思、內丹技術，建立起一整套相應的「動中求靜」協調身心的演練功法。

下面，我們僅就上述幾個基本的中醫操作理念，對太極拳的養生機理作點簡單的介紹分析。

## （1）舒筋通絡

中醫談人體活動，講究活動筋骨、疏通經絡，並由此達到內外一體、整體操作。這是從外動引導內壯，是道門導引術的進一步發展。

據《呂氏春秋》等書的說法，上古帝堯時代天下洪水氾濫，「陰多滯伏而湛積，水道壅塞，不行其原，民氣鬱閼而滯者，筋骨瑟縮不達，故作舞以宣導之。」這就是古代導引醫術的起源。我們的先人相信，「流水不腐，戶樞不蠹」，人體的形氣於此亦然。所以「形不動則精不流，精不流則氣鬱」，而「氣鬱」則可能導致百病叢生。

名醫華佗曰：「動搖則穀氣得消，血脈流通，病不得生。」保持經常性的身體適度運動，亦即施行「手之舞之，足之蹈之」的有目的肢體活動方式，不但可以促進人體的新陳代謝，讓身體生長發育得更為完善，各種組織器官的生理功能和形態結構得到健康的發展；而且還可以調動身體內部的各種潛能，協調體內不同系統的各種關係和發展人體活動的各種技巧。

中醫的人體理論認為，筋骨是人體活動的支架，經絡則是人體活動的重要推動和調控機關。武術練功過程中一個很關鍵的問題，便是要由肢體筋骨的活動去「導引」和「疏通」全身經絡。如果筋骨不鬆、經絡不通，那麼所有的武術招式動作都不可能準確完成。古典經絡學說認為，經絡以縱貫全身的「十二經脈」為主體，結合與十二經脈發生縱橫聯繫的「奇經八脈」；從十二經脈分出，循行於腹裏的「十二經別」；橫行於十二經脈之間的「十五絡脈」和無數的「絡脈分支」，以及遍佈全身的細小「孫絡」，構成一個統一的循環無端的網絡體系。它縱橫貫串於人體的臟腑以至體表的皮膚、肌肉、筋骨和一切組織器官之間，成為人體氣血、津液運行的通道，是溝通表裏、上下的訊息通道系統。

傳統中醫極重經絡，認為它是調節控制人體生命活動的重要系統。《黃帝內經・靈樞》指出，經絡的基本功能，是「行血氣、營陰陽、濡筋骨、利關節」，因而是「人之所以生，病之所以成；人之所以治，病之所以起」的重要系統。而經絡之能否發揮作用，關鍵則在一個「通」字。故曰：「經脈者，所以決死生，處百病，調虛實，不可不通。」因此，「通經活絡」是我國傳統醫療保健實踐極重要的指導原則。中醫診斷所遵循的「八綱辨症」，用藥所要求的「藥物歸經」，針灸、按摩對經絡穴位一定部位的刺激，氣功鍛鍊經氣循經運行的大小周天功、靜坐內養功等各種功法，歸根到底，都是為了疏通經絡，以求達到醫療保健的目的。

太極拳是一項以自己獨特的運動方法去通經活絡的經

絡疏通法。它主張「鬆靜為本」、「形正氣順」，強調全身心放鬆的運動，講究「鬆而後能活，活而後能通」的機理，因而特別有助於「通經活絡」；它那「一動無有不動」的整體性、全面性、協調性的肢體活動，極為有利於「脈氣」在全身上下、表裏的經絡系統中運行。

太極拳緩慢、輕柔、舒展的招式動作，適應經絡的傳導速度；而它那特有的在放鬆基礎上圓潤旋轉、陰陽交錯的大小動作，又能使經絡的多層次、多功能、多形態的立體結構和經脈循行路線上三百多個腧穴，得到廣泛的、深層的觸動按摩，並且由此形成一種類似針灸的良性刺激，用以疏通經絡和調整失衡。

太極拳「虛靈頂勁、氣沉丹田」和「主宰於腰」的要領，是鍛鍊任脈、督脈、帶脈、衝脈的重要方法。它那「尾閭中正」的要求，不但是穩定重心幫助發勁的方式，而且還是擠壓「長強穴」通調任督二脈的一個措施。特別是它那反覆摺疊、圓弧旋轉、滾進滾出、動貫四梢的纏繞運動，運行中「往復須有摺疊，進退須有轉換」，就更使肌肉纖維、韌帶和關節在均勻、聯貫的反覆旋轉的活動中，去打通經絡以及調和氣血，並由此達到上下相隨、內外相合、周身一家、全面發展。

（2）調氣實內

中醫談強身健體，講究調和氣血、充實臟腑，並由此得到真氣運行、貫達四梢。這是從內動獲得的生理效應，並由此進一步壯內以強外。

傳統中醫理論認為，氣和血是構成人體和維持人體生命活動的兩大基本物質，並表現為相應的基本功能。《內

經•素問》指出:「人以天地之氣生」,「人生於地,懸命於天,天地合氣,命之曰人」。所謂「氣聚為生、氣散為死」,所以《醫宗必讀》云:「氣血者,人之賴以生者也。」《景岳全書》云:「人有陰陽,即為血氣。陽主氣,故氣全則神王;陰主血,故血盛則形強,人生所賴,惟斯而已。」所謂「氣為血之本,血為氣之守,血隨氣而行」,氣不順則血不暢,氣血營運全身上下內外,流於中而滋養五臟六腑,布敷於外而灌溉皮毛骨。《婦人良方》云:「夫人之生,以氣血為本,人之病,未有不先傷其氣血者。」《內經•靈樞》云:「血氣已和,營衛已通,五臟已成,神氣舍心,魂魄畢具,乃成為人。」

　　人的生命表現為氣的運動,這就是中醫所說的「氣機」。氣機主要是指氣的升、降、出、入運動。氣的升、降、出、入是氣運動的基本形式。位有高下,則高者下降,下者上升;氣有盈虛,則盈者溢出,虛者納入,故有高下盈虛的陰陽對立,就必然產生氣的升、降、出、入運動。古人以升、降、出、入四個字來說明氣的運動規律和具體表現形式。《內經•素問》云:「上下之位,氣交之中,人之居也。」「氣交之分,人氣從之,萬物由之」,此之謂也。人類生活在宇宙之中,人體的氣化運動也必須遵循這一規律。

　　所以在生命過程中,「非出入無以生長壯老已,非升降則無以生長化收藏」。沒有升降出入就沒有生命活動,故曰「出入廢,則神機化滅;升降息,則氣立孤危」。

　　升降出入是氣運動的基本形式,而氣運動的升降出入,則是透過臟腑功能活動來進行的。如前所述,中醫理

論將其具體機理歸納為五臟六腑；並用「氣機」概念說明臟腑經絡的生理性或病理性活動，如氣機調暢、氣機失調、氣機阻滯等等。中醫理論中的臟腑，並不是西醫學說所理解的人體解剖器官，而是一些模糊的生理功能集合。它認為心、肝、脾、肺、腎「五臟」，是「藏精氣而不瀉」的儲藏生命物質之場所；而膽、胃、小腸、大腸、膀胱、三焦「六腑」，則是「傳化物而不藏」，承擔出納傳輸、轉化水穀以充養精、氣、神的功能。

在這裏，心者君主之官，主藏神，主血脈，為陽中之太陽。肝者將軍之官，主謀慮，為陰中之少陽。脾胃者倉廩之官，主運化，主統血，為陰中之至陰。肺者相傅之官，司呼吸，為陽中之陰。腎者作強之官，主藏精，為先天之本、生命之源，為陰中之少陰。膽者清淨之腑，主決斷，與肝為表裏。胃者水穀之海，主受納，與脾為表裏。小腸為受盛之腑，主排泄。膀胱為州都之官，司氣化。三焦為決瀆之官，主行水。五臟六腑之外，尚有奇恆之府，即腦、髓、脈、膽、女子胞等。

我們的先人還相信，人體五臟合於陰陽五行之數：肺金、肝木、腎水、心火、脾土。五行生剋關係亦應於五臟，肺生腎、腎生肝、肝生心、心生脾、脾生肺，上下榮養、無有休息。與此同時，心生血，血為肉之母；脾生肉，肉為血之舍；肺屬氣，氣為骨之基；腎應骨，骨為筋之本；肝系筋，筋為血之源。五臟配五行，生剋乘侮，形成人體自我調控系統，並由此表現出新陳代謝的生命功能。

據中醫理論，人之所以會生病，是由於內傷「七

情」、外感「六淫」，導致氣血不調、臟腑紊亂；其治理原則，不外是調和氣血、充實臟腑、消除淤血和痰塞。當代太極拳名家王培生先生認為，欲屏「七情六淫」的干擾，可以應用人身上「七星」與陰陽變化、五行生剋之理法，方可保平安。他所介紹的「七星」功，有動靜兩法：「練靜功（指眼、耳、口、鼻七竅）；練動功（指頭、肩、肘、手、胯、膝、足）。陰陽（指五臟六腑）；外象（即四肢百骸）」。此外還有所謂「五行」的相生相剋，「對應人體內五臟，即肺金、肝木、脾土、腎水、心火。在人體內部由心、肝、脾、肺、腎等五臟相互制約、互相調節，使氣血平衡適應，促使體內各部機能增強抵抗力，方能健全體魄避生疾病。

以上屬內景變化的一部分。外象變化以動功為主，即四肢百骸全身之活關節收縮與舒張，同時與全身的大塊肌肉和肌肉群等所起的反撥作用，而影響所有的橫紋肌與平滑肌活動，則心臟得安。由此，從外到內的「導引」跟從內到外的「行氣」被結合起來，經有節奏的肢體動作和有意識的呼吸控制，讓「內氣充盈」並使全身的氣血和臟腑得到有序的調整、按摩和鍛鍊。這也就是內家拳類所強調的「內部運動」。

總起來說，太極拳走架行功中，「以心行氣，以氣運身」，強調「心為令，氣為旗，神為主帥，腰為驅使」，讓不同的肢體、不同的動作、不同的勁路、不同的意念以至不同的聲音，都可對應不同的經絡和臟腑，並使其在運動中得到一定的鍛鍊、加強和協調。

太極拳操作要領裏，要求虛靈頂勁、氣沉丹田、虛胸

實腹、腳踩湧泉、腎水隨神沿督脈往上升、心火跟氣沿任脈往下沉，由此使體內心腎相交、水火交泰，又由「外形正」、「內氣順」，讓動作上下相隨、內外相合、前後相連、連綿不斷，讓真氣升降出入、吐納補瀉、反覆纏絲，從而使氣血得到調和、臟腑得到充實，並由此達到身心合一、勁路完整、動作輕靈、效能顯著。

### （3）陰陽平衡

中醫談生命修養，強調養精凝神、平秘陰陽，並由此達到形神兼備、性命雙修。這是人體活動的自我保養、自我修復和自我平衡，是宇宙間「天人一體、內外合一」總體性原則的要求。《內經・素問》曰：「提挈天地，把握陰陽，呼吸精氣、獨立守神，肌肉若一，故能壽敝天地。」太極拳之所以能夠養生、康復，道理也正在於此。

中醫生命觀中的關鍵概念是「陰陽平衡」。有道是「孤陰不生，獨陽不長」、「一陰一陽之謂道」，中醫理論認為，人體是由陰陽兩個方面構成的，陰陽是生化的根源，陰陽相交與萬物，陰陽的相互作用是人體生命活動的根本屬性。

當人體處於健康狀態時，人的陰陽是平衡的。所謂「陰陽均平，以充其形，九候若一，命曰平人」是也。但人是個活的生命體，由於內外各種因素互相作用和感應，陰陽兩個方面呈現出對待互根和盈虛消長。而當人體的陰陽在這變動中失去平衡時，氣血便不能適當和有序地循環，由此出現「陰勝則陽病，陽勝則陰病。陽勝則熱，陰勝則寒」狀態，生命因而有可能受損。所以必須要對自身的陰陽進行平衡，所謂「陰平陽秘，精神乃治；陰陽離

決，精氣乃絕」，即此之謂也。所以，陰陽平衡是人體健康的基本條件和標誌；由此，養生方式則應以協調陰陽為最基本的指導原則。

而這人體中「陰陽變易」的載體和表現，則是精、氣、神三者的良性交互作用狀態。俗語有云：「天有三寶日、月、星，人有三寶精、氣、神。」就人的存在而言，我們的先人相信，精、氣、神、血為支撐人體生命的基本物質。中醫內丹學說認為，「靈明知覺之為神，充周運動之謂氣，滋液潤澤之謂精。以其分量而言，則神主宰制，氣主作用，精主死生，各專其能。」在這裏，精的作用是「化育」，氣的作用是「運轉」，神的作用則是「覺知」和「主宰」。精、氣、神三位一體、互相依存、互相轉化、無法分離。所謂「精因氣融，氣憑精用；氣因神見，神憑氣用。」又謂「神因氣立，氣因精生」。

總之，人的一生不外為「氣之聚散」，而精、神則貫串於氣、血運行之中；經絡通氣血、五臟藏五神、呼吸調陰陽、意念運乾坤。所以，人體活動，不外精、氣、神那陰陽相濟的運行；所謂「神之所函，氣已至焉；氣之所函，精亦至焉。皆相依相濟，以成自然之用」，由此「神全則氣旺，氣旺則精足」。於是人們「煉精化氣、煉氣化神、煉神還虛」，由機體意識引導的自我平衡機制去提高生命質量、挖掘人體潛能、發揮身上功效，涵養性情志趣。

這裏的基本機理在於，精、氣、神不但互相分陰陽，而且各自也都有陰陽。《內經・素問》曰：「生之本，本於陰陽。」這一方面是指人體生命活動從本質上可以歸結

為「陰精」與「陽神」的矛盾運動。這裏的「陰精」指人體的物質基礎，如精、血、津、液等；而「陽神」則指這些人體物質的生理功能。兩者之間互相依存、密切相關。而另一方面，它又指人體作為一個有機整體，其一切組織結構均可劃分為既相互聯繫，又相互對立的陰陽兩部分。當然，這些劃分又具有某種相對的性質。

在這基礎上，中國武術功理於是形成了「煉形」、「惜精」、「養氣」、「凝神」四大觀念和「陰陽相濟、「虛實變換」和自我平衡的操作應對方式。據此太極拳在自身鬆、穩、慢、圓、勻、柔的身體活動中，跟氣功一樣，特別講究調身、調息、調心，它吸取了「存思」和「內丹」的基本經驗，在操作上突出「以心行氣、以氣運身」那養氣調神和斂氣凝神的「意氣運動」，並且強調活動中對立雙方的相濟協調；以至被稱之為區別於一般體育運動的一種獨特「心理體操」，充分發揮人體身心雙向調節的良性互動，讓精、氣、神三個方面的陰陽平衡，在自我修練中都得到充實和提高。

這是一種生命訊息運動「自組織」的「穩態效應」，講究自然秩序和動態平衡。其理論基礎明顯區別於建立在解剖學和生理學基礎上的近代西方醫學那機械的實體還原理論，並可跟現代科學系統理論的發展在精神上相通。

中醫學說給太極拳提供的不僅是一種強身健體、祛病延年的養生技術，而且還是一種待人接物、經世處事、應對環境的人生智慧和生活技巧（後詳）。

流傳的《張三豐太極行功說》有云：「太極行功，功在調和陰陽，交合神氣」；由此太極拳在演練時，便特別

強調「內外兼修」和「形神兼備」，十分講究身體怎樣「從無極進入太極」和「從太極復歸無極」。這裏的「無極」是指「陰陽未判」，而「太極」則指「陰陽已分」。太極起式先是進入「無極」狀態，「寂然不動、感而遂通」，丹田內轉、分出陰陽；由此神向上升、氣往下沉，陰陽交匯、乾坤交泰；根據太極機理「動之則分，靜之則合，無過不及，隨曲就伸」地逐步演化。最後又「氣沉丹田」地回到「無極」狀態。在這裏，「太極」指派生萬物的本原和機理，包含了動靜、開合等一系列陰陽的狀態；並具有動而生陽，靜而生陰，既對立、又統一，相互消長、轉換、變化的功能。

太極拳正是依據這個理論，講求動靜、開合、收放、進退的陰陽相濟；形體外動，意識內靜；拳路整體以渾圓為本，招式皆由各種圓弧動作構成；形體外動時要求意守於內，以靜馭動，用意識引導氣血運行於全身，如環之端，週而復始，從而使人保持陰陽平衡，達到「陰平陽秘」的健康狀態。

而就個體發育的角度來說，太極拳建構過程（即練功過程）著熟、懂勁、神明三大階段，分別由招式、勁路、意念三種手段進行操作，這跟內丹修練「煉精化氣、煉氣化神、煉神還虛」三大階段，以及導引（肢體活動）、行氣（呼吸控制）、存思（精神冥想）三大方式，又是完全一致的。

它從技擊技術走向醫療體育，當有自身的充分理由和根據。古《太極拳論》附「原注云」：「欲天下豪傑延年益壽，不徒作技藝之末也。」即此之謂焉。

## 2. 太極拳養生保健效果的西醫解釋

人類文化並沒有統一的標準和模式，但就科學而言卻是有統一邏輯和標準的。依託中醫理論的太極拳養生的保健機理，同樣可以在西醫方面得到解釋並獲得認同。

這裏主要的原理是：加強神經中樞、優化心理情緒；促進血液循環、良性按摩內臟；活動周身關節、增強活動能力；改善物質代謝、提高生活質量；增強免疫能力、延緩衰老過程。

上世紀 50 年代，北京醫學院運動醫學研究所跟蘇聯專家合作，率先專業化地運用近代生理學和心理學理論，去對太極拳的生理機制和效應進行了較為系統的初步探討；分別研究了打太極拳對人類神經系統、心血管系統、呼吸系統、消化系統以及體內物質代謝和對骨骼、肌肉、關節活動等各個方面的良性影響。改革開放以來，這方面工作更有了長足的發展。研究領域深入到心電、腦電、肌電、能耗、免疫、代謝、血液、血脂、血流等各個方面，調查取樣範圍明顯擴大，取樣數量不斷增加，而實驗設計也比以前更為周密合理。基於條件的限制，這裏沒有必要和可能具體引用和宣示這些研究報告。

為解釋方便起見，現按太極拳對人體各主要系統的生理影響，摘要分述於下：

### （1）打太極拳對神經系統的影響

根據近年來生理學的發展，特別是許多生理學家對中樞神經的研究，我們更進一步地認識了中樞神經系統對人體的重要作用。我們知道，神經系統，尤其是它的高級部

太極拳道新探 太極拳的道家文化探究

分，是調節與支配所有系統與器官活動的樞紐。人類依靠神經系統的活動（透過條件反射與非條件反射），以適應於外界環境並改造外界環境。

人依靠神經系統的活動，使體內各個系統與器官的機能活動按照需要統一起來。因此，任何一種鍛鍊方法，如果能增強中樞神經系統的機能，對全身來說就有很好的保健意義。太極拳優越之點就在於此。

練習太極拳，要求「心靜用意」，注意力高度集中，是一種全神貫注的意念活動，這種活動對大腦細胞的興奮活動有良好的訓練作用。此外，從動作上來講也是如此。練習太極拳時，動作需要「完整一氣」，由眼神到上肢、軀幹、下肢，上下照顧毫不散亂；前後聯貫，綿綿不斷，同時由於動作的某些部分比較複雜，需要有良好的支配和平衡能力，因此需要大腦細胞在緊張的活動下完成，這也間接地對中樞神經系統起著訓練的作用，從而提高了中樞神經系統緊張度；活躍了其他系統與器官的機能活動，加強了大腦方面的調節作用。

就神經細胞的狀態而言，緊張屬於興奮，而興奮的另一面則是抑制。太極拳強調「鬆靜為本」、「一念代萬念」，由此使大腦皮層很大的一部分進入某種「保護性抑制」狀態，並分泌出讓人快感的「內啡肽」；這對處於緊張狀態，特別是對腦力勞動的人們是一種積極休息。它對當代社會的文明病——大腦過度緊張、肌體缺乏運動是有利的治療。

實驗表明，人腦消耗的能量大約占人體消耗的 1/8－1/6。神經緊張不僅耗能大，而且還會造成交感神經和副

交感神經的不協調，使大腦皮層紊亂，引起各種疾病。透過太極拳鍛鍊，可以消除大腦的緊張疲勞，清醒頭腦活躍情緒，修復陷於失衡的神經系統，消除一些慢性病的病灶，並可直接刺激內分泌使之恢復平衡和增強免疫力。

經驗證明，太極拳是一種很有興趣的運動，經常練習的人都有這樣一種感覺：練架子的時候，周身感覺舒適，精神煥發；練「推手」的時候，周身感覺活潑，反應靈敏。這些都是練拳的人情緒提高與興趣濃厚的證明。情緒的提高在生理上是有重要的意義的。「情緒」提高，可以使各種生理機制活躍起來；許多試驗都證明，做一種運動時，在用體力之前，僅僅是精神的影響就可以使血液化學、血液的動力過程、氣體代謝等發生改變，對患某些慢性病的人來講，「情緒」的提高更為重要。它不僅可以活躍各種生理機制，同時能夠使病人脫離病態心理。這對治療功效來講很重要。

以上例子都充分說明，練習太極拳對中樞神經系統有著良好作用。

### （2）打太極拳對心臟血管系統及呼吸系統的影響

大極拳對心臟血管系統的影響，是在中樞神經活動支配下發生的。太極拳行功走架時「以意導氣、以氣運身」，大腦不發出良性信號，會使人體氣血及能量會聚於意守部位，血流量增加30%左右，醫學界稱之為「精神回饋」作用。

就太極拳動作的組成來說，它包括了各組肌肉、關節的活動，也包括了有節律的呼吸運動，特別是橫膈運動。因此它能加強血液及淋巴的循環，減少體內的淤血現象，

是一種用來消除體內淤血的良好方法，而全身各部骨骼肌的週期性的收縮與舒張，也可以加強靜脈的血液循環，肌肉的活動保證了靜脈血液回流，及向右心室充盈的必要的靜脈壓力。另外，呼吸運動同樣也能加速靜脈的回流。例如；吸氣時胸廓的容積增大，內部的負壓增高，結果上下腔靜脈的壓力減低，靜脈回流加速。這些東西對增強人體活力意義極大。

太極拳的動作舒展，胸部不要緊張，而且要求有意識地使呼吸與動作適當配合，這樣就可以使呼吸自然，呼吸的效果就會增加，這也就更好地加速了血液與淋巴的循環；我們經常見到，當一個人胸部、肩部、肘部肌肉緊張用力時，由於胸廓固定，吸氣受到限制，結果血液循環發生障礙，練者產生面紅耳赤、頸部血管弩張的狀況。練太極拳時就沒有這種現象。

太極拳柔和協調的動作，提高了中樞神經系統的調節機能，改善體內各器官之間的協調活動，使迷走神經緊張度增高，各器官組織的供血、供氧充分，物質代謝也得到改善，血管彈性增強，血管神經穩定性提高，由此更能適應外界刺激。太極拳與劇烈運動不同，運動以後，舒張壓會下降，長期堅持鍛鍊，有利於防止高血壓和血管硬化。

人們從動物實驗中也得到證明：經常處於應激狀態和劇烈運動中的動物，高血壓的發病率就較高，而柔和適度的運動則會使血壓穩定。據有關調查統計資料表明，經常打太極拳的老人較一般老人不僅血壓正常，心臟收縮有力，而且動脈硬化率較低。常打太極拳的人發生高血壓病及動脈硬化的較少。

打太極拳，很多動作、姿勢要求氣向下沉，即過去所謂「氣沉丹田」，很大程度上是一種深長的腹式呼吸，可以加強膈肌的運動。我們知道，膈肌每下降 1 公分可增加氣量 300 毫升。另外，膈肌與腹肌的收縮與舒張，使腹壓不斷改變。腹壓增高時，腹腔的靜脈受到壓力的作用，把血液輸入右心房，相反當腹壓減低時，血液則向腹腔輸入。這樣，由於呼吸運動就可以改善血液循環的狀況，加強了心肌的營養。此外，橫膈的運動又可以給肝臟以有規律性的按摩作用，是消除肝臟淤血、改善肝臟功能的良好方法。所以經常練習太極拳，對預防心臟各種疾病及動脈硬化創造了良好條件。

　　原北京運動醫學研究所的調查證實，經常打太極拳對心臟血管系統影響良好。他們對兩組老人進行了機能試驗（在一分鐘內，上、下四十公分高的板凳十五次），結果證明，太極拳組老人心血管功能較好，三十二名老人中除一名不能完成這種定量負荷外，其餘都能完成，而且血壓、脈搏的反應也都正常。相反，對照組的老人，年齡越大，完成定量負荷的人越少，出現機能試驗不良反應類型（如梯形上升型及無力型反應）的人越多。心電圖的檢查也同樣證明了這一點。心電反應異常的，太極拳組僅占 28.2%，而對照組的一股老人則占 41.3%。從這些觀察結果不難看出，經常打太極拳可以使心臟冠狀動脈供血充足，心臟收縮有力，血液動力過程良好。

　　從身體檢查證明，經常打太極拳對保持肺組織的彈性、胸廓活動度（預防肋軟骨骨化）、肺的通氣功能及氧與二氧化碳的代謝功能都有很好的影響。太極拳組的老人

的胸部呼吸差及肺活量都比對照組的大。這是因為經常打拳，胸部呼吸肌及膈肌有力，肺組織的彈性好，肋軟骨骨化率低。對於已有肋軟骨骨化和胸廓活動已有障礙的老人來說，太極拳深長細勻的呼吸有利於腹肌膈肌活動，既能增加通氣功能，又能經由腹壓的有節律的改變，使血流加速，增進肺泡的換氣功能，這都有助於保持老人的活動能力。在完成定量活動測驗時，太極拳組老人氣喘輕，恢復快，原因就在這裏。

當然，這裏一些東西是相對的。例如造成高血壓和心血管病的因素很多，遺傳、食物、職業、環境、生活方式、性格心態等等都在起作用。儘管有幾千種數據證明太極拳可以治高血壓和心血管病，然而武術史上不少太極拳名家卻是高血壓和爆血管死的；問題其實並不在於他們練過太極拳，而是在於過去這些名家成名後經常警惕是否有人來「踢盤子」，整天處於應激狀態，全身內分泌發生了改變。此外，他們的遺傳、食物、生活方式和個性也都在起作用。

一般說來，Ａ型性格的人高血壓和心血管病的比例極高，而Ｂ型性格人比例就很少。我們不能因為有些拳家有病而乾脆不練拳，或者把這些人的病簡單地歸罪於練拳。

（3）打太極拳對骨骼、肌肉及關節活動的影響

常聽見一些白領和老人開玩笑說自己「大會不發言、小會不發言，但前列腺發炎；政績不突出、業績不突出，但腰椎盤突出。」前列腺炎和腰椎盤突出是白領和老人的常見病。

打太極拳對骨骼、肌肉及關節活動的影響很突出。以

脊柱為例，練拳時上面要「虛領頂勁」、下面要「尾閭中正」，上領下拉「氣貼背」、腰脊平直如旗杆，特別強調「含胸鬆腰拔背」、「腰脊為第一主宰」等，這說明打太極拳與腰部活動有著密切關係。經常地練習太極拳，無論對脊柱的形態和組織結構都有良好作用。

據觀察，太極拳組老人發生脊柱畸形的只有 25.8%，而一般老人則為 47.2%。駝背是典型的老年畸形，是衰老的結果。但是，經常打太極拳，駝背的發生率就遠比一般人為少。經常打太極拳脊往的話動幅度也較好，太極拳組老人彎腰時手能觸地的占 77.4%，對照組老人占 16.6%。X 線照像檢查發現，太極拳組比對照組老年骨質疏鬆的發生率也較低（36.6%比 63.8%）。

老年骨質疏鬆是一種衰老的退行性變化，其原因主要是由於骨組織中成骨細胞不活躍，不能產生骨的蛋白基質，致使骨生成少，吸收多，骨質變鬆。骨質鬆就容易產生畸形，關節活動也就不靈活。而打太極拳要求動作聯貫、圓活，周身節節貫串，步法穩健、關節屈伸靈活，培養靈活、柔韌、協調的活動素質。此外，太極拳要求抽胯、斂臀、提肛，對防止前列腺增生也有好處。

（4）打太極拳對體內物質代謝的影響

有關這方面的研究資料，目前還不多，但從上述兩組老人的骨骼變化及動脈硬化發生率的差異來看，打太極拳對脂類、蛋白類以及無機鹽中鈣、磷的代謝影響是良好的。近年來，國外有不少人從物質代謝的角度研究運動的防老作用。例如，有人報導，老年人運動五到三十分鐘後，血內的膽固醇含量會下降，其中以膽固醇增高的老

人，下降尤為明顯。

也有人對動脈硬化的老人進行運動前後的代謝研究，發現經過五到六個月運動後，血中白蛋白含量增加，球蛋白及膽固醇的含量卻明顯減少，而且動脈硬化的症狀大大減輕。這些研究結果，可以說明打太極拳對體內物質代謝的良好影響。

### （5）打太極拳對消化系統的影響

前面已經提過，由於神經系統活動能力的提高可以改善其他系統的機能活動，因此它可以預防並治療某些因神經系統機能紊亂而產生的消化系統的疾病（運動、分泌、吸收的紊亂）。此外，呼吸運動對胃腸道起著機械刺激的作用，也能改善消化道的血液循環，因此可以促進消化作用，預防便秘，這對老年人也是很重要的。

綜上所述，太極拳是一種合乎生理規律、輕鬆柔和的健身運動，它對中樞神經系統起著良好的影響，加強了心、血管與呼吸的功能，能減少體內淤血，改善消化作用與新陳代謝過程。不過這裏也要注意，太極拳的強身健體功能是整體性而不是局部性的。它能改善人體全身的整體功能，從而有利於疾病的康復，但並不能包醫百病。特別是太極拳鍛鍊的不同階段，其健身機理並不完全相同，它對不同體質、氣質和年齡、性別的效應也不完全相同，因而需要有具體的分析和對策。

### 3. 太極拳是健康心理的意識體操

如前所述，跟近代西醫解剖還原的人體生理病理模型不同，傳統中醫的醫理模型，是整體相關的心身醫學和社

會醫學模型，特別強調「性命雙修」。

由此太極拳的健身功能走向，很大程度上還要看其心理調節和社會應對的效果。所謂「不為良相，便為良醫」，我們的古人把環境應對、社會管理跟身體調控、防病治病看作是「同構」的。

在具體談到太極拳是中醫心理養生的最好手段之前，先介紹中醫對心理病機的看法。中醫很早就認識心理因素在某種情況下可以引起疾病，並將這一類病因集中概括為情志病因。社會、心理因素的致病過程，在始發階段是這些因素經過人腦的認知、評價後，產生情緒體驗及其反應，情緒可引起機體的生理反應，並與之交互作用，這是中介階段，最終結局或者是做出適應性反應、維持健康狀態，或者出現適應不良性反應而導致疾病。

中醫學很重視社會、心理因素的致病作用，尤為突出的是它對直接作用於軀體而致適應或不適應結局的情志因素更為關注，這大體相當於社會、心理因素致病過程的中介階段。畢竟不能忽視這樣的事實：當社會、心理因素作用於個體後，首先引起的直接反應不是軀體疾病，而是各種情緒反應；而且各種社會、心理因素刺激，對於人體僅是一種代表著各種含義的信號，並不直接傷害身體，與軀體有直接聯繫的是這種信號所激發的情緒活動；當外在刺激因素消失後，往往被激起的情志活動效應未消失，仍持續對軀體發生作用。中醫正是注重了類似這樣的事實，而把情志因素作為發病中舉足輕重的內因。

《靈樞‧本神篇》說：「心怵惕思慮則傷神，神傷則恐懼自失。……脾憂愁而不解則傷意，意傷則挽亂……。

肝悲哀動中則傷魂，魂傷則狂妄不精……。肺喜樂無極則傷魄，魄傷則狂……。腎盛怒不止則傷志，志傷則喜忘其前言……。恐懼而不解則傷精……。」在此只考察本段所述的致病因素，諸如忧惕思慮、憂愁不解、悲哀動中、喜樂無極、盛怒不止均屬情志病因。

對於情志因素的致病作用，中醫也注意到從情緒反應的強度、持續的時間、情緒的性質來把握，而這三方面因素均是相對於軀體調節能力而言的。能導致軀體病變或損傷的，是那些超過個體生理適應能力和認知評價為不勝調節的情志反應。從情志反應的強度言，中醫認為暴怒、大悲、驟然大驚、狂喜、極度恐懼等在短時間內波動過於激烈的情志活動才可致病。從情志活動持續的時間言，中醫認為抑鬱、失志、久悲、苦思、過憂、長期緊張、焦慮等持續時間較久的不良心境才可成為致病因素。

唐代孫思邈《千金要方・養性序》說：「才所不逮而強思之，傷也：力不勝而強舉之，傷也；深憂重恚，傷也；悲哀憔悴，傷也；喜樂過度，傷也；汲汲所欲，傷也；慼慼所患，傷也；久談言笑，傷也；……」《類經》中也指出，肝雖在志為怒，「甚則自傷」：肺雖在志為憂，「過則損也」；「恐而不已」，則內感於腎，故傷也；脾雖在志為思，「甚則自傷」；心亦然，「雖志為喜，甚則自傷」，其中「甚」、「過」即指情志活動反應的強度超過一般程度，「不已」則指情志活動持續的時間。陳無擇《三因極一病證方論・五勞證治》中也談到「五勞者，皆用意施為，過傷五臟，五神不使寧而為病；故曰五勞。以其盡力謀慮則肝勞；曲運神機則心勞；意外

致思則脾勞；預事而憂則肺勞；衿持志節則腎勞」。也指出了情志太過致傷五臟。

以情志刺激的性質言，中醫認為不同的情志刺激，其致病的狀況有所不同，一般認為憤怒致病較重，憂思致病較緩慢，驚恐致病發病迅速，喜悅較少致病。清代馮曦晴《頤養詮要・卷之一》中指出「七情傷人憂愁最深，惱怒最烈」。臨床上單純一種情志致病較少見，多見數種不同性質的情志同時或交錯為病，往往病情較為複雜。

中醫論情志病因注意到這幾方面，與現代醫學心理學也相吻合。如西方有些學者試圖由不同的生活事件間接把握情緒反應的強度，例如在城市中駕車可產生輕度情緒反應；對公眾演講可產生中度情緒緊張反應；駕駛賽車或跳傘可產生強烈的緊張情緒——以這些激烈程度不同的生活事件來大致估計情緒反應的強度。

對於情緒反應的「質」，一般是大體上分為消極性情緒與積極性情緒，對於能致病的消極性情緒，多半是致力於研究某些病的常見情緒反應，如高血壓患者的多憤怒、焦慮等，但並不細究某種情緒的具體作用，而是一概視為緊張性的消極情緒。

中醫不但重視情緒因素的致病作用，而且對與情緒有關的其他因素在健康、疾病中的作用也有所認識，有些認識相當充分。如對「欲」的認識，妄動之「欲」戕害人體，是歷代醫家著述中常談的話題，元代戴思恭《金匱鉤玄・附錄・火豈君相五志俱有論》說：「夫人在氣交之中，多動少靜，欲不妄動，其可得乎。故凡動者皆屬火」。明代孫一奎《赤水玄珠・風門・中風》也說：「心

亂則百病生，於心靜則萬病悉去」。

此心亂相對於心靜而言，心亂為「欲」妄動，而心靜指沒有雜念和妄動之「欲」。

由此可見，中醫不僅有情志之說，而且有關於社會、心理性致病因素的其他內容的認識，但最重視且形成了專門學說的主要是與情志有關的內容。這不無道理，因為中醫情志學說抓住了一個具有共同意義的關鍵問題，即情緒是許多社會、心理因素引起生理、病理變化的共同的中介環節。

情志致病除與以上所述情志刺激的強度和持續時間有關外，心神的作用也極重要。心神對情志刺激因素的調節有兩方面。

## （1）心神對人的認識活動有主導作用，故可由認識活動調節情志活動。

如果人的認識能較客觀地反映外界事物，那麼受外界事物影響而發生的情志反應是可以保持在正常範圍內而不至於過激；若人在某種強度的情志活動狀態下的認識是非理性的，那麼這種不客觀的認識活動就會將已發生的情志活動引向過激狀態，使情志反應的強度、持續時間超出正常限度，進而成為致病因素。但如果人的認識發生轉變，則情志活動也會相應變化，如《內經》指出的「恐勝喜」、「悲勝怒」、「怒勝思」、「喜勝憂」、「思勝恐」，恐、悲、怒、喜、思是受已轉變的認識影響而產生的情志活動，用以制約原有的情志活動。

認識過程的轉變有兩種情況：一種是主動的轉變過程，即當事人有意識地改變認識，例如在失望時想到未來

的成就來之不易是事物發展的正常規律，便會重新鼓起勇氣，從而克服原有消極情緒，轉變為積極情緒；另一種是被動的轉變過程，多是在他人的誘導下進行，此時的情志變化即是在這種被動轉變的認識活動作用下形成的。

## （2）心神主導臟腑功能活動，而情志是以臟腑功能活動為基礎，所以心神可由影響臟腑生理功能來實現對情志刺激因素的調節。

例如，怒可影響肝，消耗肝血，如果怒的刺激不大，便經由脾胃「散精於肝」以化生肝血，並可由的肅降功能使上逆之氣平息；但若怒的刺激較大，使肝的功能過用，則還需腎水涵養肝木，以此緩和怒的刺激。這一臟腑之間相互協調的過程主要依賴心神的作用，也即心神可以根據整體機能的需要對各部分臟腑功能加以調整。一旦情志過激，超過心神的整體調整機能，便會發生內在臟腑功能紊亂。

各種不同性質的情志刺激均可直接損傷臟腑，導致基本病理變化。《靈樞・百病始生篇》說：「喜怒不節則傷臟，臟傷則病起子明也。」《三因極一病證方論》也說：「七情……動之則先自臟腑鬱發」，均闡明了此意。

情志因素作用於臟腑首先影響臟腑氣機，使其氣機升降出入失常，不能行使正常職能，但初期的氣機變化是可逆的，只要排除情志刺激，氣機可恢復常態。若情志刺激過激，使氣機變化過於強烈，便可破壞臟腑之間功能的協調平衡，並可損傷氣血，出現陰陽、氣血虛損諸證；若影響心理活動，則可出現感知、思維、情志等方面的異常。氣機紊亂可進一步導致痰濕、火、血諸鬱，更增加臟腑氣

血陰陽的損傷。

情志的不良刺激還會導致氣機紊亂。如前所述，氣機指人體氣的運動變化，也即對人體臟腑功能活動基本形式的概括。由於氣的運動而使體內外物質在新陳代謝過程中「升降」、「出入」，並保持正常的協調關係。

《素問‧六微旨大論》說：「非出入則無以生長壯老已；非升降則無以生長化收藏。」「升降出入，無器不有」，例如心肺位居上焦，居上者宜降；肝腎居下焦，居下者宜升；脾胃居中焦，為升降之樞紐，肺主肅降，肝主升發，升降相宜，氣機和調；心火下濟腎水，腎水上養心火，水火既濟，心腎相交；脾氣主升，胃氣主降，升清降濁，才能完成飲食水穀的消化、吸收、輸布。所以，氣機運動正常，人體生理活動才能正常進行，情志刺激引起氣機失調，如《素問‧舉痛論》所說：「怒則氣上，喜則氣緩，悲則氣消，恐則氣下……驚則氣亂……思則氣結」，這是一般規律，臨床上常見的氣機失調，變化較複雜，輕則呈單一情志引起的某一種氣機的失調，重則呈幾種情志交互作用的氣機紊亂。

由於這裏並不具體研究情志內傷的病理變化和相應的治療方法，一些東西略去不談。我們感興趣的東西是在這個理論基礎上引申出來的中醫心理養生原則和方法。

中醫認為，養生的要義有二：一是保養正氣，一是防禦外邪。保養正氣可延年益壽，防禦外邪可預防疾病，為此，中醫極為重視養生。就中醫養生內容而言；大致可從心、身兩方面加以概括。如同《壽世保元‧攝養》概括的養生綱要：薄滋味、省思慮、節嗜欲、戒喜怒、惜元氣、

簡言語、輕得失、破憂沮、除妄想、遠好惡、收視聽。其中薄滋味（飲食有節）等可以說是一種生理機能方面的調養，而省思慮等側重於心理調養。中醫家的養生理論及實踐極為豐富，十分值得我們認真挖掘整理。

現代對於心理健康，尚未有公認的、統一的標準，但分析一下不同學者的見解，可以知道都程度不等地涉及兩大方面，即對社會的良好適應，以及能動地從事社會工作的創造性。《內經》關於心理健康的標準，也涉及這兩方面，但總體看，似乎更為重視對社會的適應性（對比起來，西方人則似乎更重視對社會的創造性）。

再說一次，中醫心理養生的基本原則，概括起來突出一個「養」字，反對一個「耗」字，具體說來主要有：（一）貴在「中節」：「中節」，即適度、無過無不及之意。（二）養心先重德：良好的品德修養有益於健康長壽。（三）順時調神：順應四時變化，在生活起居中注意調整自己的精神情志。（四）清靜養神：保持心理平衡和情緒穩定。（五）身心互養：養神要與養身相結合。前面四點均須分別獨立展開研究論述，這可以留給中醫心理學家去做，本文只著重談論第五點。

中醫心理養生並不是機械地、孤立地關注於人的心理狀態，它主張由養神達到養身的目的，李東垣在《脾胃論・遠欲》中提出「安於淡薄，少見寡慾，省語以養氣，不妄作勞以養形，虛心以維神，壽夭得失安之於數。……血氣自然諧和，邪無所容，病安增劇」，這段話的意思是節慾、保持心神清靜可以起到養氣、養身，使血氣自然諧和的作用。劉河間也認為：心亂則百病生，心靜則萬病悉

去。這均是在養神之中求取養身，在養生之中強調心理養生的主導作用。

「形神相即」是中醫的基本觀點，故在養生方面，中醫也將養神與養身有機聯繫在一起，不僅主張養神以養形，且提倡動形以怡神。常宜的養形方法如氣功（動功）、導引、舞蹈、散步等，均可由形體練習而達到怡情暢神，增強心理功能的效果。東漢末年華佗發明的五禽戲「一曰虎，二曰鹿，三曰熊；四曰援（猿），五曰鳥」，這種五禽戲是一種養生導引術，「為導引之事，熊經鴟顧，引挽腰體，動諸關節，以求難老」，當身體不適心情不暢時，做「一禽之戲」，就可「怡而汗出」，即產生心情舒暢，形體輕快的效果。

明代醫家張介賓尤其重視調身治形以健心調神，他專門寫了《治形論》，其中談到：「善養生者，可不先養此形以為神明之宅？」表明張氏強調調養形體對於心理健康的意義。

散步可以舒筋活絡，於其動中可求其怡神，《老老恆言》對此曾有一段生動描述：「散步者，散而不拘之謂，且行且立，且立且行，須得一種閒暇自如之態。」這種閒暇自如之態，正是心神恬靜愉快的表現。

在這裏，太極拳作為一種甚為普及的強身健體、怡情修性之術的社會功能，確實相當突出。太極拳練習中不僅要求練習者動形，而且要求「氣沉丹田」和「以意導氣」的「壹志凝神」；神斂心靜，神斂於內則得養；「內無思想之患」則身心愉快；精神寧靜樂觀，則百脈通暢、氣血周流而百病不侵，如此便能使心身放鬆，肌體自然健旺。

若長期堅持練習，便能有效地保持個人內心的心理平衡和身體健康。可以說這是一種心身並調的方法。

北京大學心理學系錢銘怡等研究了太極拳與人的情緒狀態的關係，他們取實驗組 72 人，平均年齡 55.18 ± 5.77 歲，其中男 29 人，女 43 人，對照組 71 人，平均年齡 53.99 ± 4.2l 歲，其中男 35 人，女 36 人。用 Beck 抑鬱量表進行測試，此問卷所得分數為抑鬱分數，值越高就表明被試情緒越低落。太極拳組被試此項得分 7.2 ± 5.65，對照組得分 9.66 ± 7.8，二者存在的差異經統計學檢驗達到非常顯著水準。

這說明練太極拳有助於改善人的心境，使人擺脫抑鬱等不良情緒的困擾。而且結果也表明練習太極拳的時間與 Beck 抑鬱量表得分呈負相關，即練習時間越長，其得分越低。錢氏等還將狀態—特質焦慮問卷（STAI）用於上述二組被試，結果發現太極拳組被試與對照組被試相比，狀態焦慮得分前者明顯低於後者，狀態焦慮指個體在覺察到可能有害的刺激情境時，易於焦慮的人格特徵，研究結果進一步說明練習太極拳有助於改善人的心境，消除焦慮的影響。

歷史上許多醫家對於如何調養心神，是以調心為主，還是先調形（身）後調心（神），抑或心身同調，是存在不同見解，但撇開這些枝節暫且不談，可以看出，主張「形神相即」、心身並調的確是中醫養生的一大特色，這也是中醫心理養生的一大特色。

太極拳全面實踐並發展了中醫心理學的成果，以至成了當代極具特色的「心理意識體操」。此外，太極拳捨己

從人、隨機應變的行為方式也大大地提高了操作者的社會適應能力，全面促進人的生理適應、心理適應和社會適應這三大適應，形成人與環境的動態平衡。

## 三 太極拳的普及和發展：應對現代病

### 1. 人類目前面臨健康危機

中國式道門養生著眼於主體性操作並突出人的生命價值，而當今發展所帶來的資源、環境和生態問題卻使整個人類的生命受到挑戰。時下太極拳獲得廣泛流行的一個重要方面原因，就在於人類目前正遭遇現代病。而產生這個問題的背景，一是人類不合理的生產方式和生活方式造成健康危機的出現，二是當今人人都應該擁有健康，也有條件擁有健康。特別是 2003 年「非典型肺炎（SARS）危機」過後，人們都重新思考自身的健康問題。很多人在經歷了若干變故（特別是生死變故）後，往往都感慨地說，功名利祿都是身外之物，只有身體才是自己的。

「身體是革命的本錢」，如果沒有一個好的身體，再高尚和宏偉的事情也都是幹不出來的。儘管當今的生活條件和醫療條件不斷改善，傳統的傳染疾病在一定程度上得到了頗為有效的控制，而且人類的壽命也正在延長，然而人類也同時面臨著一個明顯的新的健康危機。

據剛進入本世紀時世界衛生組織的報告，當代人類健康狀況若干情況如下：

[1] 超過 1500 萬人死於循環系統疾病，其中 720 萬人死於冠心病，460 萬人死於中風，50 萬人因風濕熱和風濕

性心臟病而死亡。300 萬人死於其他心臟病。估計有 6.9 億人患有高血壓。

[2] 菸草僅在肺癌和循環系統疾病兩個方面就造成了 300 萬人死亡。大約有 85％的男性肺癌患者和 46％的女性肺癌患者與菸草有關，因癌症死亡的 7 個人中，有一個就是因為吸菸。

[3] 糖尿病人現有 1.35 億人（較新資料是 1.5 億），到 2025 年可能達到 3 億人以上。30 年後，發展中國家患病人數可能增加 200％，而發達國家增加 45％。

[4] 有 15％的癌症是由慢性傳染性疾病處理不當而誘發的。主要包括 B 型和 C 型肝炎病毒（肝癌），人類乳頭狀病毒（宮頸癌）和幽門螺旋桿菌（胃癌）。

[5] 有 4000 萬人受到癲癇的困擾。估計有 2900 萬人患有痴呆症；1996 年有 20 萬人死亡，並出現 260 萬新病人。估計有 4500 萬人患有精神分裂症。1996 年有 450 萬新病人出現。

[6] 除酒精、菸草外，估計有 2800 萬人因使用精神興奮藥品而發生生命危險。

[7] 有 40％的 70 歲以上的人患有膝關節炎。有 80％的關節炎患者有不同程度的活動受限，25％不能料理自己的日常生活。類風濕患者約有 1.65 億人。

上述說的大多是一些非傳染性的機能性心身疾病，還沒有涉及大量非傳染性的各種職業殘疾和病患。此外，還有艾滋病、瘋牛症、禽流感、「非典」等跟生活方式密切相關的新型傳染病也正呈蔓延之勢，肺炎 covid-19 疫情，據維基百科統計，至 2020 年 6 月，全球已有 45 萬 6 千多

人死亡。而天花、瘧疾、結核、性病等傳統傳染病更在新的條件下有捲土重來的跡象。

聯合國曾經提出個口號：「千萬不要死於無知。」事實上很多都死於無知，在追求「高消費」和「高服務」的時尚生活過程中，不知不覺地走向死亡；這確實死得很冤枉。

### 2. 健康危機的核心是一種「現代病」

其實，健康問題還不僅僅是個單純的個人生理問題，它同時還是個社會狀況問題，其產生背景是社會生活環境和社會生產關係，其功能則是社會穩定的一個基本要素。在當代全球化條件下，它也不單純是個國家性的問題，而且還是個人類性問題，涉及當今整個人類的生存狀況和人際關係。所謂「對立統一」，任何進化都同時伴隨著退化。有文明就有「文明病」，城市化中有城市病，訊息化中有訊息垃圾，現代化中有「現代病」。

我們知道，20世紀是一個科技進步的時代，它改變了人類的工作方式、生活習慣和飲食方式，並造成極大的環境污染和生態危機。由此我們在享受現代化成果的同時，還得關注現代化所帶來的問題。

應該承認，隨著生產力的提高和社會歷史的發展，人們的健康水準和預期壽命確實是在不斷提高。然而由於不合理的生產方式和生活方式的客觀存在，人類的生存本身又遇到了極大的挑戰。

這裏首先是工業社會形成的生活方式之合理化問題。在生產不斷發展的前提下，人們還十分講究和不斷追求

「生活質量」的改善和「生活水準」的提高。但到底什麼是這生活質量改善和生活水準提高的標準呢？現在人們一般都是以對物質產品的占有消耗和以非生物能源發動的機器代替人的軀體活動來衡量的。每天山珍海味、美酒佳餚、宮廷居所、廣闊庭院、豪華裝修、冷熱空調、穿金戴銀、時尚服飾、出門名車、上樓電梯、聲色犬馬、泡妞養妾、日進萬金、縱慾狂歡，這是否就是「高生活品質」和「高生活水準」呢？

且不說這些東西的社會價值合理性如何，僅就個人的各種客觀物質需要都有其自然生理閾值方面的限制而言，所謂「食不過腹、睡不盈床、衣不過丈、壽不過百」，而一天的玩樂也無法超過 24 小時；由此其操作上的效應也不是不能討論的。

儘管「人類是上帝沒有完成的作品」，但人類活動也是有其特異性的，特別是人類幾百萬年的生理進化，一直是按素食為主並伴以少量肉食的雜食動物方式來安排其遺傳基因的。可是工業社會透過廣告製造出各種人為的「時尚潮流」，誘發出各種遠遠超出自然需要甚至有傷身體的物慾；並且還以精神上的高度緊張和心理上的經常失衡，取代了適當的體力活動和身心協調的狀態。這真的是那麼讓人羨慕的嗎？

由此人類身體越來越倦怠，精神越來越緊張，食物越來越精細，脂肪越來越冗餘，資源越來越短缺、環境越來越污染；所謂現代生活方式的結果，一方面是使脂肪在人體內冗餘和污染在人體外沉澱，另一方面則是讓人精神高度緊張和軀體過度安逸，由此造成大量生理上和精神上的

太極拳道新探 太極拳的道家文化探究

現代病。

　　就一定意義上看，消費確實並不等於浪費，消費的實質原本就是「人的生產」；特別是從資本增值的觀點來看，高消費必然會帶來高利潤，由此是當代生產發展的基本動力和商業利潤的重要來源。然而從生物演化的角度來說，一種離開合理需求的外在「高消費」的生活方式，不但大量消耗了地球上不可再生的能源和資源，而且還明顯地在破壞著人類生物進化所形成的遺傳基因；這種非自然的強行改變，難道就是我們今天所必須講究和追求的「生活品質」和「生活水準」嗎？真正的發展豐富性和多樣性，就這樣在這簡單的物慾衝動中消失了，一切「質」的差別這時都變成了物資占有「量」的差別。

　　人們在沉湎於自我過程中，同時又真正地迷失了本性。而這一切在實質上又都不過是為了資本增殖的賺錢活動，而不是為了人自身的全面、自由和健康的發展。心為形役、神為物勞，這真是「空為他人作嫁衣裳」。

　　所謂現代病，亦即現代化背景下肌體適應障礙綜合症（變性退化疾患），已經肆虐全球超過半個世紀。社會上的客觀矛盾，在人體生理上可以得到相應表現。事實上現代病絕非是 19 世紀的那些細菌性傳染病，無法以近代醫學來治療、用藥物或開刀加以抑制或撲殺的。其產生的基本原因：一是不合理的生活方式，二是複雜的人際關係和激烈的競爭環境，此外還有各種類型的環境污染（包括自然環境污染和辦公室及家居污染），以及社會的衛生習慣和流行病狀況。

　　在現代化過程中，人們忽視了正常生活品質與精神生活，人人為生活、事業、理想或者乾脆是赤裸裸的金錢而

疲於奔命，種種因素正腐蝕著人類的健康，使原已相當進步的醫藥科技，更難以應付層出不窮甚至原因不明的現代病，而又一味地一再使用各種藥物來加以抑制，不但被動，且有更多不可預期的副作用和引起併發症的不斷出現。儘管現代病密切與社會運行機制相關，但其表現卻不外乎是人們「環境和應對方式變化」所帶來的肌體和細胞的新陳代謝異常。可以把它具體分析為飲食失衡、活動失衡、心理失衡和環境失衡這樣四個方面。下面我們綜合時賢研究提供的資料，介紹一下有關情況：

（1）飲食失衡

這包括有營養結構失衡、濫用食品加工和食品的假冒偽劣等多方面問題。

[1] 營養結構失衡

可以分為社會性的營養過剩和營養不足兩極分化，以及個體性的營養要素嚴重不均這樣兩個方面。我們這裏著重討論個體性的營養要素嚴重不均的問題。

人類在生物進化中形成了以植物為主並伴以少量肉食的雜食性基因，從多方面攝取多種營養要素；其外在表現則是門齒、犬齒、臼齒的同時並存，其體內表現則是短於食草動物又長於食肉動物的適中腸子，以便恰當處理不同性質的食物。但現代人的食性，卻違背了幾百萬年進化所形成的食性安排。

人們一方面是過多吃進高脂肪、高熱量的高加工食品，另一方面則缺乏含有粗纖維和維生素的天然食品；某些營養要素明顯過剩，某些營養要素卻又嚴重不足。

特別是在人口激增和資源短缺的前提下，還不加分析

地提倡人們從主要雜食到主要肉食，這不但使土地對人的贍養係數降為原來的十分之一，而且還使人的心腦血管病和癌症的比例數提高了好多倍。

**[2] 濫用食品加工**

這裏包括廚藝加工和儲藏加工兩個方面。人類區別於動物的一個重要方面，就是能夠生產和加工食品。所謂「食不厭精，膾不厭細」，這當然不是什麼壞事情，但現在問題在於加工的濫用。

本來，工業化的大農業生產方式就已經有不少可以討論的東西；它不但消耗了大量不能更生的非生物能源，而且還把大量污染環境和有害人體的化肥、農藥和激素注入動、植物體內成為人的食物。接著就是儲藏性的各種所謂「深加工」、「精加工」和「高附加值」，更往往把天然食物的精華磨掉，再加上各種對人體無益甚至有害的添加劑和防腐劑，然後還用大量印上各種彩色油墨以及能看不能吃的紙張和塑料包裝起來，再把它從這裏運到那裏，又從那裏運到這裏。

這所謂「科學處理」並帶來「高附加值」的一切，對人的正常和合理的需要到底有什麼意義呢？人們總不能靠「吃添加劑」以及「吃包裝」過活，而且人類身體的適應能力跟地球表層的承載能力一樣，都是極為有限的。至於廚藝方面追求表面的「色、香、味」，也往往以破壞食物中的有效營養成分和添加有害調味品或色素為代價。這對提高人們的生活水準到底有些什麼好處？

**[3] 食品的假冒偽劣**

上面談及的還是現代化的正常情況，目前在中國現代

化過程中，造成飲食失衡的還有個食品的假冒偽劣問題。所謂民以食為天，13 億人口的每日三餐，是一個巨大的需要，又是市場經濟條件下的一個巨大商機。於是，在基本上由私營企業組成的食品生產行業中，為了賺取最大的利潤，為了降低成本，為了便於銷售，便發生了一系列喪盡天良的坑蒙拐騙行為，例如用禁用的有毒物做添加劑，用有毒非食用品假冒可食用品，近些年已經不斷披露的就有：毒油（用礦物油冒充食用油）、毒米（用有毒物質加工加色）、毒麵粉（用有毒致癌物作增白劑）、毒醬油（用毛髮等物發酵水解或用致癌物做添加劑）、毒米粉（用致癌物做添加劑）、毒酒（用工業酒精、甲醇勾兌或冒充）、毒魚、毒肉、毒蛋（生產魚肉蛋的飼料均含致癌物質），其他還有毒饅頭、毒奶粉、毒鹽、毒蜂蜜、毒芥末、毒瓜子、氰化鈉月餅、用牛血加洗衣粉做鴨血、用有毒化學品做臭豆腐、用膨大劑避孕藥瘦肉精做種植養殖的肥料飼料、使用禁用的化學農藥，等等。此外還有過期食品（如過期月餅餡、過期香腸肉等等）的重新包裝上市。這些嚴重違犯食品衛生的事件常常數量巨大。

上面三點背後都是一些嚴重的社會問題，必須從社會的角度整體性地解決。但這些問題的表現卻往往是一些個人的選擇，由此一些醫學上的先知先覺者提倡回復自然的重要性，宣傳重新回到合理的生活飲食中去探討生命的奧妙，以及鼓吹生活環境的改善等等。

所以有人從營養學的觀念上，去瞭解人體每天所必須攝取的最基本且最低營養素及其含量，提出食物療法，簡稱食療，或稱為「自然療法」。

（2）活動失衡

這包括有活動結構失衡、活動節奏失衡和活動方式失衡這樣三個方面。

**[1] 活動結構失衡**

作為智慧生物的人跟動物有所不同的地方，就是在於能夠把自己的生命作為意識對象，知道自己的生存狀態，懂得自己的生死，知道自己到底要幹什麼。人的活動結構，是身心兩個方面交互作用的結果。現在問題在於，隨著非生物性能源的大量開發和人類技術控制能力的大大提高，人們依託肌體的身體活動日益減少，而依託頭腦的精神活動卻日趨緊張。人們不但在生產上走向全盤機械化和自動化，而且在生活上也同樣走向全盤機械化和自動化。

然而如前所述，人類幾百萬年的生物進化，是按動物的基因來安排的；但當今人類的活動結構，卻類似於一台不須移動的電腦。幾百萬年形成的東西，不可能在幾十年或一百多年內便獲得改變。由此倦怠的肌體便跟緊張的頭腦發生衝突，不但造成神經系統和循環系統病變，而且還造成肌肉的萎縮和關節的變形。絕大部分的現代病，其實都跟肌體活動不足直接相關。

**[2] 活動節奏失衡**

人類幾百萬年的生物進化，形成了自己相對穩定的「生理時鐘」。但現代化競爭中的的「快節奏」和陰陽顛倒的夜生活，卻無情地破壞著人體的這個生理時鐘。當今社會，隨著科學技術和社會的進步，「時間就是金錢、時間就是效益」的觀點，已在很多部門、行業和事例中得到了很好的驗證。隨著知識的更新，一個人需要重新學習和

掌握的東西越來越多。

「快節奏」一定程度上反映了現代社會的先進與文明，但也給現代社會的主人帶來了相應的苦惱。長期處在「快節奏」中的人，大腦的活動也就經常處於連續的、快速的狀態中。應接不暇的生活與工作使大腦得不到應有的休息和復原，精神壓力過大，心理上也往往產生緊張、沉重、不安和憂慮感。那些原來生活、工作比較懶散或是習慣於墨守成規、注重於拘泥形式和順從依賴的人一下進入「快節奏」生活、工作中，這種心理上的不良反應就更為突出。因生活與工作的快節奏而引起一系列的心理不適或精神障礙，醫學心理學就稱「快節奏綜合症」。快節奏不僅會使人產生心理上的不適，也會使人產生一系列生理上的不適。當然，這種生理不適並不表示身體存在著某些器質性疾病，而是由於精神長期處於緊張狀態，使中樞神經和植物神經系統功能失調，出現類似於「神經官能症」之類的症狀，如神經性頭痛、神經性嘔吐、神經性厭食、女性月經不調、男性陽痿早洩等等。

神經系統功能失調還會影響機體內在的功能，這就出現醫學心理學上稱之為心身疾病的一類症狀，如原發性高血壓病、支氣管哮喘、消化性潰瘍、神經性多尿症、經前期緊張綜合症、心因性多飲症、斑禿、偏頭痛、痛性痙攣、腫瘤等。

### [3] 活動方式失衡

所謂人能「假於物」，人類活動區別於其他生物的另一個特點，就是超越個體本能而由一些間接的「中介物」（如工具、組織、制度等等）來進行。在這裏，中介要為

人類的目的服務。但在現代化過程中，人類活動發生了「異化」，「心為物役、神為形勞」，人變成了工具的奴隸，變成了一個組織制度上的螺絲釘。

這違反基本人性的狀況，同樣在人體的身心兩個方面表現出來。

例如著名的「3C 綜合徵」，如果終日端坐辦公室與 3C 為伍，稍有不慎，與 3C 有關的現代時髦病也隨之而生。如 3C 依賴症、網路成癮、網路癖、網路狂躁症、網路孤獨症、網路痴迷症等。另外，長期使用電子產品少有運動，會使操作者的肌肉、骨骼緊張，引起肩、頸、肘等部位痠痛。

對整日 3C 不離手的職業人群來說，易得 3C 腕關節綜合症、視力綜合症和低頭綜合症。這些病症會造成手腕痠痛、眼部乾燥、視力下降、頸部疼痛、頭暈。而且整日在 3C 前會導致精神一直高度緊張，容易誘發心血管疾病甚至癌症。上述延伸聯想，則有「職業性過勞綜合症」，這就是由於生活節奏快，工作繁重，再加上加班、應酬、熬夜等，會使體內堆積過多的代謝廢物，又阻礙了體內血液的流通和運行能力，從而使人們感到身心疲憊、身體虛弱。與此相關的還有「訊息過剩綜合症」，由於面臨每天出現的令人目不暇接的訊息，有些人就會出現大腦輸入與輸出的不平衡。如果對這些訊息不善於分析和處理，感到負擔過重或擔心跟不上形勢的發展，就會變得厭煩、消極，甚至出現失眠健忘、食慾不振等症狀。

**（3）心理失衡**

這包括價值方向的困惑、情感體驗的淡薄、知識更新

的落伍。

## [1] 價值方向的困惑

從最抽象的意義上說，「價值」是個相當廣泛的關係性範疇，其源出於人的一定「需要——滿足」結構。它所表述的內容，是指客體的存在、作用以及變化，對於一定主體需要及其發展的某種適合、接近或一致。它實質上是主、客體相互作用中客體對於主體的一種效應。從客體的角度來看，構成價值的要素是其運動狀態中的各種屬性和功能；而從主體的角度來看，構成價值的要素則是其發展過程中不同層次的需要。

處於運動狀態中各種不同類型的客體屬性、功能，以及主體自身發展過程中的各種需要，都是在主、客體相互作用的實踐活動過程中逐步發現或形成的。由於客體屬性、功能以及主體需要都具有多樣性、層次性和複雜性、流變性，所以由主、客體雙方互相作用而構成的人的價值形態，也同樣具有這些性質。

社會上存在著處於不同關係中的主體，這些不同主體之間以及他們內部的「需要——滿足」結構均不相同，由此形成很不一樣的價值關係。在社會長期的運行中，這些關係相互作用磨合而呈現相對平衡狀態。但在社會轉型過程中，人的生存狀態發生極大的改變，原先的價值關係日益瓦解，人們普遍失去穩定的長期預期，由此發生價值方向的困惑。

目前整個世界都處在社會轉型的過程中。全球化使得資本向全世界流出而利潤則向發達國家流進。特別是在冷戰結束以後，霸權主義和恐怖主義「一個問題、兩個方

面」同時發展起來。在面對生態危機的同時，我們又要面對文明的衝突，由此面臨的社會變化更為激烈。在這過程中，價值變遷所帶來的思想困惑，形成信仰、信念、信心這「三信危機」和信任、信用、信譽這「三信失落」，由此必然會帶來有害健康的心理失衡。

### [2] 情感體驗的淡薄

隨著思想信念的變化，感情和體驗也必然發生變化。在這裏，表現為抑鬱症的現代人的孤獨感是目前人們所注視的一個焦點。自我中心的價值取向和高度組織化的活動方式和連續性、重複性和專業化、快節奏的機械生產要求，使人異化為工業機器上的一個零配件，執行著單一的功能。獨立個人那豐富、複雜、多元、有機的存在方式，向著單調、簡單、一元、無機的存在方式轉化。

過度成熟的工業社會造成一種「單向度」的人，讓所有的人都變成社會機器上的一顆「螺絲釘」。特別是這裏由於資本和勞動的對立，造成社會性的兩極對立格局。貧富懸殊和暴力犯罪，使整個世界都不得安寧。而建立在不同的利益衝突上的世界性軍備競賽，則給人類帶來了「核冬天威脅」。

有資料表明，抑鬱症是造成全球精神疾患的主要原因之一。在 20 歲以上的成年人中，抑鬱症患者正以每年 11.3％的速度增長，全球現有 1％的人遭受此病折磨。

現代社會較之過去更呈現出「多元」的色彩，生活的內容、方式與空間更加開闊；但由於分工過細、生活節奏加快，雖然每個人可以選擇的餘地多了，然而事實上對於每一個人來說，真正的「自由」卻是非常有限的，在金錢

壟斷和話語霸權下面，人的心理壓力不是減小而是加大了。在這裏，空虛往往表現為人們感到無力做任何自己認為有意義的事情，無力改變自己機械而乏味的生活和處境。人們厭倦刻板的生活模式，卻又無法擺脫。空虛也表現為當代人是一種受「外在指導」的人，所謂我，不過是「許多面鏡子的集合物」，而反映的「都是他人期待於我的東西」。

與空虛緊密相連的是孤獨，所謂孤獨，與空虛一樣，不是指一種現實狀態，而是指一種心理狀態，即「置身於局外」的狀態。正如一首歌中所唱：我和我的影子，沒有一顆心可以向它訴說我的煩惱……只有我和我的影子，到處都是孤獨。

由於人最初的自我體驗是來源於自己與他人的聯繫，因而一旦失去了對於他人的依傍與情感交流，人就會感到孤獨。而現代社會中競爭越來越激烈、社會壓力越來越大，人與人之間加強了戒備與防範，人們容易把自己「封閉」起來，心靈與感情的溝通難度加大。家庭的破裂、父母的不和、他人的忙碌與冷漠，常常使人們感到失去了作為自我存在的體驗的依傍，失去了以與他人的關係來確定自己方位的準星。

比空虛與孤獨更可怕的是焦慮的心理。所謂焦慮，是指「人在其生存受到威脅時的基本反應，是某種人視為與其生存同等重要的價值受到威脅時的基本反應」。巨大的變動如戰爭、失業甚至頻繁的天災等都可能引起人的焦慮。這種焦慮不同於如母親擔心上路的孩子，學生擔心每一次考試等（這些屬於「正常的焦慮」的範疇），它們是

一種帶根本性的生存焦慮。

這類因為生存危機引發的焦慮，由於現代社會不確定因素（如個人的前途、集體或單位的命運、因人的原因而造成的疾病如艾滋病，或因污染引起的各種危害等，乃至因科學技術的高度發展能夠預測諸如地震等自然災害）的劇增而大大地加劇了。

空虛、孤獨和焦慮帶來恐懼，巨大的心理恐懼。人們常常用各種手法來對付這些心理狀態。有的人關閉自己的意識和情感，對一切都抱一種冷漠的態度；有的人如哲學家兼神學家蒂里希形容法國資產階級中上層人物那樣，他們之所以能夠忍受機械刻板的商務活動和工業活動，僅僅是因為他們隨時可以過放縱不羈的生活。而一些人，尤其是一些年輕人，由追求所謂的「自我」，衣著奇異，行為怪癖，來標榜自己與眾不同，來表達對社會的不滿，來對付自己內心的空虛、孤獨與焦慮感。

[3] 知識更新的落伍

有關研究表明，人類最近 30 年的知識積累，已遠遠超過了過去的 300 年。現在全世界的學科門類已達 2000 多種，隨著訊息技術的飛速發展，人類知識更新的速度也越來越快。在一個資訊爆炸時代，知識是永遠也學不完的，怎麼學也跟不上知識更新的速度。美國加利福尼亞大學伯克利分校研究人員發現，僅過去 3 年中，全球新生產出的訊息量就翻了一番。

據這所大學發佈的新聞公報介紹，該校資訊管理及系統學院萊曼教授領導的小組在研究中對多種訊息源進行了採樣分析，結果發現，2002 年中，全球由紙張、膠片以

及磁、光存儲介質所記錄的訊息生產總量達到 5 萬億兆字節，約等於 1999 年全球訊息產量的兩倍。換句話說，在 1999 年到 2002 年這 3 年間，世界範圍內資訊生產量以平均每年 30％左右的速度遞增。

5 萬億兆字節到底是個什麼概念呢？研究人員說，如果以館藏 1900 萬冊書籍和其他印刷出版物的美國國會圖書館為標準，5 萬億兆字節訊息量足以填滿 52 萬座美國國會圖書館。新產生的訊息中有 92％記錄在硬盤等磁存儲介質上，其次分別是膠片、紙張和光存儲介質。

現代訊息社會中訊息的某種共享屬性以及網絡的交往性質，確實是給未來社會奠定了技術基礎。然而資訊爆炸帶來的訊息垃圾以及貧富分化所帶來的「數字鴻溝」，又給社會運行帶來危機。

當今訊息趨於無限，但作為有限存在物的個人，其處理訊息的能力卻是頗為有限的。隨著訊息量的增加，人的精神負擔也在加重，心理障礙日益加大。如果對現代訊息的接受超過了心理的承受能力，就容易造成大腦中樞神經功能的紊亂，發生現代訊息膨脹綜合徵。

## （4）環境失衡

這包括地球的生態危機、居所的環境惡化。

### [1] 地球的生態危機

其表現主要有「人口爆炸」、「資源和能源枯竭」、「環境污染」、「生物物種滅絕」等幾個方面。對此近年人們議論較多，我們這裏不準備重複。如果把眼界再放深遠和寬廣一些，從較高層次的「物質不滅、能量守恆」角度看問題，這情況就顯得更為嚴峻。當代工業社會的基礎

是「存量技術」而不是「流量技術」，其內容不外是利用地球 46 億年演化形成的非生物能源去加工各種資源，從而形成財富。幾十億年形成的東西，幾百年就給透支用了，眼下確實是「不富也難」。

然而能量只能從高流到低而不能從低流到高，物質形態可以變化但不能無中生有或從有變無；這就是熱力學第二定律和物質形態變換規律。地球本身存有的資源和承載能力是有限的，工業社會的結果是使地球充滿了各種各樣的廢熱、廢氣、廢渣和廢物，文明發展之後給地球留下的是一片廢墟，「財富經濟」過後弄不好就是「垃圾經濟」。跟一千年前的祖宗相比，我們的能源和資源消耗增加了上百倍。由此我們不但吃了祖宗的飯，而且還絕了子孫的路。只要稍加思考就不難發現當今很多的發展「悖論」：發展的本來含義是從簡單到複雜、無序到有序的「負熵」演變，可是當今的很多發展卻陷入從複雜到簡單、有序到無序的「正熵」怪圈。

[2] 居所的環境惡化

除了整體性的大氣污染、水污染、噪音污染、電磁異常、垃圾污染，此外還有病毒流行、水土流失、沙塵暴等等，例如「裝修病」、「空調病」等一類工作場所和居住場所的污染也相當明顯。例如「大樓綜合症」，白天人們平均有 90％以上的時間待在辦公室裏，而且往往是在密不通風的建築內。辦公室空氣中混雜各種細菌與病毒，容易侵入人體，造成疾病傳播與流行。

另外新居裝修也加劇了現存的室內污染問題。現在人們普遍關心新房裝修對自己健康可能帶來的影響，買裝飾

材料也注意選擇一些經有關部門檢測合格的無公害的材料。不過由於這方面一直缺乏有效的監督機制，所以買回的材料是否真的沒有污染還說不準。

裝修後的房子必須充分通風透氣至少一個月，因為經研究發現油漆中的有害物質濃度在通風一個月後才會明顯下降。不過甲醛等化學物質的污染時間就更長。裝飾板材像複合地板、三夾板、密度板以及地毯、牆紙等中含有甲醛和一些揮發性有機物，對人體都有危害。

裝修污染其實還只是室內污染中的一個部分，其他有些室內污染對人體傷害更大。像吸菸，就是嚴重的致癌因素。燃氣灶具和燃氣熱水器使用和通風不當會導致中毒。辦公室、寫字樓內長期使用空調，不能通風透氣，會滋生微生物和致病菌。炒菜過程中產生的烹調油煙也與女性肺癌有一定關係。還有芳香劑、蚊香、化妝品等對人體都有副作用。蚊香中尤其有煙的盤香，危害更大，有一定的致癌性。此外室內沐浴和家用電器產生的電磁輻射也有污染。

### 3. 返璞歸真，預防現代病

跟大量透支資源和環境一樣，人們同時還在大量透支自己的精神和體力；在當今所謂「高消費」、「高享受」和「高服務」的情況下，人們的身體狀況也很難使人樂觀。這個東西知識分子大多首當其衝。儘管很多知識分子在自己的專業領域有著極為豐富和高深的知識，但他們在處理自己的身體問題時，其實又往往是很無知的。在許多人眼裏，「白領」代表著身分、地位、收入、生活品質、

工作環境等。可是，由於工作緊張、競爭壓力大，一些「現代病」卻首先困擾他們。營養過剩、活動不足、精神緊張、情緒孤獨、訊息紊亂、心理失衡，已經成了這個階層的通病。

國際上有個維多利亞共識提出了三點：一是平衡飲食，二是有氧運動，三是心理狀態。

心腦血管病專家也指出，合理起居、科學飲食、禁菸限酒、體育鍛鍊是消除肥胖、保持健康的四大法寶。而心理醫學專家則強調心理因素尤其是意識的作用，即人為了克服一定的困難以實現或達到某種目的而自覺地調節自己行為的心理過程。

「調意志」作為一種自我強化的心理過程，對自我生活方式中的無拘無束及放縱無韁的重新審視重新評價和戰勝自己的自我控制能力。在體能訓練的同時更加注重心理訓練。

世界衛生組織提出「21 世紀，讓人人都擁有健康」，這是一個充滿人文精神的正確口號。健康不但是個人的事，而且還是社會的事。人無論貧富貴賤，都應有基本的健康保障；如果有一個人得不到應有的保障，也會影響整個的社會。所以全世界的醫療衛生改革，都是往擴大社會保障度和保障面方向改革，而不是把社會的責任推回給個人「自行了斷」。

儘管健康問題實質上是個社會性的問題，現實的社會矛盾使每個人整天都處於生存恐慌之中，但本書則只是從個人健康和應對的角度來論述的。社會因素是由社會而不是由個人加以解決的，但就每個個人來說，目前我們更多

的還是要講「反求諸己」，考慮自身在一個無法選擇的環境下的具體個人應對問題。

應該明白，人的健康長壽因素是多方面的，例如生理遺傳、食物結構、自然氣候、生態鏈條、社會環境、人際關係、工作方式、生活方式、個性氣質、各類感染、意外事故等等，很難用單一的因素加以說明。

如前所述，這裏所有東西其實都不是單純的個人能力所能夠解決的。然而就一定意義上說，「健康就掌握在你自己手中」；因為在同樣條件下採用不同的應對方式，其結果則往往是完全不同的。

據世界衛生組織宣稱：每個人的健康長壽 10％取決於社會因索，8％取決於醫療條件，7％取決於氣候因素，60％取決於我們自己。這說明個人因素在健康長壽中的重要作用。也就是說，健康長壽與否，由我們自己掌握。與健康長壽有關的因素，總的來說，除了先天的遺傳外，主要有飲食、生活習慣、思想行為等方面，具體地說，可以分析為以下六個方面：

（1）節制飲食

每日食鹽不超過 6 克，食用油以植物油為主，並以每人每天 25 克左右為宜；新鮮蔬菜、水果的攝取量每天不低於 400 克，適當增加含膽固醇量較少而蛋白質含量較多的禽、魚肉類、以穀類為主食，粗細糧搭配，增加豆類製品食物的攝入，少吃糖果、糕點，不食或少食有刺激性的食物如：菸、酒及生冷、油膩和辣味食品。

（2）情緒樂觀

健康長壽多與樂觀的情緒分不開，憂鬱煩惱者總是同

疾病相隨。某醫學院對附屬門診部的門診病人作病因分析後發現，在門診病人中，因情緒不好而成病的 71％，另外調查了 250 例癔症（歇斯底里）病人，發現病前有精神創傷者 63％。

### （3）性格平和

據上海華東醫院對上海 90 歲以上長壽者的調查表明，有 83％的長壽老人性格屬於悠閒不好強、溫和平穩、從容不迫、深思熟慮、不慕功名的人。只有 14％的長壽老人屬於急躁易怒、缺乏耐心、節奏快、有過分的競爭心理性格者。以動養身，以和養心，以樂養神，以素為樸，乃是健康長壽老人的共同特徵。

### （4）社交健身

美國耶魯大學伯克曼教授在加州對隨機抽樣調查的 7000 名成人研究後發現，社交廣泛的男性和女性的死亡率分別比對照組低 43.5％和 35.7％。因廣泛的社交，對人生的不幸遭遇和不良心理因素，起到了緩衝的作用。反之，中老年人長期生活在高層住宅中，會變得性情孤僻、精神萎靡、食慾減退，對生活容易失去信心。

### （5）睡眠充足

有研究資料表明，平均每晚睡眠 7—8 小時的人壽命最長，平均每晚睡眠不足 4 小時的人壽命較短。有良好午睡習慣的中老年人，人體免疫能力要比不午睡者強。合理的午休時間應在飯後半小時，上床休息 30—60 分鐘為宜。目前提倡的城市夜生活，其實是極不利於健康的。

### （6）重視防病

強壯少病者不一定比體弱多病者長壽。這是因為許多

身體健壯、少有疾病的人不重視自我保健和疾病預防。一旦病魔侵襲，往往就是大病、重病，甚至因此折壽。而不少體弱多病者因疾病纏身，反倒重視日常的自我保健和疾病預防，小病小恙及時治療，因此反而延年益壽。

上述六個因素並不直接是我們要論及的太極拳問題，然而又都跟我們下面談到的體育運動、個體鍛鍊都直接和間接相關，是我們推介太極拳運動的社會歷史背景。即使是離得更遠的平衡飲食問題，也不僅看攝入的營養成分，而且很大程度上還要看自身的消化吸收能力和協調平衡能力。而外界作用和感染問題，則要看身體的敏感程度和抵抗能力。當代用以應對各種「現代病」的國際健身潮流，是有氧運動、休閒運動、終身運動這樣三個方面，它區別於傳統無氧的競技運動、專門的職業運動和有年齡限制的階段性運動。

時下體育運動的本質，當是生產和生活以外的人自身的肢體技能訓練和體內潛能發展。然而在工業社會中，它又被異化為政治和經濟的工具。

所謂「努力鍛鍊來把身體弄垮」，「統一標準而扼殺人的個性」，「迎合別人結果則迷失了本性」；我們的職業運動員，儘管可以包裝起來讓人羨慕欣賞，成為紅極一時的顯赫明星，然而其自身的運動壽命多不長，到了 30 來歲便就要退役。而體育運動過程中諸如打假球、吹黑哨、興奮劑、偽氣功等等，更是大倒人們的胃口。甚至奧林匹克的神聖殿堂，也充滿了種種作弊，因而大大地影響了它的意義和影響力。

在這背景下，我們找到了東方傳統健身的瑰寶——

返璞歸真、悠然自得的太極拳。透過比較研究，人們可以發現，太極拳這個古老的拳種不但跟當代國際健身潮流「有氧運動、休閒運動、終身運動」這樣三個方面相吻合，而且還能同時滿足這三個方面的要求。

其心靜用意、性命雙修的個體性鍛鍊方式，不但使其具有極為廣泛的適應性，突出人類行為中精神自我控制的強大能力，而且使其具有相當廣泛的社會交往應對功能。特別是其捨己從人、隨機就勢、借力打力、以柔克剛的活動方式，可以幫助弱者應對極為惡劣的環境。而它那深刻的文化內涵，則使其具有強大的文化交往能力。就其產生和發展而言，更具有一種超越當下、走向未來的「大氣」。

# 第三章　道術典型
## 太極拳招式動作構成

任何技術操作體系和社會文化系統，都可以分析為器物、制度和精神這樣三大層面。就宏觀和廣義的角度來看，武術活動是一種邊界模糊、功能多樣，但技術專精、歸屬明顯的操作手段和社會活動；其器物層面是各個拳種、各種器械和各種功法的集合，制度層面是反映武林群體所處的社會關係、活動方式和相應社會操作活動走勢，精神層面則是武術活動的知識基礎、行為規範、價值取向以及作為其背景的社會意識形態。

從微觀和狹義的角度來看，武術操作則是一個相對獨立、性質明晰的身體技術運作體系；其器物層面是各種姿勢造型和招式動作，制度層面是各種操作原則和運行機理，精神層面則是其價值取向和生命智慧。

道家文化貶斥「奇巧淫技」那純粹外在的工具技術，但庖丁解牛般內在的身體技術卻占有重要地位。科技史名家李約瑟先生指出，中國古代的科學技術大多與道家和道教密切相關。

本章主要是從微觀和狹義的角度，討論太極拳作為一個相對獨立的操作技術體系之基本構成。此拳操作首先表現為肢體型制上的動作姿勢（這是應對的基本動作結構）；就對象考察角度而言，可稱之為「器」的層面。這個層面是整個技術體系的物質載體，並對應人體構成中的

「形」和主體操作上的「身」。它首先表現為一種身體學習訓練，並發揮為一種肢體技術操作。現代人往往把這個身體訓練和技能把握的層面叫做「體育」，亦即人的身體教育；但「體育」是個外來概念，大約在晚清至民初之間才傳入中國，內涵規定跟我們這裏所論有較大的差距；但就其身體活動層面來說，則有很大的交叉。中國古代接近這個概念的，則有養生、嬉戲、休閒、雜耍和修持、練功、習技、禮儀等一類的說法。

在這裏，二者共同的方面在於都屬身體教育訓練活動，都蘊涵了相當的人文精神，其核心都是人自身的發展。其不同的方面則在於活動範圍、操作方式和價值取向、基本任務、技術特徵的區別。一般體育技術作用的對象是指向受訓練者自己，透過身體素質、技能的訓練，由外向內以社會需要去塑造自我；著眼於標準化的接受規範，其動作名稱多是彎腰、踢腿、轉體、抬手一類指令性規定。而武術技術作用的對象則是指向受訓練者可能的敵手，要由自身內向的挖掘潛能，從內向外用攻守進退的技術博弈制服或消滅對方；著眼於個性化的發揮潛能，其動作名稱則多是「白鶴亮翅」、「野馬分鬃」一類意象型指導。

傳統武術中的身體活動並非是生產和生活以外那特化了的西方式「競技運動項目」，而是生產和生活以內那生命應對之東方式廣義「綜合實用技術」；它在很大程度上把古代的養生活動、休閒嬉戲、肢體應對和民俗禮儀、功力修恃、涵養性情等等社會活動，全都涵蓋進自己的範圍。在現代則因其大多滯留在身體訓練而被收編到體育管理部門節制。

但武術的身體訓練除了提高肢體的一般應對和活動能力以外，還要有專門性之技術上手和功夫上身的要求。武術的招式訓練和勁路變換，就是針對後面兩個要求而設計的。中國文化是種「美感文化」，其所有操作都帶上一定的審美因素，但問題在於武術訓練和應用並不就是形體表演，其目標任務更多的是在於生命能量的涵養和應對技能的提高，而並不是時下人們熱衷那形體表現能力的發揮和時尚風潮的追逐，由此用形體表演的要求去忽悠解釋和規範取代武術的訓練和應用，至少也是言不及義的。

　　這就是說，傳統武術理論的基礎層面是身體訓練理論，基本任務在於身心分化以後怎樣克服後天習染的異化傾向，重新達到身心的辯證統一；其主體性任務則是把握技術性能和發揮操作技能。在這裏，它強調的不僅是外部灌輸的肢體訓練和表現，而更多是內向挖潛的身心自我平衡和發揮內外操控能力。

　　其主要特點是：除保留有跟國外體育活動共有的肢體機能強化訓練外，還突出其挖掘和整合體內潛能的「意氣運動」和探討動作技擊涵義的「招式解拆」，把單向度的「追求極限」轉換為應對性的「自我平衡」；這是在外國同類運動中沒有或少見的東西和發揮內外操控能力。

　　太極拳作為一種身體活動和身體訓練方式，首先需要解決的是個人自身體內的心身關係，系統論上稱之為系統內部各個基本要素的關係，哲學上則屬於精神和物質關係。從客體方面考察，它呈現為動靜開合；從主體方面考察，它展現為形神體用。這是人體一種特殊的心身運動，由肌肉和意念的鬆緊活動調節人體生命過程。它把人的形

**太極拳道新探**太極拳的道家文化探究

體訓練跟心理訓練結合起來，特別強調心理意念的作用，亦即所謂「以心行氣、以氣運身」和「意到、氣到、勁到」；它並不限止於西方人所理解的心理調節和呼吸控制，而更多地著眼於全身性的技能整合和潛能挖掘，是一種極富特色的「心身體操」。

這種人體心身運動的中介環節和整合方式是「氣」，由升降出入的「真氣運行」，去推動身心的活動和發展：在身的一端表現為「勁」的發揮，在心的一端表現為「意」的流行。這時的氣是生理功能的一個範疇，尚未擺脫生命活動的具體機能狀態。這個層次的社會功能，主要是養護生命的強身、健體、祛病、延年。最後，它由體用關係對象化上升為技擊領域。

太極拳招式動作由「八門五步」十三勢構成。在這裏，我們首先分析這個層面推演中的若干基本要素規定。

## 一 形態：動靜開合

從形態論上看，身體動作是人最基本的活動手段。作為一種「身心體操」的傳統武術，首先也是由身體動作去協調自己身心關係並應對環境的，其招式套路和應對實作，不外是一些表現為特定姿勢造型和運行軌跡的身體動作連續展開；其基本的對象化表現，就是人體形態的動靜開合及其軌跡節奏，講究動靜相因的互涵互用和開合有序的相生相剋。

### 1. 關於動靜

動靜是標示事物存在方式和基本屬性的一對範疇，用

以描述事物在時空運動中的總體特徵。在中國文化中，動靜範疇是指事物的運動和靜止，並具有多層次和多側面的實際內涵，並不只是侷限於該物的空間位置。

首先，動靜作為事物存在的兩種形式或屬性，是相依相分、不雜不離的對待統一。動是指事物自身所具有那質的變化能動性；靜則是指事物自身所具有的質的穩定性。

其次，動靜又指事物狀態的變化和寂靜。變化是指事物在運動過程中突破了原有規定性，或在向這種突破推進，強調了過程中前後狀態的流變區別；而寂靜則是指事物「寂然不動」地維持其自身規定性，強調的是過程中前後狀態的同一定在。事物只有由寂靜才能呈現或表現自身形態和特性，因而變化應表現於它的反面亦即寂靜之中。

最後，動靜還指事物的進程與歸宿。動是表現事物發展歷程中的過去、現在、未來的時態推演，靜則表現這時態推進中的終止間歇。

在漢語裏，動的本意是動作，指稱事物形態的時空變化。《說文》曰：「動，作也。」引申為發、為行、為感等義。而靜的本意則是不爭，意謂矛盾各方暫時穩定平衡，所謂「協調不爭而心性平和」，也就是靜的意思。《說文》訓靜為審也，《玉篇》訓謀也，《廣韻》訓安也、和也、息也，均是靜的引申義，同時還暗含其存在前提的對立面。古書每以靜與靖通用，靖，《說文》云：「立，靖也」，靖，亭安也，義近。《孫子》云：「木石之性，安則靜、危則動，方則止、圓則行。」古人對動、靜的這些說法，不但蘊涵了有無相生、動靜互根、往來變化、圓轉不息等方面的意思，而且還蘊涵了人類操作的主

動作用；由此事物的動靜是以其自身狀態跟周圍環境的關係中表現出來。

身體運動首先表現為外在的肢體動作位移以及內在的生理機能之間的協調配合活動。這種以人的生理組織結構為基礎的人體各生理機能之間的協調活動，其本質特點當然是動。

武術中的基本功、盤架子、器械和推手、散手以至搏擊實作等等，也無一不是動。但這種動又不是別的什麼動，而是人體各生理結構和組織機能間「一動無有不動、一靜無有不靜」那大化流行的活動協調一致；而這活動的協調一致，從哲學上說便是一種平衡狀態，亦即相對的靜。這相對的靜同樣是身體運動不可缺少的方面。如果沒有這各種各樣的平衡協調，任何身體運動都無法進行。而且，任何身體運動的肢體動作，又都是有起止始終和間歇斷續，不可能按原樣永無休止地持續下去。在這方面來說，靜也是有必要的。

所以，任何身體運動都是動和靜的矛盾統一體，都是動中有靜、靜中有動的。從空間分佈角度來說，有的是整體動、而局部靜，也有的是這一部分肢體器官動，那一部分肢體器官靜；從時間延續角度來說，有的是此一時動、而彼一時靜，有的則是彼一時動、而此一時靜：從表現形式角度說，還有的是視動猶靜、有的是視靜猶動。總之，動和靜的各種形式的組合、連續的統一，成了多種多樣的身體運動的活動手段。

在身體運動中，動和靜的地位並不相同。從總體上講，動是絕對的、主導的，靜是相對的、從屬的。但就每

種運動的具體形態來說，其動靜方式並不一致。所以從其外在特徵上講，有的身體運動手段以動為主，有的則以靜為主。由此使身體運動的動作有動力型和靜力型之分。例如跑步、跳躍、球類等就屬於動力型，而外靜內動的氣功、樁功或各種平衡造型等就屬靜力型。研究動和靜的對立統一，恰當地組合動和靜並使之優化，是身體運動技術的重要內容。

在西方文化中，動靜的區別是相當分明的。動息為靜、靜變為動，動不是靜、靜不是動。但在中國古人那裏，整個宇宙都不外是無方無體、循環往復的大化流行。在這流行中，動中有靜、靜中有動，靜極生動、動極生靜，即有即無、即動即靜，一多不分、生生不已。總之，一切東西都是你中有我、我中有你的動態和過程。在這過程中，既可以以動求靜，又可以以靜求動，反正動靜互根、體用一如，宇宙間並沒有什麼固定不變的本體可以作為自己的支持者；各種事物的遷流生化，都純為自動，其動向自不必限於一定方向而可轉稱迴繞。呈「唯變所適，不可為典要」的往復無常狀態。

武術太極拳是建立在中國文化基礎上的身體運動，其身體的「文化符號」體現了中國文化的獨特性質。

武術太極拳以其招式動作運行表現動靜關係時，起碼有這樣三個層次：

**第一，它強調動靜的相分不雜。**

武術招式屬於人肢體的動作變化。所謂「動迅靜定」，所有武術都由身體形態變換去表現動靜的區別。例如「站如松、動如風」、「靜如山岳、動若江河」、「靜

若處女、動若脫兔」等等，都是強調這種相分不雜、動迅靜定、動靜有常的。特別是太極拳，更是對這個區別作出了極為明確的劃分。

《太極拳論》一開始，就以太極為「動靜之機、陰陽之母」，描述它怎樣從陰陽判分、動分靜合地進入那一氣流行的給定運動狀態。據此盤架子時，首先是強調無極預備式的那種「心無所思、意無所動、手足無舞蹈、身體無動作，陰陽未判、清濁未分、混渾噩噩、一氣渾然者也」的混沌一體、寂然不動的完全放鬆狀態；然後便是神意一領，感而遂通、丹田內轉、水火交泰（心火與腎水相交）、清氣上升、濁氣下沉（亦即神往上升、氣往下沉；操作上則是表現「虛靈頂勁、氣沉丹田」的上頂下沉、身肢放長，形成頂天立地、三才貫通並與天地參之感），以及前後領勁點和發勁點的分化和兩端拉開、對拉拔長而又前後合住、左右照應、鬆緊變換，形成所謂八面支撐互相呼應之勢，透過起式由靜到動、動分靜合地進入「有如長江大河」之一氣流行的演練狀態。

在整個盤架子過程中，又動靜相繼、循環往復，十分講究勢有區別和勢勢相承，各個招式動作往復須有折迭、進退須有轉換；定勢和過渡動作之間的起止間歇，一定要乾淨俐落地交代清楚，千萬不要拖泥帶水地糾纏在一起，但又要行雲流水般相連不斷地統一聯貫起來，不要形成凹凸斷裂，表現出一種動靜循環、豈有間哉的平穩節奏感，使整個運動過程產生一種靜如山岳、動若江河、一動無有不動、一靜無有不靜的美學特徵。最後收勢時，又氣收丹田、萬籟俱寂、返本還原、復歸無極。

第二，它又強調動靜的相依不離。

任何武術招式動作都有其起點和終點、平衡和變換，有其定式和過渡，由此其動靜的變換是個相滅相生、相反相成的對立統一的過程。例如太極拳的整個行功過程中，就不但要注意靜極生動、動極生靜的動靜相互轉化，而且還注意動中有靜、靜中有動的相濟互補。在外形上，它還有視動猶靜和視靜猶動的要求。

太極拳行功靜止時，外靜而內動，勁斷意不斷，無拳處有拳，處處一觸即發；而在動作時，又外動而內靜，心靜體鬆，神斂氣聚，絕不輕舉妄動。其最高境界，是動中求靜和返璞歸真的祥和肅穆。在演練過程中，它強調上下相隨、前後相連、左右照應、內外相合，表現出鬆、穩、慢、圓、柔的整體協調以及均勻和諧的運動特徵。即使有些太極拳派主張盤架子時要快慢相間，是有快有慢的非勻速運動；但其動作及節奏組合也都要求協調平衡、錯落有致，而不能倚輕倚重、雜亂無章。

這個原則在其他拳種也程度不等地存在；所謂「動韻均勢」，它動不妄動而存靜意、靜不寂滅而含動機，由此動不捨靜、靜中含動、一動一靜、互為其根，相當鮮明地體現了中國藝術的那種以動寫靜和以靜寫動的美學特點。

第三，它的重點在於動靜的相互作用所引起的發展變化。

武術的招式運行並不是動靜的規定而是動靜的變化，任何招式動作都不是固定不變的，招式動作的真諦就在於其變化不定的過程當中，並體現為攻守進退的基本功能。

例如，太極拳無論理論還是實作，都講求動靜互根、

陰陽相濟，開合相隨、有收有放，當快則快、當慢則慢，動急急應、動緩緩隨，料敵先機、後發制人，動靜相兼、以靜制動，以退為進、守中有攻，蓄而後發、曲中求直，由極慢然後極快，由極快而復歸虛無，動中求靜、靜中求動；既講求自身動靜跟各個方面的有序協調，又講求破壞對手動靜跟各個方面的有序協調。整個世界的存在和發展，都不外都是動靜的無窮變化而已。由此我們既可以動中求靜，也可以靜中求動。人們因應環境的操作，必須要把握這個動靜變化的契機。

中國武術主要是從實用的功能上去把握動靜的。

從武術強身健體的養生功能看，其動靜方式體現了傳統中醫關於「動以養形、靜以養神、不當使極、持之以恆」的基本原則。

我們知道，人作為動物，其生存方式在於以軀體運動為特徵的新陳代謝類型。而人作為有意識的動物，其精神及能量既要有所發揮，但又不能損耗太過。按中醫理論，形體靜而貴動，故宜動以養之，神氣動而貴靜，故宜靜以養之。所以「動以養形、靜以養神」，二者各得其所，彼此不可替代。運動形體與靜養精神，分別從不同方面支持人體的生命運動，使其健康長壽。動以養形、靜以養神，二者相輔相承密不可分。養形要以神氣的清虛靜定為基礎，養神又要以動態的平衡為指導。人類生命的新陳代謝，就在這個過程中展開。

武術由招式動作活動筋骨，由意氣內斂固本培元，分別從不同的方面去優化人的生命。因而跟那些「拚命鍛鍊來把自己的身體搞垮」和「跟風從眾形成精神迷信」的西

式競技體育有所不同；武術這裏強調的是「動靜相兼」的自我保養和「舒適自然」的個性表現。

從武術防身護體的應敵原則看，其動靜方式又有「靜以含機、動以變化、以靜待動、後發先至」的功能性關係；靜是尋機待勢，動是攻守變換，因而在操作上也就有「靜尚勢、動尚法」的基本原則。其表現形式則是「動迅靜定」，講求運行中迅速和穩定的統一。

由於任何的變化都不是「無端」的，所以武術中的靜也就絕不是無所事事，而是積蓄力量和尋找機勢；至於其中的動，更不是漫無目標和沒完沒了地消耗體力，而是物來順應、適可而止和就勢借力地改變自身狀態，以求充分利用環境的「我順人背」。因而太極拳論中有「靜中觸動動猶靜、因敵變化示神奇」的說法，強調動靜在敵我關係中的相通和轉化。

太極拳是種以靜禦動、後發制人、捨己從人、借力打力、以逸待勞、出奇制勝的以弱對強技術，深得古典兵法攻守進退、主客奇正變換的神髓；無論動靜，都因敵變化、權宜使用、相生相濟、出奇制勝；它在禦敵時從不輕舉妄動，由沉著冷靜的「聽勁」和「問勁」來研幾破執、應物自然，並由此來形成自身動靜之勢。它由動靜在主客奇正各個方面的因應變化，從而獲得技擊的主動權。

就修心養性的方面而言，它則按照「窮變易通、寧靜致遠、虛一澄明、返璞歸真」的方式，去體悟那空靈神妙和大化流行的大道，以求得精神上的超越和自由。

從操作角度來說，武術的動靜關係也是多層次的。就人體從肌肉到內臟的整個組織結構來說，它表現為鬆弛與

緊張的相互作用與轉化。就人體大腦神經系統來說，它則表現為興奮與抑制的相互作用與轉化。而這兩個方面，又是互為因果地緊密耦合在一起的。所以武術行拳時特別講究兩個不同的過程：首先是學習時從動到靜的「形正、氣順、神寧、意專、力達」的逐步演化，接著是應用上從靜到動的「意動神隨、精神領先、手眼相應」之「節節鬆開、節節貫串」，亦即「以心行氣、以氣運身」、「意到氣到、氣到勁到」。

這就是說，武術中的動，並不僅是簡單外在形態的動，而且首先是內在所謂意動、氣動、勁動的緊密結合和有序展開。所謂一動無有不動，也並不是指身體各個部分的混沌無序、散亂無章的「亂動」；而是指人身各個系統在意氣的整合下，互相對應、內外協調、節節貫串、圓活順暢、生動活潑、聯貫完整的整體運動。同樣，武術的靜也不是指身體活動的呆滯寂滅、僵死硬直的「死靜」，而是指整個身體內部活動的生氣流轉、精神集中、沉著冷靜、深藏實力、高度戒備、一觸即發的運動準備。所謂一靜無有不靜者，就是指全身各處都調整好了，達到渾然一體、周身一家、蓄勢待發的狀態。也只有這種「靜」，才能產生使對方不戰自怯的威懾力量。

由此可見，武術在這裏所強調的，是變化過程中人對動靜的調節控制，而不是孤立的動靜形態本身。這種對身體動作加速或制動的動，是有節制的動，亦即靜中之動或以動求靜。它在本質上是傾向靜而不是傾向於動的。

有的拳家把武術操作上的「虛領頂勁」，解釋為拳理上的「虛靈定靜」，特別強調「中定」即自我調控在

「進、退、顧、盼、定」這五方活動中的中心地位，這應是有眼光的。宋代程明道先生《答橫渠先生書》云：「所謂定者，動亦定、靜亦定；無將迎、無內外。」就這樣，動靜內外都在「定」的操作中統一了起來。

人們常說武術行功時要「心靜體鬆」或「神舒體靜」，這在事實上都是一回事。無論「心靜」還是「體靜」，都是強調行功時的身心自我調控。只不過前者強調意念調控，後者強調動作調控，或者說前者強調操作方式，後者強調綜合效果罷了。

### 2. 關於開合

開合亦稱分合。這同樣是用以標示事物運動基本狀態和運行軌跡的一對範疇，是我們前述動靜範疇的直接體現和運用。在人的身體動作中，它表現為由肌肉和韌帶的收縮和舒張，形成肢體空間具體位移。這是一種以自身為中心的肢體內聚和離散的空間運動狀態。從身體形態的角度來看，任何拳術所產生的效應，皆賴肢體動作的屈伸、進退、俯仰、起落、往來、反覆等等空間位移而實現的。

一般地說，所謂開，是指肢體和內勁向外伸展擴大；所謂合，則是指肢體和內勁向內收斂縮小。這裏背後的本質，則是人體活動中肢體的空間配置（動作怎樣擺），以及它背後力量的運行配置（勁路怎麼用）。其意義則在於完成動作以達到某種操作目的。

例如《太極拳論》有云：「動之則分、靜之則合」，指出開合是動靜的結果和表現，同時也說明動靜開合的形態特徵和相應的組合原則。從理論上看，這對範疇是跟周

易推演那陰陽相推、剛柔相盪、消息盈虛、闔闢成變、往來不窮、生生不已的運動模式聯繫在一起的。在中國文化中，氣有聚散、人有離合、物有成毀、兵可分合，一直到整個天下大勢，也是「合久必分、分久必合」的。《老子》曰：「天地之間猶橐籥乎？虛而不屈、動而愈出。」強調整個世界都是一開一合、往來迭運、消息盈虛、彼此交替、週而復始、以至無窮地進行某種有節奏的週期性運動，人體自當不能例外。

中國文化中的太極模型是分陰陽的，而開合則概括了太極那陰陽和合、循環往復的基本狀態。太極圖形取圓，其平面是圓、立體是球：在這有限的運動演化過程中，陽動外向為開，陰靜內向為合。根據天人合一的原則，它同樣可以用來描述武術空間運動體伸勢開和體縮勢合兩種基本狀態。

武術的開合可以有多重的含義，因而是多層次和多角度的。例如，就其外在和基本的層次來看，開合是指身體動作時空運動的屈伸、起落、進退、往來以及相應的節奏聯貫；其內在和核心的層次，是指對應於外力作用條件下操作主體的用力方式和力量運行配置；其昇華後的文化意象和解釋，則是指整個陰陽虛實變換的分化和統一。

從另一方面來看，則是在體稱開合，在性為陰陽，養生講順逆，呼吸呈吐納，神意謂舒斂，技擊叫蓄發。或從其整體功能來看，外向應敵也可稱之為開，內向自養也可稱之為合。此外，武術的開合還有個層次的問題；不僅全身整體有開合，一臂一手和一腿一足的局部也有開合，如此等等。而這不同方面和層次的開合，又有賴於整個人體生理生化和生物物理各個方面運動的整合，是內不動、外

不發的。於是人們對武術運動開合的研究，也就可以從各個不同的角度去展開：有的著眼於肢體的屈伸，有的著眼於內勁的收放，有的著眼於陰陽動靜的變換，有的著眼於呼吸的吐納；由於人們在探討武術的開合時，注重的方面（外形、內勁、纏絲、呼吸等等）各自不同，區分開合的標準也各有所異，自然會有各種不同的說法。但總起來說，又都從不同的方面來描述操作者肢體在空間往來迭運的運動狀態。

從其背後的實際功能角度來看，武術有「體」有「用」，其體是以開合來吐故納新、疏通經絡、調和血氣、平秘陰陽；其用則是以開合來蓄我之勢、解彼之力、發我之勁、還彼之身。開合充之於拳的始末，貫之於拳的體用。所以陳鑫說：「一動一靜、一開一合，足盡拳中之妙」，「一開一合，拳術盡矣」，「太極拳之道，開合二字盡之。」而這裏的操作要領，用徐震（哲東）的話來說，就是「動靜在心，分合在形，心能宰制其形，則一心主政，百骸從令。作止蓄發，無不如志。」由此產生了肢體動作的形神體用等主體特徵。

在這裏，徐震準確地說明了動靜所強調的是人在動作中對加速和制動的調控，而開合所強調的則是受人體機能調節的身體動作形態特徵。

所謂「物有對待，勢有回還」，基於人體活動的基本規律，身體形態各個方面的開合，是互相依存和互相轉化的。任何人體動作都是藉助肌肉的舒張（開）和收縮（合）的對立統一來完成的。武術既是身體活動，肢體就不能只伸不屈、也不能只屈不伸，內氣就不能只放不收、

也不能只收不放，呼吸就不能只呼不吸、也不能只吸不呼。總之，任何一個方面都不能離開自己的對立面而孤立存在，任何一個方面都要向自己的對立面轉化。在操作實踐上，開合的轉換有如下這些特點：

首先，**在同一層次、方面中，開合的轉換是互根化生的**。

這就是陳鑫說的「一開連一合，開合互相承」。武術動作由無數個弧型和圓圈所組成。如以手為例而論，倘若上弧或上半圈為開，則下弧或下半圈為合，反之亦相應反轉。總之，開合二者不雜不離、相生相繼、逐步推開；一開俱開、一合俱合，開中有合、合中有開，開後必合、合後必開，欲開先合、欲合先開，開而再開、合而再合，如此等等。

其次，**在不同的層次、方面中，各層次、方面間的開合要互相配合協調**。

一般地說，拳勢手足的屈伸與內氣的收放通常是一致的。這就是說，肢體由屈而伸時，內氣通常是由丹田向外發至手足四梢；肢體由伸而屈，內氣通常是由手足四梢收歸丹田。

但在某些情況下，身肢的屈伸和內氣的收放又可以互相交錯，手足伸展而內氣收斂，或手足屈回而內氣發放。勁路的纏絲走向也是如此。通常情況下，總是順纏開勁引化，逆纏合勁擊發。但無論那種情況，都要在意氣推動下配合協調、自然順暢。陳鑫說：「全體之一開一合，實陰陽自然之闔闢，不假強為」此之謂也。

第三，**就開合本身內部而言，開合又是互寓包容的**。

陳鑫對此舉例說道：「攬擦衣勢，襠勁開開，又要合住，是合勁寓於開勁之中，非是開是開、合是合，開合看成兩股勁。」「此著（摟膝拗步）合上著（白鶴亮翅）論，則合為合。合則合四肢之神，不但既成之形也。既成之形，右手在前，左手在後，左足與右足相去幾尺，似乎不專謂合。然合者其形與神，不合者其四肢之位置。不如此，則下勢（初收）之收無來歷矣。且名之為收，不放則何以收？此謂合中有開，合為開中之合也。」「下步跨虎勢，兩大腿前合後開，外合內開，兩兩相對相呼應。」

第四，**就技擊運動敵我雙方關係看，開合要有對應並服從技擊總體目標。**

其內在機制，則是敵我雙方力量分散與集中對應組合而形成的力學結構，其基本特點，則是捨己從人、因應知機、沾黏連隨、引進落空、隨曲就伸、得實即發。例如，在推手過程中，為了知人和不被人知，在由合到開的過程中，有時突然作一下圈合勁，而後繼續外開，是謂開之再開；在由開到合的過程中，有時突然作一下圈開勁，而後繼續再合，是謂合之再合，由此而造成對方「仰之則彌高、俯之則彌深，進之則愈長，退之則愈速」以及「無所適從」的感覺。此即兵法上所謂兵不厭詐是也。所以陳鑫說：「開合原無定，屈伸勢相連。」此之謂也。

正如武術的動靜是跟其戰略選擇的奇正聯繫在一起一樣，武術的開合還跟其勁路運轉的曲直聯繫在一起。肌體形態配置的背後，是力量運行的配置；戰勢的表現是肌體形態配置，戰機的根源則是力量運行的配置。任何武術招式都有曲和直這樣兩種軌跡。例如太極拳的動作主要的都

作圓形、弧形、螺旋形運轉，基本都屬曲線，但是在這曲線當中卻是包含著直勁的。在這裏曲直相互變化的，具有曲中求直和後發先至的技術特徵。

一般地說，動作合時蓄勁走曲線，動作開時發勁走直線。所謂曲中求直、蓄而後發的技術要領，就含有這開合曲直的辨證法。通常以射箭為喻，太極拳「蓄勁如張弓、發勁如放箭」，沒有弓的曲圓蓄力，箭就不能直射而出。當然，這裏的直是相對而不是絕對的。太極推手往往在曲蓄的運轉中，將自己周身安排妥當並讓對方背勢，同時又選擇好發勁的落點、方向和時機，自我感覺處處得力，這時勁路便可筆直發出，自然使對方應手而出。

當然，推手時筆直發力的方向要因具體情況而定，並且筆直中兼有螺旋和轉動。反之，對方直力打來，用曲橫之力化解或同時一出閃戰身法配合，又是小力勝大力、變被動為主動的關鍵所在。因而，動作中手臂中的接觸著力點，時時變換，如一中心點已過，即改用它點，這樣節節是曲線、節節是直線，處處是黏勁、處處是放勁，給人「周身柔軟若無骨，忽然撒開都是手」的感覺。

在這攻守迴旋轉化中，雙方沿圓的任何點都有可能變成為直線而發或被人發出。若只有圓勁而沒有直勁，則只能化而不能發，若只有直勁而沒有圓勁，則遇有化者必落空，且對方攻來也無法化解。所以，這裏的曲直也是相反相成、相生相剋、互相依賴、互相轉化的。至於其他武術的開合變化，其攻守的軌跡則乾脆表現為前後橫直的簡單直線。

如果把這開合曲直的空間變化轉換成時態過程，一般

武術的開合還有「先求開展、後求緊湊」的練功程序，亦即所謂在動作上要由大圈到小圈，再由小圈到無圈是也。這無圈的功夫，是「其大無外、其小無內」的。它是由無數個常人難以覺察的微圈組成的直線，是曲與直的辯證統一。它是高度緊湊（合）的產物，但同時又表現為充塞宇宙的透空大展開。這也就是人們常說的練功中要「明規矩而守規矩，守規矩而合規矩。」總之處處捨己從人順應自然，而又處處從心所欲不踰矩。

由此可見，太極拳在時間和空間這兩個系列上的開合曲直，都同樣明顯地表現出一種「反者道之動、弱者道之用」和「無為而無不為」的中國式智慧。

### 3. 中國武術的動靜開合特點

一般說來，中國武術全都講究剛柔相濟，儘管仍然大量保留有原始野性剛勇蠻霸之氣，但總的偏向卻是「尚智尚巧不尚力」的柔韌特性。就總體而言，中國武術的招式動作特別講究動靜互寓、開合得宜、起落有致、輕重相間、轉折圓韌、輕緩比對。這裏特別是作為整個中華武術代表的太極拳，在處理動靜開合問題上更是突出了它那陰柔鬆靜、占中求圓和穩妥中庸、維持平衡的基本特徵。

在活動形態上，太極拳特別講究鬆靜為本，並具有動靜相兼、剛柔相濟、以動養形、以靜養神、動以含機、靜以變化、動中求靜、返璞歸真的辯證特點。這點也可以推廣開去可以說明整個中國武術的特徵。程大力在《中國武術——歷史與文化》一書中指出「中國武術是一種靜態型武術。靜態的特徵表現在搏擊技術上，是強調下盤穩固，

腳下要有根，站樁是無例外的入門初步。中國武術又主張『形不破體，力不出尖』，靠不失重來求取平衡。於是中國武術的所有門派，步法都是單腳交替移動，無論進攻、退卻或起腿，都是或雙腳同時著地，或一隻腳處於運動和離開地面狀態時，另一隻腳處於靜止和接觸地面狀態。雙腳同時脫離地面的那種騰空飛擊，多半是功夫武俠電影中的誇張虛構。它事實上偶爾的存在，只是敗中求勝的無奈；所以它應該被看作靜態被破壞時努力恢復靜態的方式，而不是突破靜態的方式。」這些東西，明顯地區別於以拳擊為代表的西方式追求速度之動態武術。

在開合問題上，太極拳講究內動順化，並具有開合相連、重內尚合、收斂內聚、以曲求伸、消長往來、因應自然、曲中求直、占中走圓的內向性特徵。《易傳》云：「往者屈也，來者信也，屈信相感而利生焉。尺蠖之屈，以求信也，龍蛇之蟄，以存身也。精義入神，以致用也，利用安身，以崇德也。」亦此之謂也。這點推廣開去，同樣也可以說明包括中國的武術、舞蹈和雕塑、建築等在內的「內傾性」造型和「內聚性」動作之文化意向。

據此，幾乎所有武術流派的操作十分強調在鬆靜為本的基礎上要守住中線、由有序的弧形動作、注意整個體態上的三尖相對、內外六合和運轉上的以靜待動、後發制人。在己，要處處合住，互相呼應、不露空隙，使對方沒有可乘之機；對敵，要封逼拿閉，黏走相生、引進落空，讓對方有力不得力、有力無處使。在整體上則講究開合有致、收放自如；其勁路有蓄有發，蓄而後發，其訓練「先求開展、後求緊湊」，如此等等。

## 二 操作：形神體用

從操作論上說，人的身體活動不僅大大地區別於所有的機械運動，而且跟動物適應環境之簡單本能活動也是明顯不同的。必須強調，武術招式是一種具有技擊含義的身體活動；它首先是種有意識和有目的的複雜文化活動，形成手段與目的、結構與功能之一系列過程性的相互作用；而歷代的文化積澱，也就由個體性的心理意念，溶匯在身體動作的舉手投足之間，成為獨特的「人體文化符號」。

由於武術操作者用動靜開合的身體符號去體現中國文化的歷史內涵，動靜開合在這裏於是便充滿了主體性的操作內容；由此我們便自然地從身體活動對象化表現的動靜開合，過渡到身體活動主體性操作的形神體用，講究內外一體的形神兼備和主體操作的體用一如。

### 1. 關於形神

形神在這裏是標示人的身體結構和生命本質的一對範疇，主要用以描述人的形體狀貌跟人的精神狀態、人的肢體機能跟活動功用之間的相互關係，進而引申為整體性人的動作形態跟這動作意蘊、動作功能的關係，亦即符號跟意義的關係。在中國文化中，形神關係也具有多層面和多樣化的涵義。

其第一個層面亦即最基礎的層面，是物質與運動的關係（「天地合氣、萬物自生」、「在天成象、在地成形」、「陰陽合氣、大化流行」）。

第二個層面，是內容與形式，或機體與功能的關係

（「形而下者謂之器」、「既有形質、可為器用」、「形者神之質、神者形之用」、「陰平陽秘、精神乃治」），或稱之為肉體與精神或軀體與靈魂的關係（「形具而神生」、「神為形主、形持神而立」）。

第三個層面，則是更虛一點的形態與神韻，或形象與意蘊的關係（中國古代稱象意關係，西方哲學稱符號表達與意義象徵關係），亦即身體符號與文化內涵的關係。

在中國傳統武術運動中，「形」是指該運動中可被直接感知的肢體時空結構狀態，亦即人的形體狀貌及其動作表現。一個或一套的武術招式動作，總是由人的四肢、軀幹以不同的「姿勢」（共時性的空間組合）和「動作」（歷時性的運轉方式）組合來完成的；這姿勢和動作，分別從靜與動兩個方面構成了武術外在的「形」。但這個外在的「形」，又是在人的目的意向、情感意志等心理內容驅動和調控下完成的，是為達到一定主觀目的和實現主觀意志的物質手段。內在的心理內容是外在形體動作的運行依據，被稱之為主宰這個「形」的「神」。

在個體操作的層面上，形神關係一般也稱之為形意關係；在審美表現的層面上，這形意關係也就上升為具有形上超越性質的形神關係了。由此武術上的形神，也就包括了姿勢動作跟心理活動，招式結構跟攻防內涵，身體符號跟文化意蘊等一系列的對立統一。

形神範疇突出了人在自我意識支配下的目的性肢體運作。從最一般的意義上說，「形神」是人同一生命過程中的兩個不同的方面。就發生學上說，「形具神生、形質神用」，沒有「形」為載體，任何「神」都不可能產生和存

在。而就行為學上說，「神」為主宰、「形」為功用，「形為神用則靈、神為形用則妄」。從養生的角度來說，則要必須取法於天地陰陽，調和五行術數，知悉陰陽相濟之道；飲食有節、起居有常，以養其「形」；調心養氣、不妄勞作，以安其「神」。這也就是說，人應該而且可以透過協調自己的身心活動，不去「傷形勞神」以「養精蓄銳」，以便求得「盡其天年」。

據道教《西升經》的說法：「神生形，形成神，形不得神不能自生，神不得形不能自成。形神合同，更相生，更相成，神常愛人，人不愛人。」這就是說，人由於有心神的活力，肌體才能夠成長化育；由於有了肌體的成長化育，才呈現出心神的活力。心神賴形體而呈現，形體賴心神而生存。從一體中顯示出二面，從二面而促成活的一體。二者融合則共存，二者離異則皆亡。

「神」是「形」的統帥，「形」是「神」的基礎。所以《老子》說：「重為輕根，靜為躁君。」此亦即指「神」與「形」的相互關係以及二者所應處何狀態才能長期共融並存。也就是說形體要穩重，心神要安靜。只有如此，二者才能長期共存，否則就會導致二者的離異。二者之所以會離異，那是由於「人不愛神」所帶來的後果。

就更廣的意謂來說，跟西方文化所謂「現者不實、實者不現」的現象本質分離說不同，中國文化主張「現者即實、實者即現」的形神統一。

按「天人合一」學說，人有形神問題，天（宇宙）也有形神問題。天（宇宙）之形為器，天（宇宙）之神為道。人之神因宇宙之神的統御而呈現；宇宙之神永恆而人

之神短暫。人之神是由宇宙作用於肌體所作出的反應，人之神的本原在宇宙之神。宇宙神無為，故宇宙之形長存，人之神有為，故人之形短暫。若要人之形長存，就必須使人之神合於宇宙之神，變有為之神為無為之神。此時人之神同時又是宇宙之神。所以，人的形神歸根於天（宇宙）的體用，人的行為必須要遵從客觀規律。

基於這「天道即人道」的信仰，由此中國武術在形神問題上便十分講究象天法地、師法造化、鬆靜自然、螺旋圓轉、八面支撐、上下相隨、前後相連、連綿不斷，表現出中國人所理解那宇宙萬物大化流行的狀態。

從操作技術養成的內涵說，武術的形神關係，同時也就是形體訓練跟意氣訓練的關係，或者稱之為外練跟內練的關係。在這裏，形體即「骨肉」的外形動作的訓練稱為外練，「精、氣、神（元神）」的自我運行修練為內練。外練以動為主，內練以靜為主。外練的主要要求，是「肩與胯合、肘與膝合、手與足合」的「外三合」，其生理依託可能是肌肉活動系統、骨架活動系統、韌帶活動系統的協調整合。內練的主要要求，則是「心與意合、意與氣合、氣與力合」的「內三合」，其生理依託可能是神經控制系統、體液控制系統和經絡控制系統的協調整合。

外練的主宰，是某種類似西方工具理性的「識神」，而內練的歸結，則是某種類似西方價值理性的「元神」。在演練中，如果片面強調形體而忽略意氣，那就會「異化」為西方式體操；如果片面強調意氣而忽略形體，那也會「返祖」為古代的氣功。二者同樣違反傳統武術「天人一體、內外合一」的基本原則。

就技術操作把握過程而言，武術首先從「以形導氣、以氣養神」入手，進而達到應用操作上的「以意導氣、以氣運身」的運行規則，並由此形成「以神統形」和「重意（神）不重形」狀態。由此人們在入門前，特別講究「循規矩而合規矩」；但在入門以後，又講究「脫規矩而合規矩」。武術的姿勢、動作、招式、套路、功架等等，不但積澱了前人世代相承的經驗和智慧，而且還要表達操作者個體獨特的意志、願望和個性，應是有極深文化內涵的。

　　但現在問題在於，武術的全部歷史文化內涵，不可能一下子進入每個操作者個體生命之中。由此需要操作者反覆練習模仿體驗。但又基於時代的變遷、情景的變換和操作者的個體差異，武術的歷史文化內涵，還會滲入操作者自己性情志趣的特有個性，表現出極強的個體特色。所以整個中國武術的演練，就不能只講姿勢、動作等等的外在造型，而必須深究這個造型背後那帶時代意蘊的攻防含義、勁路運轉、意氣走勢、神韻表現和個性傾向。

　　徒具形式的外在性肢體動作，是很難叫作什麼中國傳統武術。在這裏，我們同樣也可以看到中國文化中那對內容的獨特強調和「內向型」的操作方式。

## 2. 關於體用

　　體用是形神進一步的主體操作化。如果說「形神」偏重於從人的「存在狀態」意義上去進行對象把握的話，那麼「體用」則偏重於從人的「活動方式」意義去進行操作，因而是實踐性、操作性很強的範疇。

　　「體」，《廣雅‧釋親》釋為「身也」，即由骨架支

撐起的身體。《說文》釋作「總十二屬也，從骨豊聲。」所謂「總十二屬」段玉裁注曰：「今以人體及許書核之，首之屬有三，曰頂曰面曰頤；身之屬三，曰肩曰脊曰尻；手之屬三，曰肱曰臂曰手；足之屬三，曰股曰脛曰足。」指人體的各個部分，全而為體。劉熙《釋名》：「體者，四肢股肱也。」《周易・坤文言傳》：「正位居體」。虞翻註：「體謂四肢也」，故有形體之稱。《周易・繫辭上傳》：「故神無方而易無體」，孔穎達《疏》：「體是體質之稱」。

這些都跟武術和武術中所說的「體」是一致的，武術的招式動作首先是從人體結構出發的。至於「用」字，《說文》：「可施行也，從卜從申」。《方言六》：「用，行也」。《國語・鄭語》：「時至而求用恐無及也」。韋昭註：「用，備也」。朱熹說：「用即體之流行」，「即是體中流出也」。這也跟武術家的理解是一致的。由此可見，體首先是指身體、形體，而用則是指功用、作用。中國人所理解的體，總是由自己的生命本體開始，而「其用必以人為據」，強調「天下之間人為貴」那人的主體性特徵。

據此出發，中國文化的體用範疇在歷史發展的過程中就逐步有了多方面的豐富含義。其近似的西方哲學範疇，大致有本質與現象、本體與作用、實體與屬性、規律與表現、素質與效應、結構與功能等等，但又並無西方式那主客分立對峙和對象化考察的意味。

中國式的體、用，是統一體內既互相區別又互相統一的兩個方面，是對上述諸種關係的綜合近似反映，其主體

性和操作性都很強。人們對本質、本體、實體、規律、素質、結構等等的追求，標誌著人們的認識開始從事物外部現象，深入到現象內在的原因、根據的探討，亦即「由用以得體」，「吾從其用而知其體之有」也。這得體、知體又回到用，並用來表現體，這也便是「明體達用」或「明體適用」；如果不適用和達用，也就無所謂體。因而中國文化特別強調「體用一源」和「體用不二」。

在中國武術中，體用範疇一般用以描述操作上強身健體跟技擊實用的關係，此外還旁及內勁功力跟操作技巧、身體技術和散打實作、身體素質和技術應用、基本原理和應用效果、技術結構和社會功能等等不同層面的對立統一關係。例如，《通備拳釋義》云：「理象全通、體用具備」，借體用範疇把人體動作「意象——符號」系統跟其展開的「意義——功用」系統聯繫起來考察，當是很有眼光的。《形意拳經》中，則有「靜為本體、動為作用」的說法，把武術中內家拳類那「鬆靜為本、以靜制動」的戰略凸現出來，說明「動靜相生」的辯證法則，也很有意思。太極拳著述中，則有《體用全書》的提法，表明其以「體用兼備、體用一原」作為基本宗旨。

武術關於體用內涵一般有兩種用法：一是從拳理上去提問題，二是從操作上去提問題。

從拳理上說，可以把拳理的文化精神（「理」）理解為體，把拳術的社會功能（「象」）理解為用；拳術的社會功能，是拳理文化精神的具體展開。這個角度的解釋框架，基本上是宋明理學（朱熹有云：「體用一源者，自理而觀，則理為體，象為用，而理中有象，是一源也。顯微

無間者，自象而觀，則象為顯，理為微，而象中有理，是無間也」即此之意）。

　　清末楊氏傳抄拳譜《太極體用解》解釋說：「理為精、氣、神之體，精、氣、神為身之體。身為心之用，勁力為身之用。心身有一定之主宰者，理也。精、氣、神有一定之主宰者，意誠也。誠者，天道；誠之者，人道。俱不外意念須臾之間。要知天人同體之理，自得日月流行之氣。其意氣之流行，精神自隱微乎理矣！夫而後言乃武、乃文、乃聖、乃神，則得矣。若特以武事論之於心身，用之於勁力，仍歸於道之本也，故不得獨以末技云爾！」同譜之《太極文武解》又曰：「文者，體也；武者，用也。文功在武用於精氣神也，為之文體（有的本子文體改作體育）；武功得文體與心身也，為之武事。……文無武之預備，為之有體無用；武無文之伴侶，為之有用無體。如獨木難支，孤掌不響。不惟體育，武事之功，事事諸如此理也。」由此可見，我們的古人認為，文化精神是第一位的，肢體動作是第二位的；如果不從文化精神上去理解和把握武術，那就很難抓住它的基本要領，並且無法整合其複雜的技術。

　　從操作上來說，人們往往又一般地以練技健身為體，以運技應敵為用；或乾脆簡單化地把拳套訓練稱之為體，把交手實作稱之為用。這也很好理解。因為人體生理機能，是身體技術功能的基礎；這個角度的基本理解，大體上則繼承了我國古代唯物主義「形質神用、形神相即」的觀點（范縝有云，「形者神之質，神者形之用。是則形稱其質，神言其用，形之與神，不得相異也」，即此之謂

也）。在這裏，「質」即形質，有物質實體的意蘊，「用」即功用，有操作功能性涵義；於是存在論上的「質用」便是操作論上的「體用」，「形神」與「體用」本為為一體。由此，人們在鍛鍊過程中便有意識地發展其生理機能的「體」，以增強其身體功能的「用」；同時又由明曉其身體功能的「用」，以規範其生理機能的「體」；從而使體用相兼、和而不同、互相促進、協調和諧。其一般性的概括，也可稱之為「功力、功夫」與「功用、效應」的關係，或身體機理與肢體效應的關係。在這裏，人們的理解又回到最基礎的肌體存在論層面上。

武術對體用這兩個不同方面的界定，反映了人的雙重存在；人一方面是物質的存在，另一方面又是精神的存在。就物質存在方面而言，人以身體為體，以心神為用，從生理活動的角度發揮人體功能。就精神存在方面而言，卻又以心神為體，以身體為用，從心理意向的角度發揮人體功能，各種關係於是也就倒了過來。

人的活動，要以物質性的生理功能為基礎，以精神性的心理意向為主導。所以人的身體與心神在實際上當是互為體用的。由此，人們一方面可以利用不同的姿勢動作去調整自己的心理狀態，另一方面又可以透過不同的心理意念去調整自己的身體動作。

### 3. 中國武術的形神體用特點

中國武術無論什麼拳種，都十分講究「形神兼備」和「以神統形」的。拳家一般認為，無形則無神，無神則無味（這跟印度人那「得味歡喜」的審美情趣頗為接近，並

且帶上中國飲食文化的深刻絡印）。所謂「神賴形而存、形因神而活」。一方面，形是神的根基和手段；另一方面，神則是形的主宰和目的。由此形成了「以形傳神、貴在有味」的鑑賞標準。基於中國哲學反求諸己、內傾超越的追求，任何中國式技藝，都是寓神於形和以神馭形的。其最後的走向，是「重意（神）不重形」和「得意（神）而忘形」的審美表現。這是一種主體表現型（而不是客體再現型）的審美旨趣，是中國式技藝區別於西方式技藝的一個基本美學特徵。

　　就主體操作角度說，中國武術的「形神兼備」和「以神馭形」，是跟其「動以養形、靜以養神、內外兼修、意氣領先」的原則結合在一起的。它並不僅是個「表現和再現」的美學原則，而且更是個訓練和應用的操作原則，涉及整個操作運行的力量配置和過程調控。拳諺有云：「手眼身法步、精神氣力功」，「內練一口氣、外練筋骨皮」；它既強調外練，又強調內練，最後是以內練統領外練，講究「意到、氣到、勁到」的「意識引導動作」，以求達到「天人合一、物我兩忘」的境界。

　　在武術操作過程中，形神是狀態顯示，內容決定形式；體用為功能發揮，結構決定功能。形神狀態的背後則是體用運行。傳統武術處理體用關係的基本原則，就是「內外相應、體用一如」。中國武術一般講究盤架練體，散打應用，心為主宰、理為依歸，凝神斂氣，化力為勁，內外相應、體用一如，要在周身一家那「即體即用」的基礎上，去追求「全體大用」之功。在這裏，宇宙之道的大化流行跟身心性命的性理發揮，是合而為一的。

陳鑫在《太極拳體用》一文中釋「太極拳體」云：「太極拳之道，『開合』二字盡之；一陰一陽之謂拳，其妙處全在互為其根。」釋「太極拳用」云：「拳之運動，惟柔與剛；彼以剛來我以柔往；彼以柔來，全在稱量。剛中寓柔，與人不侔，柔中寓剛，人所難防。運用在心，不矜不張。中有所主，無任猖狂。隨機應變，終不驚慌！」這是把體用同歸於「道」的大化流行。而所謂「得道」，由此也可以看作是一種進化。

　　這些東西，其實同時也是整個中國武術的特點。中國武術的「練體」，不但有把握技術體系的含義，而且還有培植和協調生命能量的意蘊；而所謂致用，則表示其生命能量的合理配置和價值功能的充分發揮。這裏還要注意，武術上的體用一如不但是必須要「有體有用」，而且還得講究「體用對應適宜」。借用當年嚴復的比喻，牛體有牛用、馬體有馬用；我們既不能做「牛體馬用」，也不能做「馬體牛用」。

　　武術是「以技行擊」的「用武之術」；由此當要「以技為體、以擊為用」，武術的技術結構必須要適用於肢體打鬥。但如果硬要把它移作他用，例如要它去完成哲學的思辨、科學的認知、藝術的表演、宗教的信仰，這恐怕未必就能夠真的那麼得心應手。

　　中國武術的形神體用特點，可以概括為「象形仿生、師法自然、內外相應、體用一如」這樣四句話；前兩句說形神，後兩句說體用。中國思維是一種整體把握、直觀體悟之「象的思維」，由「象形取意」（就是象其形而取其意，亦即由象徵去體現某種意圖、意向和意義）從而實現

主體操作。所謂「觀物取象」、「立象盡意」；這種意象和意義型思維仰觀天文、俯察地理、近取諸身、遠取諸物，由象形取意去把握對象，並借用哲理符號去處理對象。人類在長期的生產活動和社會實踐中，很早就由跟自然界交往的過程，模仿其中各種事物形態的變換去創造各式各樣的身體動作；我們的前人在創造武術的時候，就非常注意模擬自然界的各種事物（包括動物、植物以及天象、人事等等），參照其相關的姿態、動作、神情等等，並依據人體運動的規律和結合技擊方法的需要，由此衍化出具有獨特功能的招式動作，並進而衍化和發展為一些不同的拳系、拳種，而在解釋拳理時又往往以自然界的現象和運動規律來作說明和比喻。傳統武術處理形神體用關係的基本原則，在操作上大體可以分析為這樣幾個方面：

第一，中國武術的形神特點，首先是依類象形、師法自然；其源可能出於原始的「模仿巫術」，以為同類可以「相生」（這背後包含有人類進化中模仿學習的極大智慧）；而其方式則有點頗為類似中國漢字，著眼於象形取意（這背後包含有中國人特有那「以形分類、以類相推」那「象」的思維方式；例如中醫藥的「藥性分類、以形補形」就是這種思維方式的一個典型例子。依託拼音文字的外國人就很難形成這樣的思維方式）。

中國武術很多招式動作就是模擬動物的；野獸動物在很多方面，尤其是單項特長上都超過人類，例如，人跑得沒有獵豹快，力氣沒有黑猩猩大，視覺不如老鷹，嗅覺不如狗，聽覺也不如很多動物；於是由模擬動物希望獲得動物之能力。不過人與動物相比，最具有優勢的便是腦子，

使得我們能夠理解各種動物、利用各種動物，甚至從動物那裏學到我們自身不具備的知識，並且由模擬動物的技能，使我們生活得更好。

姜容樵指出，中國武術「把獸類搏擊攻殺的動作，象形取意，模仿到自己身上來，用這種方法來制敵」。戴國斌也指出：「在歷史發展中，武術也從動物界汲取原料進行文化生產。一方面是象形性生產，由模仿動作攻擊力的拳術化、模仿動物生命力的養生化和模仿動物之態的遊戲化，產生了新的活動方式；另一方面是會意性生產，推進了動物運動意向的身體化和人格化，增添了武術文化的表達力。在學之於動物的仿生學轉換中，與動物的直接聯繫生產了武術的象形拳系統，它追求『形似』；與動物的間接聯繫生產了武術的動物意向，它崇尚『神似』；這兩種不同的與動物的聯繫方式和審美追求，源於人對動物截然對立的態度。」與此相類的還有「自然仿生」和「人物仿生」：例如自然方面的「泰山壓頂」、「順水推舟」、「雪花蓋頂」、「古樹盤根」，人物方面的「霸王卸甲」、「張果騎驢」、「麻姑獻壽」、「二郎擔山」，此外還有「手揮琵琶」、「玉女穿梭」、「美人照鏡」、「回頭望月」等等。

中國文化認為，自然演化具有某種別無選擇、不可抗拒、難以逆轉和天然合理的性質，只有順天循性、師法自然、隨機就勢，才能參贊化育、奪取造化從而替天行道。這些東西在很大程度上也可以看作是中國古代農業自然經濟條件下人們思維方式的產物。

第二，這種種模擬的前提，則是遵從人體結構和武器

形制的活動規律，同時體現其活動的相互關係。

　　所有的武術招式動作都是以人體的運動來完成的，由此必須符合人體結構特點、生理運行規律以及使用的武器形制規定，以自我心理結構「因其本性」並「順其自然」。人體的骨骼、關節、肌腱和肌肉的活動方向和方式是歷史長期進化而形成的，由此徒手的拳打腳踢，便具有很強的肢體操作慣性和生理機能制約，於是武術的招式動作也就必須根據這些特點並利用身體不同部位運行而使自己動作順勢順力，同時也讓對方背勢背力。特別是人體結構上有很多易受攻擊和易受傷害的部位，於是武術的招式動作也就必須學會善於攻擊和保護這些要害部位。此外作為「肢體延長」的武術器械招式，還有器械其形制方面的進一步制約。

　　例如，短器械的刀劍建既有共同的方面也有不同的方面；刀背厚、可砍劈、劍脊薄、須點刺；據此也就產生「刀走黑、劍走青」和「刀如猛虎、劍似游龍」的特點。又如長器械的槍棍既有共同的方面也有不同的方面；槍頭尖、可刺扎，棍無頭、須輪劈；據此也就產生「槍似游龍、棍若雨」和「槍扎一條線、棍打一大片」的特點。這些東西由操作者的自我心理整合，形成一系列的組織秩序和心理定勢。所謂「外師造化、中得心源」，其實也就是遵循自然機理而去發揮自己的主觀能動作用。由於人的身體結構和生理機制完全一致，於是這些東西的機理、機制對全人類來說也都是一樣的，可以看作是東西方所有武技的共性。中國武術在這裏所表現出的個性，不外也就是中國人的體型、體質特點和武器形制特點。由於中國人的體

型、體質、武器形制以及整個的生活環境的不同，這也形成了中華傳統武術的存在個性。

第三，其操作運行還突出「有感而應、因敵成形」的「以形喻勢、就勢跟進、封門奪戶」而不論招，由此指向擺脫被動、走出當下的「形人而不形於人」和「制人而不制於人」。

武術是一種肢體衝突的隨機應對，其所有動作都是有感而應、因敵成形、隨機就勢、捨己從人的。如果離開敵我關係的攻守進退、你來我往的實用功能，武術動作也就變成了無的放矢那「無根的儀式」，於此人們便完全無法真正把握武術形神、體用的所有意義，由此變成一種莫名其妙的肢體「瞎折騰」。軍事上《孫子》有云：「夫兵形像水，水之形，避高而趨下，兵之形，避實而擊虛。水因地而制流，兵因敵而制勝。故兵無常勢，水無常形。能因敵變化而取勝，謂之神。」跟軍事作戰同構的武術招式運行，基本方式也當講究因敵成形、隨機就勢。

由此中國武術沒有西方人那麼多主體先定那「標準」、「規範」和「邊界」的限制，呈現出一種極為自由靈動的「應物自然」姿態。任何操作技術都是要因應操作對象的，但中國農業社會依託自然那「靠天吃飯」的因應思維，也表現出完全不同於西方工商社會那「人為契約」的機械性交往規則和交換定勢。

第四，在整體上它還表現出一種哲思立意、符號操作、心理暗示、訊息調控的特色。

中國武術運作指導和機理解釋，大量的更是藉助了陰陽五行的具象化符號運算；這在外國武技中是完全看不到

的東西。本來任何人類操作活動都是在人的思想意念指導下進行的；在這裏，國外的武技大多突出其主體操作的技術特點（例如拳擊、摔跤、相撲、柔道、空手道、跆拳道、泰拳等等），依託物理和生理的解釋而給出邊界明晰的動作指令，但中國功夫卻有賴於陰陽、五行、八卦、六合一類邊界模糊的整體性哲理符號，讓人得以因應環境而自然地自由發揮。

中國功夫具有極濃的哲學氣質，它「跳過」作為中介的「科學分析」，直接用哲學符號去處理技術問題，表現出某種「思想拳」的特徵（這也跟中醫類似）。台灣學者龔鵬程指出，中國武術並非一純粹搏擊技術，而具有強烈的觀念性和文化意蘊，其打拳講套數與作詩論格律的意義是一樣的，由此可以稱之為「技擊文化學」。

跟漢字書法和舞蹈造型一樣，武術招式都是一些表達隱喻的文化符號，完全可以藉助其具象而致會意。就認知方法論來說，武術操作講究「象形取意」、「以類相推」，這當然免不了帶上主觀比附和美學想像成分，有的地方甚至還保留有一些諸如「交感巫術」、「模擬思維」等原始因素，具有不少當代生活必須揚棄的糟粕，一定意義上確是個空想「烏托邦」；然而其背後那靈動的生命智慧啟發，恐怕也是不能全然抹殺的。

有學者指出：「中國實用理性的一個特徵是不重邏輯推論，而重類比聯想，由類比而得啟發，範圍寬廣，直覺性強，便於由感受而引發聯想。這可以是一種不同於邏輯推理的思維方法。」這種方法的創造性解題能力及其在中國文化上的廣泛作用、特別是其應對不同環境所呈現的成

敗得失等等，恐怕都不能簡單地處理。

　　中國武術理論闡釋所使用那套陰陽相濟、五行生剋、八卦定向的多層面綜合認知和操作符號系統，其實還並不單純地只是「原始巫術推演」和「宗教信仰儀式」，而是運用中國哲學面對現實生活那自我生命體驗的意象型符號描述，用以表達自己對身體上力量配置變換和相應的生理、物理運行機制，以及對作為背景的整個宇宙萬物運行規律的符號化理解。這裏儘管混有不少美學想像和政教合一的因素，但背後卻包含有全息映照和環境利用意蘊；其功能則有點類似近代西方科學借用英文字母（或希臘字母和羅馬數字）組合標示數理化規律的抽象「方程」和「公式」。至於所謂「用意不用力」的「跟空氣作戰」和「與自己肌肉較勁」，其實質也不外是協調身心、整合內外的一種自我意識活動。當然，這裏的一切把握都是模糊的「意象」，操作時我們可以從中獲得某些象徵性的啟示，但卻不必過於執著和拘泥其中某些具體的說法。

　　不符合西方式「科學分析」，並不等於不符合中國人的生存經驗。它方法上關於「精、氣、神」天人全息對應那整體和過程的感悟，還有所謂「意到、氣到、勁到」的自我力量操控技巧和感受，在理論上確實有其不夠精確的籠統方面；但跟西方式關於力量速度那局部和瞬時的單向度構成分析學說比較起來，恐怕仍然也是各有千秋。人的認知能力和訊息管道總是有限的，由此無法歸納概括出一個普遍性的「共相」並據此進行邏輯推演。

　　中國式的認知方法是從自己的身體操作出發，利用陰陽的屬性分類、八卦的方位把握、五行的關係判斷，仰觀

天文、俯察地理、遠取諸物、近取諸身、就象取譬、以類相推。這種多層面的系統性認知背後所包含的生命智慧，並不是時人理解那「先哲聖賢」宣示教誨的衍生，而是整個民族世世代代生存狀態和生活方式的內化。它雖然有著身心合一、人我合一、情景合一、天人合一等「泛和諧」訴求，但卻完全沒有時下某些傳媒所宣揚的那種攀附權貴的調和、妥協、順從、圓滑、虛偽、作秀傾向。

## 三 機理：一氣流行

作為這個動靜開合和形神體用中介環節和整合機制的是「氣」。「意氣運動」是傳統武術訓練中相當獨特的東西，其涵義超越了西方式的心理誘導和呼吸控制。

一定意義上說，武術的身心活動其實也就是「氣」的活動，武術的招式動作都是「氣機運行」的結果，屬於天地萬物「一氣流行」中一個獨特的有機組成部分；其基本的活動方式，又是跟天地萬物「一氣流行」是一一對應的。反正「人在氣中，氣在人中」，天人本是一體，共同形成一個「對待」，同時又是一個「流行」。

### 1. 中國文化中的「氣」

在中國文化中，「氣」首先是個標示天地萬物之「本原」及其運行的本體論（本根論）範疇。跟西方哲學所說的「始基」、「原子」等類似，用以標示「存在」的根據；但又無形無象、散在萬物、充塞宇宙、連續不斷、無始無終、大化流行，並不固執西方式「萬有存在的邏輯究竟」那空間軸含義，而突出其東方式「萬物演化的自然根

源」的時間軸意蘊。在中國人的心目中，「天地含氣、萬物自生」，一切東西最後都是可以歸結為「氣」這種宇宙本體的結構形式和運動狀態，因而都可以被納入演化生成的「元氣論」（區別於西方式組裝構成的「元素論」、「原子論」）的思維繫統框架之中。中國的「氣」是分陰陽的。由「氣」中的陰陽交感，演化出四象八卦和五行生剋，最後構成一個嚴密的有機整體圖式。所以，它又是一個標示運動機制和關係的演化論範疇。

有人指出，「氣」是物質，相當於亞里斯多德的「質料」。在思維的某個特定層面上，這個說法確實不無道理；「氣」當然是一種「不依任何個人主觀意志為轉移的客觀存在」。但問題是中國人的思維並不限定在分析性空間的層面，而是一個體現為「象」的時空有機綜合體。

中國人對「氣」的界定相當模糊靈活，大體說來有這麼四個方面：一為「實然之氣」，如呼吸往來之氣，水穀精微之氣，父母精血之氣，山川雲煙之氣等等「氣態」或「精微」物質；二為「本然之氣」，如元氣，太極，太一、太玄，太虛，太素等等「氣化之本」（有人稱之為「真靈之氣」）；三為「運化之氣」，如陰陽二氣的關係功能態，為事物功能訊息關係的介質和承擔者；四是「泛化之氣」，如喜氣，怒氣，正氣，邪氣，官氣，民氣，浩然之氣，風水龍脈，聖人氣象，天地正氣等等，與人心直接相通。這不同的東西統一起來，都可以看作是「氣」的不同表現。

而即使是就同一個層面來看，中國式的「氣」跟西方式的「原子」，也有著顯著的不同。西方「原子論」的主

要特徵，是用「虛空」或「絕對空間」來作為背景，去安放一個個離散而「不可入」的「原子」。而在中國傳統思想中，卻基本沒有這種概念。即使在最富有邏輯思維的《墨經》中，也說什麼「宇，彌異所也。」「宇，蒙東西南北。」亦即把空間看成是事物在不同地點、不同方位的結合（彌、蒙），沒有完全擺脫各向異性的具體空間。這樣，「原子」便沒有了存身之所。

「氣」跟「原子」很不相同；它瀰漫充溢、泛在萬物、空漠無形、貫通一切、其大無外、其小無內、氣變成形、形化為氣、氣形互變、顯隱相因、綿延連續、變化無常、生生不已、與道同一、大化流行，兼有存在、機理、關係、功能等多個方面的綜合特性，並與生命和精神現象相接相通，具有某種「靈性」和特殊的能動性。

它在某些方面還有點類似於西方近代科學假說中的「乙太」那樣的連續介質，有的地方則頗為接近現代科學所說的「場」和「質——能」一類東西，但在很多方面則更為突出其運動中關係、功能、機制、底蘊、背景等等多重意蘊，十分強調其內在的「時運」、「氣數」過程性綜合規定。它既包羅萬象，又通而為一；由此明顯區別於西方人所理解那「乙太」、「質——能」和「場」等等的邏輯分析性範疇。從先秦莊子「聚則為生、散則為死」的「通天下一氣」，到宋朝張載的「太虛無形，氣之本體」，再到王夫之的「虛空皆氣」，「此外更無它物，亦無間隙」，這意思愈來愈清楚了。

「氣」那飄忽不定、無從捉摸的形態特徵，象徵著「物質——運動」統一體中的運動性（佛家稱之為「諸行

無常、諸法無我」）的那一面，在那包貫萬物的「一氣流行」之中，人們無法藉助「五官」（及其工具性延長）的感覺來分別精確把握，而只能靠「心靈」參贊化育式的「參與」這個整體運動來大體感悟它。

這種思維未能抽象出一些最簡單的規定，未經歷歸納或演繹地重建世界的邏輯過程，因而總是經常超出「邏輯──語言」的表達範圍，要求人們運用某種「心領神會」形式去整體地把握對象。我們以為，這種思維方式在中國科學中的特殊地位，決定了中國科學那獨特的思維結構，亦即整體思維和經驗思維兩極互補結構，讓整體思維從現實經驗所接觸的外界中吸取「負熵」，形成高度靈活的「隨機應變」技術。

由此可見，中國文化中的「氣」，既有存在基質，又有運行機理、關係作用和功能呈現等多個方面含義，由此是被用來表示物質存在形式和運動的整體性範疇；它甚至還擴展到用以指稱主體從生理到精神空間不息運行的一種力量的「無形有質」的載體。後者似約略相當於今天所謂的生命力、意志力，以及它們與想像、思維結合後形成的胸襟狀態，明顯包含著價值屬性。

武術中的「氣」首先則來自生理（聯結自然），「夫氣，體之充也」，人有氣即生，無氣即死。「氣」有清濁、強弱、寬窄之分，孟子所謂「浩然之氣」就具有清、強、寬的特點。它既是一種清純剛毅的精神狀態，又是一種保證力行正義的強大動力，還是人所應有的處世為人的寬宏胸懷。

## 2. 人體科學之「氣」

在中醫和武術為代表的人體科學中，「氣」除一般具有哲學本體論和宇宙演化論的含義外，往往還更多地被具體化為一個人體基質和生命機理的概念；在這裏，「氣」首先是人體生命的基礎。《莊子・知北遊》稱：「人之生，氣之聚也；聚則為生，散則為死。……故曰：通天下一氣耳。」成玄英疏解云：「夫氣聚為生，氣散為死，聚散雖異，為氣則同。」王充《論衡・論死篇》云：「氣之生人，猶水之為冰也，水凝為冰，氣凝為人。」

在中醫理論上，《素問・五常政大論》曰：「氣始而生化，氣散而有形，氣布而蕃育，氣終而象變，其致一也。」《類經》稱：「人之有生，全賴此氣。」由此，中醫和武術都特別講究斂氣凝神。在這種人體理論中，人體生命之氣按其精粗厚薄，可以劃分為精、氣、神三種形態；而其運轉機制，又可劃分為「氣化」和「物化」兩個方面那升、降、出、入等基本方式。所以在人的生命過程中，「非出入，則無以生長壯老已；非升降，則無以生長化收藏。」（《素問・六微旨大論》）也。

就人體活動來說，「氣」可以在整體上具體化為「精、氣、神」三個層次、三個方面或三種形態（就像水在地球表面上可以有固態、液態和氣態一樣）。我們前面有關說法其實已經涉及人體中精、氣、神的一般含義及其相互關係，這裏我們再進一步說說它們跟「一氣流行」那整體性「氣」的關係。

當我們講到「精、氣、神」中的「精」時，是指構成

人體生命運動基礎的本原性精微物質，突出其物質性和原動力方面之含義，並帶「遺傳基因」意蘊。「父母精血，化為人身」，《內經・素問》中指出：「精者，身之本也」，「人始生，先成精」。「精」是最基本的物質，是「精化氣」、「氣化形」的根據，藏於人體五臟之中，主要是藏於「腎臟」之中。腎臟之「精」稱為「元精」，是種所謂「氣化」狀態的不可見物質，其中包含著人體所有的遺傳訊息。

傳統理論指出，「腎為先天之本，脾胃為後天之本」。腎臟中的「精」來自於先天，亦即決定於人出生時所得的多少。在後天生活中，腎「精」不斷消耗，可透過練功的方式保養增強。後天的物質滋養主要靠脾胃，亦即食入「水穀精微之氣」，再「飲入於胃，游溢精氣」，「五臟者藏精氣而不瀉」也。不吸納水穀之精微，生命難以維持。由此可見，「精」是「氣」的物質性表現。

而當我們講到「精、氣、神」中的「氣」時，則有維持和推動生命整體運行狀態，突出其內在的能量性和功能態方面的含義，當為物質、能量和訊息的統一體；這跟作為「精、氣、神」總稱並包含環境因素那「一氣流行」的「氣」，則有著某種微妙的差別。《難經・八難》云：「氣者，人之根本也，根絕則莖葉枯矣。」人體中如果只有「精」而不「化氣」，沒有推動運化的力量，生命也是不能維持的。練功的作用，就是激活和馴化這種生命的能量，使其成為生命中可控的因子。

至於所謂「精、氣、神」中的「神」，是就物質之「氣」在生命活動過程中的最高功能態來提問題的，它是氣的主宰和表現。《內經・素問》有云：「得神者昌，失神者

亡。」可見神是生命的主導。如果只有精和氣而沒有神，那生命的運化就沒有體例和秩序，導致氣的混亂和精的枯竭，人的生命也由此喪失。因此「神」的概念，又有點接近現代科學所謂結構、訊息、編碼、程序、特徵、負熵等意思，是「氣」的生命狀態和動態之標誌和主導、統帥。

「精、氣、神」三者，本是「陽中有陰，陰中有陽」，難以截然分開；重要的是三者在流行中可以相互轉化。這一點在練功上非常關鍵，據此人們於是也就可以「練精化氣、練氣化神、練神還虛」。練精化氣是具體的精微物質轉化為能量，練氣化神是能量貫注著訊息，練神還虛是三者統一於無形的先天物質本體。

在這裏，「神」一定意義上可以看作是「氣」的物質性和能量性得以互相轉化的條件、規定和意義、表現，是整個運動系統的自組織功能和自組織程度的標誌，由此也就成了練功的主要追求。

從人體生命活動具體功能的角度來說，中醫還把人體之「氣」劃分為元氣（真氣）、宗氣（包括中氣）、營氣、衛氣、臟腑經絡之氣等等。在這裏，元氣（真氣）是先天而來的生命原動力，從先天之精化生而成，又靠後天水穀精微之氣的滋養。宗氣為後天諸氣之匯宗，由胸中呼吸往來之清氣和脾胃運化而來的水穀精微之氣結合而成。中氣是中焦脾胃之氣，可促進消化吸收功能，是後天之氣的基礎之一。營氣、衛氣是在元氣和宗氣的主導及推動下，由脾胃吸收的水穀精微所化生，循環人體全身起營養和護衛作用。臟腑經絡之氣則是在元氣的激發和宗氣的推動，以及營衛二氣的營養護衛下，發揮各個臟腑的正常功

能，並由經絡溝通整合全身的活動。

由此可見，中醫理論不但把元氣看作是天地萬物的本原，而且還把它看作是人體生命活動的根本。據此，中國武術家們特別重視「丹田元氣」的鍛鍊，並由此推動全身各種「氣」的有效運行。

### 3. 養護生命

就操作的層面上來說，傳統武術跟氣功一樣都極為講究「調心、調息、調身」的「形——氣——神」三位一體的操練修持，把人的形體訓練跟心理訓練有機地統一起來，由氣機升降出入的「真氣運行」，去推動身心兩個方面的活動。在身的一端，表現為勁的發揮；在心的一端，表現為意的流行。而這「三調」的實質，就是把意念、呼吸、和身體姿態、力量調控幾個方面融為一體，使生命活動的各種因素能互相協調並有序地進行。

這裏所說的「調心」，就是調整心意，由斂氣凝神使大腦皮層安靜下來進入高度有序的「氣功狀態」，增強「意念力」的作用，讓「內氣」得以循經活躍運行，並且有助於內氣進一步聚集貯存和調動。

這裏所說的「調息」，就是調整氣息，由呼吸訓練把日常的胸式順運的自然呼吸調整為腹式逆運的「拳勢呼吸」，增加腹肌運動和呼吸控制的深度，提高吸取氧氣和呼出二氧化碳的功能，並由此促進自身「內氣」的充實與提高。

這裏所說的「調身」，就是調整形體姿勢，讓身體動作符合生理結構和運動規律，「形正氣順」地處於鬆而不懈、緊而不僵、似鬆非鬆、將展未展、若有若無、忽隱忽

現、外鬆內緊、有張有弛的動態平衡狀態，由此有利於「內氣」的鼓盪和運行。

所以，太極拳演練過程中的「意氣」和「勁力」，實質上是同一個問題的兩個方面；「意氣」是就其內在的運行機制來提問題的，而「勁力」則是就其外在的關係功能來提問題的。

據此，傳統武術的演練功法和應敵原則，便特別強調「用意、養氣、凝神」三個方面必須要協調一致。武禹襄在《太極拳行功心解》等有關拳訣指出：「以心行氣，務使沉著，乃能收斂入骨；以氣運身，務令順遂，乃能便利從心」、「虛領頂勁，氣沉丹田」、「氣遍身軀不稍滯」、「腰內鬆淨氣騰然」、「意氣君來骨肉臣」、「意氣須換得靈，乃有圓活之趣」、「行氣如九曲珠，無微不到」、「氣以直養而無害，」、「有氣者無力，無氣者純剛」、「氣如車輪，腰似車軸」、「先在心，後在氣，腰鬆氣斂入骨」、「牽動往來氣貼背，斂入脊骨」、「氣宜鼓盪，神宜內斂」、「一氣貫穿」、「練氣歸神，氣勢騰挪」、「二要遍身流行，一定繼續不能停」等等。

更有所謂「敷、蓋、對、吞」四字用氣技法的「不傳密訣」；如釋「敷者，運氣於己身，敷布彼勁之上，使不得動也。蓋者，以氣蓋彼來處也。對者，以氣對彼來處，認定準頭而去也。吞者，以氣全吞入於化也。此四字無形無聲，非懂勁後，練到極精地位者，不能知全。是以氣言，能直養其氣而無害，始能施於四體。四體不言而喻矣。」所有武術的演練要求，都是「意到身隨」並與呼吸緊密配合，講究「以意導氣」、「以意調息」，此外還有若干專門配合練氣

的方法和具體動作：如「調息法」、「迎氣法」、「迎氣出聲之法」、「氣沉丹田法」、「丹田內轉法」等等。

所以，一定意義上也可以把武術看作是一種「氣功」，其全套或其中的一招一式，任何姿勢蓋莫不以「內氣」為關鍵：以外動啟發內動，又以內動推動外動；外氣收斂與內氣鼓盪對立統一，由意的調控上升到神的表現。

這裏所表現出來的，是一種「意氣相生」的生命觀。它突出「氣」的基礎性質以及「意」的主導作用，相信在生理活動的基礎上，心理活動完全可以影響、調控和優化生理活動，強調「我命在我不在天」的主體能動性觀念。它有異於其他肢體運動之處，主要是在於特別強調心理意念的作用，亦即所謂「以心行氣、以氣運身」和「意到、氣到、勁到」。它有異於一般氣功的特點，是「動中求靜」而不是「靜中求動」，亦即是在處理對象化了的主客體關係過程中去求得身心的平衡，而不是在純主體心理活動過程中去求得生命的展開。在這個層面上那「氣」的運轉，尚為生理功能的一個範疇，還未擺脫個體生命活動的具體機能狀態；但從發展的角度看，卻已經構成人類社會性文化創造活動的基礎。這個層面的社會功能，主要是強身、健體、祛病、延年。

這個層面的文化主題是「養護生命」。「文化」作為人體優化自身生命存在的一種內在規定性，其最基礎的層次，便是自然生命的優化。在這裏，個體肉身的生命存在又是個最基本的前提。中國武術特別是其中的太極拳作為一種身體活動，首先可以看作是人類自我優化的一種身心體操。它透過人體自身的活動，去處理人體內肌肉、筋骨、關節、

內臟和大腦、神經等各方面的協調運作，解決人體內的身心關係，亦即生命自組織的協調問題。在這裏，身指人的肉身軀體存在，心則是指用以協調身體活動的心靈過程。

人是一種雙重的存在物：一方面是形而下的感性物質實體，另一方面則是形而上的理性精神超越；而把生命活動作為自己意識的對象，並進而探究這生命活動的價值和意義，改造自身跟環境的關係，則是人類區別於動物的一個重要特徵。西方的體育運動，在實質上也可以看作是一種身心體操，同樣具有精神上的獨特要求；但在西方式的身心分裂的「二元對抗」邏輯框架下，它強調的重點偏於身體方面浮顯的外壯功夫和精神方面的膚淺競爭觀念，極少講究意氣活動一類的內心體驗和自我調控，更無虛靜澄明一類的心理素質追求，因而不可能產生類似中國氣功、太極拳式的「意識體操」。

包括太極拳在內的傳統中國武術極其講究身體性的活動效應，但與此同時又突出「反求諸己」一類「內傾超越」追求，強調「身心合一」的內外不二。

特別是明、清以來成熟形態的武術活動中，更是強調意氣在身體運動中的主導作用，因而突出所謂「外練筋骨皮，內練精氣神」一類的身心操練原則。

中國武術中基於身心合一感悟那生生不已、大化流行的氣勢、神韻、味道，跟西方體育中基於身心二元外究那社會規範導向的「費厄潑賴」精神，顯然具有很不相同的旨趣。由此，中國武術跟西方體育對生命質量的理解也是很不一樣的。前者強調節約生命能量的「養護」，後者則強調消耗生命能量的「拚搏」。

# 第四章　道家應對
## 太極拳技擊形態簡論

　　生命是一種新陳代謝的環境應對博弈，生命之道需要有相應的存活之術來維繫。太極拳應對技術核心是在力量和訊息不均衡條件下新陳代謝和生存競爭中的「環境應對經驗」之文化昇華，集中體現了中華道家環境應對的智慧和技巧。它突出生存競爭中生生不已的綜合性靈活應對，把自我融合在整個大化流行當中，特別反對好勇鬥狠、挾技逞強、弱肉強食、欺男霸女，十分強調救亡圖存、自強不息、整合資源、優化生命。

　　這種以簡馭繁的生活應對方式或許可以被批評為保守有餘、開拓不足、不能與時俱進、缺乏進取的競爭精神等等，然而卻絕對不能說它是缺乏智慧技巧，是脫離生活的教條和沒有自知之明。

　　中國文化是一種實用操作型的文化，其所謂的「身心性命之學」，是以一定的技術操作而展開的。太極拳作為一種武術，技擊應對是它題中應有之義；由此它不僅要由心理調整處理自身內部的身心運行性失調，而且必須要由身體運動以處理外來的對象性壓迫。據通行的說法，太極拳「有體有用」，其「體」主要是解決人體內部身心關係矛盾的強身運動，而其「用」則主要是解決人體外部敵我關係矛盾的技擊技術。

　　人的存在並不是孤立個體的自然存在，而是一種主體

跟客體在一定自然環境和社會歷史背景下相互作用的活動方式。由此如果要優化自身的生命存在，不僅要處理好個體內部的身心關係，還得要處理好個體生命跟相應客體以及整個外部環境的關係。

處於弱肉強食的生存博弈關係當中，自衛還擊並非侵略，逆來順受難以和諧；面對種種外來壓迫，只有敢於反抗和善於應對，才能維繫自身的存在和發展，歷史上文明演化往往有戰爭推動，「非暴力」並不直接等於文明。

太極拳在操作方面，講究協調身心以固體，應敵技擊以致用。這裏所說的「技擊」，是指個體（或小規模群體）對抗的格鬥搏擊，實質是生存競爭中肢體衝突的博弈應對。其內容主要是由拳腳的變化（器械是拳腳的延長）和體力的運用以防身護體和制人取勝。因而不但明顯地區別於大規模群體對抗的軍事衝突，而且也同樣區別於個體競技比賽的散打拳擊。它們共同的東西，在於都是要處理人體間「互為主客體」的「對抗性」暴力博弈關係；而在這個特定關係中，「敵我雙方」都是具有很多「不確定因素」的「武裝著的」活人。

完全不考慮技擊功能的所謂「太極拳」，並不是傳統意義上的太極拳，而只是它在現代社會裏的一個變種，亦即作為醫療體育和休閒娛樂的一個變種。這個變種在當今世界上當然有它繼續存在和進一步發展的深刻理由，但無論在理論上還是在實踐中，卻不宜把它跟傳統意義的太極拳實用技擊技術混為一談。

本章所述的太極拳技擊形態，是就傳統意義（而不是當今狀況）之太極拳來說的。至於所謂「形態」這個概念，

則主要指其基本結構和總體特徵。筆者探討傳統太極拳技擊形態的目的，既不在存心好勇鬥狠、以武犯禁，也不在於抱殘守缺、複製古董；本書的著眼點並不在那一拳一腳的勝負得失，而是希望借用這個技術模型和文化符號，去探究一種古老文化在生存博弈中應對方式的獨特智慧及啟示。

傳統太極拳正是由處理敵我關係的技擊層次，去探求人在世界中主、客體間的相互回饋運動，進而領悟人怎樣去解決「自由與必然」這個哲學問題的一種可能的方式。它由此積累下來的某些思維與操作的經驗，在當代「風險社會」中應是不失其啟發意義的。

這裏需要注意的是技擊應對並不等於競技比賽；它所遵循的路線是「取位用勢」（其背後物理學意義是著力點和不同力點關係的變換走勢）那體能技能的綜合發揮，而不是條件規定下仰仗裁判那單一方向的技能鑑別。

傳統武術的主體和核心，就是肢體應對的技擊技術。這裏所說的「技擊」，是指個體（或小規模群體）肢體衝突中「以技行擊」那對抗性的打鬥搏擊，攻防則是其陰陽相濟的兩個方面。它的內容主要是由拳腳的變化（器械是拳腳的延長）和體力的運用以防身護體和制人取勝，其核心是勁路變化的應答行為。因而不但明顯地區別於大規模群體對抗的軍事衝突，而且也同樣區別於個體競技比賽的散打拳擊和角力摔跤。

完全不考慮應對性技擊功能的所謂「武術」，並不是傳統意義上的武術，而只是它在現代社會裏的一個異化變種，亦即作為競技體育的一個變種。這個變種在當今世界上當然有它存在和發展的深刻理由，但無論在理論上還是

在實踐中，卻不宜把它跟傳統意義的武術混為一談。

　　跟一切技擊技術一樣，傳統太極拳解決敵我關係的基本目的或基本要求，同樣是「防身護體、制人取勝」。這跟軍事戰鬥中「保存自己、消滅敵人」的原則，具有相同的本質和內涵，所以其技擊理論和應敵原則，在主要的方面便是大量地借用古代的兵法。

　　為了實現「防身護體、制人取勝」的基本目的和基本要求，其外部過程展開為攻守進退，其內部狀態呈現為虛實剛柔；其中介環節和整合機制，則是對機、勢的把握和運用。

　　綜合起來看，這裏各個方面之間和每個方面要素之間，都是一種「陰陽相濟」的兩極對立互補結構；而這個結構在自身運行中，又表現出「以柔克剛」的功能性特徵。在實際操作過程中，上述三個方面是同一過程的不同方面，因而在事實上無法分開。

　　但基於說明上的需要，我們還是相對地把它們分析開來，並分別地予以說明。

## 一 著法：攻守進退

　　技擊技術處理敵我關係的外部過程表現為攻守進退。它類似於軍事作戰的打鬥廝殺，在武術體系中屬於「著法」，指敵我雙方交手搏鬥過程中，表現為一定招式動作互相應答的技術形式。攻守進退是技擊搏鬥最本質和最直接的運動形式，是實現技擊搏鬥目的最基本的手段。其他各種各樣搏鬥形式，都是以這攻守進退為核心而展開的。中國武術的攻守講究「奪位取勢」的我順人背，而其進退

則突出「引進落空」的就勢拿發。

## 1. 關於攻守

攻守是標示戰鬥主體應敵取勝行為方式的一對範疇，用以描述技擊搏鬥過程的基本形式。跟社會性的戰爭過程一樣，個體性的技擊搏鬥也是當事人雙方「互相使用有利於己而不利於敵的戰略戰術從事攻擊或防禦的一種特殊的社會活動形態」。

攻守是技擊搏鬥的存在形態，事實上是有了攻守形式才有現實的搏鬥運動。它是搏鬥主體實現「保存自己、消滅敵人」這個搏鬥目的最基本的手段，並貫穿於技擊搏鬥全過程的各個階段之中。技擊搏鬥上其他作戰形式、方式、方法和技術，就是以攻守為基本形式而展開的。

中國文字中，「攻」者擊也、伐也，用以描述一種主動性的侵占進入行為。《書・仲虺之誥》云：「兼弱攻昧」，《易・同人》云：「乘其墉，弗克攻吉」，即此之謂也。而與此相應的「守」字，則有保持、主持、禦侮、防衛之意，核心為「保持弗失」之義。《易・坎》云：「王公設險以守其國」，此之謂也。

武術技擊中，「攻」是指自己主動出擊行為，目的在於控制敵手並解除其戰鬥力，技術方式為各種擊打摔拿（太極拳為其變形的黏逼發放）動作；「守」則是指自己應敵防禦行為，目的在於抵抗敵手進攻以保自己的安全和實力，技術方式為各種格擋閃避（太極拳為其變形的順引走化）動作。

跟軍事作戰一樣，技擊搏鬥關注的重點在於「攻守之

宜」（也稱「攻守合度」），亦即在於攻守關係及其運用的適當。操作上強調攻守的時機、敵我態勢、作用力點等各方面的配合，追求我順人背的得機得勢。

戰爭和搏鬥的基本形式無非進攻與防守。這攻與守既相互區別、相互矛盾，又相互依存、相互轉化，從而構成統一的整體。古代兵武之家，正是從這一辯證關係上去把握「攻守之宜」的。

《孫子兵法》云：「不可勝者，守也；可勝者，攻也。守則不足，攻則有餘。善守者，藏於九地之下；善攻者，動於九天之上，故能自保而全勝也。」這裏闡明了攻與守的作用、條件、特點和目的，給歷代兵武之家研究攻守問題奠定了理論基礎。《唐太宗李衛公問對》則云：「攻是守之機，守是攻之策，同歸乎勝而已矣。」這裏辯證地闡明了攻與守的內在聯繫，強調戰機的作用，並用「得失成敗」把攻守的結果區分開來，又用「同歸乎勝」把攻守的功能統一起來。

在上述認識基礎上《何博士備論‧秦論》曰：「兵有攻有守，善為兵者，必知夫攻守之所宜，故以攻則克，以守則固。當攻而守，當守而攻，均敗之道也。」告誡兵武之家必須從戰略全局上去作出或攻或守的決策。後來武林高手的各種招式勁路，實際上均以此為依據。

## 2. 關於進退

進退是標示攻守過程中敵我雙方空間位置關係的一對範疇，用以描寫攻守主體機動方向的基本形式。在中國文字中，「進」者登也、升也、趨也，凡就所居之位置向

前、向上、趨近者皆曰「進」。

《禮‧表記》「君子三揖而進」，《詩‧大雅‧常武》「進厥虎臣」，《列子‧湯問》「迴旋進退、莫不中節」，此之謂也。而與此相應的「退」者，則為卻也、離也、讓也，為進之反，《易‧乾》「知進而不知退」，《左傳‧宣十二年》「見可而進、知難而退，軍之善政也」，亦此之謂也。

在武術技擊中，「進」是指己向敵趨近的過程，目的在於縮短跟敵手的距離，技術方式為各種上步、近身、趨前、出手動作；「退」是指己背敵趨遠的過程，目的在於擴大跟敵手的距離，技術方式為各種撤步、讓身、縮後、收手動作。其運動軌跡則是各種長短曲直的線段。

所謂攻守進退，都是在敵我雙方活力對抗「博弈運動」互相回饋的「鏈條」中發生的。在這裏，攻守屬於己方主體行為本身，進退則屬於實施攻守過程中雙方位置關係的往來趨向變化。攻守的核心是「打」，進退的核心是「走」；「走」的目的是「打」，而「打」又要由「走」去實現。

基於人體手足功能的分化，攻守的「打」多偏重於上肢活動，而進退的「走」則多偏重於下肢活動（但這並不是絕對的，例如事實上人們也常用手去引化，用腿去蹬踢）。而在雙方關係的抽象層次來看，攻守進退又綜合地表現為敵對雙方的主客奇正。

這攻守進退或主客奇正，密切聯繫、交叉組合、互相轉化，並由奇正生剋和攻防相依，使雙方的戰鬥力量由此在對抗中得到相應的發揮和表現，從而達到技擊本身的目的。

### 3. 太極拳攻守進退特點

中國武術是一種「防身保命」的肢體操作技術，實施時特別強調「攻守合度、進退得宜、隨機就勢、捨己從人」；有道是不按常規不入套、各施各法顯其能、引進落空乘隙進、避開正中取斜中、上下相隨正當位、因應就便巧得宜即此之謂也。

在這裏，攻守合度的「度」，一是看行動目的取向、二是看雙方力量對比，此外還依託於人體結構和生理機能；進退得宜的「宜」，一是看過程展開狀況、二是看時機態勢節點、整體上均依託於雙方關係。

隨機就勢之目的，就是要求在運動中達到得機得勢。捨己從人的關鍵，則要看自身狀態的調控和對方狀況的利用；操作運行中注意攻其要害、進其空隙、守住中線、退讓其鋒、用其變換、控其重心。

武術跟作戰一樣，攻守講究「出其所必趨，攻其所必救」：出擊他必須經過的地方，攻擊他必須防護的地方，也就是預先判斷對手的動向和弱點，不斷的牽制他。這裏的關鍵在於「虛實變換」的順暢，《孫子》云「進而不可禦者，衝其虛也；退而不可追者，速而不可及也。故我欲戰，敵雖高壘深溝，不得不與我戰者，攻其所必救也；我不欲戰，畫地而守之，敵不得與我戰者，乖其所之也。」即此之謂也。

虛實的要妙，首在「攻其無備，出其不意」，亦即「出其所不趨，趨其所不意」。無論是進攻、防守還是行軍，戰略上都要避實擊虛，我進攻敵手，敵手無力抵抗，

就是因為打擊到了敵手的薄弱環節，被攻擊的地方本身有著無法克服的弱點，或者心理鬆懈，防護不足，這就像是打中了蛇的七寸，令其無還手之力。

進攻一定能夠得手，遇到的抵抗力小，付出的代價小，是因為「攻其所不守」：

第一，我進攻的地方敵手防守薄弱；

第二，我多方迷惑敵手，使敵手不知道我方的真正進攻方向，處處備，則處處寡；

第三，我手腳同時進攻，敵手往往手忙腳亂，我立即根據雙方態勢情況確定主攻方向。

同樣道理，防守的時候，也要隱藏自身防守的重點方向，使敵手覺得我處處嚴密，無隙可擊，同時準確判斷敵手的主攻方向，以免分散了自己的兵力。孫子主張「不戰而屈人之兵」，按照這樣的意圖，最好的防守是懾止敵手，使敵人知難而退，不敢進攻。

還有我如要撤退，則能夠隨心所欲，讓敵手無法追擊，因為我的部署和行動每每與敵手猜想的相左。我打算撤退，卻進攻得更加猛烈，使敵手料想不到我要撤退；敵手以為我這個方向撤退，我卻從那個方向撤退；敵手以為我撤退得匆忙、混亂，沒有埋伏，我卻有後手可以對敵手進行伏擊。運用各種方法擾亂、迷惑敵手，隱藏自己的真實意圖，從而從容遂行自己的行動。由此進退方面是跟攻守相應的。

《孫子》云「行千里而不勞者，行於無人之地也。攻而必取者，攻其所不守也；守而必固者，守其所不攻也。故善攻者敵不知其所守；善守者，敵不知其所攻。微乎微

手，至於無形；神乎神乎，至於無聲，故能為敵之司命。」傳統武術「重勢不重招」，無論攻守進退都要避開敵手的攻勢和進入敵手的死角，亦即「我順人背」。

我的進退路線正確，那是因為「行於無人之地」：

第一，進退的方向、路線出乎敵手的意料，由此疏於防範；

第二，敵手可能預知我方行軍路線，但苦於實力弱小，無法分心防守，或受我攻勢牽制；

第三，我的攻勢與敵手正面對峙，然後用後手奇襲敵方要害。

所謂「行軍於無人之地，攻必取，守必固」，關鍵是掌握虛實的妙用，而虛實的精髓又在於：

一是要奇正並用，正兵用來「批亢」，奇兵用來「搗虛」；

二是要示形動敵，迷惑敵人，欺騙敵人，擾亂敵人，調動敵人，三十六計中有「聲東擊西」，正是對虛實的運用；

三是保密，決策意圖，用兵重點，行軍路線，都要嚴格保密，一旦洩露，將功虧一簣，甚至反遭其禍。

《孫子》說過：「善守者，藏於九地之下；善攻者，動於九天之上。」這裏又指出，善於進攻和防守的，「微乎微乎，至於無形；神乎神乎，至於無聲」。對攻守、虛實的運用到了這個境界，就可以主宰敵人的命運了。

作為一種柔性武術，太極拳的攻守進退有著自己鮮明的特點。

**首先，太極拳是用以防身、護體、制人、取勝的自衛**

型拳術。

基於自衛的性質，太極拳十分強調「勿先出手」和「勿先動步」，反對「先下手為強」的主動出擊，處處擺出一副「為客不為主」和「不敢為天下先」的被動應敵樣子；與此相聯繫的，則是「人不犯我、我不犯人」，「以靜禦動、以逸待勞」的自守、禮讓、沉靜和應變、機動、靈活。太極拳那「心平氣和」、「鬆靜為本」的技術要領，也是跟這基本性質相適應的。這種方式不僅有利於冷靜地判斷敵情，而且還有利於充分利用環境和發揮自身各種潛力。

太極拳的這種自衛型戰略，還跟它那「不能選擇敵人」的前提設定，以及「留有餘地」的處世原則，是緊密地聯繫在一起的。人的智力、體力和技術，在事實上都是不能平等的。在生死搏鬥（而不是競技運動）過程中，任何人都無法保證真正的「公平競爭」狀態，更無法保證自己各方面一定優長於敵手。但現在問題在於「寸有所長、尺有所短」，不平衡有不平衡的「比較優勢」，不平衡恰好可以「揚長避短」發揮自身的「比較優勢」。

所以，太極拳的前提設定是力量上「以弱對強」，並具有崇德、尚禮、處謙、守下、用智、使巧、內向的陰性文化特徵。從技術上說，其基本原則，是攻者搗虛、守者備瑕、進在取勢、退在避鋒，保存實力、避免消耗、戰術速決、戰略持久，隨曲就伸、以順避害、後發先至、曲中求直，奇正生剋、攻守相依、進進退退、貴在得宜。這是一種由「揚長避短」發揮自身「比較優勢」的自衛型拳術。

其次，基於以弱對強自衛型的戰略設定，太極拳攻守進退的基本形式，是「寓攻於守」、「以退為進」、「以走制敵」、「曲中求直」、「攻守同一」的迂迴運動戰。

兵法有云：「強則攻、弱則守」，以柔弱者自居的太極拳自然以防禦為主，並且力圖避免「處處設防」、「處處樹敵」、「拒敵於國門之外」的正面抗衡拼消耗。由此，它十分講究「捨己從人」、「不丟不頂」，由「沾黏連隨」、「隨曲就伸」的因敵變化去尋機造勢、引進落空、張網設套、誘敵深入、以順避害、借力打力，突出「貴化不貴抗、尚走不尚頂」的圓活機動，很有中國軍事「你打你的，我打我的，你發揮你的長處，我也發揮我的長處，打得贏就打，打不贏就走」和「敵進我退，敵駐我擾，敵疲我打，敵退我追」，「你打我時摸不著打不到，我打你時就由不得你」味道。

作為一種技擊的技術，太極拳決不是放棄自身存在理由的「游而不擊」、「只守不攻」之被動挨打術。它那機動的目的，仍是為了殲敵。但太極拳的進攻，卻往往寓於退守避讓的過程當中。由此屬於「人不犯我、我不犯人，人若犯我、我必犯人」和「以其人之道，還治其人之身」的反攻性質。它一方面「順人不失己」地走出自我中心，另一方面又「依自不依它」地堅持獨立自主，由此把防守跟進攻，撤退跟前進有機地結合起來，此退彼進、此守彼攻、此蓄彼發、攻守同一、虛實變換、陰陽相濟，既不受對手的力，也不拿對手著力；在「積極」方面說，它十分強調沾黏連隨，在「消極」方面說，又極力避免扁抗丟頂。這裏每個退守動作系統，同時也就是進攻動作系統。

它要在「逆來順受」消極被動形式當中，去實現「制人取勝」的積極主動內容。

太極拳攻守進退的運行軌跡，是「曲中求直」地打圈子的亂環翻滾、圓轉走化。楊班侯傳下來的《亂環訣》對此描述說：「亂環法術最難通，上下隨合妙無窮，陷敵深入亂環內，四兩千斤著法成。手腳齊進橫豎找，掌中亂環落不空，欲知環中法何在，發落點對即成功。」這是一種在有限空間中尋找活力對抗的最佳運行路線，也是一種化解敵力和積蓄己力，隱蔽進攻的最有效方式；在大踏步後退的同時，包含著大踏步的進攻。用系統論的語言來說，這就是「在尋找目標的同時實現目標」。

第三，太極拳實施攻守進退運動戰的基本技法是黏、走。

對於「黏」字，王宗岳《太極拳論》有云：「我順人背謂之黏」，《打手歌》曰：「沾黏連隨不丟頂」，表明這是一種如膠黏體，彼去我隨，隨曲就伸地封逼敵勢而不讓他脫逃的動作，其目的是控制住敵手。太極拳進攻的技術特色，是把一般格鬥過程中的擊打和追趕融會發展為就勢推按，而在這就勢推按的時候，又必須拿住敵勢並黏緊捆實，要在敵手無法變換還擊的貼身近戰態勢下，持續增加打擊力量。所以，「黏」字是蓄勢待攻之法。太極拳在沒有黏緊拿實對方勁路前，是決不輕易發動進攻的。拳諺云：「克敵制勝，全在用黏」，此之謂也。

至於「走」字，王宗岳《太極拳論》云：「人剛我柔謂之走」，陳鑫《推手三十六病》云：「人以手來，我以手引之使進，令其不得勢擊，是謂之走」，表明這是一種

敵進我退、順引敵力，既不抵抗，又不離開的動作。其目的是避讓敵害。太極拳退守的技術特色，是把一般格鬥過程中的格擋躲閃，融會發展為順勢走化，由此使敵力「處處落空」而無法作用於己身；並同時「借力打力」地由一個力學結構，把敵手的力量「還」給他自己。所以，這是「守中寓攻」之法。黏、走本身都不是攻，但黏、走裏面又都包含著攻。拳諺云：「進不離黏，退不忘撐。」可見在這裏無論進退都包含著攻擊意識，但又努力做到含而不露，不落痕跡。

作為一種你來我往、來留去送、隨曲就伸、有進有退的交往性應對技術，太極拳強調「進必跟」，梢引根催、手到身擁，入位取勢、剛柔相濟、遇空即補、逢隙便入、黏逼拿發、意遠勁長，講究「進不離黏」；與此相應還有「退必撤」，抽胯轉腰、步隨身換，移形避讓、虛實易位、引進落空、此讓彼進、迂迴尋機、蓄勢待發，突出「退不忘撐」。由此有進有退、上下相隨，有顧有盼、左右照應，前後相連、循環往復，動靜相因、連綿不斷。

至於其背後的勁力依託，則是有蓄有發、蓄而後發，發中有蓄、蓄中有發，直來橫去、橫來直去，沾黏連綿、圓轉變化。

金庸在為吳公藻著《太極拳講義》一書所寫的跋文中，曾經生動地描述過太極拳這種「借力打人」的特點：「太極拳不運氣、不用力，力氣的來源在於對手，我只是轉移對手力氣的方向。對手所以失敗，是他自己失敗的，他是被自己的力氣所擊倒。如果對手自始至終保持他的重心和平衡，或者他根本不來打我，他就不會失敗。練太極

拳的人，應該不會主動攻擊別人。」

就這樣，太極拳的黏、走兩法，把個體對抗中離身脫手的「散打」變成貼身沾連的「推手」，由此發展出一整套極富特色的個人貼身自我防衛術。當然，太極拳也可以離身散打，但在技術上卻要求先「以意接勁」的「勁斷意不斷」，而且最後解決戰鬥時仍須由肢體接觸。這種獨特的黏、走技術，不僅在訓練上解決了不帶護具的人身安全問題，而且在實戰上還解決持續作戰的能量節省問題。這裏還應指出的是，太極拳的黏、走兩法，是相濟相生、你中有我、我中有你，並且又相互轉化、相互為用的。所以，王宗岳在《太極拳論》中強調「黏即是走、走即是黏」，指出它是太極陰陽運化的具體表現。

第四，太極拳的攻守進退，要以自身的「中定」為基礎。

所謂「中」者，指不偏不倚、無過不及的適度行為和平衡穩定；所謂「定」者，不僅指身體上重心的穩定，而且還指心理上不昏沉、不散亂的高度警醒和主動專注。

太極拳無論行功走架還是交手應敵，都十分注意自身體態法於陰陽、明辨位勢、頂天立地、虛胸實腹、沉著穩重、協調平衡；重心上，用自己的平衡去破壞敵手的平衡；技法上，一方面「以不變應萬變」，另一方面又「以萬變保不變」。太極拳理論把太極八門五步十三勢裏面的「中定」，比附為「八卦五行」裏居中的那個「土」，並根據「中央戊己土、萬物土中生」的意象，去安排十三勢的變化。

太極拳攻守進退的本體是人身的動靜開合，而中定則

是動靜開合的協調平衡。在整個太極運化過程中，這些東西又都是身心合一、動靜一原的。所以，「所謂定者，動亦定，靜亦定，無將迎，無內外。」這就是中國文化裏「變易中不易之理」也。由此，定無常定，不失中定，是為定力。用物理學的語言來說，亦即追求一種動態隨遇平衡。根據這個道理，太極拳無論攻守進退，在操作上都強調虛靈頂勁、尾閭中正、腰如軸立、手似輪轉、鬆腰落胯、氣沉丹田、隨曲就伸、因應自然；在各種招式的彼此往來中，首先注意的是上下相隨地安排好自身而不要出岔子，讓四肢百骸整合一體並圍繞人體重心而立於不敗之地。太極拳在進攻時不盲目冒進，退守時也不逃跑主義，要在謹慎穩重中表現出技擊對抗的積極性和主動權。

## 二 勁法：虛實剛柔

武術的攻守進退，就外在形式說是因應敵勢，就內在實質說則是主體操作。由此，我們的研究便從戰鬥過程外部形式攻守進退的「著法」，過渡到技擊技術主體狀態虛實剛柔的「勁法」。

虛實剛柔是技擊搏鬥中自身戰鬥力量運用的藝術，類似於軍事作戰的兵力配置調動。戰鬥力量跟戰鬥力量的運用，是既有聯繫、又有區別的兩個問題。虛實剛柔偏於研究把握戰鬥力量相互關係中的性質和技巧，而不是孤立地研究戰鬥力量本身發揮的數量規定。

太極拳（含整個中國武術）的虛實剛柔屬於「勁法」，是指敵我雙方交手搏鬥過程中所呈現的自身力量變換狀態。其物質基礎，是人的體力，因而在基礎的層次上

受到人體生理生化、生物物理、生物力學等等規律的制約；但其變換的基本規則，卻要服從技擊的基本目的和基本規律，要以敵手虛實剛柔的客觀變化作為自己的前提，接受自身心理意識的調控，並由自身肢體相應的變化來制服敵手。所以這種種內部狀態，還要以上面所說的攻守進退作為自己的外部存在形式。這也就是人們常說的「勁附著而行」。中國武術的虛實講究「因應敵勢」的變換，剛柔則強調「相濟互補」的兼行。

上面分析攻守進退「著法」特點時，已經聯繫「勁法」作過一些簡單的分析。這裏將集中分析武術勁法本身的若干最一般的內在規定和特徵。

## 1. 關於虛實

虛實是標示事物存在狀態的一對範疇，用以描述事物在實際中或觀念裏互相對峙的兩種狀況。在中國文字中，「虛」者為空也、無也、偽也、弱也；「實」者為盈也、質也、真也、強也。在武術技擊中，虛實主要是技擊主體對自身勁力的運用，具有勁力部署配置輕重和勁力顯示意圖真偽這兩個方面的基本涵義。

具體地說來，「虛」既指勁力部署的空隙和弱小，又指勁力表現的虛假和詐偽，還可以引申為對抗中的消極因素；「實」則指勁力部署的堅固和強大，又指勁力表現的真確和有備，還可以引申為對抗中的積極因素。所以，在應用中就有招式變換的虛實和力量配置的虛實兩個方面。

基於「以弱對強、自衛反擊」的戰略前提，以太極拳為代表的中國武術大多傾向於避免正面對抗拼消耗，主張

用反、用虛、用柔、用弱的化解敵力以求自保，特別講究避實擊虛、後發制人、引進落空、借力打力、以其人之道還治其人之身，處處讓來犯之敵陷於有力不得力、有力無處使的無所適從狀態。

由此中國武術技擊對搏鬥雙方力量虛實變換的把握特別講究，並因時、因地、因形、因勢、因機而各不相同，呈現出「兵無常勢、水無常形」的永恆變動狀態。

在武技搏鬥中，虛實變換的基本形式歸納起來，則有以實為虛的實而虛之；以虛為實的虛而實之；或者虛而虛之，使敵視之以為實；或者實而實之，使敵視之以為虛；還有一虛再虛，然後用實；或者一實再實，然後用虛，如此等等。總之，在這變換中虛虛實實、實實虛虛、無方無體、變化莫測，表現出技擊主體那高度機動靈活「致人而不至於人」的技術特徵。

從操作的角度來看，武術技擊中虛實變換的要領有三個基本環節：

**（1）是虛實的對待並立**

這裏講究分清虛實：實不是虛、虛不是實；一處自有一處虛實，處處又總有此一虛實。由此虛實互相區別對待而又互為存在前提，為勁力的變換準備條件。

**（2）是虛實的互寓相生**

這裏講究虛實的互相包含；虛中要含實，實中也要含虛；勁力配置是動態而不是靜態的。它雖不處處設防，但又處處布有警戒點，在運動中又注意不將勢用盡使老，注意不給敵手以可乘之隙，讓全身經常保持一種可以隨時變換的高度機動靈活狀態。

### （3）是虛實的對應反向轉化

所謂「左重則左虛、右重則右杳」，敵實我則虛，敵虛我則實，反對敵我雙方同時用力進行「頂抗」拼消耗的「雙重」狀態（一般地說，「雙重」是指自身力量配置不當。但敵我雙方的頂抗，同樣屬於自身力量的配置不當，因而也有人稱之為「雙重」）。

活力對抗中各方的虛實，實質上是對抗雙方各種力量因素運動狀態的數量化描述。中國武術技擊搏鬥中的勁力配置，完全根據敵方情況的變化而作出相應的變化，切忌主觀主義生搬硬套按固定程式辦事。

### 2. 關於剛柔

跟上述敵我雙方關係「虛實變換」和「避實擊虛」方針相應，則還有技擊主體自身方面勁力性質的「剛柔相濟」和「以柔克剛」。由此，我們便過渡到剛柔。

剛柔首先是標示事物關係屬性的一對範疇，用以描述事物相互作用時互相對待的兩種基本性質。在中國文字中，「剛」者為堅也、強也、硬也。《說文》云：「剛，彊斷也，從刀岡聲」，用以描述事物運行中維持自身的堅固慣性；而「柔」者為順也、弱也、軟也。《說文》云：「木曲直也，從木矛聲」，段注曰：「凡木曲者可直，直者可曲曰柔」，用以描述事物隨機改變的可塑特性。《易·雜卦》云：「乾剛坤柔」，《易·說卦》又云：「觀變於陰陽而立卦，發揮於剛柔而生爻」，又云：「陰陽合德而剛柔有體」。《詩·大雅·烝民》云：「柔則茹之，剛則吐之」。強調剛柔那互相對應、互相規定和互相

變化的基本特性，以及由此產生的功能。

在中國武術中，剛柔則主要指技擊主體那被運用「勁力」本身的關係屬性表現，具有勁力發揮量的大小強弱，以及相應運用技巧質的輕靈沉著這樣兩個方面的基本涵義。具體說來，「剛」既指抗衡勁力的硬實厚重，又指對抗方式的直接凶猛，用以描述強勢的衝擊；「柔」則既指抗衡勁力的飄渺難尋，又指對抗方式的順而不屈、隨而不從，用以描述曲中求直那彈性應對。

在更高的一個層次上看，虛實剛柔又綜合地表現為陰陽有無。這虛實剛柔或陰陽有無密切聯繫、滲透互寓、不斷轉化，構成一幅瞬息萬變、絢爛多彩、神祕莫測的活力對抗圖畫。操作上這裏強調的是應敵過程中剛柔的變化和得宜。

太極拳的勁力，大多是種柔而不軟（彈性應對不是任人擺佈）、剛而不僵（韌性戰鬥不是硬拚消耗）、鬆沉輕靈、堅韌圓活、順遂貫通、綿綿不絕的整體彈性力。太極拳從「以弱對強」的實際出發，總是要走一條迂迴曲折的道路，然而又決不把手段當作目的，做什麼不計成本的「為迂迴而迂迴」。

拳諺云：「柔裏有剛攻不破，剛中無柔不為堅。」任何力量過剛易折，太柔易痿，只有剛中寓柔、柔中寓剛、剛柔相濟、棉裏藏針的整體彈性力，才能在跟強敵的長期搏鬥中，收到切實的制人取勝效果。

人們在物理學上可以看到，一個物體的彈性度，標誌著這物體對外力的抗衝擊能力，同樣也標誌著它可以承受的內應力範圍。因此一個良好的彈性物體，不僅能對外界

的衝擊力具有較大的適應能力，而且還能把所產生的能量轉化為另一種形式的能量貯存起來。

中國武術「剛柔相濟」的生理基礎，是神經系統對肌肉運動收縮和舒張的節律性調控；而它背後的技術實質，則是技擊主體在運動中能量發揮和訊息調控的統一整合。在操作上說，「剛」是能量發揮，「柔」是訊息調控，「剛柔相濟」則是二者的對立統一，使無序的「自發力」變為有序的「自覺力」。由此，中國武術在勁力的運轉過程中，對不同方向的力量進行加速和制動的整合，從而讓那些「死的拙力」成了服從主體意志那真正「活的巧力」。所以老一輩拳師常說：「用剛不可無柔，無柔則環繞不速；用柔不可無剛，無剛則催迫不捷。」從哲學的角度看，剛的實質是依託能量改造環境以發展自己，柔的實質是根據訊息改變自己以適應環境，二者同為人的生存和發展所必須。

### 3. 太極拳的虛實剛柔特點

#### （1）太極拳對「虛實變換」和「避實擊虛」方針的應用已達「化境」。

基於「以弱對強」自衛反擊的戰略前提，太極拳基本的作戰方針就是避免正面抗衡拼消耗的「避實擊虛」。它那「引進落空」、「借力打力」和「後發先至」的獨特方式，就不但處處使來犯之敵陷於「有力不得力、有力無處使」的無所適從狀態，而且還讓他們嘗到「以其人之道還治其人之身」的「自作自受」滋味。由此，太極拳對活力對抗雙方力量那「虛實變換」的把握特別講究。

其操作的基本原則是：因敵變化、以順避害、捨己從人、不丟不頂、虛以應物、以屈求伸、觸處成圓、摸實即發、虛實相生、借力打力。

從理論總結的角度來說，太極拳對上述所謂「虛實變換」三大環節的概括也相當完備。

①關於虛實的對待並立

武禹襄云：「虛實宜分清楚，一處自有一處虛實，處處總有此一虛實。」楊澄甫說：「太極拳術以分虛實為第一義」，「虛實能分，而後轉動輕靈，毫不費力；如不能分，則邁步重滯，自立不穩，而易為人所牽動」。由此，太極拳在自身勁力配置上，就既不到處出擊，也不處處設防，絕不搞清一色的平均使用力量；亦即反對自身力量配置的「雙重」。而在敵我關係上，則反對正面對抗拼消耗的「雙重」。

②關於虛實的互寓相生

李亦畬云：「實非全然占煞，實中有虛；虛非全然無力，虛中有實。」又云：「虛，非全然無力，氣勢要有騰挪；實，非全然占煞，精神要貴貫注。」楊班侯傳下的《虛實訣》云：「虛實自有實虛在，實實虛虛攻不空。」楊澄甫也強調：「所謂虛者，非空，其勢仍未斷，而留有伸縮變化之餘意存焉。所謂實者，確實而已，非用勁過分，用力過猛之謂。」所以，太極拳虛中要有實，實中也要有虛，其勁力配置是動態而不是靜態的。它雖不處處設防，但處處卻布有警戒點，在運動中又注意不給敵人以可乘之隙，讓全身勁力經常保持一種可以隨時變換的高度機動靈活狀態。

### ③關於虛實的對應轉化

王宗岳曰：「左重則左虛，右重則右杳。」李亦畬解釋云：「左重則左虛，而右已去；右重則右虛，而左已去。」所以，敵實我虛，敵虛我實，力量配置方向恰好跟敵方相反，以敵之虛為我之實，又以敵之實為我之虛，由此巧妙地利用敵力。

活力對抗中各方的虛實，實質上是對抗雙方各種力量因素關係態勢比較的結果。虛實概念則不外是對這各種力量因素運動狀態的類數量化的模糊描述。太極拳的勁力配置，完全根據敵方情況的變化而作出相應的變化，切忌主觀主義、生搬硬套的按固定程式辦事。而所謂已達「化境」也者，即指其在這個問題上已經相當的自由和自覺。

## （2）太極拳的「剛柔相濟」和「以柔克剛」也是中國武術的典範。

跟處理敵我雙方關係那「虛實變換」和「避實擊虛」方針相應的，便是自身勁力狀態的「剛柔相濟」和勁力功能的「以柔克剛」。太極拳的所謂「內勁」，就是一種「剛柔相濟」的內在彈性力量。其「剛柔相濟」勁路運用的基本特徵，並不是平均主義地把剛、柔擺在同等的位置上，而是突出自身「以柔克剛」的功能。這是跟它那「以弱對強」的前提設定聯繫在一起的。

太極拳「剛柔相濟」的出發點，是過程上的「積柔為剛」；而其落腳點，則是功能上的「以柔克剛」；其形態特徵，還有「積柔為剛」後的「剛復為柔」。它跟「虛實變換」的契合點，是戰略上「避實擊虛」和戰術上「虛守實發」的相濟互補；由此而達到的效果，則是敵力的「落

空」和我力的「落實」。

這「以柔克剛」的技術實質，是使用側面隱蔽的力量去分化、牽制或改變敵方正面的攻擊，並由此而達到「以弱勝強」的目的。其基本的工作方式，是「柔過勁、剛落點」的「柔化剛發」。它可以是在「引進落空」誘敵深入的同時，順勢給敵手加上一個力量或力偶；也可以「避實擊虛」乘隙而進，恰到好處地向敵手弱點或要害給以致命的一擊。

這「以柔克剛」的基本精神，是儘量節省能源，乘勢就力、因勢利導、借力擊人，以一個力學結構的轉換，「以其人之力還治其人之身」，力圖以最少的支出獲得最大的效益，此亦即俗謂「牽動四兩撥千斤」是也。

（3）太極拳體現虛實剛柔的基本勁路是化、發。

在這裏，「化」的基本含義，是在因敵變化、捨己從人的基礎上，用隱蔽的力量去分解和牽制敵手進攻力量，勁路屬輕、長、細、軟的柔勁；其常見的用例，一是由採、挒等法改變敵手勁路方向，使其向我身旁而去；另一是黏隨敵手勁勢，以将法引其落空。太極拳把「化」字放在第一位，表明其柔性武術的基本性質。

至於「發」的基本含義，則是在沾黏連隨、不丟不頂中，利用各種合力就勢給敵手以直接的打擊，勁路屬重、短、強、堅的剛勁；其常見的用例，則有長勁、短勁（包括截勁、寸勁、分勁等）、鑽勁、冷勁、斷勁、崩勁、開合勁、螺旋勁等等。所謂「蓄勁如張弓、發勁如放箭」。運用時須審明機勢、方位，一旦合適，即「由腳而腿而腰而手」，瞬時把全身力量「專主一方」地暢達放出，具有

「動短、意遠、勁長、力猛」的特點。

在這裏，「勁附著而行」，太極拳勁法的化、發，是跟著法的黏、走聯繫在一起的，任何力量的運用都要表現為一定的肌體動作。這也就是人們常說的「走化」和「黏發」。

一般說來，太極拳一個完整的發勁過程，有引、化、拿、發這麼四個環節。黏、走均為化：但黏勁屬化主進，是陰中之陽，柔中之剛，虛中之實；走勁屬化主退，是陰中之陰，柔中之柔，虛中之虛。二者對自身力量都有「備而不用」、「蓄而不發」的意味。在「隨人而動」的黏、走過程中，逐步加入引意，先化後引，邊化邊引，把對方的引入有利於己的角度和軌道。據人體力學規律，這引化的過程同時也是己方蓄勁的過程，亦即所謂「引到身前始蓄勁」是也。

太極拳操作講究「有蓄有發」和「蓄而後發」，「著」只有引之至長、虛之既久和蓄勁已滿，其發放才有真正的力量。在把對方的實勁引出以後，還要經由一定的手法和勁路把它「捆緊拿住」。而所謂「發前必拿」，就像拋擲一件東西一樣，不拿是無法拋擲的。

從拳法淵源上來說，拿是由擒拿法的節、拿、抓、閉發展而來的。但晚近的太極拳，則一般只籠住勁路而不把死關節。拳訣云：「拿人如入笥，一對準、二落實、三吃牢。」這樣不發則已，無發不中。所以拿勁屬發主守，是陽中之陰，剛中之柔，實中之虛。在拿住對手勁勢以後，隨即便可發勁了。

發勁屬發主攻，是陽中之陽，剛中之剛，實中之實。

是最後解決問題的一擊。但其背後仍含靈活機動的虛意，防止其變成「收」不回來的「死勁」。以上化、引、拿、發四個環節是一個整體，構成一個先守後攻或守中寓攻的完整作戰體系。從操作上來說，化勁之妙在於變，引勁之妙在於靈，拿勁之妙在於堵，發勁之妙在於隨。人們常說的「能化能發」，就是把「化引」和「拿發」統一起來，給予「隨心所欲」的綜合運用。

　　（4）作為柔性武術，太極拳的虛實剛柔明顯地表現出道家哲學和兵家權謀的陰柔內向特徵。

　　太極拳以「柔」為體，以「不爭」為用，突出崇虛、尚柔、貴化、善走、用反、守弱，反對好勇、鬥狠、恃力、頂抗、誇強、爭勝，表現出「反者道之動，弱者道之用」和「無為而無不為」的哲學信念，巧妙地利用「矛盾統一和轉化」的規律，欲取先予、欲抑先揚地從反面入手去達到正面的目的。

　　在技術操作上，它示形造勢、奇正生剋、張網設套、靈活善變，突出「兵不厭詐」的權謀詐偽，創造條件讓敵手自動地走向其願望的反面。它考慮問題的基本思路，首先是改變自己以適應環境，其次才是改變環境發展自己；其核心精神始終是維持自身的存在和發展。

　　由此在技術操作上，它主要不是在改變現有力量對比的基點上，使用新的「技術裝備」去跟敵手做力的抗衡，而是在現有力量對比的框架內，依託機勢和運用權謀，以「小米加步槍」去打敗敵手的「飛機加大砲」。用太極拳的術語來說，這就叫做「用意不用力」和「氣以直養而無害，勁以曲蓄而有餘」。

這裏還應該加以說明的是，太極拳的崇虛、尚柔、用反、守弱，並不是什麼「僅跟空氣作戰」的阿 Q 式「自我欺騙」和「情緒宣洩」，而是建立在自身那強大「內勁」基礎上的「留有餘地」打持久戰。

　　太極拳在作戰中對敵方不抱絲毫不切實際的幻想，冷靜地判斷雙方力量的客觀對比，對整個發展做最壞的打算和爭取最好的可能。它反對做無謂犧牲的「赤膊上陣」，反對兩敗俱傷的「拼消耗」。但這並不等於它無所作為地宣告投降和躺下等死。

　　跟整個中國文化一樣，太極拳從整體上說也是「以虛含實」和「將無為用」的。在那虛柔空靈、淡泊平和的表象後面，它同樣具有一個求取實利、自強不息的積極靈魂。由此，它處處注意增強自身實力並講求內勁。所謂「練拳不煉功，到老一場空」，任何武術技術上的「著法」和「勁法」，都是以自身渾厚的功力作為基礎的。它還要有「功夫在詩外」的經驗、眼光、識見、思想、智慧。越是講究大鬆大柔、虛空粉碎的拳術大師，越是需要充沛雄厚的「上乘功力」和洞察一切的「無上智慧」。

　　以太極拳為代表的「內家拳類」，似乎要比那硬打硬拼的「外家拳類」，更為講究自身功力的培育、積蓄和各種力量的整合圓融、合理配置、有效運用，也更為講究「功夫之外」的戰略戰術和智慧眼光。

　　一方面「積柔為剛、剛復為柔」，亦即在平時訓練以及與敵周旋過程中，隨時注意不斷地培植和積蓄自己的有生力量，並且又注意保持這力量的高度機動靈活性；另一方面「萬拳求一力、萬力求一整」，亦即在運用自身有限

勁力過程中，既注意其合理配置，又注意其集中使用。所以敵攻我時，要「節節鬆開」以減少損失；而我攻敵時，又要「節節貫串」用整體的力量去解決問題。

中國文化講究身心合一、體用一如，它以操作性的體用本末去論虛實有無，這跟西方文化以對象化的存在非存在、印度文化以心理性的真假實幻去論虛實有無，確有很不一樣的性質和功能。正如不能以中國文化的價值坐標去妄評西方文化和印度文化一樣，我們也不能用西方文化的價值坐標來強求中國文化。

有人指出，太極拳的「內勁」首先是種文化觀念。它反映了中國人反求諸己、含而不露、曲徑通幽、黑箱作業的陰性文化性格，這當是很有見地的。但由此而判定太極拳「內勁」僅是一種自欺欺人的「心理滿足」或用以嚇人的「心理戰術」，則未免過於主觀武斷。任何一種文化觀念，都反映了這種文化所代表的「人的存在方式」，並會微妙地滲入其技術體系和相應的操作方式，發揮出觀念背後那物質的強大力量。

太極拳關於「內勁」的追求中，確實保存有一些原始巫術的神祕成分，然而在其背後，卻是內向身體潛能挖掘和外向操作技巧運用相統一的「功力」（不是先天生就的「蠻力」，而是通由天修練而形成的生存競爭之實踐能力），其中包含有節約能源、持續作戰、合理用力、有效做功的科學性思考。跟其他所有武技一樣，太極拳操作訓練的基本要求同樣是「技術上手、功夫上身」。

太極拳「力從人借、勁由內換」，表現出強大的主體獨立性。其勁路運用的重點和難點，是「引進落空」之後

的「合即出」。由此，不少拳師還引出「得實不發藝難精」的感慨。太極拳在戰略上實施「避實擊虛」方針的同時，在戰術上還遵循「虛守實發」原則：「逢虛則守」，在未探明敵情之前決不妄動；「得實即發」，在控制住敵方有生力量時要毫不猶豫地解除其戰鬥力。這就是說，「虛應故事」騙敵不騙己。對己考慮的重點，還是老老實實、做足工夫、以十當一、有備無患、一步一個腳印地獲取紮紮實實的具體利益。所以跟西方競技體育的那種非功利「超越」精神相比，中國武術表現了一種頗為狹隘的功利「實用」原則。

有人批評包括太極拳在內的中國武術花拳繡腿「不實用」，其理由是難以像西方拳擊那樣在競技場上獲取金牌。這其實恰好把問題弄反了。筆者在《武術——中國人的存在方式》等文章中已經指出，西方拳擊作為一種競技運動，在本質上是「非功利」和「不實用」的，其社會基礎是生產和生活之外的閒暇；其生物學基礎是媲美「爭雄」的「性炫耀」。而中國傳統武術卻是作為一種求生「保命」的綜合實用技術，其社會基礎是現實生活的「倫常日用」，即生產和生活本身；其生物學基礎是生存競爭的攻擊和自衛本能。所以，問題的實質當是「能比的不能用，能用的不能比」。

## 三 心法：得機得勢

太極拳攻守進退和虛實剛柔的關鍵問題和中介環節，是對「機」、「勢」的洞察、把握和運用。對「機、勢」的領悟是中國人生命智慧的表現。

太極拳的「得機得勢」屬於「心法」，這是整個操作的心理調控策略，亦即活力對抗主體對基於雙方時空關係變化所形成的各種機、勢的洞察、把握、利用，俗謂「運用之妙，存乎一心」是也，類似於軍事作戰中戰略思想的發揮。它表現於整個運動過程中的「意氣」活動，並可分析為尋機造勢、隨機就勢、得機得勢三個環節。

在這裏，尋機造勢是主觀努力，隨機就勢是運用特徵，得機得勢是綜合效果。三者共同表現出太極拳「弱者戰略」的基本特徵和效應。

### 1. 中國文化中的「勢」

在中國文化中，「勢」首先是個標示關係格局下發展趨向的演化論範疇，用以表徵影響和決定事物變化的一切內外關係所形成的張力，跟西方哲學所說的關係格局、運動趨向、必然結果、規律性、威懾力，還有物理學所說的動能、勢能等等近似，但更強調作用雙方所處方位、形態對比後所形成的可能效應；其內部蘊涵為氣勢、態勢、機勢，其外部呈現為形勢、趨勢、走勢。《孫子》云：「激水之疾，至於漂石者，勢也。」這裏強調的東西，是一種引起變化的內在力量和傾向，是關於系統的動力學狀態的分析；就運動學描述而言，勢是改變事態的「加速度」；就動力學分析而言，勢是產生「加速度」，從而對事態的演變產生加速、阻遏，或改變行進方向等作用的影響力。跟西方文化相比，中國文化的「勢」更為突出主體選擇的可能性，而不是別無選擇的客觀必然性。《老子》云：「故常無慾以觀其妙，常有欲以觀其徼。」此處「觀妙觀

徵」，只有一覺。一覺之動，太極初開，有如電光石火，稍縱即逝。所以臨機要把握得住。《陰符經》云：「天性、人也，人心、機也。」亦此之謂也。

中國文化對「勢」的理解相當寬泛：在社會關係中主要指權力地位和統治作用，在軍事衝突中主要指陣形格局和勝負可能，在自然關係中主要指趨向、規律，在傳統諸藝中主要指各種姿式、形態和美學意蘊、發展走向等等。在中國武術裏，「勢」則是指各種活力對抗過程中，基於對抗雙方力量所處的時空背景和相對位置的不同，從而造成的某種變化可能和相應那能量發揮倍增或衰減效應。所謂「得機得勢」，具體說來就是對抗主體在雙方時空關係變化的各種可能性中，透過自身努力去選擇、獲得和加強有利於己而不利於敵的可能性，從而使自身蘊含的能量發揮得到倍增的效應。

在這裏，機、勢於本質上是統一的；機為時間之勢，勢為空間之機。二者統一起來，也可統一簡稱為勢，即演化中的關係狀態。

中國武術強調心主神明、氣遍身軀、機由己發、力從人借，著眼點完全是客觀可能性中的主體性選擇和利用；它在活力對抗過程中所關注的重點，並不是既定力量大小強弱機械對比的不變秩序，而是雙方關係發展態勢各種可能的辯證把握，特別是以弱對強各種可能的辯證把握。從哲學上說，這是一種講求因果的「有定論」，而不是迷信輪迴的「宿命論」。

所謂「勢從形生」，「形」是「勢」的基礎和表現。《孫子兵法》云：「戰勢不過奇正」，戰陣之「形」與奇

正之「勢」，有著密不可分的聯繫。

　　在這裏，「形為體，勢為用」；形是「運動中的物質」，亦即雙方力量對比配置所形成的基本格局和結構形態；勢則是「物質的運動」，也就是由力量配置格局所帶來的運動效應和可能走向。中國文化重「勢」不重「力」，表現出一種「權謀」特徵。《虎鈐經》云：「兵之勝敗，非人之勇怯也，勇者不可必勝，怯者不可必敗，率由勢焉耳。」《孫子兵法》曰：「故善戰者，求之於勢，不責於人，固能擇人而任勢。」歷來的兵家，都把「勢」擺在高於「力」的位置上。他們的著眼點，並不是僵死的「實然」，而是活生生的「可能」。這個原理對於個體對抗的技擊也是適用的。

　　唐順之《武編》云：「拳有勢者，所以為變化也。橫邪、側面、起立、走伏，皆有牆戶，可以守、可以攻，故謂之勢。」可見勢是在招式和勁路的變化應對中產生的「可能性走向」。由此，他進一步發揮說：「拳有定勢，而用時則無定勢。然當其用也，變無定勢，而實不失勢，故謂之把勢。作勢之時，有虛有實，所謂驚法者虛，所謂取法者實也。似驚而實取，似取而實驚，虛實之用妙存乎人。」說明「用勢」要因應敵勢進行虛實變換。

　　中國武術的運行具有所謂「拳不盡勢」的特點。但這種「拳不盡勢」並不限止在所謂「表象到意境的超越性層面」那「言不盡意」的美學領域，而更多的則是體現在「現實變化多種可能性層面」之「窮變、易通、求久」的操作領域，並且還包含有「勢不使盡、事不做絕」那「留有餘地」的要求。意義表達的難以盡述，本源於操作變化

的無限可能。在實際的操作過程中，武術常用的勢法有「位勢」、「動勢」和「氣勢」三大類。

「位勢」是種基於對抗雙方力量運用的空間位置上的差異所產生的功能效應，與此相應的則有各種搶勢、占勢、走勢技術，體現招式動作的合理性。

「動勢」則是種基於對抗雙方運動本身的慣性和速度上的差異所產生的功能效應，關注勁路運行的順暢，有較多的時間涵義，與此相應的則有各種技術上「蓄勢以發」和「用勢不盡」的技術。

而「氣勢」則是一種在獲取「可能優勢」後發揮出來的精神效應或精神威懾，關注目標和意義方向，它似乎更多地涉及技擊主體的整個精神狀態和心理素質。

## 2. 太極拳把握機勢的若干操作要素

「勢」是種客觀演化的可能性（而不限止於審美感受的「無窮性」），但在太極拳對機勢的把握則是主體選擇出來的。其操作要素有尋機、造勢、審敵、守中這樣四個基本環節：

（1）是「尋機」，指尋找活力對抗過程中某個有利於己的時間關節點，突出變化中可供利用的時間關係。

在宏觀發展中，尋機似乎還應包括有認識時代、看清時局、明確格局、分辨時勢、把握機遇、廓清環境等多方面寬泛和綜合的含義。但在微觀對抗當中，它則主要指對抗過程中戰機的把握。這種戰機不僅稍縱即逝，而且抗爭雙方又是種不均等的權利。所以在尋找有利於自己的戰機

時，還要注意避開不利於自己的戰機。

　　《兵經百篇》譯「機」字云：「勢之維繫處為機，事之轉變處為機，物之緊切處為機，時之湊合處為機。有目前即是機，轉瞬即非機者；有乘之即為機，失之即非機者。謀之宜深，藏之宜密。定於識，利於決。」指出「機」存在於各發展過程或發展過程中某個方面的特定關節點上，具有很強的時效性和蓋然性；而尋找和利用「機」的關鍵，則在因應自然與物推移過程中人的卓識和決斷。活力對抗中戰機的來臨往往非常偶然、非常意外；但在這偶然和意外的背後，也並非沒有規律可尋。個體對抗中的戰機，往往存在於出現有效的攻防距離，可擊的空隙和我擊中敵手而對方又來不及防衛的時間等幾個方面的有效瞬間。所謂「見微知著」、「料敵先機」，這裏的核心問題，當是對攻擊時機或曰變化中的時間差的把握。

　　太極拳攻擊時機選擇的一般規律，就我方態勢而言，主要是「逢化必打」、「逢丟必打」、「摸實就打」，亦即敵手進攻力量被我分化和牽制達一定閾值之時、敵手防衛力量跟我進攻力量脫離接觸而出現空隙之時、敵手力量受我控制而轉動不靈之時，都應發動攻擊；而就敵手態勢而言，主要則是「彼將發未發之際」、「舊力已過、新力未生之時」、「運轉不靈、占煞發呆之會」，以及一般所謂「攻其無備、出其不意之間」，亦可乘機而發。其總體的特徵，是「彼不動、己不動，彼微動、己先動，後人發、先人至」。

　　與此相應的技術要點，是因應知機、見微知著、拳打不知、機乃得實。其所抓住的關節點，都是那將作未作、

將止未止、將變未變、將轉未轉的一瞬間。總之，一旦摸準敵手力量運行轉折空隙處和被我抓住可以得力的發落點，便是得機之時了。

（2）是「造勢」，指造成或占領那些能增強自身能量發揮的空間位置，突出變化中可供利用的空間因素。

在由多股力量需要分佈於多點的活力對抗矩陣中，技擊主體應力求形成一個能保持自己力量的平衡和穩定，並能牽制或制約對方行動自由，有利於打破對方平衡於穩定的力量組合格局。在活力對抗過程中，「勢」更多的是指基於對抗力量空間配置格局所引發的客觀可能性，特別是其中的攻擊角度所取得的某種主動地位。這種主動地位，並非經常出現而且稍縱即逝，因而需要我們在運動中尋找和製造出來。

太極拳對「勢」的把握，總的是要在運動過程中造成「我順人背」的態勢。這裏所謂的「順勢」，就是指短兵相接中的主動地位，攻守進退均由我便；而所謂的「背勢」，則指被動挨打的態勢，攻守進退均不由己。這也就是兵法上說的「致人而不致於人」狀態。

太極拳在造勢過程中，敵占勢時須走化，我占勢時要封逼。在具體操作上，或靜而待動、虛以應物，或順手牽羊、引進落空，或閃展騰挪、轉換方向，或巧占外門、側入豎擊，或進襠封逼、步趨身擁；在精神氣概上，則敷蓋對吞、因應自然、進退得體、神龍無方、從容瀟灑、輕靈圓活。其技術要領，是進以占勢、退在避鋒、勢貴得橫、以動襲隙。總之，從優化自身內部及敵我雙方這兩重關係

太極拳道新探 太極拳的道家文化探究

結構中，去謀取力量倍增效應。

在這裏，關鍵問題是順逆、曲直那毫釐分寸的生剋運用，落點隨方。徐震（哲東）《太極拳發微·練用》有云：「夫方之所爭，惟在毫釐分寸。其用之也，有前後、左右、上下、斜正、曲直。所以用其前後、左右、上下、斜正、曲直者，總歸於順逆。轉其順勢，順反為逆。乘其逆勢，當機勿失。此據彼而言也。惟勢勢自處於順，乃可制彼之逆。此據我而言也。故彼來我接，彼去我迫。毋當其衝，而就其空。避其沖者，非徒讓也。左旋右進，上捨下攻，斜切曲取，亦為讓也。就其空者，非必前也。退接旁拿，亦為就也。正以用斜，斜以濟正。直以用曲，曲以濟直。若是者，必於一勢之中，兼用數勢；一動之頃，非止一力。要使彼力方向陡變，彼心倏受震驚，則可使彼力還施彼身，而吾直如摧枯焉。此為善於隨方，此方之準也。」由此，「拳者權也」，行拳者審視形勢、權衡輕重、因應制宜、靈活處置、以求得勝。

（3）是「審敵」，指透過一定方式去瞭解和把握敵情。無論尋機造勢、隨機就勢和得機得勢，其前提和關鍵都是審敵問題。

在活力對抗過程中，正確的部署來源於正確的決心，正確的決心來源於正確的判斷，正確的判斷來源於週到和必要的偵察，以及對於各種偵察材料的聯貫起來的思索。這裏所說的偵察，也就是我們前面所說的「審敵」。

《孫子兵法》云：「知己知彼，百戰不殆。」這說的是群體對抗。但個體對抗也完全適用。王宗岳《太極拳論》曰：「人不知我，我獨知人，英雄所向無敵，蓋皆由

此而及也。」在活力對抗中贏得主動權以克敵制勝的首要問題，更大程度是敵情訊息，而不是既定力量。技擊搏鬥中「審敵」的基本內涵，就是運用一定手段和方法，去瞭解敵手勁力的強弱、大小、虛實、剛柔和路線、方向等等動態變化。這是我方攻守進退、虛實剛柔使用配置的基本依據。

太極拳隨機就勢、以柔克剛的前提是把握敵情的「審敵」。一般拳術的審敵方法，不外是「眼觀六路、耳聽八方」，利用視、聽訊息去把握敵方的神情、體態、動作、意圖、實力、技巧、變化等等，並據此以判斷可能出現的各種攻防態勢及變化，然後作出自己相應的對策。

但視、聽訊息在技擊上有若干不可克服的弱點，例如，它存在盲點和易受假象的欺騙，本身還缺乏防禦能力和攻擊能力。再加上由視聽訊息到行為效應之間，還有個訊息傳遞和轉換的過程；這不但往往跟不上對方攻防動作的迅速變換，而且避免不了傳導過程中「噪音干擾」和「訊息缺失」所造成的誤差。在這裏，「審敵」和「制敵」是分開的兩回事。

太極拳獨創了一種「向不丟不頂中討消息」的「聽勁」方法。這是一種「無聽之以耳而聽之以心」的全身心投入的獲取訊息方式。它不僅利用視覺和聽覺，而且利用了更有把握的肢體觸覺來共同進行。這是一種「身心合一」的「本體感覺」，交手時雙方肢體的密切接觸，為「聽勁」提供了一個源源不息的可靠情報源。它不但向我提供對方攻守進退招式動作方面的外顯訊息，而且還向我提供對方虛實剛柔勁路運轉方面的暗藏訊息。再加上肢體

本身不僅具有攻擊能力和防守能力，視、聽訊息的部分不可靠性以及效應時差也可以由此而克服。

在短兵相接情況下，敵情一經肢體的本體感覺審聽清楚，同時敵勁也就給我的勁路封逼拿住鎖定，再無變化逃走的餘地；所以據此而作出的應對措施，必然也就切實可行得多。就這樣，確定目標的「審敵」與實現目標的「制敵」兩個方面，也就在這沾黏連隨、不丟不頂回饋運動中給統一起來了。

從發生學上說，觸覺（即膚覺）是後來分化出來的所有感覺之基礎，包含了這所有感覺的萌芽。對於那些已經分化出來的感覺特點，有學者指出：在中國思想脈絡中，「看」的姿態極富思想意味，「聽」的思想意義亦非闇然不彰，但由「觸」深化的「體」才是結穴所在。「視」傾向於將周圍事物對象化，並造成「動力的中性化」；「聽」中展開的是事件而非物體，是生成非存在。

相較西方哲學之視覺中心主義，中國哲學凸顯本體的根本方式其實既非視覺亦非聽覺，而是種全身心的「體」，中國思想就可以說是一種體——觸覺性思想。「看」指向「知」，「聽」指向「感」，「觸」則指向「會」——全身心的融攝與化用。

換句話說，「本體」的明了必須落實為「發用」的自如，「心」之「思」必須落實為「身」之「能」，「理」之「知」必須落實為「手」之「會」——「得心應手」。得心、應手的關係既是並列更是推進；得於心是前提，應於手是落實，心、思、知、解最終必歸於體、行、用、會。至於太極拳把以觸覺為切入點的本體感覺稱之為「聽

勁」，筆者以為有可能是在潛意識中強調其訊息的接受性、事件的過程性（「聽」）和操作的主體性、力量的調控性（「勁」）。

（4）是「守中」，指透過捨己從人、因應敵勢、隨曲就伸、唯變所適地守住自身中線要害的最佳體位，並以此為基礎去防身制人。

守中、用中是太極拳功能的出發點和歸宿點。在操作要領上，身法的中定也是第一要義。《老子》云：「天地之間猶橐籥乎？虛而不屈，動而愈出。多言數窮，不如守中。」這可以移過來描述太極拳在運動變化時的守中、用中。

太極拳姿勢上的「占中求圓」，功能上的依據就是「守中取勢」。就現象形態而言，太極拳的守中、用中，自身要求抱元守一、氣象渾然；但讓對手的感覺，卻是虛空粉碎、無從捉摸。它跟「著法」上的各方呼應、八面支撐的「中定」，以及勁法上的虛實變換、剛柔並濟的「完滿」互為表裏，可見守中、用中並不僵化。

這裏應該注意，太極拳的守中、用中並不是自我中心的一廂情願，而是多種力量的相互作用，由此必須「捨己從人」和「隨曲就伸」；然而其目的卻並不是迷失自我、放棄原則、逆來順受、屈從環境的「聽命於人」，而是有感則應、因敵成形、隨機就勢、借力打力那「制人而不制於人」的「從心所欲」，因而首先強調「從人當要求己」那自我協調的「周身一家」。它一方面講究「一動無所不動、一靜無所不靜」的集中力量、並敵一向，另一方面又講究「有上則有下、有左則有右、有前則有後」的自我制

衡，呈現一種陰陽相濟狀態。

其技術要領，則主要是虛靈頂勁、氣沉丹田、鬆腰落胯、尾閭中正、上下相隨、步從身換、沾黏連隨、不丟不頂。其操作關鍵，則是在「腰腿功夫」，亦即所謂「腰腿要換得靈，方有圓活之趣」，「有不得機得勢處，其病必於腰腿求之」。

從戰略和策略的角度說，守中、用中屬兵家權謀裏「先為不可勝」的「定家計」。如前所述，這是中國式「保本求利」維繫自身的「保守主義」，表現了「持中尚和」的「守成」哲學傾向。它首先考慮的問題，只是怎樣在保證自己既得利益基礎上，去爭取更多的利益；而不是脫離實際地去空想怎樣賺更大一筆錢。

《孫子兵法》有云：「昔之善戰者，先為不可勝，以待敵之可勝。不可勝在己，可勝在敵。固善戰者，能為不可勝，不能使敵之可勝。固曰：勝可知而不可為。」《投筆膚談》曰：「用兵之道，難保其必勝，而可保其不敗。不立於不敗之地，而欲求以勝人者，此僥倖之道也，而非得算之多也。」總之，只有先置自己於不敗，才能求得最終戰勝敵人。自己立於不敗之地比擊敗敵手重要得多。自己只要不敗，那就好得很了。敵手敗不敗，並沒有太大的關係，他如不好自為之，遲早會敗的；他如好自為之，那也好得很。

這種先求「不犯錯誤」的保守方式，在一個工業社會中或許表現了較多的消極可能性，因而經常地受到一些有識之士的批判；但其背後所蘊涵著的生命智慧，卻永遠給人們以巨大的啟發。

從方法論的角度來說，守中、用中反映了中國人那特有的「中庸之道」。它並不是泥於兩執、拘於名相、不懂變通、陷入雙重，而是堅持原則、不離底線、有感而應、隨曲就伸。太極拳無論行功走架還是交手應敵，都特別講究心理上的勿貪勿吝、態度上的不亢不卑、力量上的不偏不倚、動作上的無過不及、時間上的不先不後、關係上的不丟不頂，十分注意動作和力量的界限、關節和斤兩、分寸，全力維持好自己的基本陣地。拳訣有云：「拳者權也」，亦即權衡和協調各種力量和關係，即此之謂也。陳鑫說：「拳各有界，彼引我進，我只可進至吾界邊，不可再進，進則失勢。」退的道理亦與此相同。總之，無論攻守進退、虛實剛柔，要得機得勢就必須「得其環中」而「避免雙重」。

　　從操作特徵上來看，中國儒家的中是「實」的，道家的中則是「虛的」；太極拳所守的「中」，明顯區別於形意拳「實中」和八卦掌「變中」的「虛中」，在特定的角度上體現了道家哲學虛無為體、因循為用、清靜沖虛、為而不爭的陰柔傾向，「既不拿對方作自己的支撐力，也不讓對方拿自己作支撐力」，以期達到莊子所說的那種「無所待」的境界。

### 3. 太極拳追求的圓滿效應

　　中國文化並不執著於揚名立萬的追求卓越，實際關注更多是自我完善的圓滿訴求。太極拳技擊中著法成形、勁法成勢、因應知機、變化守中、借力打力、虛靜自保；其基本結構，呈「陰陽相濟」兩極互補狀態和「無為不爭」

的操作方式取向；其技術特徵，則是「為客不為主」的以慢待動和以柔克剛的陰性文化功能。這是一種面對強敵時「自強用弱」和「以弱對強」的自衛形態，在一個極為被動的形式中表現了高度主動的內容。

它那以尋機造勢而不是正面抗衡為中心的技擊方式，則是跟這「以弱對強」的自衛戰略一致的。在處事上，它講究捨己從人、隨機就勢、順而不屈、自然無為，不做無視對手的「自作主張」，始終堅持有理、有利、有節的因應就便、曲中求直、彈性應對、借力打力，決不赤膊上陣爭氣鬥力「拼消耗」做無謂犧牲。在立身上，它強調反求諸己，培植內勁、追求功力、運用技巧，杜絕對敵方的各種僥倖和幻想心理，立足於「依自不依他」的自力更生，依託不斷積蓄生成的後續力量，突出自身主體和個性。這是一個「不爭的鬥士」和「柔弱的強者」的人格形象，表現出極為頑強柔韌、堅持不屈的巨大生命力，以最少的投入換取最大的收益。

有人認為，這種缺乏正面抗衡的戰鬥方式，沒有「男子氣」和「英雄味」，一點也不「過癮」，但面對強敵，簡單的拚搏不可能獲得成功。所以連魯迅先生那樣絕不妥協的徹底人物，在中國也主張「壕塹戰」，反對「赤膊上陣」的無謂犧牲。

作為一種有關生死問題的肢體應對綜合實用技術，傳統的武術太極拳無法擺脫成敗利害的剛性規定。但它為自己選定的基本任務卻並不是「為主」的爭霸奪魁，而只是「為客」的防身護體；它對每次操作結果的態度，也不是「一戰定乾坤」的願賭服輸，而是等待時機、藉助態勢的

永不言敗。

太極拳在這裏首先是「術」而還不是「學」。它在這個層面的實質，是處理主、客體關係的方式或方法，其文化主題則是展開生活。如前所述，中國文化是一種厚生利用、重術輕學的功利主義「操作型」文化，帶有極濃的價值意蘊。其認知態度和方式，顯然不具西方學術那種「為知識而知識」的「純粹理性」意義。

它提問題的方式，首先是生命體的利害得失，而不是「物自體」的真假對錯。眾所周知，西方文化透過分析和還原追求本原，並由各種「元理論」來使自己普遍化。

西方的技術包括體育技術同樣帶有這種由實驗分解來達到純粹化和普遍化的傾向，因而在近代工業的推動下形成技術科學。但據哥德爾定理，任何理論體系都是自我相關的，因而也是不完全的。西方技術分解還原的理論化傾向，曾極大地推動了自身的發展，但在當代條件下卻遇到了嚴重的挑戰。

中國技術系統首要的一點便是操作，它一開始就直接面對系統整體本身，與此相應的理論系統同樣也帶上操作的意義，因而在中國也就富有技術法而乏有技術論。在實踐過程中，操作自然地引入個體經驗。中國的技術文化系統便由這些個體經驗來跟外界保持聯繫，並從外界吸取「負熵」。從這個意義上說，它是開放性的。這是一種經驗綜合型的主體意向性思維。由於缺乏分析和規範，它在近代發展遲緩。但它那強大的解題能力，在當代卻能給人以多方面的啟發。

在方法論上，太極拳那虛實變換、剛柔並濟、避實擊

虛、以柔克剛的陰陽之道，在資源制約條件下也明顯地表現出自身的存在理由和實際功效。它所遵循的發展戰略，實質上是一條內源多向、靈活機動、隨機應變的戰略。它在充分利用環境訊息的前提下，把改變自己跟改變環境統一起來，把滿足需要跟改變需要統一起來，講究一種藉助機勢、強調因應隨變那合理適宜的生產和生活方式。

這個戰略在工業社會中曾經被認為是已經過時。但在今天「後工業社會」的「全球問題」和「人類困境」面前，卻又煥發出古人生命智慧的迷人魅力。作為一種綜合實用技術，中國武術確實是非常講究功利主義的實用效果；然而作為「以技達道」和「道進乎技」這雙向互動的「體道」方式，它又具有超越性的強烈訴求。

用於日常突發避險、應急保命的技擊技術特點，並不是在一個設定框架上「公平公開」地作技術比較，而是在無法預料情況下隨機應對的保命防身；其關鍵並不在於接受既定秩序（「入套」），而是在於打破原有格局（「破局」）。它具有一種「該出手時就出手」的「仗義」要求，講究「因應自然」中「由得我而由不得你」的主體性操作；然而其運行方式卻並不是「只此一家，別無分店」的「老子天下第一」，而是在力量和訊息都不對稱條件下「八仙過海，各顯神通」的揚長避短。套用《周易》的話來說，它並不是「乾」卦中那知進不知退、知存不知亡的「上九，亢龍有悔」，而是有進有退、有來有往那「乾」卦中之「用九，群龍無首，吉」。

中國文化講究「體用一如」，在所有「術」的背後其實都有著相應那「學」的支撐；以為中國文化是執著當下

的鼠目寸光，是井蛙之見，這顯然是錯誤的。這裏問題在
於中國文化在講求實際功效的同時，還反對拘泥於五蘊名
相的我執法執，著眼於大化流行中的因緣和合。《三國演
義》開場詞引明代文人楊慎《廿一史彈詞‧說秦漢》云：
「滾滾長江東逝水，浪花淘盡英雄。是非成敗轉頭空。青
山依舊在，幾度夕陽紅。白髮漁樵江渚上，慣看秋月春
風。一壺濁酒喜相逢。古今多少事，都付笑談中。」這裏
體現一種超越當下那不以成敗論英雄、不以得失判是非、
不以先後定終身的曠達超脫和大徹大悟。由此其展開的生
活也就昇華為自我圓滿而不是支配他人。

# 第五章　道門氣質
## 太極拳文化氣質傾向

　　太極拳說到底是一種文化現象和文化活動；就精神昇華角度而言，則可稱之為「道的層面」。這個層次是操作活動的自我認識、自我實現和自我超越、自我創建，涉及武術活動中人們對拳理的哲學理解，也指拳藝在自我意識層面上的遷移和泛化，或者指練拳和用拳過程中的精神昇華。它是拳藝發展中的最高邏輯層次。任何一種形而下的技藝在其自身發展過程中，都要有一種形而上的理論解釋和哲學論證，由此引申到它跟其他技藝領域的關係，並進一步融合到整個社會「大文化」之中。

　　此外這裏還有一點特殊的東西，就是跟其他多數中國式技藝一樣，太極拳理論尚未從中國哲學思潮和一般技藝思想中完全地分化出來，形成自身相對獨立的「太極拳學」；因而直接借用中醫理論作為自己的生理學解釋基礎，借用古典兵法構築自己的技擊操作技術框架，借用傳統哲學進行整體性的拳理闡釋。所以李力研在《野蠻的文明》一書中比較東西方「體育」特徵時，明確地指出：「東方體育是一種哲學體育，其實質是對宇宙的把握」；而「西方體育是一種物理體育，其實質是對生命的展現」。（這情況在中醫和兵法上也是一樣的。中醫是醫學哲學而不是醫學科學，兵法是軍事哲學而不是軍事科學。它們還沒有從包羅萬象的傳統哲學中完全地分化出來，具有綜合和籠統

的特點，但也保留了個性發揮的極大可能。）

在人類精神發展史中，先有哲學後有科學，科學是哲學的女兒。由此武術又「返璞歸真」地回到自己最早的精神原點上。不過，武術作為一種相對獨立的文化和技藝活動，又總是有自身特定的社會內容和精神追求；而這些東西在事實上也會按一定的邏輯層面展開，上升到一個最高的精神層次。由此人們便由技入進道、從「術」到「學」去窮究「天人之際」和「古今之變」，由整體性的定位和定向從而使自己的操作上升到「形而上」的哲學層面，由哲學範疇去對自己的行為進行理論的解釋、說明和推演、發揮，並由此實現自身在精神上的發展和超越。操作手段層面上的武術、武技和和武藝、武功，於是也由此上升為操作精神層面上的武學、武識和武道、武德，由此可以成就「一家之言」。

傳統武術理論的超越層面是修性理論，其基本任務在於普遍聯繫的大化流行網絡中尋找自身的歷史位置，探究生命祕密，提升人生境界，解決操作主體的自我認識、自我完善和自我實現、自我超越的問題。概括起來就是前面提及那「窮神知化」（把握規律）和「盡性立命」（承擔使命）這樣兩個方面。

在這裏，它強調的不是本體分析和對象反思，而是反求諸己和去蔽悟真。其主要特點是：在「天人合一」觀念引導下，努力整合日益分化那「自然」與「人文」兩大領域，強調宇宙大全那大一統的「一氣流行」；其「見性歸真」的社會學意蘊，也不限止於執著當下的認識自己和實現自我，而更多的還有歷史演化的防止異化和尋找可能。

太極拳道新探 太極拳的道家文化探究

這也是外國文化中沒有或少見的東西。

這裏需要注意的是修性並不是說教，它特別強調自我覺悟而不是標榜訴求或複製教條。其操作運行的基本內涵是人們在「改造客觀世界的同時改造自己的主觀世界」，其心理學意蘊則是人的社會化過程中獨立人格的形成和高峰體驗的出現，此外還涉及一些現代心理學所說的潛意識和無意識問題。

傳統武術最終處理的是人跟大環境的「天人關係」，系統論上是系統跟環境（或背景）的關係，哲學上屬於必然與自由的關係。它在把理想奠基於現實的前提下，更讓現實趨向於理想，把「合規律性」跟「合目的性」、「合審美性」統一到人的活動當中，使過去的本然、未成的應然轉變為當下的實然。

如前所述，用以考察它的基本範疇，從「天道」上來說是陰陽有無，從「人道」上來說則是性情志趣。其表現出來的文化精神和特色，便是人們經常說的「萬物一體、天人合一」；而這天人溝通、互相融和的中介環節和綜合表現則是「神」。作為中國武術成熟代表的太極拳在這裏所表現出來的主要特色，則是客觀感受的「虛無」、「空靈」和主觀體驗的「虛靜」、「空明」的統一。它由「陰陽相濟」復歸「自然之道」，呈現出應物無方、陰陽不測、窮神知化、知幾其神的特點。

## 一　天道：陰陽有無

陰陽有無首先是偏於自然客體的天道範疇，但這裏又得透過拳術主體的操作體現出來，以天道證人道，以人道

行天道，實質上表現了人道運行的基本特點。

## 1. 關於陰陽

前面我們已經一般地談過陰陽問題了。現在進一步明確陰陽範疇的若干具體的界定。

陰陽是標示事物基本屬性和運動機制的一對演化論範疇，用以描述事物存在和矛盾運動的哲學依據和機理。其原始含義，是指物體對於陽光的向背，向日者為陽，背日者為陰。《詩・大雅・公劉》云：「既景乃剛，相其陰陽」，此之謂也。

我國先民經由長期的仰觀俯察、取類比象，接觸到天地、日月、晝夜、陰晴、寒暑、水火、男女等對立統一現象。進入文明社會後，隨著經濟分工、上下分野的出現，更面臨著君臣、主奴、貴賤、貧富、治亂、興衰、等等社會矛盾對立狀況。

殷、周以來，人們在農業實踐中，認識到陽光與土地跟農業收成豐歉的關係，總結出「相其陰陽」的生產經驗；又從管理國家和社會活動的事務中，認識到矛盾的緩和與激化關係到社會的治亂與安危，總結出「變理陰陽」的政治經驗。殷、周之際的《易經》，以廣泛的矛盾現象和實際經驗為認識源泉，以吉凶禍福的矛盾轉化為研究對象，更從事物的普遍矛盾現象中，概括出乾坤、泰否、謙豫、剝復、損益、既濟未濟等一系列對待並立概念，把原始的事物簡單多樣性的差異思想，逐步歸納為具有某種「對立統一」因素的陰陽觀念，用以說明事物往復循環變化的狀態和機理。

西周末年的虢文公和伯陽父，開始明確地用陰陽二氣的消長均衡來解釋土地解凍、春雷震動和地震等事物運動變化的原因。接續而來的醫和，還利用陰陽等六氣去說明人體變化的機理，而范蠡則開始利用陰陽去解釋天道、人事和戰爭活動。《孫子兵法》使用攻守、進退、奇正、虛實等一系列陰陽範疇去處理戰爭行為。

春秋以來的陰陽家和政治家更為普遍地用陰陽消長生剋去預測事物的發展。《老子》一書全面總結了前人陰陽學說的積極成果，從哲學上論證「萬物負陰而抱陽，沖氣以為和」的狀態和「反者道之動」的規律。到了《易傳》書中，更有了「一陰一陽之謂道」的概括，把陰陽上升為「範圍天地」、「曲成萬物」的最高哲學範疇，用陰陽二爻的錯綜變化，來傚法「天人之動」，亦即用來觀察、解釋、反映事物的矛盾運動。

秦漢之際的《黃帝內經》，提出了「本於陰陽」天人相通的「氣本論」，進一步探討了人跟環境及人體內部的陰陽矛盾關係及其轉化規律，用以強身健體和治病救人。與此同時，陰陽學說還在天文、地理、算學、農學等方面取得不少成績。漢代以後，陰陽學說進一步普及和泛化，構成整個中國傳統哲學的基本理論框架。宋明以來，陰陽概念進一步與理、氣、心、性、誠等心性論範疇結合，陰陽學說更為「本體論」化了。

總起來說，中國文化中的陰陽，大體上可分析為一切事物本身所具有的客觀對偶方面和屬性，這些方面和屬性「不可分割地」聯繫在一起，並具有對待互根、相反相成、氤氳化生、相濟互補的對待、統一、互感、因應之變

化功能。就其存在方面分析，陰陽貫穿於天、地、人三界。指天而言；天為陽、地為陰，日為陽、月為陰，星為陽、辰為陰，畫為陽、夜為陰。就地而論；地為陰、天為陽，下為陰、上為陽，右為陰、左為陽，西為陰、東為陽。以人而說；尊為陽、卑為陰，德為陽、刑為陰，君為陽、臣為陰，順為陽、逆為陰。

這表明無論自然、社會、人生，都可以相應地分析出陰和陽這樣兩個相滅相生、相反相成、對待互根的對偶方面和力量，而且雙方都以對方作為自己的存在前提並同時存在和相互作用。正是由於這樣兩個方面和兩種力量的存在，自然、社會、人才能處於不停的運動流轉演進變化之中，並因此才能得以存在和發展。就其關係方面來分析，陰陽互寓互包、聯結滲透、相反相成、相濟互補，並且以統一體的方式呈現出來。如果沒有陰陽所代表的矛盾雙方的對立統一，也就沒有客觀事物的存在。

陰陽的對立統一關係，是客觀事物的存在方式。就其演化功能來分析，陰陽雙方動靜聚散、相摩相蕩、氤氳化生，造成宇宙萬物的千變萬化。所謂陰陽消長、剛柔生殺、畫夜遞承、四時交替、日月對比、寒暑相移，皆此之謂也。所以說，正是由於陰陽的變化功能，才使得萬事萬物得以生發敗謝，永不止息。

陰陽作為一對哲學範疇，大體具有下述三方面的涵義：

（1）它代表了一切對立的方面或事物，有對待、對立、對偶、對峙等義。

董仲舒在《春秋繁露・天道無二》云：「陰與陽相反

之物也。」在中國古代哲學中，一般把「陽」規定為矛盾的主要一方，處主尊地位，把「陰」規定為矛盾的次要一方，居屈尊地位。

（2）它代表對待雙方的變易，有轉化、變化、演化、異化等義。

《易傳・繫辭》有云：「一陰一陽之謂道」，「陰陽不測之謂神」。《太玄經・玄攡》曰：「陽不極則陰不萌，陰不極則陽不芽。」這些都是講陰陽轉化，陽極陰生，陰極陽發。

（3）它還代表了對待雙方的調和，有統一、和諧、相濟、互補等義。

《莊子・天運》「一清一濁，陰陽調和流光其聲：……吾又奏之以陰陽之和，燭之以日月之明」。這就是在清濁對待中以求陰陽的和諧、統一。《易傳・繫辭》也提出了類似的命題：「陰陽合德，而剛柔合體，以體天地之情，以通神明之德。」

綜合以上三重涵義，中國式的陰陽關係可以歸結為：凡是真實必有對待，凡有對待必有變化，凡有變化必有統一。對待和變化的結果都歸於統一、和諧、調和的「大化流行」。這就是中國式相濟互補的「和諧辯證法」。

所謂「拳起於易，而理成於醫」，隨著中國陰陽文化的發展，陰陽學說同樣成了中國武術理論的基礎。如前所述，早在《莊子》的「說劍篇」和《吳越春秋》的「越女論劍」裏，古人就已經相當成熟地運用陰陽學說去進行頗為具體細緻的拳理闡釋了。

在武術活動中，人們以陰陽比附人體和動作，並由此

引申出繁多的說法。就肢體而言，正面為陽、背面為陰，手心向上為陽、手心向下為陰；就運動形態而言，動態為陽、靜態為陰，急快為陽、緩慢為陰，伸開為陽、屈合為陰；就運動方向而言，進出為陽、退入為陰，上升為陽、下降為陰；就勁法而言，剛勁為陽、柔勁為陰，實勢為陽、虛勢為陰；就呼吸而言，呼為陽、吸為陰；就攻防而言，攻擊為陽、防護為陰，顯露為陽、隱蔽為陰；如此等等。總之，「陽」代表動態的、向外的、向上的、進取的、剛硬的、公開的特性，以及具有這些特性的著法、勁法、勢法和意念等等；「陰」代表靜態的、向內的、向下的、退守的、柔軟的、隱蔽的特性，以及具有這些特性的著法、勁法、勢法和意念等等。

總起來說，武術理論運用陰陽雙方屬性及其變化的相互關係，來說明招式動作、行功走架、勁路運轉、敵我關係、意念變化、文化意蘊等方面的基本規律和操作原則，總結武術實踐各個方面的主要經驗。由此出發，武術家們便特別強調以陰陽的互根、消長、轉化來作為武術技法的基本原理，並以此來解釋、整理、規範武技功法。

根據陰陽互根原理，所謂「孤陽不生、獨陰不長」，陰陽兩個側面都已對方作為自己的存在前提。所以武技便講究陰中有陽、陽中有陰。

例如，在做任一動作時，要注意主動肌的收縮（陽）與對抗肌的舒張（陰）有序配合，形成有序的陰陽統一體，動作才會協調靈便。在套路的編排和演練技法中，講究高起與低伏、快速與緩慢、剛直與柔圓等形態對立的動作，兩兩銜接，讓它們在相互比較中突出各自的個性，增

強運動的藝術感染力。

在搏鬥技法中，講究長兵器要能短用、短兵器要能長用。運用長拳要輔以短打、運用短打要輔以長拳。這樣，「長」不怕對手近身，「短」不怕對手遠擊，才能在搏鬥中自如求存。搏鬥技法，還強調格鬥時要「攻中有守、守中有攻」；勁力運用，則要「剛中有柔、柔中有剛」；示形造勢，「指上打下、示東進西」；身體平衡，「有上必有下、有前必有後、有左必有右」。如此等等。

根據陰陽消長原理，所謂「日往月來、寒來暑往」，陰陽兩種對立力量或因素又總是此消彼長，並由此推動事物本身的發展和變化。由此武技便必須把握好這個陰陽消長的恰當方式和比例，否則便會引起動作個性的變化而導致功能的失效。

例如，行功走架或應敵實作時，以一手法的勁力為十分，柔勁多一分，剛勁就少一分，反之亦然。陳式太極拳認為剛與柔的比例為 5：5，才是易於變換的「妙手」（但也有人覺得，這種劃分是否過於機械？而且還在事實上背離太極拳的總體性陰柔特徵。但就其不偏不倚的中庸文化心態來說，作這樣的劃分其實也無不可）。

又如陰陽對立消長表現於搏鬥雙方時，就形成了採用與對手招法個性相反的招法以制服對手的方法。例如橫來直去、直來橫去，彼上我下、彼下我上，敵進我退、敵退我追，敵駐我擾、敵疲我打，實則虛之、虛則實之，有應以無、無應以有，如此等等。八卦掌大師程廷華有云：「與彼相較之時，看彼之剛柔，或力大，或奸巧。彼剛吾柔，彼柔吾剛；彼高吾低、彼低吾高；彼長吾短、彼短吾

長……。」亦此之謂也。

根據陰陽轉化原理，所謂「重陰必陽、重陽必陰」，陰陽屬性或狀態無不在一定條件下向自己的對立方面轉化。武術家於是便注意採用從一定狀態「反向入手」的技術方法和訓練步驟，例如，出手時「意欲向上，必先寓下，意欲向左，必先右去」。這是以反向動作作為正式動作的預動，從反向動作中求得正式動作的開始。又如武術訓練中，有「靜中求動」和「動中求靜」的練法。為了獲得能隨環境變化而隨意變化的能力，達到「動急則急應，動緩則緩隨」的境界，武術家便強調先練靜功，由靜練提高人體對外界的感覺能力和耐受能力；由靜練使內氣聚於丹田，再在意識的支配下周流全身，發起動作，這一練法稱為「靜中求動」。

如果練功時，思想靜不下來，則採用動功，使思想逐步在注意動作要領、動作路線、動作含義、氣息與動作的配合等過程中，排除雜念，專注於訓練，達到相對的靜，這一練法稱為「動中求靜」。至於戰略戰術上的奇正生剋和用虛、用反、用柔、用弱，更是大家所熟識。

## 2. 關於有無

如果說陰陽範疇偏重從對待雙方的「基本屬性」去界定二者關係的話，那有無範疇則偏重於從對待雙方的「基本狀態」去把握二者關係。在中國哲學裏，有無首先是標示宇宙演化過程中事物存在及其狀態的一對範疇。就本根論來說，有與無是指存在與非存在；存在是指客觀存在的事物、東西或看得見的現象，是有形、有質、有名、有

太極拳道新探 太極拳的道家文化探究

聲、有事、有功等「實有」的意思；非存在是指不存在的事物、東西或看不見的狀態，是無形、無質、無名、無聲、無事、無功的「沒有」的意思。就現象論來說，有與無又指事物的實體與屬性，或事物的實體部分與空虛部分，以及本體與功用等等；例如老子所說的器，是當其「無」而「有」器之用的；「無」是器這種存在的空虛部分，「有」是器的實用、功用。就演化論來說，「有」可以或顯或隱，可以不受或受到主觀世界的作用和影響，並且以一定的「現象」呈現出來；而「無」則在事物運動變異過程中，可以是從無到有的生成，從有到無的消亡，也可以是超言絕象的「絕對空虛」。

古代道家以無形無象並超越一切相對的絕對為無，並因其沒有任何規定性而視之為宇宙演化的開始，這裏突出有無範疇「有規定性」和「無規定性」的理論內涵，因而「有」是「有限」，「無」為「無限」。又由於中國哲學是一種操作性的人生哲學，所以「有無」範疇還被引入人性論和操作法上，並把它跟社會政治倫理聯繫起來。

「無」字據龐朴先生《說「無」》一文考證，漢字中的「無」可以細分為三：1.有而後無（有之失的亡）；2.似無實有（失之有的無）；3.無而純無（絕對的空無）。這三種不同含義的無，反映了人類認識縱向的歷史層次和不同方面，因而使用上要加以注意。可見「有」與「無」都是具有多層面的複雜概念。

從哲學上說，「有」是事物的現實基礎和表現形態，「無」是事物的躍超傾向和發展動力。「無」不但可以界定具體狀態和過程的產生和消滅，而且還可以像數學上的

「0」一樣可以界定正負不同方向的意義。就橫向的比較來看，如果說西方人喜歡從「實體」出發著重於「有」的話，那中國人卻執著於「功能」著重於「無」。這裏的「無」，顯然偏重於指那種無形無象、似無實有或從有到無那「虛態」的「暗物質」、「暗能量」存在。

無獨有偶，在黑格爾哲學中，有無是指毫無規定的邏輯「純有」、「純無」；有只是一種直接的單純存在，無則是自身的單純同一。這是邏輯學的開端。如果我們想要在「有」中或在「有」和「無」兩者中，去尋求一個固定的意義要求，即是對「有」和「無」加以進一步的發揮，並給予它們以真實的、亦即具體的意義的必然性，這種進展就是邏輯的推演。那能在「有」和「無」中發現更深一層含義的反思作用，即是對此種含義加以發揮的邏輯思維。「有」與「無」的真理，就是兩者的統一，這種統一，就是「變易」。在西方哲學史上「有無」是最重要和最基本的哲學問題之一，其圍繞著繫辭「是」所引發的「存有論」問題，無疑是西方哲學幾千年來一脈相承的哲學關切所在。

但中國式的有無，卻不是一種純邏輯的規定，它像陰陽一樣潛存著某些先天的規定或意味。跟西方哲學大多割裂有無的傾向不同，中國哲學突出「有無相生」和「即有即無」。跟西方哲學只講有無的邏輯推演不同，中國哲學強調「有之以為利，無之以為用」那「以無為用」和「無為而無不為」的操作技巧。

牟宗三先生指出，中國道家是種「境界形態的形上學」，「無」是「作用層」而不是「實有層」的概念，而

太極拳道新探 太極拳的道家文化探究

這「作用層」上的「無」則是「三教」的共法。他說：「『無』不是個存有論的概念，而是個實踐、生活上的觀念；這是個人生的問題，不是知解的形上學之問題。」

在中國文化中，把「有」、「無」作為哲學範疇來進行論證的，始之於老子。他把「有」與「無」跟「道」聯繫在一起，並且認為「無」是「道」的形而上特徵，而「有」則是「道」的形而下特徵。他說：「天下萬物皆生於有，有生於無。」又說：「無，名萬物之始也；有，名萬物之母也。故，恆無，欲以觀其眇；恆有，欲以觀其徼。兩者同出，異名同謂。玄之又玄，眾妙之門。」由此出發，他還論證了有無相生、動靜互根、虛實相資、變常互繼和「有之以為利，無之以為用」，「無為而無不為」的中國式智慧。在這裏，「有」、「無」更多的是宇宙演化論的範疇。

漢代《淮南子》以老、莊哲學為主旨，融合了儒、法、陰陽諸家思想，突出「有生於無，實出於虛」那從無到有的運動演化。到了魏、晉時代，興起了「有無之辨」。何晏、王弼大昌「貴無」之論，裴危則宣揚「崇有」一說，而郭象亦提出對於「貴無」的詰難。由此，有無範疇進入哲學本體論，其具體含義跟老子時代那宇宙演化論已經有所不同。

跟西方哲學從「實體與虛空」的模式理解存在與非存在不同，也跟印度哲學從「真假、實幻」的框架界定色與空不同，中國哲學是從本末、體用的視角去把握有無的。魏晉玄學那「有無之辨」，明顯地受到傳入佛教色空觀念的影響。但佛學色空觀念的落腳點是「非有非無」，而玄

學「有無之辨」的落腳點卻是「即有即無」，體現了濃厚的中國特色。

宋、明以來，有、無範疇又是明確地跟理、氣、心等範疇聯繫起來，並由此深入心性論和修養論。跟有、無範疇緊密聯繫的人生態度，有「入世執著」與「出世超脫」，這裏突出的是「有我之境」和「無我之境」兩種精神境界。而這兩種境界還可綜合表現為一種虛實互補的美學表現和通透澄明的審美情趣。

從修道現象學角度來說，「無」在本體上是相應於「無定性」的無限「場有」本身，在工夫上是「無心無為」的破執工夫，在境界上是「無我無礙」的無限境界。對象之實有是「有」，「有」是認識的對象；而主體之境界是「無」，「無」是修養工夫，一切玄理皆從「無」之工夫境界顯。「有無」滲透在修道過程的所有層面。

在中國武術中，有無範疇跟陰陽範疇類似和互補，同樣被比附和滲入到實際操作各個方面。例如就招式而言，便講「有招對無招」和「無招破有招」，「有形對無形」和「無形破有形」；就訓練而言，則講究「先求開展，後求緊湊」，「從大圈練到小圈再到無圈」和「循規矩而脫規矩，脫規矩而和規矩」；就勁路而言，還講「以有形導無形，以無形入有形」，「舉動全無定向，發勁專主一方」，「說有就有，說無就無」以及「說無就有，說有就無」；就意念而言，更講「有人似無人，無人似有人」，「既要用意識引導動作，而意識本身又要通透澄明」，「勿助勿忘、若有若無、非有非無」；就心理而言，似乎還有個「有意識」和「無意識」的關係問題，一方面它要

把後天有意識的動作訓練內化淡入為無意識的類本能，另一方面又把先天無意識的類本能調動出來外化為受意識支配的功能，如此等等。

這招式的常變、勁路的顯隱、意念的執著超脫、訓練的循規變通等一系列表現上的有形無形、發展上的有限無限、認識上的有名無名、操作上的有待無待、態度上的有為無為、心理上的有我無我、覺解上的有意識無意識……，全都可以納入有無範疇去進行解釋和操作。

就總體來說，中國武術處處都呈現出一種「若有若無」那模糊靈活和微妙玄通的審美情趣和操作技巧。而按滲入武術鍛鍊中的道教內丹術說法：「有」為先天一氣產生，「無」為還虛合道；「無極產生太極，而太極復歸無極」；「順則生人，逆煉修仙」。如此等等。

在中國武術修練者看來，宇宙間其實並沒有西方人所說的那種「存在」與「非存在」的對立和差別，整個宇宙都是顯隱無常那無限存在的連續體，其間找不到什麼絕對「非存在」的真空。人們之所以過分執著於「有」的存在，那是由於「有欲」而不能與「無」相通。要想認識到「無」的存在，那就必須以「無慾」的方式去與「無」相通。這裏的目的，當是由必然找到自由；「有」為「必然」，「無」為「自由」。這裏的有無如果用陰陽作為參照系，那麼「有」為「陽」、「無」為「陰」，二者同源同構、同序同理，為省篇幅，這裏不再展開說明。

由此，就武術太極拳的整個演練過程而言，便極其講究「太極者無極而生」和最後的「復歸無極」，演練和應用的出發點和歸宿點都是陰陽不分的「無極」；而在這過

程當中，則突出陰陽判分那「太極運行」的動靜開合之不斷流變狀態。

就身體狀態說，它十分講究「鬆靜為本」、「虛胸實腹」、「營魄抱一」、「滌除玄覽」的「毫不用力」、「專氣致柔」、「全身透空」，把「虛」、「無」、「空」都統一在「道」上面。

就操作要領來說，它則特別講究「捨己從人」、「引進落空」、「因應自然」、「借力打力」、「後發先至」、「反客為主」的「無執無失」、「無為無敗」、「虛空粉碎」、「微秒玄通」、「通透澄明」、「不落痕跡」，在程序的實施過程中反對設定程序的執著。

就價值取向來說，它又相應地突出「去甚」、「去奢」、「去泰」和「無知」、「無慾」、「無為」，追求「返璞歸真」走向。

這些東西在武術上確獨具特色並帶來常規思維所意想不到的效益。

### 3. 太極拳的陰陽有無

太極拳作為柔性武術的代表，其陰陽相濟的基本特徵，便是突出陰柔面的鬆靜為本、以柔克剛、以靜待動、以逸待勞、以小制大、以退為進、以守為攻、負面著力、因應走化、自然無為。它的陰柔取向，不僅表現在攻防策略和操作方法上，而且還表現在價值取向、人生態度和行為方式上。其過程的基本特徵，則是由「靜極生動」到「動復歸靜」的「動中求靜」。所以，太極拳特別講究「柔靜」。

與此相應，太極拳在「有無相生」和「即有即無」的運動狀態中，更為強調「以虛含實」、「將無為用」的「尚巧不尚力」、「尚勢不尚招」和「無為而無不為」。太極拳雖然十分講究自身「內勁」的增長和「樁功」的沉穩，但在應用上首先卻是要「引進落空」，讓自己「空靈通透」並使敵人「有力不得力」、「有力無處使」和「以其人之道還諸其人之身」的。一方面「引進落空」，另一方面「摸實就打」。在這裏，於己對人的「落實」（有）和於人對己的「落空」（無），恰好是同一問題的兩個不同的方面。

　　王壯弘先生在《武林》雜誌發表文章（2003 年第 1 期，以下幾段均為王先生意見）指出：我們生活在有界，凡事有就是有，沒有就是沒有。而太極拳的境界是見相非相的「有無界」，不是「沒有」和「有」那麼簡單，而是「沒有的有」及「有的沒有」。如不知兩者之間的不同是很難掌握太極拳的。說太極拳屬於「有無界」，是因為太極拳以超越「有界」的思維作指導。我們所熟知的物質世界是「有界」，而「有無界」的思辨方式與「有界」大不相同。太極拳的「根」是「無根之根」，其「方向」是「無向之向」，「中」是「不中之中」，所利用的「能量」是「不用力的能量」等等。

　　「有根即是無根，無根即是有根。」一個平底的茶杯有根，一個圓球無根。如果根的作用是穩定的話，圓球八面圓轉而不倒，所以無根反而比有根般穩定。茶杯的穩定有範圍的限制，超出範圍便如無根般倒下。太極拳捨己從人，根是活根，是「無根之根」。

「有向無向，無向有向。」以打手（推手）而言，如果往一個方向進攻，對方很容易化掉進攻的方向。但如果掌握了「八門五步」進攻時把身體作圓體全面放大，對方因為你不是單一方向，無從走化。全方位是無向的，太極拳採用全方位開合，是「無向之向」。

　　「不中乃中，中乃不中。」中正安舒乃太極拳之「體」，但在用時一定要偏。因為是順地心吸力的，故同時也一定要沉，這叫「偏沉則隨」。設對方從上、下、左、右任何一方向你進攻，試圖破壞你的中心。你一定要順著對方進攻的方向，用負負得正、動態平衡的道理，在不中正求中正。這時你的身體看斜而不正的，實際上是平衡的、中正的，這叫做「斜中正」。如果錯誤地用力頂住對方來力來維持中正，因為中心受力，一定不中正安舒，終至失去中正。

　　「有力者無力，無力者有力（能量）。」太極拳以「不用力」為最有效率的方式調動能量。能量的最大來源是地心吸力，即自身重量及對方的力量和體重。自己用力，就不能很好地借地心吸力和來力，而且容易被對方利用。太極拳全身鬆沉，飽滿開張，不用力就能順利地利用地心吸力（即自重量）。而用力者反而容易被人利用。所以太被拳是「無力打有力」。

　　太極拳這種「有無界」的思辨方式，稱為「太極思維」。是講陰陽的辯證關係，即「陰中有陽，陽中有陰」，「陰不離陽，陽不離陰」，「陰即是陽，陽即是陰」。陰陽是互相依存的，就是說陰陽之間還含有「中」的存在。這個隱而不顯、客觀存在維繫於陰陽之間的

「中」，是「活眼」，是生生不息之「機」。

此外值得一提的是，拳譜中「太極者，無極而生，動靜之機，陰陽之母也」。有人把「動靜之機」一句刪去，則不智之甚。因為此乃是自然界（即萬有世界）化生、對待、流行的三大規律之一。「太極者，無極而生」講的是「無生有」的「化生」道理。「動靜之機，陰陽之母」是講由「化生」而帶來的「流行」和「對待」的道理。一而三、三而一，是不能分割的。譜中「動靜之機」和「陰陽相濟」同樣講的是「中」和流動的道理。即生生滅滅、滅滅生生，生中有滅、滅中有生，有、無、生、滅地流變。如果沒有流變，這個世界也不存在了。

世界是不會凝住的，永遠是動態的。太極講的是陰陽，然有「陰、陽」必有「中」。流行的道理是既不常住於「陰」，又不常住於「陽」，也不常住於「中」，而是「無常」地流行於「陰、陽、中」三者之間。有「無常」才有「常」。同樣地這「陰陽之母」的太極也必須由「動靜之機」來維持。猶如人體內細胞不斷地新陳代謝的「無常」，才能維持我們每個人的「常」。由於每個人生滅、滅生的「無常」，才能維持人類長時期地存在。這就是「陰陽相濟，方為懂勁」的道理。也是本文所提及「無根之根、不中之中、有即無、無即有」的「有無界」的道理一樣，是太極的深層內涵。唯其如此，所以太極拳要做做水、風、氣體，練成流動不居的鬆柔之體。使對方固體之力「觸之即散」，達不到其預期的效果（因為作用力如果沒有反作用力，那麼這個作用力就等於零），反而變為一股「合之即攏」的衝擊流動能量，回饋於自身。所以清代

太極拳名手楊祿禪，除了「楊無敵」、「楊搬攔」之外，更有一個綽號叫「軟十三」（即練八門五步柔拳者）。江湖上稱作「軟十三不敢沾」。就是說一旦沾惹上了就會進無門退無路，動彈不得，任其擺佈了。

以上講的是常和非常，有和無的道理，非常粗淺。學習太極拳的方法應該以悟為主，學者不管從哪一派太極拳入門，都不能以學會拳架為最終目標。必須進一步領悟其內在實質，並有所改進和提高，而對拳術有所貢獻。

太極拳至高深境界是「無為法」。此有故彼有，此無故彼無，你生什麼心，我生什麼法，心滅則法滅，也就是《道德經》中說：「為學日益，為道日損，損之又損，以致於無為。」即「萬法歸於一法，一法歸於無法，無法才是真法」。如按佛家《金剛經》的說法，最後還得加一句：「我說真法，即非真法，是名真法」，由雙重否定，意即「道法自然」，回歸到自然境界中去了。此外哲學上的「無」，不等於絕對的「零」，而是「隱」。是「隱而未顯」的意思，這也是必須明白的。

王先生所說的這些東西，其實也就是那個帶禪佛（「莊禪」）色彩的整個中國文化的特徵。建立在農業和手工業結合的自然經濟基礎上的中國文化，一定意義上是一種「以虛求實」的文化。在這裏，「虛」是手段，「實」是目的；所謂「認認真真做形式、嚴嚴肅肅走過場」，「陽奉陰違、陰奉陽違」，「掛羊頭來賣狗肉、挾天子以令諸侯」，在「虛幌一槍」表面功夫背後，是「如假包換」的個人實惠。這跟「以實求虛」的西方文化形成鮮明的對照。西方人的手段往往是「實」的，目的則往往

是「虛」的；他們透過各種具體的實證分析、試驗探測、邏輯推演，去追求什麼絕對、普遍、純粹、永恆、真理、正義、不朽、上帝等虛無飄渺的東西。

中國式的這種「以虛求實」，往積極方面的發展，可以形成極為高明的個人技巧；但在消極方面的發展，則有可能妨礙社會整合的進行。所以有人比喻說，太極拳作為個人技擊技術，確實相當高明；但在社會工作上，也人人來個「太極推手」，事事都「張網設套」、「引進落空」而讓別人總是「有力不得力」和「有力無處使」，那整個中國便將仍會是「一盤散沙」。

## ■ 人道：性情志趣

任何文化現象和文化活動都不能離開「人」這個主體。太極拳作為一種操作技術，是圍繞人的內外各種需要和滿足而展開和昇華的。其所遵循「天道」的客觀規律，也是要由「人道」的主體規定而體現出來並加以評價的。我們的古人認為：「天道」的陰陽、有無，本於「無極」或「太極」本身的不斷演化，「人道」的性情、志趣，則本於「天命」或「天理」的具體流行；而這「無極」、「太極」跟「天命」、「天理」，在實質上又是同一個問題的兩個方面。性情志趣是融入人類生命體內那「天理」的自然表現。

在實際生活中，人們一方面基於「無極」、「太極」的「理一分殊」而「格物致知」，使精神「內向運動」來把握普遍性的「天理」；而另一方面則又基於「氣化萬物」而「身體力行」，讓精神「外向運動」去「踐履篤

行」實施內在的道德律令。這也是一種「雙向的運動」；但它跟西方人所說「在改造客觀世界的同時改造主觀世界」的「雙向運動」，儘管精神相通但意味又剛好相反。

中國式的「雙向運動」是「先內後外」，而西方式的「雙向運動」卻是「先外後內」。為把握武術文化的本質特徵，本節由此便回到跟客觀規律「天道」相應的「人道」範疇，引入「目的意義」的價值坐標，簡要探討「人道」關於性情志趣的若干歷史規定，亦即探討人類生命意義的社會表現問題。

## 1. 關於性情

中國文化中性情兩字，主要是用以描述人的稟性和氣質。《易‧乾》：「利貞者，性情也。」孔穎達疏：「性者，天生之質，正而不邪；情者，性之慾也。」漢字中的性情均從豎心旁，主要是用以標誌人的本質（或本性）、人的情感及其關係的一對心性論亦即人生論範疇。這裏所謂的「性」，字義上「從心從生」，是指「生而具於心者」或「心之所生者」，哲學上用以表示人的本性或本質，說明人區別於動物的質的規定，因而同時是一個內在的價值範疇；而這裏所謂的「情」，則是指人的情感，亦即所謂「喜怒哀樂之謂情」。「情為心之動」，它是人的本性與外物相接而表現出來的惻隱、羞惡、是非、辭讓和喜、怒、哀、樂、懼、愛、惡、欲等多種情感反應，是人的價值取向之外部表現。

中國文化探討問題的視角，偏於主體性的「情」而不是對象化的「理」。由此對於性情的研究，歷來便是中國

哲學探討的重要理論問題；它反映了主體對於「自身本性」的研究，標誌著「人之所以為人」的自覺。《易傳·繫辭上》云：「一陰一陽之謂道。繼之者，善也；成之者，性也。」陰陽之道自然變化所成的叫做「性」，而「性」則是「物」的根本，在這裏即是「人之所以為人」的理由。《中庸》曰：「天命之謂性」，這就是說「性」是自然「天生的」，它是人的生活之根本。

我們知道，中國古代哲學家往往認為，人生哲學的準則，就是自然本體的法則；而自然本體的根本原理，同時也就是人生哲學的根本原理。就這樣，自然與人生分而不分，不分而分，緊密地聯繫在一起。由此性情範疇也就跟陰陽、有無、動靜、本末、體用等範疇具有相同的結構。我們的古人大多認為「性偏剛而情偏柔，性無形而情有形，性趨靜而情趨動，性為本而情為末」。這就是說，他們一般傾向於把性理解為人的心理本能，把情理解為人性的動態表現。

在中國文化範疇系統中，性情範疇具有多方面的含義。據學者們的考證，大約有下述五個方面的意思：1.指人性與情感；2.指人的本質與情感活動；3.指道德本體與道德本體的作用和表現；4.指道德理性與感性情感；5.指成佛的佛性與有情無情的人或物。

在中國文化中，「性」與「情」作為單一概念，出現較早。《尚書·召誥》記載：「節性，惟日其邁」，提出要改變或節制殷人驕淫的習性，使日進與善。《尚書·康誥》記載：「天畏棐忱，民情大可見。」這是把人民的情緒或情感作為「天」是否誠心輔助的尺度。告子云：「生

之謂性」，又云「食色性也」，這是從自然資質本能的「生性」處立論。而孔子那「性相近、習相遠」之論，則是從社會環境造就的「習性」處展開。由此涉及人先天的本性與後天的習染的關係，可惜並沒有展開論證。

把「性」與「情」作為相對概念並提，最早是在《管子》書中出現的。自此以後，先秦諸子均有論列，但往往囿於性之善惡屬性，對性與情本身規定缺乏深入的研究。道家由此還另闢蹊徑，乾脆否定人的情感、慾望和道德理性、禮法等一切束縛，追求絕對精神自由。他們所說的「無情」，就是想由不動感情，一切因循自然、不加作為、不求得失，並由此達到「天地與我並生、萬物與我齊一」境界。他們認為這才是一種「真性情」。荀子則總結先秦諸子學說，對性與情從自己的立場去加以規定。他認為，「凡性者，天之就也」，是自然生成的。「不事而自然謂之性」；而情則是性的表現，「性之好惡喜怒哀樂謂之情」。所以，「性者天之就也，情者性之質也」，二者緊密相連。

漢魏以來，性情之辯有了比較大的發展，特別是其中「越名教而任自然」和「自然養生說」，對中國文化環境下那人的個性解放探索，有著相當重大意義。與此同時，還有佛教的「佛性」理論影響，「不以生累其神，不以情累其性」，提出要用「戒、定、慧」去克服「貪、嗔、痴」和破除「一切煩惱」，並由此由「漸悟」或「頓悟」而得到解脫，「證得無上菩提妙覺」。

隋唐以降，韓愈、李翱提出「道統」問題，並由此論述性情之分，指出「性也者，與生俱生也；情也者，接於

物而生也。」於此開了宋元理學性情理論的先河。在宋元理學中，雖然不同人物的具體傾向並不一致，但總的都由「心統性情」和「性體情用」之說，利用本末、體用、動靜和已發、未發等範疇，對性情問題作出過細的分析，並使之上升到本體論的位置。明代陸王心學，否定了程朱理學從「形而上道德理性之性，發為形而下道德感情活動」的形上與形下的對待，把外在的道德理性轉化為人心主體內在的道德意識、道德感情，又把自我主體道德意識擴充為宇宙本體的心或良知，使作為性的仁義禮智回到喜怒哀樂之情的自然人性之中，由此孕育了近代某種「跟著感覺走」的思想解放運動。而這些心性修養考慮，又統統被道教吸收進「性命雙修」的「內丹」修練實踐當中，並逐步滲入武術的實踐裏面。

武術文化中的性情範疇，反映了武人的內在人性自覺以及相應的外顯行為表現。它同時具有對主流文化認同順應和改造超越雙重性質，並集中地體現為「率性仁勇」、「盡性立命」的人生境界。

這裏所說的「率性」，突出了「順天循性」的自然生命和「事在人為」的執著追求兩個方面的對立統一。其主要內涵，一是認識自我、徹見真性，二是適性任情、瀟灑自信，三是因應隨變、無為而無不為。由此中國武人大多追求率性而行、任氣不羈、亮直無偽、棱角分明、當行則行、無所規避、寧折不彎、決不苟且，處處流露出崢崢傲骨，絕不隨波逐流的主體性生命本真和生命意志。這裏所說的「仁勇」，突出了「無私無畏」的理想人格和「捨己為人」的奉獻精神。其主要內涵，一是扶危濟困、見義勇

為，二是重氣輕死、仁者必勇，三是天命在我、普度眾生。由此中國武人大多講究急公好義、疾惡如仇、路見不平、拔刀相助、不畏強暴、不避艱險、信守諾言、知恩圖報、殺身成仁、捨生取義，時時處處表現著剛正不阿、寧折不屈、頂天立地的英雄氣概和人格精神。

由於義字在胸、無私無畏、仁者必勇、出自本真，自當能勘破生死、敢於赴難、立心高明、俯視一切。對於武人的這些性情特點，我們可以從其追求的心理素質、精神品格、和人生境界三個層面去進一步加以分析。

## 2. 關於志趣

如果說性情範疇是就人性的內外基本關係來提問題的話，志趣範疇則是就人性的具體社會走向表現來提問題的，屬於人的思想感情及相應的外部表現，其「主體性」和「操作性」都明顯加強。

唐‧孔穎達《春秋左傳正義》曰：「在己為情，情動為志，情、志一也。」所以，志趣當是性情個體化的社會性展開，有點接近現代人理解的理想人格和行為方式概念。我們的古人認為，志為「心之所之」，趣為「意之所向」，都是指人心在「外感於物」後，精神上趨向於一個較為恆定的、具有正面價值的目標的心理過程。

跟西方式意志、興趣範疇比較，這中國式的志趣概念似乎內在地包含了更多的社會價值和個性傾向的規定，但其表現又在一定程度上揚棄和超越了這些社會價值和個性傾向的具體內容，頗為接近於指「作為人與生俱來的心靈能力」，因而較意志和興趣的社會心理內容顯得更為根

本，並由於它是大自然「生生不息」的必然性在人類身上的體現而跟「天道」相通。

據聞一多先生的考證，志的基本意義有三個層面：「一、記憶，二、記錄，三、懷抱」。這三層含義的最後落腳點，都集中為心理意向。考古代用法，所謂「志」除了一般意義上的「心之所之」、「心之所期」以外，還有「天之所授」、「性所自含」、「道的體現」、「人心之主」等多方面含義；內涵偏於認識論和倫理學。

孔穎達《毛詩正義》云：「詩者，人志意之所適也。雖有所適，猶未發口，蘊藏在心，謂之為志」，強調心「感物而動」後，卻尚未發表而暫「蘊藏在心」的意念情懷。《荀子·解蔽篇》也云：「人生有知，知而有志，志也者，臧也。」臧，即藏。這裏說的都是記憶。後面所說的記錄和懷抱，均由此引申而來。「發見於言，乃名為詩」；把「記憶」下來的心理意向「記錄」為言，發表出來於是也就成了「詩」。而在這背後「藏於心而動並欲有所適者」，也就是「懷抱」。孔子云：「盍各言爾志」，就是問弟子們的懷抱如何。他自述其志是「老者安之，朋友信之，少者懷之。」表述了儒家的人倫理想懷抱。由此可見，志乃感物體道而生，為人心顯現性體本然的指向性，是一定社會實踐的精神產物。

至於所謂「趣」者，則為「趣者趨也」，有思想情感方面的趨向、意向、意味、興味、趣味和取捨、快速等方面含義，主要表達某種心情上「定向而疾行以赴之」的意思；內涵偏於美學和藝術。它著重指一種「快意於心」和「賞心悅情」的人生情味、「異乎尋常」和「反常合道」

的美感興奮、「自得自娛」和「陶然欣然」的精神旨向，表現出「一片生氣」和「高度靈機」的生命情調或格調。這是人生主體在一定情境中自然感到的特殊美感，審美主體由此可以發現奇巧之趣、創造怡樂之趣、品嚐獨特趣味。它表現了人類精神生活的一種追求對生命之樂的一種感知，是人類審美感覺上的一種自足。「趣」之不同於一般的情意，在於它往往指的是對於人生自然的一種由衷喜愛，表現為一種快意於心的歡欣之情和陶然之美。

自宋明以來我國學者的心理分析中，人們一般認為心的根本是良知本能之「性」，感於外物而生自我之「情」，情的群體意識導向是「志」，情的審美表現是「趣」，而情的個體放縱則是「慾」。但與此對照的西方精神分析理論，卻以個體慾望本能為「本我」，認為「自我」在「本我」與「超我」的雙重擠壓下感到痛苦；而中國思維則以「心性」為本，「情」為心性的正常表現，「慾」乃自我之情中不合本性者，因而要由修身節慾、開啟良知而自覺完善道德。

縱觀我國古代思想史，「志」在《周易》中似初具哲學意味；在《論語》中已是哲學概念；在《孟子》中則提升到範疇地位；與之對照，莊子學派從另一視角同樣賦予它很高的理論意義。

這個範疇經過一個時期的被冷落後，在柳宗元的哲學著作中又莊嚴地復出，其後又經張載、二程等的一再推重，至王夫之時則融合了儒、道、釋有關觀點加以全面闡發，「志」已經成了一個比較完整的和極為重要的哲學範疇。至於「趣」則出現較晚，而且大多用在藝術論上，接

近「美學風格」的含義。

　　近代以來，情趣連用，用以標示心理學上人的個性傾向的外部表現。一般地說來，中國文化所說的志偏剛、偏隱而趣偏柔、偏顯，由此形成互補。

　　就操作實踐的角度來說，中國式志趣走向和表現可以用孔子所說的「志於道」和「游於藝」來概括。如前所述，中國武林人士的性情志趣，集中表現為「誠於中而形於外」的「俠性」或「俠氣」的大展開。它凝聚了武人個體的智慧力量、道德力量和意志力量的基本走向，特別是高揚了武人意志力量中的獨立性、果毅性、堅定性和自制性一面，講究急公好義、剛正不阿和堅持原則、忠於承諾以及「該出手時就出手」的社會責任。

　　當然，我們歷史上那賴力仗義、任志忘情的「俠性」人格頗為複雜。其性質夾雜著崇高、偉大、壯烈和悍頑、蠻霸、無賴而確難以一言概之；其行為爽朗、放達以至流於任性、乖張並直接訴諸人的感情，似乎有著較多的非理性成分。對統治階級來說，這種「天馬行空」般的孤傲靈魂，是瓦解傳統秩序的「不穩定因素」；特別是在其「神性」喪失後，還往往會流氓化為「作弊意識」和「痞子精神」，這更不為現代社會所取；但在一個發展緩慢的世俗社會中，它背後那「不安於現狀」的「人的自由全面發展」深刻內容，卻激勵了並激勵著一代又一代的中國人。

　　俠性人格中自尊、自愛、自立、自主、自制、自強的深刻信念和意志力量，還有重人格之平等、尚精神的自由、因無私而無畏、因無求而圓足、愛人甚於愛己、並捨己來為人的立身處世精神，在人的發展問題上始終具有正

面價值和啟發意義。

### 3. 太極拳的性情志趣

武術太極拳的性情特徵，則是文武相兼、剛柔並濟的。它屏棄了一般武人那粗獷簡單、張揚暴戾、任性霸蠻、桀驁不遜，但卻又比較集中地發揮了武林德性「江湖散仙」般率性任情、因應萬物、瀟灑放達、逍遙自得那精神自由的方面，並不缺乏文人精細周密、敏銳多知、樂天安命、文采風流的因素。它似乎更多地反映了有知識的隱士階層擺脫現實束縛那物我為一、縱心自然、瀟灑倜儻、閒情逸志背後的不懈追求，表現出某種淡泊明志、寧靜致遠、擇善而從、返璞歸真的「求道」風格。這是人在超越自然侷限、社會壓迫和精神束縛後，能如海得格爾所說的「詩意地棲居於大地之上」狀態。基於「以弱對強」的技擊前提設定，太極拳還發展了虛己待物、捨己從人、外圓內方、智圓行方的人格特徵和行為方式。這是在不可抗拒的強大壓力下鍛鍊出來的一種頑強的樂觀主義情緒和不屈的韌性戰鬥精神，是維持我們民族世代生息的精神力量和生命智慧。

至於太極拳的志趣，則是在俠性人格道德力量和意志力量的基礎上，突出其大化流行中瀟灑自然的智慧力量；強調弱者在強敵面前不亢不卑、悠然自得、因應變化、隨機就勢的無窮智慧、訓練過程中精益求精的不斷追求、日常生活中生生不已的柔韌意志和待人接物中悠然自得的審美情趣；表現出一方面「無心無意」、「無拘無束」、「無慾無求」，另一方面又「左右逢源」、「得心應

手」、「從心所欲」的辯證統一；體現了某種「出乎意料之外」，「又在情理之中」那「師心造化」、「巧奪天工」的自然奇巧妙趣。

總起來說，太極拳的性情志趣帶上相當濃厚的道家「真人」特徵，表現出「體道者」那「天地與我並生而萬物與我為一」並能「獨與天地精神往來」的生命體悟境界。太極拳演練和應用過程中，以人入天、物我兩忘、因應萬物、隨機就勢，在精神上努力打破時空界限、物我界限、主客界限、天人界限，不為情憂、不為物移、遠害全身、與道同體。在這種境界和狀態中，彷彿物的生命即是我的生命，我的生命即是物的生命，人、社會、自然、宇宙全部渾然融為一體，用美學家朱光潛先生的話來說：「我沒入大自然，大自然也沒入我，我和大自然打成一片，在一塊發展，在一塊震顫。」這是一種美的藝術的「入神」、「入迷」的境界，一種徹底地逍遙、無限地自在的境界，一種「神與物游」的境界。它強調要不斷提升人的生命境界，並由高度的生命體驗去克服人與人、人與社會、人與自然的異化，以實現人與人、人與社會、人與自然全方位和諧。由此生命在此在境域中充分保有其自身的輝光，隨著是非毀譽、物累心魔的統統解除，生命即能實現其本身之自然的生存價值。

這裏值得特別指出的還有：太極拳作為一種修心、養性、悟道、怡情的操作技術，不僅考慮到人跟「外環境」的協調，而且還考慮到人跟「內環境」的協調，考慮到這內外環境相互間的關係，以及各種情況下不同人物之間的個體差異。這長期修持訓練陶冶出來的性情志趣，不但具

有心理依據，而且還有生理依據。

它根據中醫關於「腎藏精、精含志」的情志理論，把「志」與「精」、「腎」聯繫在一起，注意到人的心理活動跟生理活動的密切對應關係，把力量的柔韌跟性格的柔韌統一起來，由一系列「心靜用意」和「性命雙修」的技術方式去「養志」和「得趣」。

它那虛靜狀態下「大清明」的體驗和功效，並非是什麼「唯心主義」的子虛烏有，而是一種去掉遮蔽的「澄明之境」。它那虛靈頂勁、腳踩湧泉以象天法地、順情遂志，虛胸實腹、沉氣提神使心腎相交、水火交泰，充實命門、提肛落胯來溫煦兩腎、養氣保精的技術操作經驗，看來就很值得我們進一步加以深入思考和探究。

據醫療體育的有關研究表明，太極拳習練有素的人，大多是胸懷坦蕩，遇事能寬容自處，積極對待，樂觀進取。他們心境平和，不易受「喜、怒、哀、樂、憂、思、恐」等「七情」的影響而干擾健康。

有人擔心，「太極拳式」那物來順應、捨己從人、沾黏連隨、不丟不頂、隨機就勢、超然物外方式，在理論上是否會把人引導到不講原則、放棄操守、順從本能，由此只能適應環境而不能改造世界。從歷史上說，中國文化對人的要求確是要做個「頂天立地」的正直人；但現在問題在於傳統制度對人的塑造，卻又只能是做個「委曲求全」的圓滑人，否則在社會上根本混不下去。所謂「智圓行方」、「外圓內方」的說法，一定意義上恐怕只不過是一種阿 Q 式無力的自我辯解而已。過分強調「太極拳式」那對環境的適應而不突出對世界的改造，是否會把人的精

神降低到動物心理的水準。

我們以為，這一類的擔心看來是把手段跟目的搞混淆了。作為技擊技術的太極拳首先是用來防身禦敵、制人取勝的。從人格表現的角度來說，它首先要維持和發展自我。適應環境是改造世界的前提，而任何改造在事實上又都只能是雙向的改造。

自由是把握了的必然，承認現實、尊重他人、服從規律、約束自我，當是提高精神修養和發展自己的必要條件。而某種社會制度安排所帶來的種種弊端，似乎也不應該由該社會中老百姓的「體育活動」去負責。

### 三 造化：神妙萬物

太極拳中，作為陰陽有無和性情志趣中介環節和綜合表現的是「神」。這是人類實踐過程中客觀規律主體化和人的本質力量對象化的結果。它神妙萬物，一方面在功利的層面上體現了人類活動假借外物的創造特性，另一方面在超越的層面上又體現了人類文化的自由精神；在「人的自然化」和「自然的人化」雙向建構過程中，體現出一種「審美式」的人生態度。對「神」的追求是中國人自我主宰的追求。

### 1. 中國文化中的「神」

中國文化中的「神」是個多義的模糊概念，涉及有機體的「生命」、自然界的「神妙」、宗教界的「神靈」以及思想界的「精神」和文化學上的「意義」，包含有「天道」和「人道」兩個方面頗為廣泛的多種含義，而其核心

則當含有「大化流行」中「契合目的」那「主宰機理」和「微妙狀態」的意思。

《說文解字》云:「神,天神引出萬物者也,從示申。」徐灝箋曰:「天地生萬物,物有主之者曰神。」《周禮·春官·大司樂》曰:「以祀天神。」註:「謂五帝及日月星辰也。」《祭法》曰:「山林川谷丘陵能出雲為風雨見怪物,皆曰神。」《說苑·修文篇》曰:「神者,天地之本,而為萬物之始也。」這都是從「造物之主宰」角度提問題的。據考證,「神」作為單一範疇,在金文中已多見。田倩君認為:「神,從示申。申,電也。電,變化莫測,故稱之曰神,神之示旁亦為周時所加。電字周以前無示旁,祇作申,此乃申、電、神三位一體之證明。」大約我們的先人看到雷電之天象,然後感悟到它有支配天地萬物的作用,於是把它作為自己膜拜的象徵,因而加「示」用以表示神,這樣便有了「天神」的意思(古希臘的「宙斯」神,也是狂風雷電的化身)。

後來這天地萬物的「主宰」被引入人體的內部,用以指稱人那「一身主宰」的「靈魂」。屈原《九歌·國殤》云:「身既死兮神以靈,子魂魄兮為鬼雄。」即此之謂也。戰國時期,這個意思又被進一步引申為跟人身體軀殼相對的精神意識,出現了相當深入的「形神之辨」,由此「神」又成了跟「形」相對應的範疇。《荀子·天論》有云:「天職既立,天功既成,形具而神生。」即此之謂也。

我們的先人還認為,這個人體內「神」的本質是「精」即「精微之氣」的運行;所以往往「精」「神」連

用，來描述跟形體對應的心理世界。它既可指人類個體的主觀精神氣質和身體情志表現，也可指超越個體的群體精神和更為廣泛的客觀「天地之理」。

據中國哲學「元氣論」的觀點，無論天地主宰的「天神」，還是人身主宰的「精神」，又都可以看作是宇宙間「一氣流行」的某種狀態或作用。於是人們又用「神」去描述這流行中某種「陰陽不測」、「微妙玄通」、「迅速靈妙」和「無形無跡」的變化。《易傳‧繫辭上》有云：「陰陽不測之謂神。」又云：「神無方而易無體。」《易傳‧說卦》云：「神也者，妙萬物而為言者也。」這也就是說，「神」表示陰陽變化本身的「不測」，又表示這種變化方式的「妙」。

那麼，什麼是「不測」，什麼是「妙」呢？《易傳‧繫辭下》云：「易之為書也不可遠，為道也屢遷，變動不居，周流六虛，上下無常，剛柔相易，不可為典要，唯變所適。」這裏所說的「不測」，亦即「不可為典要，唯變所適」，表示無法預測和難以把握那變化的極端複雜狀況。「妙」，王肅本作「眇」，妙眇古通，即細微或看不見之意。

晉代經學家韓康伯《繫辭注》云：「神也者，變化之極，妙萬物而為言，不可以形詰者也。故曰陰陽不測。嘗試論之曰：原夫兩儀之運，萬物之動，豈有使之然哉？莫不獨化與太虛，爾而自造矣。」韓氏以「變化之極」來解釋「神」，後來又強調「神則無物」，應是有道理的。在這裏，「神」被用來描述客觀變化的細微性、複雜性、多樣性、巧妙性和相應的無法預測性、難以捉摸性、不可思

議性、難以言說性；強調「神」是一種「無物」的玄妙難窮之事理，亦即「大化流行」那「自然沖虛」之道。《莊子·知北遊》曰：「道不可聞，聞而非也；道不可見，見而非也；道不可言，言而非也。」強調「道」那不可捉摸和難以言說的本性。

周敦頤《通書·順化》曰：「天以陽生萬物，以陰成萬物。……大順大化，不見其跡，莫知其然之謂神。」《通書·動靜》曰：「動而無靜，靜而無動，物也。動而無動，靜而無靜，神也。」點出「神」是陰陽動靜的交感變化。朱熹《太極圖說解》明確地說：「上天之載，無聲無臭，而實造化之樞紐，品彙之根柢也。」這裏所謂「上天之載」，亦即作為「天道」的「神」，其狀為「無聲無臭」的，它的功能，則實為「造化之樞紐，品彙之根柢」也。

根據「萬物一體」、「天人合一」的原則，孟子把「聖而不可知之」者也稱之為「神」。由此進一步泛化，人們逐步把才智技能之高妙超絕者也稱之為「神」。在這裏，關鍵便是主客交融那「以天合天」、「窮神知化」和「物物而不物於物」的「化境」。

《易傳·繫辭下》曰：「精義入神，以致用也；利用安身，以崇德也，過此以往，未知或知也。窮神知化，德之盛也。」這裏所謂的「入神」、「窮神」，有由「物我一體」、「主客交融」地去儘量參悟體味天地萬物微妙變化之意，其落腳點，是「致用」、「安身」、「崇德」。在實用理性的作用下，「神」顯然被中國人操作化、實用化和功利化了。

## 2. 太極拳「用神」的三個層面

跟宇宙間「陰陽不測」的大化流行相應，太極拳作為一種主體操作技術「神妙萬物」的「用神」，主要體現在「用意不用力」的意識體操、「俱與物化」的操作技巧、「神與物游」的審美情趣三大層面上。

如前所述，就基礎的層面來說，太極拳是種「用意不用力」的意識體操，強調由「意識指導動作」的身心活動去改善先天的氣質和體質。跟傳統氣功一樣，它突出了由心神意念的活動去協調「氣機」，並由此達到自身平衡陰陽、防治疾病、增強活力、提高技術的目的。它那「煉精化氣、煉氣化神、煉神還虛、以虛入道」的修持鍛鍊，描述了人類個體從生理到心理逐步成熟，並由此可以把握規律獲得自由的個體發展過程。

這是操作技巧藉以實現的主體基礎。這個層面的情況，我們在前面關於「一氣流行」的說明中已經有所論述，後面還將在關於「意念」的說明中進一步展開，這裏就不多說了。

就實用的層面來說，太極拳是種「熟能生巧」並能「俱與物化」的操作技巧，在「依自不依他」和「順人而不失己」的前提下，突出由「捨己從人」、「因應萬物」而「致人而不至於人」，並由此達到「得心應手」和「從心所欲」的技藝「化境」。

它那種技擊上逆來順受、因應情勢的、沾黏連隨、不丟不頂的「走化」技術，對敵手實施「張網設套」、「引進落空」、「借力打力」、「後發先至」和「牽動四兩撥

千斤」的「以其人之道還諸其人之身」；這一方面可以「化」去敵勢而讓其陷入困境，另一方面又「先禮後兵」地保持自身道義上的優勢；透過「知機」、「用反」和「歸真」，體現了「無跡之跡」的藝術之道和「無價之價」的文化之道。它那「捨己從人」的「無我」消極態度，恰好是技術主體積極能動性的鮮明表現。

這種情形，可以理解為主體與客體相互作用中所達到的一種「符合主體目標」的理想狀態。其基本特點有如《莊子·養生主》描述的「庖丁解牛」：「手之所觸，肩之所倚，足之所履，膝之所倚，砉然響然，奏刀騞然，莫不中音，合於桑林之舞，乃中經首之會。」這裏關鍵在於：「依乎天理」、「因其固然」，依照牛體自然的生理結構，劈擊肌肉骨骼間大的縫隙，把刀導向那些骨節間大的空處，順著牛體的天然結構去解剖，從不曾碰撞過經絡結聚的部位和骨肉緊密連接的地方，「以無厚入有間，恢恢乎其於遊刃必有餘地矣。」所以普通廚師一個月換一把刀，優秀廚師一年換一把刀；但庖丁的刀已用了十九年，宰殺牛牲上千頭，而刀刃鋒利得就像剛從磨刀石上磨過一樣。與此類似的例子，還有《莊子·達生篇》描述的「佝僂者承蜩猶掇」、「津人操舟若神」、「梓慶削木為鐻」、「工倕旋而蓋規矩」和《莊子·徐無鬼》描述的「匠石運斤成風」等等，其基本精神在於：「用志不分乃凝於神」、「善游者數能忘水」、「靜心忘體見然後加手」、「指與物化而不以心稽」和「不失其質」，強調因於個人天性的「任志忘情」、順應物理自然的「指與物化」以及有相應的環境對象與之匹對。

這是特定條件下一種技術上高度熟練後所形成的技藝自組織和自動化狀態，它高度專注、齋以靜心、超然物外、以天合天，其結果不但讓人感到操作上妙不可言和不可思議的出神入化和巧奪天工，而且還讓人在心理上感到躊躇滿志和心靈歡快的自我超越和精神自由。

　　就超越的層面來說，太極拳還體現了「神與物游」的審美情趣。太極拳演練的高級階段，所有動作都是意動神隨、從心所欲、出神入化、巧奪天工，身體能在嚴格規範化和程序化的既定形式中獲得「隨心所欲」的高度自由。

　　其在行功走架和推手應對過程中，操拳者以心行氣、由形入神，緣心感物、立象盡意、以人合天，適性任情、從觀到悟、反歸本真；體現了「天道」和「人道」高度契合條件下那種個體人格自由發揮的美感和快感，並且在有限的形象中暗示出不可窮盡的「象外之象」和「景外之景」。它一方面是人的自然化，但另一方面又是自然的人化。這是一種使人「超然物外」並把握永恆的「游心」養氣方式，既「不為物役」又「與物為春」；它雖然只是不離軀體的簡單舉手投足，但其「心」卻可以「思接萬載」地游於「六合之外」和「千古之上」，「獨與天地精神往來」，只要「持心御氣，明正精一，游於內而不滯於內，應於外而不逐於外」，就會達到「蕨乎於天地一」的極高的審美境界。

　　太極拳練到了一定功夫，生理上的快感和精神上的享受合而為一，既養生行氣，又修性怡情，審美的主客體重疊，其運動之美不但為旁觀者領略，而且還更深地為自身所感受。而它那招式動作和相應的意氣神韻，則成了標示

中華民族精神的獨特人體文化符號。

### 3. 灑脫逍遙

　　太極拳哲學層面上的「神」，其文化主題是透過必然並超越現實的追求自由，明顯地體現出東方式自由的風韻品味，這就是灑脫逍遙。中國人的「逍遙」與西方人的「自由」高度相關、深度相通，但其特色、內涵又完全不同，對此我們可以先在理念上比較一下：

　　人是精神與物質的雙重存在物。自由與必然的關係是人類存在的「本原性結構」，它與人類俱生，並構成人類存在和發展的張力場。人的存在，是一種獨特的存在。他既超出了自然界而又沒有脫離自然界，既指向理想世界而又未達於理想世界。人類活動就是要把自然界改造成為適合於人的目的之理想世界。這是一個永不停頓、永無止境的從「自在」到「自為」（這裏是借用黑格爾的概念，用以表達從存在到本質、從自發到自覺的演化，由此區別於佛、道所謂「得大自在」的那個「自在」）的歷史過程。因而人類便既同普通自然存在物一樣受制約於自然必然性，又不能不受作為理想世界之存在規律的自由的支配。由此自然必然性與自由便共同構成了人類世界的存在規律，這二者的關係就構成了人類存在的本原性結構。

　　據西方理論家們的說法，這個人類存在的本原性結構的最抽象表達，便是哲學上所謂的「思維與存在的關係問題」。自由得以可能的終極根由是人類的精神活動，自由抽象之極即可歸結為思維；而與自由對立的必然性抽象至極則可歸結為思維之外的存在。

這個結構普遍地存在於整個人類社會和人類歷史之中，但在不同的社會形態和不同的歷史階段中，其表現特徵又並不一致，並在不同的哲學家中形成了不同的自我意識。一般地說來，較多地處於商品經濟和公民社會條件下的西方人，生活比較複雜而且多變，因而眼界也較為開闊，勇於自立，常側重於向外探求，以發現世界和改造世界為獲取自由的手段；而長期置身於農業自然經濟和宗法專制環境中的東方人，則生活較為單純，生活節奏緩慢、神思專一，耽於反省，常側重於向內探求，以執守自我、完善自我為達到自由的門徑。

前者要努力改變客體以滿足主體的需要，後者則調節自身以適應外在的環境，二者所追求的自由之內涵其實並不等同。當然，這只是就其基本傾向而言，不能予以絕對化。由於主、客體總是處在對立統一之中，因而雙方總有「不可分割」的互相影響和互相適應。由此無論東西方的自由理念，也就不得不同時涉及主客體及其雙方的關係。

先看西方：西方式的自由觀念是在主客對恃結構的前提下，沿著人的對象化活動衝破內外各種束縛，以開拓新的可能性空間為方向展開的；它更多偏於社會歷史領域。他們對自由本質的理解，是突破束縛的「解放」，由此還進一步引申到自願、自覺、自主的選擇行為。天人判分和主客對立的思維模式，使西方人一開始就關注到自由的反面是強制和奴役，而真正的自由則是在跟強制和奴役的鬥爭中發展出來的。早在希臘神話中，西方人就表現出對「命運」強制的深刻感受和思考，表現出跟「命運」永恆衝突和搏鬥的不屈精神。後來，泰勒斯關於「水是萬物始

基」的思想，開始了從理論思維上探索那不依人的意志為轉移的自然規律性和統一性。赫拉克利特曾經明確地指出：「命運就是必然性」；世界的本質是「邏各斯」，亦即必然性和規律性。在另一方面，智者派的普羅泰戈拉提出了「人為萬物的尺度」，把人放在世界的中心，將哲學的注意力引向人這個認識的行動的主體。在這個基礎上，亞里士多德提出「人本自由」的問題。自此自由問題的討論日趨重要。

中世紀哲學以人如何得救為根本問題。但在這天生宿命的信仰背後，則仍居然活躍著個體獨立、意志自由和選擇自願等東西。近代以來這個從「命運」中提升出來的「自由」問題，又從本體論轉向認識論。自培根到黑格爾，都對自由與必然的關係進行過深入的研究。與此同時，自由的研究還進入社會歷史領域，討論社會政治自由問題。而現、當代西方關於「自由」問題的思潮，則大多帶非理性主義、極端主義和悲觀主義的傾向，反映了「自由」另一方面的問題。

在西方人的觀念裏，人們的靈肉被看作是分離的，靈魂高貴而肉體卑賤。就一定意義上說，自由當是一種精神救贖。這也是主客體對立關係在個體人身上的表現。如前所述，西方哲學研究的基本問題，就是思維對於存在或曰精神對於物質的關係問題。這是人類活動自由與必然關係的最抽象的表達。人是一種雙重的存在物：一方面是精神的存在，另一方面又是肉體的存在。人的精神可以思接萬載、窮極八荒，但人的肉體卻不得不受各種客觀必然性的限制、其活動範圍極為有限。所以他們認為對於思維與存

在關係問題的解決，是解決自由與必然關係問題的理論前提。西方哲學對於自由的具體觀點雖然很不一致，什麼宿命論、機械論、目的論、意志論、自由論等等，確實是五花八門。但其共同的東西，都是在自由與必然的深刻對立中去尋求自由，熱衷於「自由意志」和「自由選擇」，強調人的主體能動作用。

馬克思主義在實踐的基礎上，由歷史的發展去解決自由與必然的對立，但其前提則仍然是自由與必然的矛盾差異和深刻對立，其追求目標則是人類解放的自由發展。這可見西方哲學中那個別無選擇的僵硬必然性的對面，始終站立著個體獨立的頑強自由意志。這種自由意志在積極方面的發展，可以促使人們懷疑現實、批判現狀、反對既定秩序和突破現存關係，帶來社會和個人的長足發展和真正的進步。但其在消極方面的發展，又極易導致主觀主義和急功近利，並由此而陷入人跟自然、人跟社會和人跟自我的「二律背反」異化狀態。

中國哲學同樣具有從整體上把握自由和必然關係的「本原性結構」，認為人生天地之間而立地頂天並與天地參。一般說來，人的腳下是人所源出的「大地」即自然界，而人類頭上所仰望的「天空」即人所嚮往的理想世界。前者是個必然王國，後者則是個自由王國。處於二者之間的人類社會，則是必然與自由交互作用的世界，人的活動就是在這兩級的張力中前進。但中國人解決必然與自由矛盾的方式，卻是從萬物一體和天人合一的思維模式出發，特別講究應然和實然合一的「天道自然」，認為世間其實並沒有什麼自由與必然的深刻對立。由此它並不執著

所謂什麼宇宙間的萬事萬物都是按照某種神的前定或基於某些本原基因展開而成，更不覺得宇宙間果真有什麼盲目的力量可以強迫宇宙作機械式運轉，故大多傾向於非決定的偶然論。所謂「禍福無門、唯人自招」，又謂「我命在我不在天」。

中國人心目中的命運，並不是什麼別無選擇的不可改變之宿命，而是一個可以透過天人感應、積德修行來加以利用和化解的機會。中國人心目中的人，是身心合一、體用一如的。所謂意到氣到、得心應手、心靈手巧、心想事成；精神和肉體、目的和手段、動機和效果、前提和結局，這一切本來就是一致的。人們沒有必要對其妄加區別，由此中國哲學並無西方式唯物、唯心一類明確的說法（當然這並不等於沒有這個方面的問題）。他們對人在宇宙內是否自由的問題，差不多都是傾向於「自由」論的。所以從孔夫子一直到孫中山，都覺得中國問題不在於「自由太少」，而在於「自由太多」。

這是一種大大地區別於西方人的獨特自由觀。中國的古人們認為，人能「自順其性、自遂其志」本是個既成事實而不是要求對象，因而完全是不成問題的；其著眼點則是在於既定關係而不在於主體狀態。

他們覺得，自由首先是個「順應」問題而不是什麼「選擇」問題。因而在心理上極為重視「自覺」而並不那麼重視「自願」，於是特別講究所謂「物來順應、捨己從人」和「從心所欲不踰矩」，把「發自內心」（實際上是現行社會關係的內在化）的仁、義、禮、智等等視之為自由的本質，認為生存本身便是全部人權規定，沉迷於出、

入世之間的逍遙遊世。

　　所以，中國哲學在這個方面提問題的方式，只是「人的自由如何表現」。但這所謂如何表現云云，又並不是西方式的那種「如何從不自由中表現出自由」，而是「人的自由以何種形態出現，什麼地方表現著人的自由」。

　　唐君毅先生認為，中國哲學關於這個問題約略有三種主要說法：

　　第一、是人之自由表現於天人合德之際說；

　　第二、是人之自由表現於人返於天說；

　　第三、是人之自由表現於不自限其性說。

　　中國人的這種獨特的自由觀取消了西方人作為自由本質的個體獨立和意志自由，用對先驗法則的堅持專一來代替個體的自願選擇，把協調內部世界跟外部世界的相互關係和求得個人與環境及自己身心的和諧視之為真正自由的境界，並別出心裁地從人的教化修養中去尋找達到自由的途徑，把思想認識歸結為倫理道德。

　　由此，相對於西方「自由」的中國式範疇是現世的「逍遙」。這是一個終極性的非人類中心的總體性概念，蘊含有「人生在世」一氣流行的相互包融；它消解自我中心的個體預設，超越執著當下的自我意識，質疑人間知識的確定有效，走向順天循性、捨己從人、循環往復、返本還原的自然無為。

　　中國人心目中的世界圖景，更多是陰陽不測的神妙萬物，而不是西方式那上帝安排（客觀規律）的不變宿命；但其要並不在把握對象、競逐外物的積極進取，而在揚棄異化、回歸本源的返璞歸真。就行為傾向而言，它強調

「為道不為學」，更多地是從「傲世」出發，經過「順世」而達到「遊世」的自覺自為的人生態度，是一種「即世間又出世間」的逍遙自在、瀟灑自如、悠然自得、處之泰然的心理狀態，企圖由生命本質的「返本還原」而實現人間世的「逍遙遊」。有道是「天下本無事，庸人自擾之」、「泰山崩於前而色不改」、「天掉下來當被蓋」、「天下事了猶未了，何妨以不了了之」……如此等等；由此中國人也少有西方人的那種「不自由、毋寧死」的衝動，更多的是「小不忍則亂大謀」的韜光養晦。

中國人這種自由觀在消極方面的發展，容易導致粉飾現實、美化現狀，把現存關係神聖化、合理化和凝固化，造成對既定秩序的心理認同，以及不講原則的隨波逐流和見風駛舵。但它在積極方面的發展，則是造成了適應環境、保存生命的強大能力，並由此鍛鍊出一種利用環境、就勢借力、「物物而不物於物」的操作智能。

陳鑫在《太極拳著解》一文中引用《孟子·盡心篇》云：「能與人規矩，不能與人巧。」似亦透露出這個消息。由此他要求「在學之者」，要「舉一反三」，「不可執泥，亦不可偏狃」。

介於中西之間並可以跟中西文化相對照的，還有印度人把握自由與必然關係的方式。他們對自由的理解，是從「梵我一如、涅槃寂靜」的思路出發去追求解脫。印度的傳統哲學認為，「大梵」（Brahban）為世界存在的第一原因與宇宙現象的終極實在以及自我（Atman）與終極實在之間的絕對同一性，這就是說，他們認為「大梵」即是一切現象的終極實在或最高的宇宙精神。因此「梵我同

一」不僅是世界之二重性分割在主體世界之最終消解的必要途徑，同時也是生命超出摩耶（mayo，亦即無明，指一種非真非假、既非存在也非非存在的狀態）而實現其永恆不滅的必要途徑。

而所謂自我，就其本身的實在性而言，乃是普遍超越於一切現象又涵攝一切現象的、絕不在時空的流轉變化之中改變其自身的、不需要依賴於其他任何原因而自為原因、自我證明的永恆、常住、不易的自在之體。《奧義書》云：「對知者而言，當一切萬有實際上已與其本身的自我成為一體之時，那麼對於已洞見此唯一者而言，還有什麼痴迷與憂苦？」由此，自體的突破而進入與大梵相同一的無限並享有永恆的極樂即是「摩珂薩」，也就是「解脫」；它是由自我與終極實在的完全同一而實現的靈魂的根本救贖——它不再陷於因果關係的束縛之中而超出了生死輪迴的苦難。

印度瑜伽所說的「身、心、靈」跟中國太極所說的「精、氣、神」，儘管高度相關和深度相通，然而其實際內涵卻又大異其趣；「身、心、靈」更多的是空間並立的實體性概念，「精、氣、神」卻是時間綿延的功能性範疇。身、心、靈可以相對獨立，可精、氣、神卻無法截然分開。

中國太極沒有印度「萬能主宰」那「大梵」的假定，而印度瑜伽又缺乏中國「一氣流行」那「陰陽」觀念。在印度人的心目中，作為終極實在之「大梵」的自體性相，是純粹意識的純粹存在，其本身的永恆性即是其靜寂的不變性；相對於現象世界之豐富繁複的變化而言，梵我同一

即是對變化的否定與超越。

　　但在中國人的心目中，終極實在之「道」的自體卻又並不是靜寂不動的；現象的變化性被理解為道體自身的自然性運動的直接表呈。由此，「梵我一如」所取路向是完全「內向」的，其實質是寂然不動之本體的自我觀照，表現為某種「斷滅一切經驗」的宗教體驗。

　　但在中國人那裏，自我與實在之同一性的體認，則動靜兼攝、內外涵容，並同時展現於經驗的實踐。在印度人那裏，「梵我一如」旨在對現實人生苦難的解脫，其實質是「神我」的復歸，在經驗中導向一種宗教生活，價值指向出世間的「彼岸世界」。

　　可是在中國人那裏，「道」並不具有神性，自我也不具有神性。自我與實在的同一，在道家那裏，是為生命在此境域中充分保有其自身的輝光，隨著是非毀譽、物累心魔的統統解除，生命即能實現其本身之自然的生存價值；老莊其實並不具有出世間的遐思，而僅有既非出世也非入世而為遊世的構想。儒家的精神是積極入世的，道德理性必須貫徹於經驗活動，故其自我與實在之同一的確認，其極致乃是個體道德的含弘光大，乃至贊天地之化育，發而措之天下之民，煥發為輝煌的「王道」事業。就其究竟說來，中國的文化精神中總體是很缺乏出世間的遐思及價值的彼岸指向。

　　透過這些文化精神的比較，我們可以理解到基於中國文化的太極拳「自由」理念，便也是個天人合一和體用一如的「神化」境界和「逍遙」狀態。它一方面並不缺乏儒、墨執著現實的承擔負載精神，還特別是吸收了宋明理

學把「存神知化」與「窮理盡性」融匯到「民胞物與」，講究「為天地立心、為生民立命、為往聖繼絕學、為萬世開太平」的偉大抱負；另方面又突出莊、禪那瀟灑脫俗、逍遙坦蕩、豁達自得、任心自在、率性自然、中庸無為、飄逸放達、無拘無束、破除兩執、超然物外的生活態度，而且在當代還一定程度上吸納了（或至少是不排斥）近代思想解放、個性自由的追求。它積極而不狂妄，謹慎而不保守，在「獨與天地精神往來」的精神活動中，感受到一種超然於社會困苦、偽善和紛爭的自然之美的存在，因而開拓了一片「與天地精神同流合體」的精神自由境界，並由此進一步「無為而無不為」地探究此岸世界中那主體活動的可能性空間和實施主體活動的最大效能，讓生命的本質獲得神聖的昇華。

在這個層面上太極拳原先的「心身」上升為「神靈」，亦即個人的心理活動變成一種超越性的精神和智慧，而個人的身體活動則變成為有社會內容的主體能動性，強調人的精神生命在運動中的作用與功能。

這裏的「神」是前述「氣」和「勢」兩個層次的融合與昇華，亦即老子所說的「道」、程朱所說的「理」、陸王所說的「心」。它在實質上也是一種「氣」，但已擺脫了「氣」在開始時那些具體形態，便成了一種無所不包、無處不在的「天地正氣」或「浩然之氣」。它是陰陽、有無、動靜、開合、心物、主客、形神、體用等各方面的統一，是客觀規律性和主體能動性相互融合的產物；因而在跟西方文化相比時，並不同於純客觀的「邏各斯」或「規律」，也不同於純個體主觀的「感覺復合」或「生存意

志」，更不同於超越了個體存在的「客觀理念」或「絕對精神」；但卻有點兒類似於西方現代哲學中胡塞爾、海德格爾等人努力描寫的那個既不是純客觀，也不是純主觀的「世界」。

這是一個「人的世界」，也就是宋明理學家所說的那個「全體大用」的「太極」本身。它處理系統跟環境的關係，表現了人類這個主體怎樣在環境中尋找自己的位置，並且怎樣利用這個環境來進行選擇，以解決自身各種力量的合理配置、合理調控和充分利用，以及自身各種潛能的發掘、培植和發展等具有現代意義的問題。

太極拳這個層次的社會功能，主要是修心、養性、悟道、怡情。這時它破除了各種偏執，對世俗各種勝負、成敗、利害、得失，更是採取一種「超脫」的「遊戲」態度，由「盡性踐形」去進行「人的自我實現」。這時它的交手應敵，已經不是心浮氣躁地去跟敵人「拼老命」，而是「遊戲人間」心平氣和地跟對手「認真」地「玩」上兩手。而這恰好就是人類所特有的自由自主活動，是人擺脫各種奴隸般依賴關係後的獨立發展本身。

# 第六章 以拳入道
## 太極拳之道

　　太極拳是中國武術中的一個最具代表性的拳種。作為一種文化現象、一種文化活動和一個文化符號來說，它不僅典型地表現出自己獨特的文化個性，而且還鮮明地體現了這些特性發生和發展的演化過程。這個過程是在中國漫長的社會歷史發展中逐步展開的。因此一方面既受到中國獨特的農業自然經濟宗法文化的影響，有著自身的侷限；但另一方面又反映了中華民族某些超越時代意識形態的人生智慧和實踐經驗的昇華，具有若干普適性因素。

　　在長期的社會歷史發展過程中，特別是在當代工業文化的強烈衝擊下，太極拳不但基本站住了腳跟，並且還表現出某種強勁的發展勢頭以及若干未來的發展因素，這相當令人矚目。太極拳確實具有極為豐富和深刻的文化內涵，我們應該重視對這些文化內涵的思考和研究。

　　老子有云：「孔德之容，惟道是從。」所謂太極拳之道，其實也就是中國人的生命智慧，它以「體道」為中心，包含了中國人對「生命之道」和「存活之術」兩個方面的歷史性理解和反思。應該指出，中國文化是「道術圓融」、「體用不二」的統一體；一方面「道以術顯」，另一方面「術以道存」，根本沒有什麼脫離目的之純粹手段和工具，由此明顯地區別於西方文化所說的「心物兩體」之對立。於是人們便往往把練太極拳作為「入道之門」和

「悟道之途」；而從另一個角度看，分析和繼承太極拳理論和實踐中的合理因素，也當是發展我們「先進文化」的一個重要方面。當然，這是一個十分複雜和艱巨的工作，筆者對此認識同樣極為有限，這裏只是舉出一些例子和談點感想以期拋磚引玉，希望能引起大家的重視和得到方家的指導。

## 一 問題提出：武術史的大事

在中國武術史上太極拳的出現是個重大事件，它所積澱的文化內涵，蘊含的發展可能，以及對人們的啟發和所引起的思考，確是非常深刻的。

### 1. 中國武術的歷史變遷

就太極拳前史的追根溯源來說，其構成因素一開始便具有某種人類精神的超越性質。所謂「太極者，無極而生」；而「無」者「巫」也。「無」的原始含義，是「以舞事神」的溝通有無。太極拳屬於武術，而武術之前身作為一項相對獨立（即區別於直接生產和日常生活）的身體活動，其萌芽還可以一直追溯到原始時期作為人類精神最早覺醒的巫術（這是一種明顯區別於動物心理的人類自我意識和自我控制，其神靈崇拜包含了人類對自身有限性的反思，而其驅邪趕鬼則表現了人類改造環境的最早衝動），亦即可以追溯到當時狩獵或戰爭之前或之後的祭神巫舞。原始人類的巫術是非常「實用主義」的。他們相信「天人感應」，認為自身的活動跟整個大千世界具有某種神祕的對應關係；而這原始巫術中人的身體活動形式，則

深深地沉澱到一個民族心理活動的潛意識層面。由此，作為身體活動的巫舞之合理因素，便在實際生活中以民俗和「體育」的方式得到保存和發展。隨後，作為武術實用技術的太極拳前身，又附在「兵技巧」的軍事活動和「祛病延年」的中醫養生那裏得到長足的發展，在實踐的洗禮中逐步擺脫原先的蒙昧，具有了某種科學的因素。

遠古的易理術數和先秦諸子學說，特別是其中的道家學說，給它奠定了深厚的理論基礎，魏晉玄學那人的自覺，還有隋唐佛道對生死的參悟，又給它開闢了人文精神內向自我理解和自我完善的道路。

宋、元、明、清以來（亦即傳說中的太極祖師張三豐進行活動和發生影響的年代），武術已經逐步從軍事技術中完全獨立出來，同時還得到樂舞百戲和養生內丹的滋養，在「文化下移」後的民俗活動和民間私鬥中蘊涵了新的發展方向；而宋明理學則更給它提供了哲學「本體論」的理論解釋框架。

清代中葉，武術完成了跟氣功的全面有機融合；強調性命雙修、意氣領先的太極拳，於是作為一個完整的形態正式向社會傳播。特別是晚清以來大量高端知識分子參與，更是大大地提高了它的文化品味。

事物運行具有統一的規律但卻沒有同一的道路，由此太極拳基本成形後又有了自身的流派分化，於是風格越來越多樣但理論卻越來越統一；這是一個拳種真正成熟的標誌（在這裏，理論統一表明人們對其普遍規律的認同，風格各異體現其內部具有廣闊的自由發展空間；如果沒有統一理論其演化中將會異化變質，但如果把理論絕對化和形

式化起來做什麼「統一規格」，那也同樣會扼殺其自身的發展可能）。清末民初，社會心態「自強用弱」，太極拳在西方傳入各種新思潮的刺激和大量知識分子的參與推動下，沿著「體育化」的方向獲得了前所未有的長足的發展。目前流行的各家太極拳訓練套路，大體上都是在晚清到民國年間逐步地成型並確定下來的。新中國成立以來，太極拳則獲得民族文化優秀遺產、群眾體育重點項目和身心調節醫療方式的地位，透過官方的整理推廣並在民族文化交流過程中逐步地走向世界。

## 2. 太極拳形成後的「亮點」

太極拳正式形成以後的歷史發展，具有很多可以發人深思的「亮點」；目前已經開始引起人們注意的主要有：

### （1）太極拳是中國人民群眾的偉大創造

作為一種社會文化活動其適應性極為廣泛；儘管它的源頭極為古老，不過作為一個獨立的成熟拳種卻出現較晚，然而以後的發展則極為迅速。開始時它從社會邊緣群體那裏被引入王室，大批高級知識分子參與介入，在很短的時期內普及社會的各個層面，並被世界各國廣泛引進；以至不但「占了武術的一大半」，甚至還成了跟一般武術平行的項目。在一個利益分化的社會中，所有文化活動都有自己的狹隘小圈子，然而太極拳卻超越了階級、民族和國家界線，日益向整個人類普及。這背後的文化根源和人性依據，確實值得人們深入挖掘。

### （2）太極拳是中國武術的精華體現

其著眼點並不在於個體某種單項體能或技能的充分發

揮，而在於包括自身體能、技能、智能和各種綜合潛能，以及與敵手、環境等等因素相互關係和動態作用在內的可能性之全面挖掘和利用。傳說「張三豐既精於少林，復從而翻之」，由此創造了內家拳；而「翻者反也」，裏面一些東西是逆原先定勢而行的。

作為一種技擊技術，以太極拳為代表的內家拳屬於中國武術發展的邏輯結果，其核心始終包含有技擊攻防的技術含義；然而其鬆靜柔化特徵又在對抗中一定意義上又具有某種「反武」的性質，力圖超越傳統的武術技術，特別反對暴力崇拜，但同時也不迷信什麼「仁者無敵」一類道德說教。

它更多地依託智慧和技巧，其對於傳統簡單「力」的概念及訓練模式的部分否定，把外向抗衡那「對力的迷信」，轉換為內向協調這「對力的配置和運用」，還有對於形神體用關係的辯證詮釋，對於技擊原則的重新定位等等，都對當代科學發展提供極大的啟發和參照，因而成為「武至極為文」的「文拳」。

就訓練而言，它強調「心主神明」，由此「用意不用力」；就應用而言，它強調「借力打力」，由此「以其人之道還治其人之身」；就機理而言，它強調「知己知彼」，由此「聽勁審敵」，並把「審敵」和「制敵」融為一體；就功效而言，它強調「省力原則」著眼「力的性價比」（但並不是要「製造永動機」），由此「以靜制動」和「以柔克剛」，於是可以走出動物世界「弱肉強食」的「叢林法則」。這是人類活動方式和生命狀態的昇華，就此可以高揚人的精神力量。

我們知道，技擊中的敵我關係可以泛化為操作實踐中的一般主客體關係，太極拳那隨機就勢、捨己從人、陰陽相濟、以柔克剛、曲中求直、後發先至的基本戰略，在被動的形式中包含了極為主動的內容，這對我們現在怎樣利用環境、節約資源和能源，並由此逐步走出工業化時代資源枯竭、環境污染、生態危機和人類「自我中心」的困境，在理論上具有一定的啟發意義。

### （3）作為一個文化符號，太極拳對自身有著極為自覺的理論思考

理論研究一直是某些傳統武術的薄弱環節，但太極拳卻最大限度地吸收了中國古典文化的養料，甚至出現了「純哲學化」的拳論。其中所蘊含的哲學思想是相當令人炫目的，並且在實踐中找到不少的對應。實踐是「主觀見之於客觀的東西」，人類實踐內在地包含了理論自覺；現在太極拳不但強調「心主神明」、「用意不用力」的思想引導操作，高度發揮人類的精神力量，而且還以一種體驗的方式進一步去闡述自然和人生的規律，即以流暢和柔緩的肢體語言講述中國古人對宇宙、對生命、對運動的理解，並不斷地探究著自由跟必然的關係。

這種方式顯然是激動人心的；所謂「由技達道」、「道貫術中」和「術極然後道化」，一種「存活之術」被提升為「生命之道」，太極拳因而也就成了具有高文化含量的「哲拳」。

把打太極拳說成唐吉訶德式「跟空氣作戰」或緣木求魚式「陸上摸蝦」，顯然是不理解太極拳的技術特色以及其背後的真正文化含義。

## （4）太極拳的廣泛社會適應能力是跟其「與時俱進」的開拓創新聯繫在一起的

在太極拳發展史中，不但出現過例如王宗岳那樣的理論兼實踐大師，而且還出現過諸如蔣發、陳長興、陳清平、楊露禪、武禹襄、李亦畬、楊澄甫、吳鑑泉、孫祿堂、陳微明、鄭曼青等等一大批極具武識的武術改革家，其拳套動作和訓練方式也不斷出現為適應社會發展而不斷自我更新的舉措：一方面用科學思考去破除各種神祕主義，引入科學方法去探究有關運行機理；另一方面又保留了傳統特有的有價值的訓練方法，並且用某種「神祕感」去征服群眾。

與此同時，還在統一的操作原則下形成了各種個性化的不同風格和流派，形成真正「百花齊放」的局面；由此不但成了真正的廣泛普及的「平民拳術」，而且還在當代世界「後現代」那「祛魅」和「返魅」的兩極張力中探究未知並堅定地走向未來。

## （5）太極拳以道家的「重己貴生」的精神把人的生命放在第一位，著眼於人的生命權利。

它有著堅定而且明確的「以武養生」的方向，並自覺地將技擊傷身與頤養保身的矛盾（軍事上則表現為「消滅敵人」跟「保存自己」的關係）推到拳學理論的第一線；尊重生命、崇尚自由、止戈為武、至武為文，讓技擊為養生服務，把練武作為生命質量昇華的手段，由此實現中國傳統武術的「最佳定位」。

作為一種人體身心自我調節活動，太極拳被稱為人體的一種獨特的「意識體操」，它不但有理性的冷靜分析和

意識訓練，而且還有非理性的直覺感悟和本能應對，即經驗而又超經驗，不斷地用自身實踐去探究著人類生命的祕密。它在自身運行過程中對理性與本能這兩個方面的綜合，當是人類創造能力的源泉。

### 3. 太極拳的社會意義

傳統太極拳曾經是一種尚未從生產和生活中完全分化出來的「綜合實用技術」，其社會功能是普適性和多方面、多層次的。作為一種肢體活動，它不僅具有防身禦敵、制人取勝的技擊功能，具有強身健體、袪病延年的醫療效果，而且還導致修心養性、悟道怡情的精神超越。從理論上看，它綜合了儒家不偏不倚、燮理陰陽的「中庸之道」、道家返璞歸真、應物自然的「無為之道」、佛家諸行無常、諸法無我和破除兩執的「涅槃之道」。

現代以來，它還吸收了近代西方文化直面對象、弘揚個性和普遍交往、積極參與的自由精神、民主作風和平等態度、博愛情懷；這些都可以引申為風險社會中應對多變環境的一種生命智慧。

而就其作為純粹身體活動的具體操作而言，即使在當代高度分化的社會生活中，現代太極拳也可以分別沿著競技體育、全民健身和自我防衛、身心修養等多個不同方向並進，廣泛參與各種民俗遊樂活動和文化交流活動，同時還不放棄生命權利的維繫堅守和應對環境變遷的應變能力。事實證明，太極拳的開放兼容能力極強，可以成為當下身體文化和人體活動的一個生長點。

特別是在當代社會生活中出現了大量「現代病」，人

的身體越來越倦怠、精神越來越緊張、食物越來越精細、環境越來越污染，人體的「健康投資」變成了生活上一個重要的領域。現代「體育活動」中，傳統的競技運動因其社會侷限性（如努力鍛鍊而把身體弄垮，統一標準而扼殺人的個性，盛行吹黑哨、打假球、興奮劑等黑箱作業，異化為政治、經濟的工具等等）而不斷受到人們的詬病，在這背景下，太極拳這種以人的自然本性為基礎的古老身心自我調控技術，理所當然地受到普遍的關注。

如前所述，在當代的身體運動項目中，太極拳是一種能夠同時滿足有氧運動、終身運動和休閒運動三大潮流要求的項目，由此可以同時發展人類的生理適應、心理適應和社會適應的能力，因而成為當代全民健身運動的首選，並由此可以自覺地成為應對各種現代病的消毒劑。

在現代社會中，人們可以用太極拳來表達生命的感受、反思生命的狀況、優化生命的質量、挖掘生命的潛能、提高生命的價值；它那遊戲式的享受和探究、創造方式，明顯地區別於按某種先入為主的既定僵死框架去「培養和塑造新人」，這應是反映了當代人類自由全面發展的一個正確途徑。其文化內涵及相應的發展可能性，在走出工業化的「後現代社會」中具有很大的啟發和參照意義，理應深入進行研究。

至於作為一個文化符號和社會應對策略，太極拳對現代發展的啟發意義可能更大。

下面，筆者僅就太極拳操作的幾個突出的基本原則，進一步談談自己的學習心得感想，並回答一些突出的誤解和責難。

## 二 智慧體現：操作四項原則

太極拳是在太極文化指導下的人體活動，跟人的其他肢體活動相比較，操作上突出地具有鬆靜為本、意氣領先、陰陽相濟、以柔克剛這樣「四項基本原則」，並由此體現了中國人在力量不均衡和訊息不對稱、路徑不確定的激烈生存競爭中那之生存智慧。這些基本原則都是一些操作性指導原則；它就像中國古琴譜哪個指頭在哪條琴絃的什麼位置上用什麼指法去彈那樣的主體性操作過程提示，並不類似西洋樂譜那個用音調、音階、音色和旋律定位的對象化結果那種標準規範和確定模式；這就是說，這些原則並不是對運行結果作出定性和定量的僵死規定，而是在運行過程中動態地把握相關因素整體性聯繫的方法指導。

在這裏，太極拳修練的關鍵在於內部機理過程性的運行原則，而並不在外部形式終極性的規範標準；強調既要有極為明確的操作方向性要領指示，又要有模糊靈活的自由發揮空間。太極拳這四項基本原則反映了中國傳統武術的操作特點和發展走勢，並跟整個中國文化的基本特徵相吻合和相融通。所謂越傳統越現代，由於這四項基本原則體現了人類主體活動的一般規律，因此跟現代社會生態原則的可持續發展戰略精神也是相通的。

### 1. 鬆靜為本：基本價值參照

「鬆靜為本」為太極拳的「本體論原則」，涉及太極存在的前提設定、運行的戰略選擇和動作的表現形態，是其基本價值參照和全部操作基礎，由此凸現自身獨具的操

作文化特性。作為獨具特色的成熟武術流派，太極拳屬於內家拳類柔性主「靜」的武術。其鬆靜為本、意氣領先、占中求圓、動中求靜的身體活動，集中反映了中國文化主靜一派的特點，即在運動的各種可能性中尋找自身深層的協調與和諧；由此既不同於中國文化另一派主「動」的外家拳以及西方體操等動力型運動，也不同於靜坐等單純追求靜止而廢除適當運動的靜力型功夫。

它不但把「鬆靜為本」作為全部運動的基礎，而且更把「求虛靜」作為最後的追求目標，並以鬆靜自然和動中求靜的活動，表達出一種動中寓靜、以靜制動的運作方式，由此鮮明地體現出中國文化在運動中追求深層協調與和諧的基本特徵。

「鬆靜為本」屬於「無極」，它是太極拳運動的一個原點或曰基本出發點，為天地大道那「無形無象」狀態；哲學上可視作「正題」。就基本狀態而言，「鬆」的含義是虛而不實，與緊相對。太極拳所說的鬆，更多的是指活動中儘量減少身心各個方面一切不必要的緊張，最大限度地節約自身的有限資源，並且避免形成刻板僵化的行為定勢，由此得以進入自由靈活的有序運行狀態；操作要求「骨挺、肉墜、內虛靈」。

「靜」的含義則是安靜專注，與動相對，並有排除外界干擾的含義。這裏更多的是指一種精神控制下舒緩、流暢和持續的穩態有序運行方式，並透過協調平衡而形成某種可承受和可持續的活動機制；操作要求「神凝、氣斂、外安逸」。

「鬆靜」亦稱「虛靜」或「鬆淨」；「鬆」通

「虛」、「靜」通「淨」。這表明「鬆」的狀態是沒有「實」的阻塞、「靜」的狀態則是沒有「躁」的染垢；「鬆——虛」之目的是靈活、多樣、機動、應變，「靜——淨」之目的是定位、覓向、蓄勢、待機。這是弱勢者的生存智慧，著眼於自身運行的持續穩定性和操作目標的有效性、多樣選擇的可能性，特別強調路徑的優選和運行的節能，由此衝破所謂「起點平等」和「規則平等」的意識形態神話，明顯區別於強勢恃力者不管性質、不問對象、不論範圍、不講條件、不擇手段那浮躁霸蠻的「硬道理」。

至於為本的「本」字，則是木下之根，亦即區別於西方所謂「本體」的「本根」或「根本」，由此產生本末、根枝、源流、體用等一系列操作上的動態關係。總起來說，鬆靜為本就是在「鬆」和「靜」的基礎上形成內外合一、含而不露、沉著穩重而又轉換靈便、飄逸瀟灑、行雲流水般的應對行為風格，體現出身體活動的輕靈、圓活、柔韌、舒緩、順暢，以及精神層面的沉著、冷靜、清醒、專注、穩重。楊澄甫提出的《太極十要》，實際上全部都是圍繞鬆靜的要求而逐步展開的。

鬆靜為本不是懈怠為基，內涵是組織整合而不是放任自流。鬆靜是靈活變換的前提而不是遲滯呆板的表現。在這裏，放鬆是改變原有定勢的基本要求，而靜止則是整個運動的狀態參照。鬆靜為本在操作上強調的是作為運動前提的某種「混沌」亦即「無規定」之待動狀態，防範運動開始以後形成自我僵化的慣性定勢。

其第一層含義是體鬆，把肌體和關節放鬆作為主體虛

太極拳道新探 太極拳的道家文化探究

實變換和動作生剋制化的操作前提。所謂骨挺、肉墜、內虛靈，就是讓周身關節沿運動方向對拉拔長，使肌肉像濕毛巾般沿受力方向自然墜落，增強而不是削弱肌膚張弛兩端的張力，由此保持經絡、血氣的暢通以及力量變換的輕靈和沉穩。

其第二層含義是心靜，突出操作主體不昏沉、不散亂的高度警醒和主動專注狀態，把以心行氣、以氣運身的意識主導作為所有活動的基礎。所謂神凝、氣斂、外安逸則是要求專注集中、高度警醒、呼吸沉穩、從容應對，而且整個活動都要遵循以靜制動、以逸待勞的基本戰略方針（這是節約能源和準備打持久戰的戰略方針）。

其第三層含義，則是體態的「空靈」和精神的「空明」；所謂「鬆則通、通則變、變則活、活則靈」和「靜則知、知則明、明則妙、妙則神」，這是操作主體去掉阻塞障礙（鬆）和去掉染垢遮蔽（靜）後，同合大道（佛家稱之為「得大自在」）狀態（這當是一種「自然的本真」），由此形成破除阻滯（莊子謂：「以無厚入有間」）那「虛空粉碎」的活動效應，體現出主體的自在和活動的自由。如果不揚棄外在的剛性對抗用力方式，不最大限度克服各種不必要的緊張，不充分發揮意念對操作的調控作用，那永遠也把握不了鬆靜為本的實際內涵。所謂「虛靈定靜」，「虛靈」效應跟「定靜」操控，實際上本是一回事；這裏整個操作關鍵，則是跟「用意不用力」的意氣領先（其核心當是操作主體內部的自我調控和外部的協調平衡）聯繫在一起的。所謂「神寧才能意專氣順」，由此「鬆靜為本」的價值取向也就必須也必然地落實在

「意氣領先」的操作原則上。至於整體過程中的「動中求靜」或曰「求虛靜」，則不但體現了在「不平衡」中找「平衡」的現實操作，而且還反映了要在「變」（生生不已的永恆運動）中找「不變」（背後那穩定的秩序和規律）的超越性訴求（亦即要求把握變化萬端中的「理唯一貫」）。

有道是「重為輕根、靜為躁君」，重是輕的基礎、靜是動的主宰；「鬆靜為本」並不是僵硬死寂而是變通求久，是隨變應對中協調平衡的戰略運行，由此太極拳講究身沉氣固、以靜待動，超越所有「死寂」和「頑空」，由此從「變通」走向「通變」，用天人合一、整體相關的思維方式把「變易」、「簡易」、「不易」三個方面辯證地統一起來（由此明顯區別於西方式主客分立、機械組裝那動靜對恃的認知模式）。動靜本來就是相對的，沒有放鬆和靜止作為參照，人們無法把握緊張和運動的意義；而沒有必要的緊張和運動，放鬆和靜止也同樣無法表現出來（人們常說「中國文化是靜的文化，西方文化是動的文化」，這恐怕是片面的。中國文化以「靜」作為基礎參照，其著眼點恰好是動態過程，由此強調「生生不已」的「大化流行」；西方文化卻以「動」作為基礎參照，其著眼點便趨向於靜，於是落入「永恆不變」的「終極結果」）。所以太極拳特別講究鬆而不懈的「動靜相生」以及柔而不軟的「陰陽相濟」。

人的個體生命是無限宇宙中的一個有限存在，而包括所有生命過程在內的任何運動過程都有自身起點和終點，都要耗費能量，並且還表現為一定程度和一定範圍的緊張

和鬆弛的交替活動。儘管宇宙總體物質不滅、能量守恆，但任何具體的存在形態卻都是有生有滅、有開有合、有起有伏、有張有弛、有進有退的；至於人體所擁有的物質和能量則更為有限，不可能無限地持續緊張和消耗下去。

從理論上說，「鬆靜為本」的基本考慮在於面對生命的有限性、著眼變換的靈活性、落腳運行的穩定性；其戰略著眼於冷靜面對、備而後戰、蓄而後發、節能減耗、穩態控制、留有餘地、有始有終，避免心浮氣躁、主觀盲動、手忙腳亂、自我損耗、為人所制、隨波逐流、沒完沒了；其實際功能則在於力量不均衡條件下激烈生存競爭中的自我保存和自我發展。

所謂「鬆以求活、靜以待動」，生理學上鬆靜的意義在於應激調控能力的增強和肢體喚醒水準的提高。它不是僵死寂滅的絕對虛無，而是活活潑潑的「妙有真空」。就人的個體活動狀態當下而言，全身肌肉不鬆弛，身體無法變換形態進入下一個動作。骨骼關節不鬆開，任何動作都無法進一步運行展開。精神狀態不鬆靜，態度執著、思想僵化、行為拘泥，原有定勢適應不了外界新變化。而全身儲備能源和有效補充資源一旦消耗完了，亦即所謂油盡燈枯，死亡也就隨之到來，生命便因而結束。就操作的角度來說，「靜」不但是操作過程的準備和歸結，而且還是操作過程的有序運行和穩態控制。所以「鬆靜為本」並不是不要活動，而是儘量減少那些不必要的緊張和消耗，充分利用現有資源並努力提高其利用效率，注意克服運動失衡所帶來的種種消極後果，由此善於面對新的可能。

太極拳的「鬆靜為本」是從具體操作的起點和終點那

動靜相生、互根互變的「動靜之機」中去把握整個過程的變化，著眼於內向的養練結合，而不是外向的演示和消耗，並產生某種視動猶靜和視靜猶動的視覺效果。其考慮的出發點是無限發展中的具體過程有限性、人的生命有限性和肌體能量有限性，而其追求的落腳點則是具體過程的合理展開、人的生命保養延續和肌體能量的有效利用。

這是一條著眼於生命養護和生命創造而不是讓其無意義和無節制消耗那「不斷增長」的「硬道理」，具有明顯的生態智慧。

應該強調，這裏「鬆、靜」二字並無絕對的意義。「太極分陰陽、陰陽一太極」；所謂鬆與緊，動與靜，剛與柔，虛與實等等，統統都是「相滅相生、相反相成」的對立統一範疇，無一不是跟對方「相比較而存在、相鬥爭而發展和向著自己的對立面轉化」。中國文化認為，「動極生靜、靜極生動，動中有靜、靜中有動」，由此動靜互涵，以為萬物之宗。在宇宙整體那永恆和絕對的大化流行當中，任何具體的事物都有自己的始終，由此生生滅滅循環往復以至無窮。由此也可以把動靜問題理解為具體事物或過程的始終問題。

任何具體事物或過程都是有限的，動為起點，又是上一個過程的終點；靜為終點，但又是下一個過程的起點，相對靜止是絕對運動的參照。所謂「靜極而動、動極而靜」，又云「從無極進人太極，從太極復歸無極」，對於具體過程來說，「鬆靜為本」不但是為「就勢而變」進入該過程提供前提和條件（亦即是為進入該過程而尋機、待勢、蓄勁、備動），又是該過程運行中的穩態控制，最後

還是該過程結束後的恢復和休整。

西哲有云：「不死的死戰勝有死的生。」中國人對此的表述則是：「太極者（象徵有規定的具體過程）無極（象徵無規定的永恆）而生」並最終「歸於無極（瓦解具體過程的規定，回復原初的混沌狀態）」。「鬆靜為本」於是又納入了生生不已的大化流行。

### 2. 意氣領先：操作程序控制

「意氣領先」為太極拳的「操作論」原則，涉及太極運行的程序規範和操作要領，集中反映了人類活動的自覺性質和能動作用，是從「無極」進入「太極」那「靈明一動、丹田運轉」的起始點。

太極拳被稱為「練意、用意」的內功拳術，心靜用意是其操作的第一要義，由此其操作意圖講究「用意不用力」，對象運行強調「重意不重形」，操作程序突出「意到氣到」，內部關係則是「意氣君來骨肉臣」；意氣領先是其操作中「以意領氣、以氣運身」、「意到、氣到、勁到」的操作程序安排，又是「意氣君來骨肉臣」那內部系統組織分工協作的結果，更是其所謂「重意不重形」那「形無形、意無意，無意之中是真意」的總體要求。這是從「鬆靜為本」規定中直接引申出來的運作方略，並且又反過來為「鬆靜為本」服務；由此既區別於「無意識」的「純本能」自發狀態，又區別於自我中心的任意妄為，強調「天人合一」那「出於天然」的得心應手、左右逢源、意動神隨、心想事成。

意氣領先是心主神明的結果，而不是六神無主的表

現；有感而應並非簡單的「跟著感覺走」。所謂「沒有革命的理論便沒有革命的運動」，「思想上和政治上的路線正確與否是決定一切的」。

人本來就是「有意識的目的性存在物」，人類實踐不外就是「一定思想意識指導下的操作」，人的所有動作、行為，當屬在意識控制下透過主客互動那「從靜走向動」之目的性運行；其工程學之意義在於目標探尋、任務界定、組織調配、過程控制，由此所有具體操作在原則上也就勢必是要意氣領先的。

我們先看看古典拳論的有關說法。最早的太極拳經典《太極拳論》中，還沒有對「意」作出明確的要求。但到了《研手法（二）》中，便有「意上寓下後天還」；《十三總勢說略》中則有「始而意動，既而勁動，轉接要一線串成」，「凡此皆是意，不在外面」，「如意欲向上，即寓下意」等一系列說法；《十三勢歌》則講：「命意源頭在腰隙，變轉虛實須留意」，「勢勢存心揆用意，刻刻留意在腰間」，「意氣君來骨肉臣」；《太極拳解》進一步講「心為令，氣為旗」，「先在心，後在身」，「全身意在蓄神，不在氣」；《武禹襄太極拳論》（或題作《張三豐太極拳論》、《祿禪師原文》等）總結操作說：「凡此皆是意，不在外面」；《五字訣》一開始就講「一曰心靜：彼無力我亦無力，我意仍在先。要刻刻留意，挨何處，心要用在向處」。「此全是用意，不是用勁」；《太極拳體用全訣》開篇第一句話就說「太極拳術重用意」；《太極拳術十要》第六點「用意不用力」，「若不用力而用意，意之所至，氣即至焉」。拳諺有云：「內功首重練

意」，而太極拳正是內功拳的一種。《拳法‧剛柔篇》云「剛柔轉換，全在用意」，又云「既習內功，豈可無意？」可見古今太極拳理論都非常強調「以意領先」。在其他拳論中還有不少對「意」的描述，囿於筆者眼界這裏無法逐一摘出。

從這大略考察中人們可以看出，「意」的概念被著重提出和應用是太極拳技術發展到一個更高水準的標誌，並由此形成太極拳的基本操作特點。這些理論從不同的角度反覆地向人們說明，打太極拳的人首先要著重意識鍛鍊，把鍛鍊意識放在第一位，用意識引導行動。

那麼，具體怎樣去理解這個「意」呢？一般地說，「意」在《現代漢語詞典》中被解釋為「意念」、「想法」，這就是說，「意」具有意識、念想等所謂「存心起念」的綜合性含義。由此所謂「用意」也就不外是指人類的一種自覺的心理活動，它涵蓋人的知、情、意和個性心理特徵等多個方面。生理學指出：「全部心理活動是以感覺興奮為始端，以一定的心理活動為中繼，以肌肉運動為末端。」

太極拳的「用意」就是運用有關練拳的各種意識、想法，其途徑就是在「第一信號系統」的基礎上，藉助「第二信號系統」去統合外界各種刺激和內部應對，由此引起感覺興奮，繼而在大腦皮層產生一定的心理定向活動；其基本功能是由心理導向或意識暗示去協調和整合、控制肢體及內臟活動的基礎上，用以有效地應對外部的種種變化，從而實現自身的操作目的。

在中國古代文化中，「意」是個內涵確定、邊界模糊

的綜合性概念，其核心是「心主神明」，而「意者志也」；由此「意」當為主體自我發動那心之所之、心之所發、心之所期、心之所持、心為主宰，有意圖、願望、關注、嚮往、料想、猜測、想像、思量、識見、應對、選擇、意思、意味、意境等多種主體性活動的含義，綜合了人類活動中的注意、反應、想像、認知、意志、願望等等心理活動過程，由此體現人類目的性自覺活動的特點。

從心理學上說，所謂「用意」，就是由物質器官大腦皮層在外界刺激下所產生的一種心理定向活動；其內涵包括有注意、意向、意志、意識、想像和判斷、推理、計劃、應對等多種心理活動形式的綜合。它是主客雙方交互作用的結果，而並非單純對象化的判斷、認知和推理，也非單純主體性的意志、慾望和膽識。

至於「氣」字，則更是個形態、功能和機理相統一的模糊概念，並跟「意」密切地聯繫在一起；它既有現代「質料、能量、訊息混合統一體」的含義，也有精神狀態、機能運轉和運行走勢以及呼吸調節、肢體控制、自我感受等等多方面的生理活動意蘊。

跟西方哲學不同，中國文化中的「氣」字主要地是個模糊「惟象」的功能性範疇，而不是一個西方式精確定性的實體概念；它這裏更多地是用以表達主體內部的機能狀態和操作體驗，核心是支撐某種能量和訊息的有序運行。從人體理論上說，或許可以把「氣」理解為人的一種內在的「生命能量」、「生命結構」和「生命機能」。

在武術太極拳的操作中，「氣」除了一般保存有哲學本體論和宇宙演化論的含義外，更多則被具體化為一個人

體基質和活動機制的概念，並且還可以集中表現為人體的自我感受。在這裏，它首先被理解為人體生命的基礎。

《莊子‧知北遊》稱：「人之生，氣之聚也；聚則為生，散則為死。……故曰：通天下一氣耳。」成玄英疏解云：「夫氣聚為生，氣散為死，聚散雖異，為氣則同。」王充《論衡‧論死篇》云：「氣之生人，猶水之為冰也，水凝為冰，氣凝為人。」在中醫理論上，《素問‧五常政大論》曰：「氣始而生化，氣散而有形，氣布而蕃育，氣終而象變，其致一也。」《類經》稱：「人之有生，全賴此氣。」

人體生命之氣按其精粗厚薄，可以分化出為精、氣、神三種形態；而其運轉機制，又可劃分為「氣化」和「物化」兩個方面那升、降、出、入等基本方式。所以在人的生命過程中，「非出入，則無以生長壯老已；非升降，則無以生長化收藏。」（《素問‧六微旨大論》）也。由此，「氣」又被演化為一個描述人體生命活動機理的概念；它往往用以表徵人的生命之物質基礎和運行機制，其特徵則可以呈現為操作者活動的「氣感」（這是一種身心協調整合的自我意識）。

在中國文化中「氣」字是理解生命活動機理所不可或缺的；人們用「氣」去描述人的生命結構及其活動機制，由此無論社會生活還是養生活動、應對行為，都莫不談「氣」。具體說來，它包括「外氣」與「內氣」兩個方面；外氣指肺部呼吸往來之氣，內氣則指運行於人體內部那經絡之氣，亦即中醫所謂的「元氣」、「內氣」、中氣」、「宗氣」。

由此，中醫和氣功以及武功都特別講究「斂氣凝神」和「氣遍身軀」。至於人體外部的氣體，除了已經融化在血液中的氧成分可以隨血管流遍全身外，事實上卻是無法「遍佈身軀」的；但是如果沒有外氣（即由外界吸入肺部之氣），則連生命都不能維持，更何況於「氣遍身軀」呢？！由此人體內外兩氣，又是可以相通的；人活動中自我控制的「氣感」，往往跟呼吸調節是同步的生命意識，由此「氣」並不直接是呼吸但卻又跟呼吸密切相關。此外，它還可以泛化為社會生活環境和整個宇宙演化狀態的「氣」，是人生命活動那「通天地一氣」的環境背景。

　　再強調一下，武術太極拳操作中的「氣」，是泛指人身整體功能的「內氣」，而並不只是特指人們呼吸過程的「空氣」；它主要用以描述操作者體內的某種能量傳遞和機能的運行，以及操作者對這種運行的體驗，包括中醫所說的整個「氣機」等等。

　　這個概念並不是邏輯分析的結果，也不是對象描述的表象，更多偏向於人體感覺的表達。它最早雖然來源於人們呼吸空氣的感覺，但又並不限於呼吸往來的「空氣」（「空氣」只往來於人的呼吸系統，其中的氧則溶於血液後被循環系統帶到全身，但並不可能直接遍佈整個身軀，並且調控人的整體活動），甚至還可以被推廣到整個宇宙的構成；由此既可以是用來表示物質存在的基本形式，也可用以指稱主體自身從生理到精神空間不息運行的一種力量的無形有質的載體。這似約略相當於今天所謂的「生命力」（或曰「生命能量」）、「意志力」和「身體感覺」，以及它們與想像、思維等結合後所形成的所謂「抱

負」、「胸襟」等等狀態，並且還包含有明顯的價值屬性。它首先來自生理並聯結整個自然（所謂「夫氣，體之充也」，有道是「氣聚為生、氣散為死」）；從直觀上看，人有「氣」即生，無「氣」即死，其中還有有清濁、強弱、寬窄之分，並表現出人的個性和氣質（孟子所謂「浩然之氣」具有清、強、寬的特點）。由此既是一種清純剛毅的精神狀態，又是一種保證力行正義的強大動力，還是人所應有的處世為人的寬宏胸懷（連結社會）。

「意氣領先」的管理學意義在於目標管理和過程調控；它涵蓋了這操作過程中目標取向、訊息回饋、精神控制的心理活動和訊息傳遞、能量配置、運行調諧的生理機能這樣兩個方面。《太極拳解》有云「身雖動、心貴靜；氣須斂，神宜舒；心為令、氣為旗；神為主帥，身為驅使。刻刻留意方有所得。先在心、後在身。在身則不知手之舞之、足之蹈之。所謂『一氣呵成』，『捨己從人』，『引進落空』，『四兩撥千斤』也」，強調身體內部的分工協作。在具體操作上，突出心主神明、意為統領、氣遍身軀、勁貫四梢、得心應手、左右逢源、神態自若、意動形隨這樣幾個方面的分工協作、協調整合意義；由此行功應用時強調必須「用意不用力」那「以意導氣、以氣運身、節節鬆開、節節貫串、上下相隨、氣遍身軀、三節分明、周身一家、相連不斷、動中求靜」。並由此體現活動中「心動形隨意領先、眼隨勢變多精神、以形傳神是根本、神為精髓歸本真」那「天人合一、知行合一、情景合一、形神合一」意蘊。

就生命的活動而言，內部整合的另一方面便是外部應

對；就活動功能上說，意氣領先講究「有感即應、因敵成形」的隨機因應機制，具有明確方向、鎖定目標，謀而後動、考慮周全，知重於兵、反映靈敏，統籌兼顧、並敵一向，上下相隨、周身一家，回饋調節、動態應合等方面的作用。其操作效應，便是「彼不動、己不動，彼微動、己先動」的「料敵先機、後發先至」。

大鬆大柔的「用意不用力」並不否定操作的內勁運行，絕不無視操作運行的「性價比」；而是強調要超越原先不盡合理的用力方式，努力革除運作過程的「無用功」。從理論上說，太極拳所強調的「意氣領先」就是精神自我主宰下生理機能的全面整合和有效發揮。其「因應」機制包含有主體性的應當和客體性的應對這雙重涵義。

人是一種「具有自我意識」的生物，可以把自己的生命作為意識的對象，並能在行動中對自己的思想和行為進行雙向調節控制。人類應對外物的實踐則是一種自覺的「目的性行為」，沒有主體意識引導的生理本能反應，不能認為就是人類實踐，由此也無所謂人的自由。而在人的身心自我調控過程中，由注意和想像的自我暗示則具有極大的功效；它一方面對外物作出反應，另一方面則是對自身進行全面調整。

太極拳運行中不同階段（「進階」）「用意」的著眼點當是不同的。在「初學」進入「著熟」的第一階段階段，操作者尚缺乏自覺的「太極意識」，這時操作主要是道家所謂的「導引」，著眼於「以形導氣、以氣培意」，講求「形正、氣順、神寧」。

在「著熟」進入「懂勁」的第二階段，操作者已經鬆靜下來，這時操作主要則是在招式應對和運勁方式上悉心安排好自身和敵我雙方的虛實變換和陰陽平衡，表現出很強的所謂「存思」和「行氣」特點，講究「以意導氣、以氣運身」的「意到、氣到、勁到」。

在「懂勁」進入「神明」的第三階段，統合的「通變」涵蓋了所有具體的「變通」，這時操作主體的心理活動已經「虛化」為「潛意識」和「無意識」，由此活動形成了「類本能」的新「動力定型」和「訊息轉換」，由此出現道家所謂「無意之中是真意」的「坐忘」狀態；於是因應對方也就成了所謂「白雲出軸本無心」、「無思無慮」那虛實剛柔自然變換的「自動化」狀態，由此也表現出所謂「陰陽不測」的神妙。

人是具有精神自覺的生物，可以把自己的生命作為意識對象，人們的所有行為活動，都是在一定的思想意識和價值坐標支配下進行的。由此說來，太極拳的用意就是精神自覺的「用意識來引導和規範動作」。拳論所說的「先在心，後在身」，是初學者在未動之前先想動作，既動之後一邊做一邊想下一個動作。如此連綿不斷地邊想邊做，邊做邊想，也就把精神意識與動作結合起來了。熟練後則不必拘泥具體招式動作，只是堅持因應隨變的總體操作原則，讓意識與動作自然契合，而呼吸又自然地與動作配合，這時意、氣、勁三者也就合而為一。

### 3. 陰陽相濟：總體狀態要求

「陰陽相濟」是太極拳的「機理運行」原則，體現其

操作性的總體狀況要求；它基於自身組織結構的操作運行機理，同時也是指導操作的基本規範和調控機制方式，是為「鬆靜為本」價值參照的本質要求。它是中國文化對宇宙萬物運行那普遍規律性的理論解釋，又是中國人待人、接物、處事、應世的統籌兼顧、協調平衡之系統論方法，並強調一種整體全面的泛和諧效應；其核心精神則是整合相關所有事物對立統一的兩個方面，使之成為達到自身既定目標的有機整體。陰陽相濟的外部表現是中正和圓活，其內部狀態則是平衡與變換。

「陰陽相濟」的前提是陰陽判分，由此從「無極」進入「太極」後的運行機理和狀態，並且展開為動靜、開合、屈伸、進退的大化流行；在哲學上可視作對無極的「反題」。它不僅改變了「無極」的原始混沌狀態，表現為矛盾的對立統一運動，而且還突出了道家文化那用虛、用反、用柔、用弱的逆向思維和反向著力的特徵。

用現代語言說，陰陽判分的操作就是正視矛盾、承認對立，亦即堅持矛盾的普遍性。所謂「孤陰不生、獨陽不長」，中國哲學把整個宇宙和所有生命都看作是陰陽相互作用的過程和結果。陰陽相濟的核心是兼顧兩端、協調平衡、穩住自身，著眼變化的內在根據。正是由於事物內部兩個方面和兩種力量的客觀存在及其消長變換，自然、社會和人才能夠處於不停的運動流轉演進變化之中，因此得以存在和發展。

就其關係方面來分析，陰陽兩極相滅相生、相反相成、互寓互包、對待互根、聯結滲透、消長變換、生剋制化、相裁相輔、相濟互補，並且以統一體的方式呈現出

 太極拳的道家文化探究

來。如果沒有陰陽所代表的矛盾雙方的對立統一，也就沒有客觀事物的存在和發展。陰陽的對立統一關係，是客觀事物的存在方式。就其演化功能來分析，陰陽雙方動靜聚散、相摩相盪、氤氳化生，造成宇宙萬物的千變萬化。

所謂陰陽消長、剛柔生殺、晝夜遞承、四時交替、日月對比、寒暑相移，皆此之謂也。正是由於陰陽的變化功能，才使得萬事萬物得以生發敗謝，永不止息。

而太極拳運行中的隨曲就伸、捨己從人，就是以承認異己力量（他者）的客觀存在為前提的。但這捨己從人又必須反求諸己。

「陰陽相濟」是多向張力的纏繞互動，而不是對抗兩極的妥協調和；其實質是對立統一規律的操作功能體現。我們知道，西方哲學更多的是從空間構成描述其組織結構，而中國哲學則傾向於從時間綿延來把握其運作功能。它的核心，是在各種運動要素消長變化運行時，操作主體因應環境和敵手進行全息對應的陰陽互涵和變換，強調在對立中把握統一、在運動中實現穩定、在互動中追求協調。所謂「物物而不物於物」；它一方面充分利用矛盾對立面相濟互補的功能，另一方面又全面把握矛盾對立面生剋制化消長變換的態勢；在事物「自己運動」中，透過調整操作的主體狀態和利用客體的相互作用而實現人的目的。其突出表現，則不但有操作上「不偏不倚，忽隱忽現；左重則左虛，右重則右杳；仰之則彌高，俯之則彌深；進之則愈長，退之則愈促；一羽不能加，蠅蟲不能落；人不知我，我獨知人」的虛實變換和奇正生剋，而且還有力量上「柔裏有剛攻不破，剛中無柔不為堅」的剛柔

並濟和「積柔成剛、化剛為柔」的剛柔變易。

　　「陰陽相濟」的基本目標和追求結果，是自身（而不是對手）內外陰陽兩個方面的相裁相輔、相濟互補之動態平衡。由此太極拳特別講究性命雙修、形神共養、身心並完、人我互動、內外協調、萬物一體、天人合一等方方面面的陰陽相濟。

　　太極拳的陰陽相濟是全方位的，它不但貫徹始終，而且滲透在操作的所有方面。就身體活動的層面而言，它講究心身一體，由「氣」的運行整合身的動靜、開合和心的形神、體用，表現一種隨機應變而又動靜有序的行雲流水狀態；就社會功能的層面而言，它講究體用一如，藉由「勢」的利用、整合，「體」的虛實、剛柔和「用」的攻守、進退，形成隨機就勢和借力打力的生活應對功能；就精神走向的層面而言，它講究天人合一，由「神」的追求整合天的有無、陰陽和人的性情、志趣，由此達到參天地、贊化育、奪造化、合大道。

　　太極拳操作「須知陰陽」，由此反覆強調運行過程中陰陽兩個方面的全息對應和全面協調；例如人體的身心、動作的開合、功能的內外、關係的主客、行為的進退、力量的剛柔、方法的順逆、變化的虛實、狀態的有無、屬性的陰陽，還有人格的性情、態度的志趣，如此等等都要發揮相濟互補的作用。

　　就身體活動看，太極拳主張上下相隨、前後相連、內外相合、形神兼備、開合有致、體用兩全，把自身的方方面面都照顧到，然而又有先有後、有輕有重、有主有從，並不平均使用力量去搞簡單僵死的對等。

就應敵防身說，太極拳又隨曲就伸、捨己從人、以退為進、以守為攻、避實擊虛、借力打力、引進落空、後發先至，在保存自己的同時，有理、有利、有節地反擊敵人。

　　就精神發展而言，太極拳更是透過捨己從人、隨機就勢而走出自我中心那一廂情願的困境，利用陰陽有無、性情志趣等等符號系統去把握和建構一個新的精神世界，由此從必然中獲得自由；這其實也是在主客關係上充分尊重現實、面對矛盾、利用條件、運用規律的結果。當然，太極拳這一切都不是絕對的，然而卻確實是有個性並且有效用的。

　　在這裏，矛盾鬥爭是前提，協調平衡是目標，相互作用是內涵，形態變換是關鍵；離開構成矛盾那不同方面的對立統一運作，就無所謂什麼協調平衡。沒有分化便無須整合，沒有衝突對抗又何來協調和諧，在這裏，和諧狀態並不是由單邊主義自我中心的主體訴求和自我標榜的語言誇張所能決定的。

　　作為一種力量不均衡條件下生存競爭的環境應對之綜合性實用操作技術，相濟互補並不是折衷主義的和稀泥，更不是迴避矛盾的不變論或放棄原則的依附論，而是在各種因素的正反、順逆、進退、往來之矛盾應對過程中，時刻注意和協調和控制矛盾對立的各個方面。它不但是在訊息不平衡條件下迅速把握對象特徵和相互作用規律的方法，而且還是在應對複雜環境時防止偏差的方法。

　　太極拳不偏不倚、中正安舒、虛靈定靜的守中、用中，是由不同性質的陰陽在多個層面生剋制化整合的動態平衡（隨遇平衡）來達到的。太極拳主張服人、感人而不

是壓人、傷人，是和平主義的；但和平之實質不外是博弈過程中各種力量的平衡，而不是操作主體的自我消解。它並不是簡單執著和拘泥於原有兩極的僵死存在，而是在運動中把握兩極生氣勃勃的陰陽相濟，並由此達到自身目的。它不是事先主觀主義去設定一個絕對平衡，而是在處理矛盾的運動過程中隨機就勢地形成自身的穩態。它講究「捨己從人」走出自我中心，但又「順人而不失己」地借力打力，表現出「本來如此」和「從容自如」的真正自信。模糊目標、消解自我、放棄原則、依附外力，不可能達到新的平衡。正視矛盾是化解矛盾的前提，迴避矛盾只能是被矛盾所支配。

筆者強調，「陰陽相濟」並不是折中主義的和稀泥，更不是迴避矛盾的不變論，而是在於「有進有退、有來有往」的矛盾應對過程中，時刻注意和協調、融匯矛盾對立的兩個方面，並且「用革命的兩手對付反革命的兩手」。西哲有云：「上帝死了之後，任何情況都可以發生。」面對當代「風險社會」，我們隨時都得要有「陰陽相濟」的兩手準備。

### 4. 以柔克剛：運行效應特徵

「以柔克剛」是太極拳運作的「效應性」原則，表達其條件約束、類型特徵和效應要求。它是太極拳「鬆靜為本」價值參照的必然選擇，也是其操作結果的集中表現；其基本精神是在力量不均衡條件下的博弈中，追求自身消耗最少而目標效用最大。事物中陰陽屬性或狀態無不在一定條件下向自己的對立方面轉化，問題在於到底怎樣讓這

些轉化於己有利和於事有成。從哲學上看，如果說鬆靜為本的無極是「正題」，意氣領先和陰陽相濟的太極是「反題」，那麼以柔克剛的神妙則屬於二者綜合的「合題」；它表達了從「鬆靜」到「虛靜」（即從「鬆」經「通」到「空」）的境界提高。

「以柔克剛」是操作效應，而不是心理麻醉；它首先是種「捨己從人」避免正面對抗的迂迴作戰鬥爭方略，由沾黏連隨、不丟不頂的運動戰法，達到引進落空和借力打力的「牽動四兩撥千斤」。這是實際力量博弈互動的一種特定方式，而不是「跟空氣作戰」的主觀心理想像，更不是迴避矛盾、抹煞鬥爭、消解自我、妥協投降的自我麻醉；其前提則是以弱對強，方式是迂迴作戰，關鍵在避實擊虛、結果是以小制大。

就主體操作而言，陰陽相濟大體可以劃分為陽剛的「勇者戰略」和陰柔的「弱者戰略」這樣兩種類型；所謂「強則攻、弱則守」，操作時到底應用那種類型，則要由操作時主客體雙方的矛盾性質力量對比以及他們所處的環境條件決定。

就歷史背景來說，中國式的「以柔克剛」大概是跟柔弱的農業民族面對強悍的游牧民族（近代以來則是積貧積弱面對「船堅炮利」）這個歷史背景有關聯的。就哲學上看，「以柔克剛」的可能性在於老子所云「反者道之動、弱者道之用」的辯證法，亦即事物無不在一定條件下向其反面轉化。由此「天下之至柔，馳騁天下之至堅」，「弱之勝強，柔之勝剛，天下莫不知，莫能行」。所謂「寸有所長、尺有所短」，一切都是相對的，強者有弱的方面，

弱者有強的因素，在一定條件下強弱的狀況是可以發生變化的。

至於武力衝突中這種柔弱勝剛強的選擇，則在很大程度上是建立在「乘敵之隙的可能性」基礎上的。這是一種基於多方的關係和走勢而不是孤立個體自身實力的考慮，並由所謂「聽勁」（一種以觸覺為切入點，「用心」而不是「用耳」的身心合一的「本體感覺」）把操作主體跟周圍環境條件貫通起來。所謂「夫兵形像水，水避高而趨下，兵避實而擊虛」，而「人不知我，我獨知人，英雄所向無敵，蓋皆由此而及也」。主動權最後原來可以歸結到對環境訊息的充分利用上面。訊息跟實力相比，顯然是一種柔性的因素。「以柔克剛」的運行機理依據，則在對立雙方力量於不同方向和層面虛實變換所形成的優勢。作為一種力的較量效應，這種方式從弱者面臨強敵這個前提出發，戰略上「以一當十」和戰術上「以十當一」，利用訊息調控乘機就勢、揚長避短、以靜待動、引進落空、避實擊虛、借力打力、後發先至、出奇制勝，由「不比而比、比而不比」以及「抗而不對、不對而抗」的「矛盾」運行方式，達到「以柔克剛」的效果。

傳統太極拳由此發展出一整套訊息調控技術，表現出一種所謂「牽動四兩撥千斤」的極為高明的個人技巧。就社會而言，這種個人技巧如果在消極方面發展，有可能演化為「非法制」的一盤散沙狀態；但在積極方面發展，又包含有高度主體智慧和創造的無限可能。

「以柔克剛」強調其所運用的力量性質，是一種柔而不軟、堅而不硬、鬆彈圓活、綿裏藏針的強大「內勁」；

其要並不在絕對量的大小，而是在於關係態勢上的占優；其特徵則是敵我關係上捨己從人的柔性、順而不屈的彈性、人不知我的隱性和百折不撓的韌性。

就價值取向而言，它摒棄先下手為強的主觀武斷，反對恃強凌弱和以眾暴寡的以勢壓人，依託智慧而不是蠻力，強調獨立自主和有理有節的從容應對，把以理服人跟技擊技巧統一起來，在被動的形式中實現主動的內容。

就物理機制來說，它把力量跟力量的運用區別開來，把陰陽虛實的變換效應發揮到了極致。「有力打無力、手慢讓手快」本是「先天自然之能」，這是別無選擇的客觀規律性；但現在問題在於力是個「向量」而不是「標量」，它不僅有數量上的絕對值，而且還有非數量的方向和力點。方向不對，作用不到點子上，力量再大也沒有意義。而且，應對環境和抗擊敵人也不是個自身力量的顯示問題，它要處理不同力量的相互關係和運用有關力量的運行機制，並且要達到主體操作的一定目的；孤立地討論單個力量的大小其實沒有實質意義。

前面我們已經說到，剛柔的涵義並不是孤立主體自我中心的固定屬性，而是相互作用過程中的關係態勢。所謂「人剛我柔謂之走」，強調以柔克剛、避實擊虛的「走化」。在這裏，「走」是運動，「化」是變化；亦即由運動所帶來的變遷以解決矛盾。按筆者理解，這裏的「化」字有「狀變」（不執名相；因應環境而改變存在狀態）、「無別」（不失主宰，我還是我，不因狀變而異化）、「有異」（關係已變；衝破原先被動格局，主客關係發生改變）、「通虛」（神妙莫測；這種種變化讓對手摸不著

頭腦）等多重涵義；由此局部的「變通」也就上升為全局性的「通變」。

太極拳以鬆柔為體，以不爭為用，突出崇虛、尚柔、貴化、善走、用反、守弱，反對好勇、鬥狠、誇強、爭勝、恃力、頂抗，表現出「反者道之動，弱者道之用」和「無為而無不為」的哲學信念，巧妙地運用矛盾統一和轉化的規律，欲取先予、欲抑先揚地從反面入手去達到正面的目的。

在技擊上的應用，其典型的事例則是「將欲弱之，必固強之；將欲取之，必固與之」。作為一種柔性武術，太極拳在運行上處處表現出重巧輕力、重智輕勇、捨己從人、因敵變化、引進落空、避實擊虛、迂迴待機、以守為攻、就勢借力、後發先至、不丟不頂、曲中求直的以柔克剛鮮明特點。

技術操作上它示形造勢、利用對手、奇正生剋、張網設套、整體佈局、靈活善變，突出兵不厭詐的權謀詐偽，創造條件讓進攻的敵手自動地走向其願望的反面。其給人感覺則是觸處成圓、落點成空、浪跡大化、妙手空空。它考慮問題的基本思路，就是在改變自己以適應環境的同時，也進一步改變環境來發展自己。其核心追求則始終是隨遇而安和動態平衡那維持自身的存在和發展。

對太極拳來說，「以柔克剛」是價值取向上「鬆靜為本」和運行狀態上「隨曲就伸」的外部展開，又是操作原則上「捨己從人」和技擊效應上「借力打力」的功能體現。它那因應趨避的迂迴曲折運行方式，發展出把審敵和制敵融為一體的「走化」和「黏發」兩大應對技巧，由此

表現出跟逃避或妥協表象完全相反的內容。

它的最高境界，是在大化流行中遊戲三昧，把生命（自然演化的特定階段）、生活（人類生命的社會化展開）、生態（不同生命有機聯繫的鏈條）融為一體，在操作中隨機就勢、尋機造勢、得機得勢，一方面以不變應萬變（中定），另一方面又以萬變保不變（走化），不卑不亢地走出自我中心但又不迷失原初本性，由此把道家的有無、佛家的色空、宋明理學的太極無極綜合為大化流行中的定靜，不但表現出道家「無所待」的「逍遙遊」和佛家「圓融無礙」的「大自在」，同時還把世間暴戾衝突和機巧權謀化作一片天然流行的祥和之氣，在因應環境和靜觀天地萬物相互作用過程中自然而然地實現自己的目的。黑格爾把這稱之為「理性的狡猾」，而孔子所云「從心所欲不踰矩」亦此之謂也。這正是前人所說「循規矩而脫規矩，脫規矩又合規矩」，得心應手、身心合一、順乎自然，由此把「自然與人為」在操作上統一起來，表現出跟西方文化把「自由與必然」在認識上對立起來的不同理解。其文化內涵在於充分利用環境訊息和走出自我中心困境，因應整個大化流行，奪取天地造化並獲得自我實現。

就本質上說，它尋機造勢的聽勁和問勁具有某種學習型社會的因素；它不丟不頂、捨己從人、隨機就勢、借力打力的以其人之道還治其人之身，也貫穿有類似節約型社會、生態循環經濟的可持續發展原則；其發展方式則跟新近提出那整體協調的「科學發展觀」訴求同構暗合相通。

筆者感嘆，自我有限、演化發展無窮，學海無涯、藝無止境。所謂禍福變異、天道循環，太極文化並不執著於

眼前一時一事的成敗得失。

由此太極拳操作上的四項基本原則就不是西方式對象認知型的狀態評估和機理分析，但也不是我們主體運行中妄自尊大的心理訴求和自我標榜，不是時下孤立主體自我中心一廂情願和單一層面急功近利瞬時衝動那任性和執著，而是處於一定歷史關係中的獨立個體在複雜環境應對互動中「只問耕耘、不論收穫」那超越自我、走向未來的實踐探求；其著眼點並不在預設（或許諾）那對象化最後結果，而在大化流行中過程性精益求精的操作原則，是宇宙演化中因果循環的運行機制；由此實用功利性的技術規範便走向超實用非功利的藝術追求。

古人有云：「正其宜不謀其利，明其道不計其功」，人的實踐確實無法擺脫社會歷史條件和物質性「需要——滿足」結構的制約，但卻完全可以超越一己之私那慾望衝動，著眼於整體和未來。於是人的發展除了要遵循外在「物的尺度」以外，還當要按照內在「美的規律」（馬克思所說人的「兩個尺度」即此之謂）。在當代社會的歷史變遷中，太極拳的這四項基本原則確實能給我們以巨大的啟發；它既是精神和哲學層面的，又是技術操作層面的。

### 三 破除誤解：深入探究內涵

人們經常批評以太極拳為代表的內向柔化、主靜持敬的東方文化壓抑自我、消極退讓、精神萎縮、不思進取、無所作為、苟且偷生以至反動倒退、危害社會等等；這應該說是很不全面的。基於問題本身的複雜性，特別是在當今急功近利和心浮氣躁文化背景下，人們對太極拳的文化

內涵往往有很多的誤解。

有些前面已經有所涉及，這裏再集中討論五點：

## 1. 消極被動問題

人們對太極拳的第一個誤解，就是認為它那「鬆靜為本」、「隨曲就伸」、「捨己從人」、「以柔克剛」的弱者戰略是沒有自我的「主體性」和喪失運動的「主動權」，從而並不符合當今「改革、開拓、進取、創新」的時代精神。但筆者以為：

**第一，這顯然是把心浮氣躁和自我中心的一廂情願，當作是主體性和主動權了。**

所謂「積極」，是指主體性的進取態度和行為。一切實踐操作確實都是「主觀見之於客觀」的主體性進取行為，然而任何主體又都是在跟客體關係中定義（所謂「依他起義」）的，而主動權也同樣是在處理跟客體關係的過程中展開。脫離現實、無視對象、不顧環境、迴避矛盾的主觀主義，恰好是喪失真正主動權的根源。我們必須要走出當代人那自我中心的困境。特別是在力量和訊息不均衡那尖銳和複雜的敵我衝突中，堅強的主體意志跟冷靜的對象分析是圓融在一起的，這裏容不得任何「精神手淫」式的自戀傾向。

事實上真正的捨己從人是以明確的自我意識和對象意識為前提的，認識對手和環境，同時也就是認識自己。老子有云「知人者智、自知者明」，亦此之謂也。從理論上說，「捨己從人」的內涵當是面對現實、尊重規律、隨機就勢、引進落空、借力打力的「順人而不失己」；它既不

是不顧現實、無視規律、自我中心、剛愎自用、妄動蠻幹的「精神自我擴張」，也不是跟風從眾、隨波逐流、逆來順受、消解個性、苟且偷生的「精神自我萎縮」。

就形式而言，太極拳處處「隨曲就伸」、「捨己從人」好像完全沒有了自我；但就內容而言，它卻是遵循客觀規律和利用環境訊息來達到自己的目的，由此而又復歸了自我。《老子》云：「是以聖人後其身而身先；外其身而身存。非以其無私邪？故能成其私。」即此之謂也。

就價值而言，否定是聯繫的環節更是發展的環節，著眼對立並不等於放棄原則；就態度來說，冷靜是把握對象和全面認知的條件，沉著應對未必就是無所作為。有人覺得太極拳的「捨己從人」、「順應自然」是一種「無所作為」的消極被動方式，屬於「懶漢和懦夫的世界觀」，由此會放棄「人之為人的歷史使命」。但問題在於這裏所謂「無為」，並不是真的無所事事和無所作為，即所謂「寂然無聲、漠然不動、引之不來、推之不往」狀態，而是排除主觀私見、順應客觀規律的「寂然不動、感而遂通」的「後發先至」，是一種有感即應、因敵成形、不亢不卑、有理有節和充滿生機活力的「大化流行」。

在中國文化中，經常使用「無為」這個術語。它字面上的意思就是「不行動」。在西方，這個術語通常被簡單地翻譯為「被動性」；這是不恰當的。

中國文化中的「無為」方式，並不是指不採取行動，而是指不要採取某種與正在進行的宇宙過程不和諧、不協調的行動，這涉及所謂「主觀能動性跟客觀規律性」的深刻關係問題。著名的漢學家李約瑟把「無為」定義為「不

要採取違背自然的行動」，按照李約瑟的說法，某個人不採取違背自然的行動，那麼他就與「道」相和諧，則這種行動將會成功。這就是老子的似乎使人迷惑不解的名言：「無為而治。」

太極拳的「無為」是為了達到「無不為」。這是一種在消極被動的形式中包含著極其積極主動的內容的運動方式。它所堅持的原則性，是寄寓在靈活性之中的。這也就是太極拳常說的「方在圓中」。

第二，事物演化有起有落；形式上的轉移後退，並不等於實質上的屈服妥協。

力量衝突本來就是有進有退、有攻有守的。所謂以退為進、以守為攻、引進落空、借力打力，太極拳式的圓圈運動已經把攻守進退完全統一起來了（在這裏，大踏步後退跟大踏步前進其實是同一回事）。中國哲學並沒有西方哲學所謂「自由意志」、「自由選擇」一類主觀、單向、線性的說法，更多的只是傚法自然、奪取造化，從而達到「與萬物並生、與天地為一」的精神追求。

在中國人的心目中，對立的兩極完全是可以圓融在一起的。中國哲學也講「從心所欲不踰矩」，然而這只是一種在關係和過程中「與物俱化」、「遊刃有餘」的「大化流行」境界，而不是某種自我中心和一廂情願的孤立主體性訴求。

應該明白，自我是在跟對象的關係中產生的，只有走出自我中心的一廂情願，才有可能找到真正的自我。我們不能「沒有自我」，但也不能「只有自我」；社會生活並非只有一個主體，在我旁邊還有你，在你旁邊還他，在我

後面還有我們，在你後面還有你們，在他後面還有他們；這些不同的社會主體有著明顯的利益分化，互相之間除了共同利益以外還有相同利益和不同利益，而這種種利益之間則存在著極為複雜的協作、利用、競爭和頡頏的關係。特定主體自我中心單向線性的瞬時利益衝動，顯然是無法評價不同主體相互之間歷史變遷的種種是非對錯的。

　　除了人的關係以外，還有資源、環境和生態的關係，人跟人的整體生存環境本來就是辯證統一的；為了完成這種統一，人在活動中就必須要超越自我中心並透過中介的不同機制去作用於環境，這也就是荀子所說的「假於物」，亦即西哲所云「製造和運用工具」。但在這過程中，又要注意不能反過來被工具所利用（「物於物」）而形成所謂「物的依賴關係」。

　　由此《莊子》有云：「物物而不物於物。」《孫子》亦曰：「致人而不致於人。」用黑格爾的話來說，這就是一種「理性的狡猾」。馬克思在《資本論》中就引用了黑格爾這句話並用以說明人類勞動的特性。太極拳的隨機就勢、捨己從人、引進落空、借力打力，就是這樣的一種「理性的狡猾」。這種「以其人之道還治其人之身」和「不戰而勝」的中國式智慧，普遍地體現在中國社會的各個方面。社會生活中個人力量確實無法跟社會力量抗衡。但任何個人又都可以在各種社會力量摩擦、衝突和耦合的運動過程中，「因勢利導」地達到自己的目的。

　　例如中國歷史上能調動敵手的極高明的軍事和政治鬥爭藝術，不就明顯地表現出某種太極拳式的中國智慧嗎？當代社會化的大商品競爭過程中，不也用得著類似太極拳

的「人取我予，乘虛而進」和利用形勢，藉助對方的高級競爭方法嗎？我們如果偏離了這種「利用中介」的「間接性原則」，讓一己之私無限膨脹，這好像更為直接快當，但結果卻只能是逆向於人類活動規律的「捨近求遠」了。由此我們重申，「隨曲就伸」的實際內涵，並不是逆來順受、隨波逐流的任人擺佈，而是隨機就勢、進退自如的自在瀟灑。而「捨己從人」的實際內涵，也不是迷失本性、跟風逢迎的妥協盲從，而是走出自我中心、擺正人我關係的高度自覺。

必須強調，「捨己從人」本是一種因敵制勝的主體行為，而絕不是逆來順受的無奈之舉；其內涵為因敵成形、有感即應、就勢而動、借力打力，而不是洞開門戶、依賴外力、消解主體、任人擺佈。但時論於此卻多誤「捨近求遠」（切身為近、外物為遠），把反求諸己的切身體會變成了迷失自我、聽命於人。由此使太極拳的整個性質便發生了根本的變化。

有人以為，太極拳的這種「以弱對強」謀求生存的思想是提倡一種「弱者的道德」，並因而會造成一種「菁英淘汰機制」，不符合「優勝劣汰」原則。但問題在於優劣本來就是相對的，同一事物在不同層面上相對於不同目的之優劣並不相同，而且在生物界人類並無強牙利爪，如果光允許「弱肉強食」的既定秩序和相應的「強者道德」，那就不可能會有今天整個人類的發展。離開一定價值目標和操作層面其實也就無所謂什麼優劣，而在不平衡的實際運行中人們又當揚長避短；而且，我們社會歷史上的那些「菁英淘汰」現象，其實又恰好是「依附強權」而不是

「遷就弱者」形成的。

在這裏我們不禁要問，在社會競爭中為什麼不能揚長避短而必須跟風逢迎呢？在客觀的生存競爭中，事實上也並非只能允許獨有一個弱肉強食的叢林法則。例如遠古時期曾經雄霸地球的恐龍至今已不復存在，但那些並不起眼的老鼠、蟑螂卻具有極為頑強的生命力。（當然，這裏群體與個體的差別應該注意，但其背後那普適技術但卻又不普世的社會歸屬也不容忽視。）

### 第三，積極並非是強勢主流的霸權話語

就引申義來說，太極拳「隨機就勢」的「揚長避短」和「以弱對強」、「以小制大」，實際上還提出了一個處於非主流狀態的「弱者權利」及其實現問題。它敢於挑戰「壯欺弱、慢讓快」那「先天自然之能」的必然命運安排，開闢「耄耋能禦眾之形」那以弱對強、以小制大、以靜待動、以柔克剛的可能性探究，唱出「我命在我不在天」的真正中國式主體性旋律。

它在吸收西方「自由、民主、平等、博愛」觀念的同時，並不認同「從來如此、於今為烈」那恃強凌弱、弱肉強食的偽自由，以眾暴寡、缺乏公正的偽民主，埋沒個性、平均主義的偽平等，放縱邪惡、苟且偷生的偽博愛，而是由捨己從人、隨機就勢、虛實相生、借力打力的陰陽變換而達到窮變易通。它一方面隱含著對抗強權、扶危濟困（反對偽自由）、匡扶正義、打抱不平（反對偽民主）、遺世獨立、表現個性（反對偽平等）、疾惡如仇、行俠仗義（反對偽博愛）的武林德性，另一方面又表現了順應環境、尊重現實（爭取真自由）、化解矛盾、整合分

歧（爭取真民主）、隱逸自得、瀟灑自如（爭取真平等）、返璞歸真、不強出頭（爭取真博愛）的隱士作風。由此它把縱向的統治和抗爭變成橫向的協商和平衡，把暴力的專橫變成智慧的勝利。

它的「隨心所欲」，是建立在「不偏不倚、隨曲就伸」和「捨己從人、隨機就勢」的基礎上面；它那「用意調神」是個根本性的技術支柱，然而由此卻反對沒有目標方向的妄動蠻幹和一廂情願的主觀主義。敢於面對現實、尊重規律、不迴避矛盾和反對主觀主義，並不等於就此便沒有了主體性和主動權。儘管它並不認同西方式那強加於人的「自由意志」，但事實上也能自滿自足而活得相當「逍遙自在」。

### 2. 陰險欺詐問題

人們對太極拳的另一個誤解，則是認為太極拳的「引進落空」、「借力打力」的「以弱對強」和「以小制大」，只不過是弄虛、用誘、行騙、使巧，並不懂得「堂堂正正」那力的競爭和抗衡，「違背客觀的競爭規律」，反映了虛偽、欺詐、陰謀、權術那「菁英淘汰」而不是「優勝劣汰」的負面文化性格，由此阻礙了歷史的發展。但我們以為：

第一，這顯然是不懂得利益對抗那生死相搏條件下「兵者詭道」的「兵家技巧」，特別是忽視了弱者的生存權利及其實現機制。

傳統的技擊技術（其生物學基因是種間生存競爭中的攻擊自衛本能）並不是現代的體育競技（其生物學基因是

種內競爭中的性炫耀和性選擇），它的追求目標並不是「公平競爭」條件下的「更高、更快、更強」，而是「不能選擇敵人」狀況下的「揚長避短、避實擊虛」。

武術技擊的前提是不能選擇敵人、力量並不對等和不受規則限制，具有突發應急、私下隱蔽、不擇手段和殘酷致命等特點，由此從性質上區別於確定範圍、大體對等、規則引導、公平公開、遊戲觀賞以至自我賣弄和商業炒作的體育競技活動。在綜合素質生存博弈的過程中，人們不但要較力，而且還要較智、較技、較巧。所謂「兵不厭詐」。在生存博弈的利益衝突中，就是要採取各種欺騙敵人的方法使其陷於判斷錯誤和行動錯誤，從而瓦解其優勢和主動。在這裏，「我們不是宋襄公，不要那種蠢豬式的仁義道德。」由此當要把太極拳「生命之道」和其「存活之術」作出適當的分析。

作為「生命之道」，太極拳講究尊重生命、順應環境、養護身心，追求「超越自我」的逍遙自在；但作為「存活之術」，它又必須面對矛盾、尊重現實、迎接挑戰，服從「保存自己、消滅敵人」的技擊原則。在操作上，太極拳具有「壓倒一切敵人而不被敵人所屈服」的英雄氣概，也有「根據情況變化而隨時改變自己」的靈活作風，由此構成自身生活中「生」與「活」那多個層次上的陰陽相濟。

第二，太極拳所反映弱者求生的「弄虛使巧」僅侷限於自衛的範圍，並無任何主動侵犯他人的意圖。

在這裏，我們要把強者的任意妄為跟弱者的求生自保明確地區別開來。太極拳「以柔克剛」的背後，實際隱含

著反對強權政治、消解弱肉強食、維護弱者權利、形成多樣發展的現代價值追求。其行為基礎，是利而不害、為而不爭、處謙守下、淡泊平和的養生自保，堅決反對好勇鬥狠、恃強凌弱、妄作非為、惹是生非的暴力崇拜，並且以厚德載物、禮讓為先、雍容大度、豁達瀟灑的人格力量去折服對方，明顯地表現出中國文化泛道德主義傾向，具有崇德、尚禮、處謙、守下、正身、內向的退讓特徵。老子云：「天之道利而不害，人之道為而不爭」，即此之謂也。

跟太極拳戰略思想聯繫在一起的，是「保盈持泰」、「謙受益、滿招損」一類的政治哲學和人生哲學，而不是什麼陰險狡詐、損人利己的政治哲學和人生哲學。它主張不偏不倚的立身中正，反對強加於人的專橫武斷，強調「服人」而不是「壓人」。它之誘使敵手犯錯誤，是在敵手侵犯過程中發生的。如果敵手不來進犯，那也就不會犯錯誤。金庸在為吳公藻《太極拳講義》一書所寫的跋文中，曾經生動地描述過太極拳這種「隨機就勢、揚長避短、避實擊虛、借力打人」的特點：「太極拳不運氣、不用力，力氣的來源在於對手，我只是轉移對手力氣的方向。對手所以失敗，是他自己失敗的，他是被自己的力氣所擊倒。如果對手自始自終保持他的重心和平衡，或者他根本不來打我，他就不會失敗。練太極拳的人，應該不會主動攻擊別人。」

所以，太極拳在力量上講究方在圓中、外圓內方，在人格上則講究仁義為本，智圓行方。假如失去了中正平和、誠信仁愛、積功累行、化惡揚善這些主心骨（我們不

是不要任何平和仁愛，而是反對霸權話語下自我標榜那虛偽的「平和仁愛」），那任何陰柔巧詐都將失去作用。任何個體對抗都是在一定社會歷史關係和思想文化背景下進行的，它不可能脫離社會道德認可這個框架。

道家「反者道之動、弱者道之用」的守虛用反來自於「自然無為」之道而不是人心險惡之詐。自然之道本無害人之心，人違道則會自招其害，循道而行便逢凶化吉，如此而已。陰謀詐偽本為道家所禁，事物的進退往來、興衰成敗皆有其自身的客觀規律，道門「用反」不外是依據物極必反之理和就其大化流行之勢，觀其預兆並因勢利導實現自身目的。道門行事以道為本，故可以無為而無不為。

**第三，生死搏鬥並不是藝術表演。**

有人覺得，這種缺乏正面抗衡的戰鬥方式，沒有「男子氣」和「英雄味」，一點也不「帥」、不「酷」、不「勁」和不「過癮」；但面對強敵，簡單的拼消耗和出風頭是不可能獲得成功的。

在方法論上，它那虛實變換、剛柔並濟、避實擊虛、以柔克剛的陰陽之道，在資源制約條件下也明顯地表現出自身的存在理由和實際功效。它在滿足需要方面所遵循的發展思路，實質上是一條內源多向、靈活機動、隨機應變的戰略。它在充分利用環境訊息的前提下，把改變自己跟改變環境統一起來，把滿足需要跟改變需要統一起來，講究一種合理適宜的生產和生活方式。

這個戰略在工業社會中曾經被認為是已經過時；但在今天「後工業社會」的全球問題和人類困境面前，卻又煥發出古人生命智慧的迷人魅力。

總起來說，太極拳技術體系中著法成形、勁法成勢、因應知機、變化守中、借力打力、虛靜自保；其基本結構，呈「陰陽相濟」兩極互補狀態；其技術特徵，則有「以柔克剛」的陰性文化功能。這是一種面對強敵時「自強用弱」和「以弱對強」的自衛形態，在一個極為被動的形式中表現了高度主動的內容。它那以尋機造勢而不是正面抗衡為中心的技擊方式，則是跟這「以弱對強」的自衛戰略相一致的。

　　在處事上，它講究因應自然、捨己從人、隨機就勢、順而不屈，不做自我中心「自作主張」的主觀主義，始終堅持有理、有利、有節的以柔克剛、以順避害和以守為攻、後發制人，決不赤膊上陣爭氣鬥力「拼消耗」作無謂犧牲。在立身上，它強調反求諸己，培植內勁、追求功力、運用技巧，杜絕對敵方的各種僥倖和幻想心理，立足於「依自不依他」的自力更生，依託強大的後續力量，突出自身主體和個性。由此性格上柔而不軟、剛而不脆，行為上利而不害、為而不爭。它既不爭霸奪魁、稱雄四方，也不無視現實、迴避矛盾；這是一個「不爭的鬥士」和「柔弱的強者」的人格形象，表現出極為頑強柔韌的巨大生命力，以最少的投入換取最大的收益。

## 3.「慢節奏」問題

　　人們對太極拳還有一個誤解，就是覺得太極拳表現出某種「慢節奏、低效率、超穩定」的行為風格，明顯跟當代社會那種「快節奏、高效率、講創新」的時代精神極不適應。由此不少人用「打太極拳」來象徵我們傳統文化那

所謂「僵化遲緩」的運轉方式，用「打西洋拳」來比喻現代文化「靈活高效」的運轉機制。

下面我們再分別回答這些問題。

先說「慢節奏」。就現象形態而言，太極拳那舒鬆遲緩的運動節奏和「不敢為天下先」的戰略考慮，就現象上確實跟當代的價值取向和行為方式格格不入。

**第一，人們總是片面強調自己有多快，卻很少考慮對手到底有多快，客觀需要是多快。**

問題還在於究竟什麼是「快」，什麼是「慢」？快慢是個相對性的範疇，如果離開主體狀況、運動目標、作用對象，以及這幾方面的相互關係作為參照坐標，那快慢不但毫無意義而且也無法判斷。

另外，人體內外各種活動和變化都是需要有一個時間持續過程，而這個過程又確實需要有一個合理的速度。人的運動速度並不是無邊的，它既要受人體自身生化能量閾和生理節律閾的限制，又要受運動目標和作用對象的限制。從交手應敵的角度來看，就更需要有一定的時間來判斷敵情和尋求並造成取勝的機勢。由於無法選擇敵人，因而任何人都難以保證自己的速度一定會比敵手快。在敵手比自己強和快的條件下，主觀主義和手忙腳亂的「先下手為強」只能導致更快和更徹底的失敗，

一個弱者在守勢的情況下，最後能夠得以取勝的條件顯然並不能簡單地認為只是個速度問題。從技擊效果方面來看，七八十歲年已古稀的老拳師，在交手過程中居然能夠對付並戰勝身手敏捷的莽撞小夥子，這裏起作用的，難道只是個「速度」問題嗎？太極拳術把動作的快慢置於敵

我相互作用和力量耦合的過程中予以考慮，講究「動急則急應，動緩則緩隨」，這種主體跟參照系相互作用的時間觀和把握處理問題的方式，不能不說要比那種外在機械均勻流逝的時間觀和相應一味求快的把握處理問題方式要高出一頭。

**第二，快慢並不是絕對和永恆的。**

任何快或慢在一定條件下都必然會轉化為自己的對立面，並形成一定的運動週期。極而言之，我們假定事物的運動節奏可以不斷地加速下去，那最後的結果，則只能是爆炸、死亡，或轉化為他物，亦即轉化為慢節奏。世界上沒有，也不可能有永遠加快下去的運動節奏。反過來，慢節奏也同樣逃脫不了轉化為快節奏的最終命運。

相對論從物理學的角度曾經對此作過定量的描述：物質運動的速度越快，時間也就越慢，如果運動速度達到或者「超過」了光速，時間也就無限地慢了下來。最快的速度和最慢的時間這對立的兩極在這裏也就達到了同一。因此，太極拳所注意的重點，並不是快慢本身而是快慢的轉化。它所講究的是操作上的「極慢然後極快」和功能上的「後發先至」。

太極拳特別注意從敵我雙方關係和身體操作技術兩個方面去解決快慢的把握和轉化問題。這種把握和處理問題的方式，就很難說會比孤立地只講快講慢的「絕對值」會「低劣」多少。在練習過程中，太極拳對身體內外、上下、前後、左右等各個方面處處悉心照料，儘量放慢動作去體認、感受和玩味各種可能的變化和變化的可能，在運動過程中儘量減少各種不必要的多餘動作和可能顯露給敵

手的破綻，以便日後在實際過程中可以「不假思索」地得心應手，隨機應變；在具體的交手過程中，又可以不浪費體力和以穩準求勝。

太極拳自身的運勁過程，十分講究「有蓄有發，蓄而後發」，「蓄勁如張弓，發勁如放箭」，「蓄之既久，其發必速」，「曲中求直，後發先至」，等等，分別在太極拳術動作中的能量儲備、動作變換、運勁路線以及敵我雙方關係和它的各種變化可能性等方面，去解決相對的速度效應問題。在實際交手過程中，太極拳更是講究態勢時機的利用，所謂「逢化必打」、「逢丟必打」、「摸實就打」，等等。由「得機得勢」的攻守同一去做到「後發先至」。

實踐證明，太極拳師的心理反應和身體反應速度都不低於西洋拳擊手。但太極拳處處強調「以意在先」，把心理反應速度擺在身體反應速度之上，其技術的合理性和可行性都應是站得住腳的。所以，我們一旦跟高手過招，便往往會覺得他們「全身鬆軟如棉，轉動如旋，吐氣如泉，觸人如電」；其勁路一放，便是「如泉之湧出，如毛之燃火」，電閃雷鳴般地把人制服。

**第三，快慢功能在現實中是互補的。**

快有快的功效，慢也有慢的用處。事實上，任何事物的運動都是有快有慢地形成一個合理節奏。太極拳就像不排斥慢那樣也不排斥快。它講究的是先慢後快、快慢有序、該慢則慢、該快則快、快慢互補、相互協調。如果我們超出技術的範圍，從一般方法論的角度去看，一個合理、和諧、穩定、協調的節奏，總要比片面求快的急躁冒

進更有紮實的效益和長久的生命力。

　　人的天性也決定了作為受生、長、衰、老、死生理節律支配的生物，不可能總是一刻不停地高速運轉的。「文武之道，一張一弛」，就人的身體活動形式來說，在快節奏的社會生活過程中，一些舒鬆緩慢的身體活動可以使人們因過分緊張而被弄到精疲力竭的身心狀態得到一定的鬆弛和休息，讓一些被異化和扭曲了的心靈有機會恢復正常。這不是很好嗎？過分緊張的生活對生命能量的消耗已經接近臨界點了，如果再加上一番毫無節制的狂熱宣洩，那有限的生命能量能夠繼續支持下去嗎？

　　所以孤立地把「快節奏」當作是有活力的上升的表現，而把「慢節奏」看作是衰亡的向下的象徵，這至少是片面的。脫離具體的客觀條件和相應的參照系而去抽象地評判快慢節奏的價值，顯然不可能得出科學的結論。事實上，「快」與「慢」的價值是各有千秋的。某些快節奏當然可以是蒸蒸日上，但也可以是江河日下；某種慢節奏固然常常是由於失去了活力，但有時又表現了事物的穩固和強大。它們的價值都必須放到具體的環境中去評價，依時間、地點、條件為轉移。意定神閒的不慌不忙，未必就一定低劣於心浮氣躁的手忙腳亂。

　　你看慢節奏的太極拳偏偏在快節奏的當代社會中得到了廣泛的流行和長足的發展，這不也說明了它具有某種滿足現代化社會生活需要的特殊價值嗎？

### 4. 「低效率」問題

　　談到效率，太極拳在這方面似乎確實存在一些問題。

「學拳者如牛毛，得道者如麟角」的群體效應，還有「太極十年不出門」的個體效應，在一定條件和一定範圍內也確實值得人們深思。但是：

**第一，效率是個價值性概念。**

任何效率都是相對於一定目標或參照系來說的，表現為指向價值目標的投入產出比，離開總體目的和當前任務孤立地談論效率並無實際意義。例如勞動解放與資本擴張，就是兩種方向完全不同的價值目標。對於造就商業化的專業拳擊手而言，太極拳的訓練方式確實是低效率的；然而對大多數從事太極拳鍛鍊的人們來說；目的其實並不是成為什麼專業拳擊手。從最終和最高的意義上來說，人在自己活動中追求的並不是外在的抽象效率，而是一系列具體目的和需要的滿足，並由此維護自身的存在和實現自身的發展。

效率只不過是人們為實現目的的一個「中介」、「手段」或「標誌」。而且，如果物質運動形式越複雜，越高級，其中所包含的內容也就越豐富，越有系統性，與之相應的運動效率也就越具多方面的豐富內涵，成為一個多向度的範疇。作為一種生活方式與作為一種謀生手段，其評價標準不可能都是一樣。

一般地說來，太極拳是自家受用而不是拿來換錢的東西；對於強身祛病和修心養性的目標來說，太極拳的效能應是不低的。特別是對全身心進人「太極」境界的人們來說，它更非一般「體育運動」所能相比。即使僅就其技擊技術來說，太極拳也有其獨特的優長。

太極技擊技術的出發點是研究一個弱者在守勢中如何

太極拳道新探 太極拳的道家文化探究

制服強敵的。它的技術特點，恰恰就是運用「小力打大力」的「借力打力」和「牽動四兩撥千斤」，這是一種真正「省力的技術」，它處處「引進落空」地讓對手無從捉摸自己，而又「隨心所欲」地把對手玩弄於股掌之間。這種力量的「投入──產出」的「性價比」，也很難用「低效率」來概括。

現代系統理論指出，任何系統的總體功能都無法還原為其各個組成部分的總和；而現代價值工程則表明，任何「過量生產」和「功能剩餘」都屬不必要的浪費。由此完全沒有必要為炫耀自己而浪費有限的戰鬥力。就交手應敵的角度來說，交手雙方在不同的層面上都是各有所長和各有所短的，因而實際對抗便只能是「你打你的，我打我的；你有你的一套打法，我也有我的一套打法；你發揮你的長處，我發揮我的長處」，「遇弱者力勝，遇強者智取」，完全沒有必要因某些固定的框框或信條而用我之「短」去就人之「長」。

此外，自身的某些優長完全是可以透過一定方式對自身的某些短劣起功能代償作用。所以就總體說來，現代的效率觀很難用單一的指標數值來表示。

拳諺有云：「萬拳求一力，萬力求一整」。太極拳所追求的並不是簡單一拳一腳的力量和速度，而是複雜的攻防整體戰鬥力和身心生態的全面性效益。太極拳行為方式中首先考慮環境、敵手以及自身條件的制約，由此很難說是不求進取和不講效率，而反太極精神的那些孤立主體、自我中心、單一取向、線性思維的效率指標，也未必具有真正的可操作性。

在討論效率問題時，人們往往忘記終極目的、基本手段和環境條件對效率的制約作用。就當下社會而言，孤立片面的效率觀念所引發的存量資源透支、環境污染擴大和兩極分化加劇、生產能力過剩、消費意慾下降，已經日益形成進一步發展的瓶頸和風險，理應引起人們高度的注意和警惕。

　　在這情況下回過頭來思考太極拳式的效率觀，不是頗有啟發嗎？如果就一個綜合的多元價值指標體系來說，那太極拳的效率確實不能被認為是低的。特別是「武術之道在於練」，作為一種人體活動和身體訓練的「體育項目」來說，其本質更在於超越具體功利「學無止境、精益求精」的人的發展訴求，由此「功夫就是本體」，我們根本不能用某些具體的眼前單一層面功利去限制那超越性、非功利式的「為練而練」。

　　第二，效率需要成本。

　　有道是「省力不省功」；這些「低效率」現象主要是在學習和掌握太極拳過程中所付出的代價，而並不是太極拳本身的實質和追求目標。在這裏，學習過程跟運用過程是相對獨立的兩個過程，因而不要把二者混淆起來。中國武術的一個基本觀念，就是要「以練保戰」（軍事上也有「平時多流汗，戰時少流血」的說法）。我們認為，現實人的活動效率當然是對現實的正在進行的活動的綜合，但同時也是由現實的活動對加入這一活動過程的以往活動的結果的再綜合。這種以往活動的結果就可以以物化的形態存在，也可以以精神的形態作為活動主體素質的一部分來起作用。

一個受過長期基礎教育和專業訓練的人，在特定活動中所表現出來的效率，不但與他當時的活動有關，而且與他以往的活動有關。人的活動效率對現在和過去的活動的綜合，是對歷時態的縱向活動關係的綜合，體現著現實人的活動的歷史聯繫。所以太極拳所謂「低效率」的背後可能是一種歷史的「積累」或「積澱」。

　　中國武術中所說的「功夫」，恐怕就是這種歷史的「積累」或「積澱」的表現。在所謂「四兩撥千斤」過程中，「只有練成千斤力，才能成就四兩功」；功夫、功夫，就是要花功夫的。練功前後，就像植物的生長一樣，必須有一個持續的發展過程。中國古代不是有「揠苗助長」，結果卻弄巧成拙地使禾苗死亡的寓言嗎？想要不付出代價，不經由一個過程而「吹糠見米」、「立竿見影」的想法和做法，其結果只能是「欲速不達」。所以中國人在講德性時，就特別注重忍耐，講究要耐得久。我們知道，物理學上不是有個「省力不省功」的原理嗎？太極拳的延長作用力時間，恰好是為增加其預定功效服務的。

　　俗語說，「磨刀不誤砍柴工」，我們不能簡單地把必要的代價和相應的準備過程，跟最後的效益對立起來。中國文化強調「有備無患」和「備而後戰」，太極拳的隨機應變，恰好是建立在蓄勢待機和有備而來的基礎上的。就我們當前社會發展的態勢來看，人們最需要的東西恐怕還不是什麼「只爭朝夕」的急功近利心態和短期行為，而是一種準備長期作戰、堅持不懈的韌性戰鬥精神。

**第三，「條條大路通羅馬」**

　　就實現目的而言，方式和方法完全是可以多種多樣

的，人們沒有必要一定執著於西方人對「效率」的規定；所謂「不問方向、堅持道路」的發展思路，事實上是不能操作的。就自身文化特色角度看，太極拳強調的是內部能量積累的「功夫」、「功力」而不是眼前得失的「效率」、「效益」。

應該明白，太極拳的這個考慮更具有長遠和可持續的發展性質。借用嚴復先生的比喻，牛有牛的功用、馬有馬的功用；如果搞「牛體馬用」，硬用馬的速度去評價牛的耐力，顯然是不得要領的。

太極拳確實具有中國傳統文化的那種「神祕難知」和「簡易可行」的雙重屬性。它那簡捷、方便、圓融和自悟的神祕方式，在一定程度上確乎使人難以捉摸；但這又同時給人個體的積極性、主動性、靈活性和創造性打開了一扇大門。隨著人們知識的增加，未知領域卻愈加擴大，大量的探索都是在「脫魅」和「返魅」這兩極張力中前進的，其心理形式則是認知和想像的相濟互補。

人們心目中所謂太極拳的「低效率」，一般都是跟它在訓練和使用過程中缺乏普遍的明確規範以及相應地強調特殊的個體經驗這個特點聯繫在一起的。但它的那種「低效率」，恰恰又可以從隨機應變的創造性運用中得到補償，其發展的可能性空間顯然要比那些機械性的「規範標準」大得多。

此外，太極拳鍛鍊的過程本身也可看作是一個藝術性的審美過程，對於拳迷來說，它並不是一個「贖罪的煉獄」，而是一個「享受的天堂」。因而人們完全可以「為鍛鍊而鍛鍊」地將手段和過程目的化，由此開闢當代「有

氧運動、終身運動、休閒運動」三統一的道路，並在這個過程中實現自身的昇華，達到「生理適應、心理適應、社會適應」的真正全面健康狀態。即使就防身禦敵的某些實用目的而言，這過程則還有所謂差之毫釐，謬以千里的情況，我們也不應把某些偏差而導出的可能性跟正常狀態下的最終結果混淆起來，因噎廢食地用偏差去否定正常。

### 5. 「超穩定」問題

最後，太極拳那寧靜致遠、返璞歸真、抱元守一、超脫飄逸的心態，看來也確跟當代所謂「改革開放」走向並不那麼協調。但如果從更深一層和另一方面來考究，太極拳那「動中求靜」和「返璞歸真」的價值取向以及「和諧穩定」，「無為不爭」的發展方式，其實也不是真的那麼一無是處。

**第一，自身的相對穩定是生命存在的一個基本要求。**

事物運動無不採取相對穩定和顯著變動這樣兩種基本狀態。在這裏，事物的相對穩定不但是自身存在和發展的前提和基礎，而且還是人們認識這個事物的前提和基礎。況且，任何事物的自我超越、自我更新、自我發展，又都是同時跟它的自我控制、自我調節、自我約束聯繫在一起的。任何事物都有維持自身的穩定性要求，而模糊方向、突破邊界、變更規則、否定歷史，只能導致自我瓦解而不是自我前進。人們常說的「堅持與發展」，都是就一定質的範圍內提問題的，由此不能把「堅持」跟「發展」割裂開來。只有在堅持中才能發展，否則只能是變異；也只有在發展中才能堅持，否則只能是死亡。變異了的東西，沒

有必要仍然襲用原先的名字；而死亡了的東西，也是談不上什麼真正堅持的。

穩定並不等於僵化。太極拳講究首先穩住自身的「靜以含機，動以變化」，強調「靜尚勢，動尚法」；它的「動中求靜」正是為了尋求自身發展變化的機遇和可能，而不是簡單地認同當下的一切躁動。這就如數學上「0」是和其他任何一個數都有無限關係的唯一的數一樣，太極拳的虛靜也蘊涵著各種新的可能性。人區別於動物的一個重要特徵就在於它的「無規定性」，要求由後天的學習去尋找和造成超越先天本能的新的可能性。現代科學和哲學發展的前沿問題，實際上也就是人在現代世界進一步發展的可能性問題。所以，太極拳的這種尋找可能性的思維方式，決不會比帶宿命論色彩的機械決定論低劣。

太極拳的自我穩定，是由動態調節而達到的「隨遇平衡」，這顯然不能歸結為什麼「僵化」。具體到生命運動和技擊對抗中，自身肢體活動、生理活動和心理活動、社會活動的平衡、協調、和諧、穩定（亦即身體內部的和身體外部兩個方面的平衡協調問題）也應是最基本的要求，如果沒有了這些東西，那生命機體豈不要解體，技擊對抗豈不要失敗了嗎？

實踐上的心浮氣躁絕不會優於心定神閒，穩妥的態度和操作的穩態控制在發展中也總是必要的，漫無目標的亂闖亂冒只能是消耗有限的生命能量。基於人的存在有限性質，人的活動也總是受客觀環境和社會背景制約的。所以中國文化特別講究「天時、地利、人和」以及「有理、有利、有節」。宋人蘇洵《心術》篇云：「凡主將之道，知

理而後可以舉兵，知勢而後可以加兵，知節而後可以用兵。知理則不屈，知勢則不沮，知節則不窮。」

太極拳在面對複雜情況時，始終保持一種冷靜穩妥的態度，不能認為是不適宜的。特別是在當今資源枯竭、生態危機的人類困境面前，完全無視「資源有限與生產無限」的矛盾運動顯然是不明智的。

**第二，任何事物都有自身的發展方式。**

在考察事物的時候，我們不能把它的運動和它事物的運行方式混淆起來，只容許一種「標準」的運行模式。簡單地拿西方近代工業化的文化價值標準去「套」東方事物，那在認識和實踐上都是會出問題的。人們在世界上無論幹什麼事情，其手段和目的、形式和內容、過程和結果，都不、可能是絕對同一的。

應該看到，在生理基礎上，高度入靜的「氣功狀態」並不等於昏昏欲睡的半休克狀態；在心理狀況上，高度警覺的沉著冷靜也不等於渾渾噩噩的麻木僵化；在行為特徵上，審時度勢的靈活機動更不等於喪失原則的妥協屈服。總之，生死搏鬥的形式完全可以是多種多樣的，在敵強我弱的情況下不作針鋒相對的實力抗衡「拼消耗」，並不就是承認失敗、舉手投降。

太極拳的「沾黏連隨、不丟不頂」不是示弱舉動而是制敵方式。我們以為，矛盾的普遍性存在於矛盾的特殊性之中，為尋找適合自己的發展道路，首先值得關注的是特異性的條件分析和機理探究，而不是普適性的價值宣示和理論推演。

不能否認，就人類整體而言確實會有「人同此心、心

同此理」的普世性價值，也會有「放之四海而皆準」的普遍性規律，然而對處於不同條件和關係下的不同主體來說，其價值實現方式和規律產生意義卻並不一致。

應該明白，事物那非線性相互作用所帶來的演化具有「非加和性」及「分叉性」、「不確定性」的特點，由此處於同一歷史時代並要完成相同的歷史任務的社會系統，也未必一定具有雷同的發展方式（或曰必須遵循同樣的某種發展道路）。這不但由於環境條件不同，而且還由於操作主體不同、所處地位不同、相互關係不同和文化傳統不同、價值取向不同、力量對比不同。

歷史變遷不是胚胎發育和生命週期之固定程序的展開，而是操作主體跟環境演化的雙向互動，條件制約的無法突破並不等於操作程序的必須雷同，由此社會和文化的發展儘管有著共同的運行規律但卻沒有共同的發展道路。當然，這個特殊性不能脫離普遍性的規定，否則就是「異化」；但這是屬於另外的問題。

### 第三，這裏還有個發展戰略的問題

任何發展戰略的制定和實施，不但需要考慮整個發展的目標，而且還要考慮這個發展的背景和自身的特性，注意其可承受和可持續的問題。傳統的工業化發展戰略，是用利潤計算的單一經濟速度效率型。工業社會近幾百年的高速發展，儘管有著大量合理因素並且一定程度上是別無選擇；但本質上卻是以迅速透支地球 46 億年進化所形成的存量資源、污染破壞原有環境生態，並以兩極分化、弱肉強食方式積累起龐大的社會財富作為前提，由此造成後患無窮的全球問題、人類困境和生態危機。

工業社會的高速發展戰略，是以「環境簡單、資源無限、人類強大、增長無界」這樣四個假定作為自己的前提，然而實踐已經證明這四個假定不能成立。

　　他們那運動、發展、進步和生產力等等概念，都是線性單向的「剛性」概念，它包含有太多的壟斷、統治、駕馭、支配的意蘊和走向，缺乏資源、環境制約和有關外部效應回饋的深入思考，更沒有太極拳式的交往、對話、協調、和諧那「捨己從人、隨機就勢、借力打力」之「柔性」追求；由此在現實的環境、資源制約和內、外各種矛盾衝突中，往往把人們引向加速滅亡的道路。

　　我們當下那高投入、高消耗、高污染和相應的低勞動生產率、低資金利潤率、低社會福利總量，顯然是無法支撐起長期的「超高速發展」的。

　　目前人類生存狀態面臨有三大困境：

　　一是技術革命透支地球造成的生態破壞。

　　二是市場經濟人的物化帶來的人際衝突。

　　三是放縱本能迷失真我形成的身心分裂。

　　人們往往一廂情願地孤立考慮不可更新的能源動力系統和存量資源系統的「開發」，而根本不考慮這些系統本身的客觀制約條件，不考慮不同運行方式可能的功能代價。這些都是無序的「躁動」而不是有序的「律動」，應該而且可以在「鬆靜為本」和「長治久安」的價值參照下得到認真的反思。我們必須揚棄工業社會那種浮躁張揚、內部緊張和不可持續的發展路徑，建立起一種全面、協調和可持續的新發展觀。

　　現代「經濟——社會——文化」發展戰略，應該是

社會綜合效益型的。它建立在「我們只有一個地球」的清醒認識上，充分考慮外部的國際格局、地緣政治、世界市場、競爭關係，以及內部的生態環境、資源制約、社會結構、運行機制等方面的複雜作用，清醒地評估自己在特定環境和特定關係中的真實地位。事實已經證明，我們的環境相當複雜，我們的資源明顯短缺。人類固然強大，但越強大則越加強對某種特化環境的依賴，越表現出人類的脆弱性，而增長的極限則不是不能討論的。

生存成本的增加不等於幸福指數的提升。所以，我們現在所追求的目標，則跟傳統的那種「最大利潤」或「最佳選擇」不同，必須根據「適度、合理、滿意、可行」的原則，考慮其可承受和可持續長期要求。它的發展方式，也跟傳統的「高速度」不同，呈現出一種「持續、穩定、協調、和諧」的狀態。在這樣一個時代背景下，大概可以理解太極拳那種「陰陽相濟」、「順勢化解」、「中和空妙」的操作方式反映的由內部自覺頡頏制衡而求得穩定和諧的價值取向之實際意義。這種價值取向並非全都低劣於那針鋒相對、實力對抗、外力消滅的操作方式和相應的外部衝突、激烈震盪。這兩種不同的發展戰略還涉及人類的生命及和平到底是目的還是手段等一系列根本性問題。應該承認，太極拳的發展戰略思想跟當代「經濟──社會」綜合發展戰略和全面、協調、可持續的科學發展觀，確是有明顯的相通地方。

就技擊技術而言，太極拳面對不能選擇的敵人，無法一廂情願地自說自話；其自身的力量弱勢和社會邊緣狀態，更不能無視對手、剛愎自用地壟斷一切；而自強用弱

的行為方式，則使其努力利用和整合各種可以利用的力量。就養生手段而言，它也不能無視自身的生存狀態和生存條件，不能迴避生老病死的自然規律，不能僅靠自我標榜和自我想像而解決人生大限。

就修心養性追求而言，它不能離開原有價值目標去自我欺騙、混淆黑白，在邏輯上也不能自相矛盾去自打嘴巴。由此，太極拳並不是什麼唐吉訶德式的「跟空氣作戰」，也不是緣木求魚式的「陸上摸蝦」，而是尋找一個在「無限發展」中的「有限存在」之適當位置，這是一個冷靜智者的真正理性選擇。

當然，太極拳文化作為中國文化的一個有機組成部分和獨特表現形式來說，無法擺脫中國文化特有的那種執著現世的「實用」氣質，缺乏西方文化那種對超越、絕對、普遍和永恆的不懈追求，因而在當代條件下確也表現出某些消極的可能性；這些東西也是很值得研究探討的，而這就需要更廣闊的視野和更深入的分析了。

在這裏，孤立主體自我中心主觀需要的功用評價，不能取代不同主體現實交往中實際關係的客觀分析。把相關對象性質的界定從原先對象考察的狀態評估、機制分析和條件探究（表述為事實判斷的陳述句），轉換為人們主體操作的目標訴求、自我標榜和框架設計（表達為價值判斷的祈使句），未必就是時論中所謂的「擺脫主觀空想而抓到實際本質」。自我中心的眼前功利，未必就是歷史意義的評價標準。儘管人的實踐總是具有一定目標取向的，但把多元互動的客體關係還原為單一取向的主體訴求，卻不能不說是有失偏頗。

當代社會是後現代那「去中心化」的社會，人類不同操作主體基於不同的價值關係，由此具有很不相同的和諧訴求。「青蛙要命蛇要飽」，處於不同關係中不同主體的利益訴求並不可能完全一致，而具有相同利益者也存在著不同形式的競爭關係，即使是其中的共同利益也不外是在一定條件約束下不同利益和相同利益博弈磨合的結果，而在這結果中不同主體的狀況也並不一致。

此外，人們追求真理其實並不需要計較什麼報酬。在複雜的因果鏈條之歷史演化過程中，多元互動的「是非」恐怕永遠也無法歸結為一元獨斷的「利害」；孤立主體單邊主義自我中心那瞬時效應的成敗利害，確實難以判斷不同利益主體在歷史變遷中不同層面相互作用之是非對錯。由此我們絕不能旁若無人和一意孤行地只講利害、不問是非。在這裏，人與自然的關係（表現為一定的技術結構）可以制約以至決定各種社會關係，然而卻無法衡量這些關係。就像用身高無法衡量體重一樣，社會演化中生產力可以制約甚至決定生產關係，但事實上卻無法衡量生產關係（在馬克思理論框架中，生產力是原因和內容，生產關係是結果和形式，原因可以決定結果但不能衡量結果，內容可以決定形式但不能衡量形式。孤立的「生產力標準」無法解釋「產能過剩」的經濟危機問題）。關於這方面的問題，筆者希望今後有機會跟同好作進一步的討論。

# 第七章　道旨弘揚
## 太極拳與現代發展戰略

作為中華武術典型的太極拳是一個極富特色的文化現象，其中包含著東方文化發展的基因和奧秘。在當代困擾人類的各種文化衝突、生態危機、人類困境和全球問題面前，探究武術太極拳的文化奧秘，可以帶來許多啟迪，並在一定意義上可看作帶普遍性之「道旨」弘揚。所謂「拳以合道」，不但指拳必須符合自然和社會客觀規律之道，而且還要契合歷史人文精神那人的「類本質」。

本章以太極拳為例，開掘闡發太極拳若干觀念跟現代發展戰略和態勢某種相通之處；並希望經由這些開掘闡發，拓寬武術文化研究的路子。其中如有謬誤，祈請諸位先進和同好不吝指正。

## 一 對個體生命的尊重

從價值出發點來看，太極拳作為一種人體活動、人體技術和人體文化，一切都是圍繞著人的生命活動來展開，並且是「身心合一」和「知行合一」的。《十三勢歌》云：「詳推用意終何在？益壽延年不老春！」它的基本功能，從養生、治病、防身、護體，一直到教化、修性、悟道、娛情等等，全都是為著維護個體自身的生命而進行，因而在本質上首先是種避害護身，保命延年、養性全生的生命技術。古人云：「身重於物，道在養生」，又云：

「兵者凶器，聖人不得已而用之」。由此太極拳把攻守殺伐、進退往來、性命相搏、你死我活的技擊技術，完全建立並融會到活動筋骨、疏通經絡、養練形神、性命雙修的養生活動中去，而就技擊技術本身而言，也把它限制在「人不犯我，我不犯人」的自衛防身範圍之內，著眼於個人維權自保，反對無端侵犯他人性命，特別是由對推手勁力的轉換調控而注意不要防衛過當，處處表現出對人類個體生命的尊重，並反覆告誡後人說：「欲天下豪傑，延年益壽，不徒作技藝之末也。」

道家文化重人貴生，強調個體生命的先在性和神聖性。一切社會實踐和文化現象的前提，就是人的生命個體存在。馬克思說：「人類歷史的第一個前提無疑是有生命的個人存在。因此第一個需要確定的具體事實就是這些個人的肉體組織，以及受肉體組織制約的他們與自然界的關係。」中國文化的出發點是人在自然中的對生命之感悟，由此先哲們創造出各種養練結合的鍛鍊方式，用以平秘陰陽、疏通經絡、調理血脈、協和臟腑、活動筋骨、養氣存神、扶正祛邪、固本培元，以期延長自然生命的存活時間和改善生命的存在狀態。太極拳便是這種創造的一個優秀成果。

在這裏，作為個體生命健康術、自我防身護體術和人體潛能開發術的太極拳應該是很有特色的。人類生命存在的一個特點就是人的自我意識；所以太極拳在處理人體內部的身心關係時，便把心理鍛鍊跟生理鍛鍊結合起來，強調「性命雙修」和「心主神明」的「以心行氣、以氣運身」，把鍛鍊的重點放在人體內那潛力的培植，發掘和心

理調控下人體功能的合理優化上面。跟其他一切「體育運動」相比，太極拳首先是種獨特的「意識體操」；從客體方面考察，它用動靜開合去組織身體動作，從主體方面考察，它又用形神體用去開發人體功能。

誠然，任何人體活動都有動靜開合、形神體用等各個方面，但太極拳在這些方面上卻有著自己突出的特點。例如，就動靜而言，它動以練形、靜以養神，鬆靜為本、動中求靜；就開合而言，它開合互寓、重內尚合、因應自然、以屈求伸；就形神而言，它形以導氣、聚氣凝神、形神相兼、以神統形；就體用言，它拳架練體、推手練用、精義入神、體用一如。由此，它還引入古代「氣聚為生、氣散為死、順則生人、逆則修仙」的觀點（借用現代科學的說法，生命的運行是個「熵增」過程，要延長生命則必須引入「負熵」），堅信「我命在我不在天」，透過「練精化氣、練氣化神、練神還虛」的循序修練，去掌握自身的生命活動。

在文化意象上，它則由遠取諸物、近取諸身、法天象地、狀物擬人的意象去對應天人。由此，在操作調控方面，它強調虛靈頂勁、神往上升，虛胸實腹、氣向下沉，用以表達天地初分時「清氣上升為天，濁氣下沉為地」的宇宙觀念，並由中醫所謂「心火下降、腎水上升，抽坎補離、水火交泰」的身心活動機理，重現植物生長時「根往下扎，苗向上拔」的形勢，透露出一個農業民族「戀土歸根」的基本心態。

在外部形態方面，它更用「頭頂太極、懷抱八卦、腳踩五行」的姿勢造型，還有綿綿不斷和行雲流水般柔和、

圓活、聯貫、協調的身體動作，作為一種人體文化符號，去表達對宇宙生命那生生不已大化流行的理解。

有人認為，中國文化只著眼於人的生命存活，而西方文化則講究人的生活質量和生命意義。這種說法現在看來並不十分妥當。作為「有生類」生命存活的生理內涵，無論古今中外都是完全一樣的；而在中國歷史上事實上也並不缺乏「殺身成仁、捨生取義」一類社會意義的訴求。

任何生活質量和生命意義，只能是相對於一定社會參照系來說的，我們不能把「存活」跟「意義」二者完全對立起來，更不能簡單地說生命只有到了西方近代才有質量和意義。人在生命的自然選擇中無非要解決兩大問題：

一是向外求得自身的生存空間，不斷補充新陳代謝所需要的物質、能量和訊息；

二是向內改善自我的生命體徵和質量，並不斷提高其活動和應變能力。

由此人的生命價值就並不單純的只是社會文化意義上的價值，它還得落實在個體的「自然生命」的範疇之中。至於過去那種對太極拳式「保命哲學」的簡單化批判，更屬真正的荒謬。事實上，尊重每個人（特別是勞動者而不僅僅是統治「菁英」）的生命個體存在（眾生平等）是真正的現代意識和現代發展戰略的出發點。

在古代的自然經濟社會中，「人的依賴關係」掩蓋了個體生命的獨立意義，而近代以來的商品社會中，人也必須依託於金錢、物質，才能獲得相對的獨立。過去所有的社會形態，都不把個體人的生命當作一回事，靠犧牲大量的個體去維持少數人的發展。只有到了未來社會中，所有

人才能擺脫各種外在束縛而獲得自由和全面的發展，個體生命也由此獲得真正的尊重。現在問題並不在於老百姓到底「要生命還是要原則」，而是在於這些老百姓的生命到底「是目的還是手段」；由此問題還不在於統治階級宣稱要把老百姓當作什麼東西，而是在於老百姓在社會生活中事實上充當了什麼角色。

剩餘價值本是勞動產物，反對資本掠奪的勞動解放並不輸理；所謂「民生」的內涵，當是勞動者的生存狀態而不是資本家的獲利空間。把資本的自我擴張稱之為「民生」本質，將老百姓的生命（勞動力）作為賺取利潤的工具，無論怎樣包裝其實都是邪惡的。為此，必須分析一定關係中不同生命的狀態和意義。

任何生命都不是一個孤立事件；由此尊重生命也就並不是自我中心的一廂情願而是綜合條件的合理配置和運行方式的持續可行。個體生命應是人類社會和文化的基本出發點，人民是歷史的主人和科學發展的核心，我們一定要高揚人類生命價值並讓「人人擁有健康，世界享有和平」。

就引申義來說，佛家有云：「眾生平等、萬物有情。」生命的本質是生物機體的新陳代謝，生命狀態是要依託於一定環境條件的。由此尊重人的個體生命之實際涵義，便可以擴展到重視人的生活環境、社會關係、生命狀況和整個生態系統。生命現象是整體現象，生命是在與「他者」相聯繫中存在的，它必須依託種群和依賴生態，由此必須在天地萬物的整體角度去提出問題。於是在中國傳統養生理論中養生便是一個整體概念，不能單純地從一

個人「消極保命」的角度去理解。

　　按照「天人合一」的觀念，一個投入養生活動的人，既要養己，又要養人；既要養人，又要養物。天地生養萬物，由此聖人培賢育能並透過經邦濟世使國人豐衣足食和知書達禮，都屬於「大養生」那「生態平衡」的範圍。所以養生不僅是個人的事而關乎天下人民和天地萬物，亦即所謂「民胞物與」是也。「萬物一體」和「天人合一」的觀念，使中國人相信不可能有純粹和孤立的「獨善其身」；由此「天地正氣」跟個人「浩然之氣」也必然重合。由此看來，尊重個體生命必須走出自我中心，孤立個體在一定意義上則是無所謂生命的。

　　據此，太極拳無論從人體科學還是從人體文化方面，都提出和積累了不少有益的經驗。它那對個體生命的體驗和探求，對解決當代社會精神緊張、身體懶惰和技術異化、社會畸形而形成的各種「現代病」，至少可以從個體發育的角度提供一條頗有啟發的思路。

### 三 對潛在可能的探究

　　人的生命活動，是在處理主客體關係的社會實踐中展開的。離開一定歷史條件下的社會實踐和相應的精神自覺，人的生命只不過是動物式的新陳代謝。作為傳統社會分化下的文化活動和文化現象，太極拳又以處理人體外部敵我關係的技擊技術形式，展開了對處理主客體關係社會性戰略方式的探究。

　　與一切技擊技術一樣，太極拳解決敵我關係的基本要求，是保護自己和制服對手。其外部過程表現為攻守進

退，其內部狀態呈現為虛實剛柔，關鍵環節則是隨機就勢、尋機造勢和得機得勢。這是一種「以弱對強」和「自強用弱」的自衛形態，其基本結構是「陰陽相濟」，其功能特徵是「以柔克剛」，在一個極為被動的形式中表觀了高度主動的內容。

這裏所說的「陰陽相濟」，是指充分利用「一物兩體、對待互根、相滅相生、相反相成」的矛盾運動規律，「物物而不物於物」藉助「間接性」而坐收「漁人之利」。這裏所說的「以柔克剛」，則是指根據「反者道之動，弱者道之用」的原理，由「人不知我，我獨知人」的訊息調控技術去把握外在的活力對抗，並由此就勢借力「牽動四兩撥千斤」地用最少的投入去獲取最大的效益。它「尚巧不尚力」，「尚勢不尚招」，將著眼點放在選擇、適應和造就大化流行之機勢，亦即放在選擇和造就進一步發展變化的可能性上。

太極拳尚柔思想的實質，不外是反對各種單向、線性、僵硬、死板的看法和做法，反對孤立和狹隘的自我中心和自我膨脹，讓人們懂得自身存在的偶然性和有限性，懂得事物辯證運動的曲折性和複雜性，學會挖掘自身客觀存在的各種潛能，並且敢於在必然和偶然的交叉中去面對和開拓一個極為廣闊的現實可能性空間，從而有效地去對待和處理事情，以期立於不敗之地。

跟動物式的基因複製、本能推動、自然選擇的演化不同，人類發展要透過生產勞動來進行探究、選擇和創造，由此必須面對一個極為廣闊的可能性空間和必須建立起一個「意義世界」。所謂「上帝死了以後，一切都是可能

的」。馬克思主義的社會歷史理論，其實是「因果有定論」而不是「歷史宿命論」；由此馬克思著眼於基於社會矛盾運動那改造環境的實踐活動，而不是憑空設計一個「理想的烏托邦」。創造的前提是多樣性和可能性的探究和選擇，而我們這裏所謂對潛在可能的探究，其目標當是現實可能而不是抽象可能。由此它所著眼的東西，就並不是停留在空泛的主體訴求、未來許諾和自我標榜上面，而是深入到非常具體的環境條件、運行機制和操作技巧裏面。任何現實的可能性，都是存在於多種條件相互作用的系統整體之中的。

筆者由此強調，「條條大路通羅馬」，探究可能並不是話語霸權的一意孤行，而是多種方式的百花齊放。技擊跟戰爭一樣，都是不確定性程度極大的博弈活動，其著眼點並不是那邏輯必然性的安排而是現實可能性的選擇。在無限宇宙中人是一個極為有限的偶然性存在；但作為一個操作主體，人應該在各種必然和偶然的交叉中去實現自己的目的和承擔自己的使命。一般的技擊技術，大多依託力量、速度、時間、距離等個體單向線性因素，以期獲得一種外在機械的「必然秩序」；但太極拳式智慧，卻懂得利用功夫、勁路、態勢、時機等相關條件互相作用機制，去探究有機整體效應下的多種可能。

這就是說，太極拳技擊形態不僅從人體內部的身心關係中去挖掘自身整體潛能，而且還從人體外部一定環境下的敵我關係去把握多種變化可能中於已有利機勢，不斷地調整自身跟外物的關係。

所謂「水無常形、兵無常勢」，太極拳儘管有著貫徹

始終的基本原則，但卻並沒有什麼「堅定不移」的固定打法；由此它著法成形、勁法成勢、聽勁知機、因應自然、借力打力、後發先至、變化守中、虛靜自保，把「有力打無力，手慢讓手快」的「先天自然之能」，轉化為「耄耋能禦眾之形」和「四兩撥千斤」的「學力而有為」，亦即把依託勇氣和力量的硬性抗衡，轉化為依託智慧和技巧的軟性競爭，文化於是取代本能成為主導。

太極拳並不認同弱肉強食的叢林法則、反對恃強凌弱的霸道行為、正視以弱對強的現實態勢、開闢以柔克剛的競爭方式；從方法論上說，這種由有機整體、動態演化、訊息調控、優勢選擇去對潛在可能進行探究，顯然要比西方工業社會那種孤立、片面、僵化、機械的「必然秩序」觀念，恐怕更為適合當今「訊息經濟」和「生態社會」發展的需要。

如前所述，有人從現象的比附上，將太極拳方式說成是「慢節奏、低效率、超穩定」的落後東西，認為它與工業社會那「快節奏、高效率、求發展」的要求極不適應，嘲笑太極拳式的「弱者戰略」只能造成歷史退化的「菁英淘汰」機制。這顯然是皮相之見。難道現代社會只講「快節奏，高效率」而不講合理節奏和綜合效益？難道現代社會弱小者只能模仿、順從並依附於強權而不能有自己的獨立、自由、自主的發展？人在動物界並無強牙利爪，難道因而也就注定必須遵循動物式弱肉強食，永遠只能跟在毒蛇猛獸背後慢慢爬行，永遠不能脫離動物界而進化為「萬物之靈」？

太極拳技擊技術所遵循的發展路線，實質上是一條

「依自不依他」那「人是本體」（即人本身就是主體，而不是讓他人主宰的「把人作為本體」）的內源多向有機應變的路線；它不但尊重每個個體生命的存活，而且還特別地注意到弱者的權利。這條路線在工業社會中曾被認為已經過時，但在今天「後工業化」的「全球問題」和「人類困境」面前，卻顯示出古人生命智慧的啟發魅力。

可以比較一下，傳統工業社會的追求目標，是諸如「多快好省」一類線性「最佳選擇」，而其實現方式，便是「追趕」、「翻番」、「大躍進」、「放衛星」一類單一經濟「短、平、快」的當下利益速度效率型。但現代生態社會的追求目標，卻只能是「適度、合理、滿意、可行」一類有限的東西，而其實現方式，則屬「持續、穩定、健康、協調」一類包括經濟──社會──文化──生態等各方面的長遠那可承受並可持續發展的綜合效益型。從資源利用的角度看，前工業社會建立在利用可更新資源流量部分的基礎上，這種「流量技術」無法滿足人口增長和生活水準提高的要求，因而開始了向工業社會的過渡。工業社會的一個特徵，是出現了大規模消耗不可再生「存量資源」的「存量技術」。

正是由於將地球進化幾十億年積累下來的「自然生產力」成果開發出來，透支轉化為現實的「社會生產力」，因而使資本主義幾百年的發展速度，超過了人類歷史的幾千年。但現在問題在於：一度彷彿是「取之不盡，用之不竭」的自然資源，原來是相當有限的。在茫茫的太空中，我們「只有一個地球」。由於經濟和社會的進一步發展，資源、人口、生態以及核危機等「全球問題」和「人類困

境」變得日益嚴重，資源的有限存在跟生產的無限發展的矛盾，由資本主義生產方式表現為現實的危機和衝突，由此對傳統工業化的發展方式提出了根本的挑戰。

傳統工業化發展方式，奠基於環境是簡單的、資源是無限的、人類是強大的、增長可以沒有止境這樣四個假定之上。而當代的發展，卻證明了這四個假定都不能成立。目前，我們面臨的環境是複雜的，資源是有限的，人類在強大的同時又表現出自身的脆弱性，而任何具體的發展，又都受到經濟、技術以及人的需要本身的約束。

從社會學的角度看，離開人的合理需求和全面發展的「生產無限增張」，結果便是把人當成生產的工具（「生產要素」）；而這恰好又是傳統社會本身特有的規律。傳統社會那單一發展模式和相應的強權秩序，在當代開始碰到極大的困難。只有尊重不同文化的多樣化共同發展，才可能幫助人類走出今天面臨的各種困境。

由此看來，太極拳技擊技術中依託自身、利用環境、就勢借力、節省能源、訊息調控和持久作戰、柔韌不屈、把握條件、著眼可能等戰略考慮，在今天仍有極大的啟發意義，它那對僵死機械必然秩序的挑戰和對潛在客觀可能變化的探究，一定條件下確有可能將人們引向真正的自由。

### 三 對自由發展的追求

所謂自由發展，是指人體自身的自由、全面和自覺、自主的個性化價值方向變遷；在對象化的社會性活動背後，其實質就是主體性人的發展。在一個「異化」了的社

會形態當中，社會是壓抑個人的可怕力量，而我們追求的理想，則是「每個人的自由發展是一切人的自由發展的條件」。社會進步與人類解放，本來應是同一個問題的兩個不同方面（社會是人的對象化，人是社會的主體化）。著眼於「菁英」特權並敵視大多數社會成員個人發展的「生產力進步」，是過去所有「異化」時代的特徵。歷史上任何社會的發展都是要以生產力的發展為基礎的；但社會主義革命區別於其他社會發展的地方，卻是在於要「解放生產者」而不僅僅是要「解放生產力」。當今社會的生產力進步，應以「消除舊式分工、揚棄異化勞動」之「人的自由全面發展」為核心。

在這裏，自由的涵義並不是弱肉強食的為所欲為而是反抗壓迫的主體性表現，發展的涵義也不是執著定在的數量增長而是超越當下的趨於目標。粉飾現實、迴避矛盾、跟風從眾、認同奴役，很難說是什麼主體性的發展；而改變方向、放棄目標、模糊任務、不擇手段，也很難說會獲得什麼個人自由。

當然，這裏所說的個人自由發展，也絕不是那種不要社會公共規範和「共同遊戲規則」的特權人物之為所欲為。恃強凌弱、任意掠奪、弱肉強食是偽自由；離開自我控制的動物式本能衝動，也很難說是什麼人的自由發展。

西方人所理解的自由，更多是前提性的自由意志和自由選擇，其理論依據則是自我中心那「積極自由」和「消極自由」的一廂情願假定；中國人所理解的自由，則更多的是操作上的得心應手和瀟灑自如，其理論依據更多的卻是陰陽變換、五行生剋的天道自然。而溝通二者的東西，

太極拳道新探 太極拳的道家文化探究

則是人們「知性知天」那對必然規律的認識和把握，由此達到「合規律性與合目的性辯證統一」之得心應手操作。它不僅是利用規律的生命應對，而且還是超越當下的精神探求。太極拳的最高層面，是關於「悟道怡情」的哲學思考。它面對不能選擇敵人的現實，正視不同主體力量非均衡博弈的矛盾，經過處理身心關係的身體鍛鍊和處理敵我（主客）關係的技擊技術，昇華到對整個「天人關係」的反思把玩，並由此追求人類個體方面的自我完善和群體方面的協調和諧，解決哲學上所謂「必然與自由」的永恆矛盾。

這就是說，這個層面把技擊技術中包含有「詭道機心」的實用操作，揚棄轉化為並不實用的形上超越和終極關懷，與此同時還把不同力量對抗中的自然生態與社會規範統一起來，反對各種敵視人的社會「異化」形態，使人由此能夠成為可以真正自我主宰而不是任人擺佈的「社會化個人」。在現實的生存競爭中，它衝破所謂「起點平等」和「規則平等」的理論假定，不服從「贏家通吃」和「願賭服輸」的意識形態規定，敢於面對現實不平等的矛盾運動，發展出因應情勢那「你打你的、我打我的」之獨立自主。捨己從人並不是弱勢者逆來順受的屈從壓迫，自由發展也不是強勢者不受制衡的為所欲為。太極拳中「借力打力」的「以其人之道還治其人之身」，還有「敷、蓋、對、吞」這「四字不傳秘訣」，都是用來對付那些強加於人的種種壓迫的。

筆者反覆強調：所謂「從人本是由己」，捨己從人的前提是獨立自主；沒有獨立無所謂「捨己」，沒有自主也

談不上「從人」。然而「以我為主」不等於「目中無人」，「自我」是需要「他者」來定義的（「因他起義」）。由此「捨己」並不是迷失自我的消解獨立而是走出自我中心的一廂情願，「從人」也不是逆來順受的聽命於人而是因應外敵就勢借力；於是「捨己」反而成就獨立，「從人」更能引進落空。這深刻體現了陰陽相濟那相滅相生、相反相成的太極之理。未來社會的特質，並不在於某個社會主宰或者控制中心宣稱要把芸芸眾生「當作什麼東西」，而是在於所有社會成員事實上都可以平等地參與自己願意介入的社會活動，並且在這些活動中都能夠真正各得其所地自己主宰自己的命運。

作為一種技擊技術，太極拳不可能迴避客觀存在的矛盾和鬥爭。面對環境和強敵的種種壓迫，太極拳的出發點是「捨己從人」的順應自然、遵循規律，其落腳點則是「神而明之」的從心所欲、把握必然。

太極拳這裏用以建構的基本範疇，在天道方面是陰陽有無，在人道方面是性情志趣，總的傾向是萬物一體的「天人合一」，其中表現出來的個性特徵，則是客觀感受的「虛無」、「空靈」和主觀體驗的「虛靜」、「空明」的高度統一。就這樣，體現身心關係的「氣」和體現敵我關係的「勢」，也就融合昇華為陰陽不測的「神」。這就是說，原先個人的心理活動，獲得社會內容而變成一種精神和智慧；而與此相應的個人身體活動，則變成超越自然安排並具有社會功能的主體能動性。

在這裏，「天道」方面的陰陽有無是對普遍規律基本結構的抽象把握，「人道」方面的性情志趣則是個性特徵

獨特表現的自然流露。而所謂的「天人合一」，則包含有人與環境雙方感應互動和調適整合的意味。這是一種「雙向的改造」，它一方面充分利用環境訊息，不斷改變自己來獲得更大的適應能力，另一方面又充分調動自身潛力，在可能條件下不失時機就勢借力，利用世界本身的力量來改變周圍存在狀態以發展自己。

由此可見，太極拳是種「以身載道」、「以技合道」和「道進乎技」的高超藝術。它在「達用」的層面，表現出隨機就勢、中和空妙、敬業樂群、生生不已的極高智慧；它在「立體」的層面，又表現出體用不二、天人合一、盡心知性、悟道怡情的生命卓識。

世人總是生存於宗教思緒、自然生態、社會關係、自我情意等四維空間之中。太極拳所透露出來的人文精神，意在使人們契合天道那生生不已、自強不息之德，使人人認識真我，生發出一種個人道德價值的崇高感，對天下萬物、有情眾生等各自的內在價值產生一種博大的同情寬容，由此洞見天地同根、萬物一體，並以一個「不爭的鬥士」和「柔弱的強者」的人格形象，去參贊天地的大化流行和奪取天地的造化功能，由此可以「同合大道」並「替天行道」。

有學者指出，任何「普遍主義」的人文精神，在實踐中都必須是「個體主義」的，而任何個人的自由發展，又同時意味著自我選擇和自我承擔。

太極拳練功悟道的過程，就其內容來說，屬於人的主體性提高，就其過程來說，則是一種非遺傳訊息的傳遞和創造。它實際上是群體文化訊息世代傳遞的學習過程，個

體經驗訊息逐步積累的練習過程，以及綜合上兩方面的應用創造這三個方面的辯證統一，從一個特定方面反映了人類文化歷史發展的共同規律和中華民族的獨特文化特徵。它的前提是「普遍主義」的，但它的過程，又是「個體主義」的。

太極拳的功夫類似文化上的修養，不僅是一種外在普適性的技術，而且還是一種內在特化亦即個性化了的技能和技巧。它是練功過程和練功結果的統一，包括有技術熟練、功力增長以及智慧成熟、道德圓滿這樣兩個方面；其功能上的意義，便是前面提及的個體方面的自我完善和群體方面的協調和諧。由此推廣開去，則是人類福祉以及世界和平。

太極拳的修練程序，本著學無止境和精益求精的永恆發展精神，講究「由著熟而漸悟懂勁，由懂勁而階及神明」，「循規矩而脫規矩，脫規矩而合規矩」，由「捨己從人」而「漸至從心所欲」，把儒家的進取，道家的瀟灑，佛家的超越融為一體，特別強調人的自我意識、獨立人格、任情適性和追求完美，在個人逍遙的同時又不忘兼濟天下，在應物自然中成為可以遊戲人間的「真仙」。

這就是說，修練者要在社會歷史的進步中體現個人自身的自由和全面的發展，而在個人的自由和全面的發展中又承擔著社會責任和歷史使命。由此體現了人可以「頂天立地、三才貫通、參贊化育、奪取造化」，由於「同合大道」因而可以承載「為天地立心」的「替天行道」。作為太極修練結果的「得道」，實際上是一種進化，它能把人從「實存」提升為「應然」。

總起來說，太極拳遵循的發展戰略，是一種「人是本體」的內源多向有機應變的戰略，著眼於每個社會成員（而不只是某一部分社會成員）的共同參與和平等對話，絕不以「社會主宰」的心態去把另一部分人工具化或邊緣化。它提倡一種公正平和的眼光，使有情眾生的萬有萬物在不同的存在領域中各就其位、各得其所和自得其樂，都可以按自己的方式在社會群體中和衷共濟地得到共同的發展，反對各種社會壓迫的「異化」狀態。這個目標走向明顯跟馬克思所說的「自由人聯合體」息息相通。

　　人民群眾本來就是社會歷史的主人，他們的歷史地位和作用，並不是在於社會主宰的安排和恩賜，而是在於自身的覺悟和鬥爭。《易》云「乾」卦：「用九，群龍無首，吉。」亦此之謂也。由此人們應該敢於面對而不是迴避發展過程中的矛盾和問題，自覺投入大化流行之中並成為其中的一個積極因素。

　　毛澤東詩詞有云：「不管風吹浪打，勝似閒庭信步，今日得寬余。子在川上曰：逝者如斯夫！」這是一種真正逍遙遊的大瀟灑。所謂「登泰山而觀眾山小」，社會歷史的發展，不就是這麼一回事嗎！

　　我們強調，這種哲學精神有助於解決當代人精神的惶惑、形上的迷失、存在的危機、生命的困境，有助於救治當代人「上不在天、下不在地、外不在人、內不在我」的荒謬處境。由於生活處境的複雜，同一個人在不同主客觀處境中，可能有不同的心靈境界，從而出現多重人格；人生處於不同意義與價值的網絡之中，存在的多重性使得人生境界有了差別。但不管我們的科技和工商業如何繁榮發

達，不管我們從事的現代職業如何先進精密，人性的培育，心靈境界的提揚，應該總是不可替代的。

最後還需補充說明的一點，就是我們並不否認太極拳作為中國文化的一個有機組成部分，不可能不受到我們大陸型傳統農業文明形態的消極影響；而其作為一項具體的文化活動來說，更不可能不受到這項活動具體範圍和社會條件的極大限制。這裏即使是超越時空的那些人生智慧，實踐經驗和身體技術，也都是歷史的產物，並且要跟一定的意識形態和文化心理融合起來才能發生作用。但是這一切都不能抹煞或掩蓋太極拳背後的生命智慧和哲學思考。我們應該敢於和善於發掘及借鑑其中一切對人們有所啟發或可以重新解釋的有益成份。

中國文化確實具有很強的「實用理性」特徵；作為一種綜合實用技術，太極拳必須要服務於一定的具體操作目的，並計較其成敗得失。然而作為一種「求道」和「體道」的「道術」，它卻應該不斷地超越當下，走出把「道」實用化、功利化和庸俗化的誤區，使自身活動不斷地從「自發」走向「自覺」並成「自為」；這就是儒門的「從心所欲不踰矩」，道門的「無為而無不為」，佛門「法非法」的「妙有真空」。以「技」達「道」，意味著追求技術活動中各種因素的協調和諧，達到最佳匹配狀態。這是一個不斷超越自身侷限，向著真善美的統一不斷趨近的過程。

這裏所謂的「自由」，是多種因素相互作用下那特定關係中之「現實自由」，並不認同孤立主體自我中心的一廂情願，由此著眼於「整個人類的解放」。宇宙間有著各

種不同主體和不同性質的「自由」，問題是在一定的價值坐標下怎樣把這些自由整合為符合這個價值的秩序。由此打破異己束縛不等於放縱一己之私，解除內外遮蔽更不能挖掉自我歷史根源；而操作上未經定義（主體、對象、層次、範圍、機制、方式等等）的一般「實踐」，也很難作為一個可操作的「尺度」，去「檢驗」邏輯上已經定義了的客觀真理本身。經驗對照可以成為個體認知基礎，但卻不能解決社會性「命題意義」和「知識確證」問題。任何人的認知和行為都必須服從真理，而不能要求真理服從狹隘個人的經驗。

實踐概念表示的是普遍性之「人的存在方式」，凡是人的有意識目的性物質活動都可以稱之為實踐；我們不能把它限定為某些特定人群、某個特定範圍和某種特定方式那自我中心的狹隘操作。把總體性的實踐概念跟在一定歷史條件下人們的具體經驗混為一談，恐怕是解決不了真理的檢驗問題的。

而在這裏人的所有認識（包括正確、錯誤以及模糊等各種性質不同的認識），其實全部都是從實踐中來的。實踐確實是判斷認識和思維正誤的總體原則和基本依據，但問題在於總體原則和基本依據並不能取代具體問題的具體分析，由此並不構成可以用來直接「對照衡量」真理本身的操作性標準和尺度。人是從變革對象的操作過程中獲得認識的，人的認知不外是在一定認識框架中已經「變了形和變了位」的操作對象之「主觀映像」；由此，這主觀的映像與客觀的對象恐怕實在難以簡單的完全重合，直接經驗更無法囊括認知對象的全貌，而操作結果與操作目的之

對照並不就等於認識內容與認識對象之對照；所以，馬克思說的「到實踐中去檢驗」也就並不是時論那個所謂「拿實踐來對照衡量」。

人的認知，只能從有限去把握無限、從個別去瞭解普遍、從相對靜止去解釋絕對運動；由此操作上也就並不可能用永恆並且未有完結的一般人類實踐普遍形式，去直接「對照衡量」那特定的主體、對象、方式和條件、範圍中已經相對完成了的具體認知內容。打比方說，這種衡量並不是用已知的「斗」來量未知的海水，而是倒過來用未知的海水來量已知的那個「斗」。而且人是群體動物，人在活動中除了需要考慮自身單一的主體和客體的關係以外，還要考慮完全不同的主體跟主體、客體跟客體的複雜關係，要考慮呈現的問題跟隱去的背景相互作用。

操作主體的本質，是由操作主體本身狀況及其運行的實際需求、操作中主體和客體雙方的具體關係以及相關的環境條件作用等等相互耦合，亦即由矛盾各方的相互作用而成。它並不取決於某個主體一廂情願的發展預期、未來許諾和自我標榜。

英國哲學家休謨有云：「價值判斷與事實判斷無法相互推出」；而我國《三國演義》開卷詞也說：「滾滾長江東逝水，浪花淘盡英雄，是非成敗轉頭空，青山依舊在，幾度夕陽紅」，亦此之謂也。

老子有云：「道可道，非常道。」如果片面曲解「道」的內涵，以為技藝高超就是「道」，操作結果具有特定社會意義就是「道」，操作活動講究既定道德規範就是「道」，技術活動具有某種文化內涵就是「道」，那麼

這種由「技」至「道」的發展就不可能是真正和全面的，甚至很可能最終停留在「術」的水準上，並未真正達到「道的境界」。「術」與「道」的區別，就在於前者重實用、重功利，形式上或者是「頭頭是道」，而在實際上跟真正的「道」相去甚遠。

有道是「大丈夫行事，論是非不論利害，論順逆不論成敗，論萬世不論一生」，真正的「技」中之「道」絕不能為眼前之功利目的而不擇手段，絕不能憑投機取巧而輕易獲得，絕不能成為形式上的簡單模仿和口頭上的廉價讚賞和隨意許諾。領悟「技」中之「道」是一個充滿艱辛而且需要勇氣和智慧的歷程，它需要持續不斷的努力。

# 第八章　拳意再探
## 太極拳文化意蘊討論

　　本書行文至此自當結束，但仍感意猶未盡；且書中還有不少不盡人意之處，自當進一步說明。這或許應了《易經》「既濟」之後則是「未濟」，任何探究都沒有止境。特別是時下武術文化研究方興未艾，某些不知所云的胡說八道居然得到正統管道和主流媒體吹捧宣揚；儘管人們於此反面或許可以得到一些有益的聯想啟發，但其中大量卻落入時髦處世哲學（「勵志成功學」）那「心靈雞湯」的迷惑忽悠。

　　這個領域不少說法往往被指鹿為馬、張冠李戴，其演化走向自然也就是南轅北轍、造假去真。沒有料到一些武術理論權威的思想混亂竟然至此，於是激發一些思考，不得不在這裏再囉嗦幾句：

### 一 太極文化共識

　　作為一種普適觀念，太極文化全面貫穿在中國人的所有活動和歷史演化當中。太極拳的特點是在身體行為上極為全面、精細和準確地履行太極文化的要求，操作中處處突出傳統太極哲學特點。

　　由此特定的「理、法、功、技」也就上升為普泛的「神、形、體、用」，於是理所當然成了中國人典型的身體文化符號；這是具有中國文化系統質的全息元，全面反

映中國人的思維方式、價值取向、審美情趣、行為定勢，成了中國人生存方式的形象體現。

中國太極觀念特別突出的就是陰陽相推、五行八卦、二二相耦，非反即復，虛實變換、剛柔並濟、生剋制化、對待流行，注意「天時、地利、人和」跟「生命、生活、生態」那縱橫交錯的萬物一體、全息映照、體用不二、天人合一。

太極拳是傳統武術中的一個柔性拳種，歸屬於肢體衝突應對那「以技行擊的用武之術」（區別於取悅他人那手舞足蹈之形體藝術，也區別於返身內視自我冥想的宗教體驗，還區別於競技奪魁的民俗活動）；其柔韌運作特徵是有感而應、因敵成形、借勢假物、應對自如（區別於先驗設計、外形標榜、盲目跟風、屈從外力）。

所謂「太極無法，動即是法」，但又講究「動中求靜、復歸本源」。太極運行的基本依據是對立統一生生不已的「變易、簡易、不易」，其操作目標相應是「窮變、易通、求久」；由此當是「批判的、革命的」。其以弱對強的前提設定、因應隨變的運行方式和以柔克剛的目標訴求，解構了恃強凌弱、弱肉強食的叢林法則。

由此並不認同「天上地下，唯我獨尊」那僵死固化的霸權壟斷，而是相信學無止境、技無止境，天外有天、人外有人和寸有所長、尺有所短，一物治一物，以及風水輪流轉的三十年河東、三十年河西；由此並不執著和斤斤於一時一事的進退、成敗、得失和毀譽。

所謂「時來天地皆同力、運去英雄不自由」；但禍福相倚、進退隨緣，問題在於怎樣巧用天地時運，把握有無

相生，順應生長收藏，把劣勢變成優勢，讓壞事變成好事。佛家文化有云「諸行無常、諸法無我、五蘊為幻、緣起性空」，看來亦與此相通。佛家文化確實高明精緻，但道家文化「有無相生、虛實變換、動靜開合、剛柔並濟」，卻更為靈活圓通。

作為肢體衝突應對技術的太極拳沒有脫離世間，其曲蓄隨變背後，仍然落腳於制人取勝；一種自我維繫的打鬥技術，儘管可以作出多種引申附會，但卻很難直接說成是無私奉獻的普度眾生。

有道是「天地之大德曰生」，「生生不已乃大化流行」。中國文化始於生命感悟，儘管多有流變，但最終仍是落腳於人的生命權利。

特別是道家文化，強調尊道貴生、保命全身、長生久視、盡其天年，於是整體進入大化流行。生死有命、禍福無常，但有無相生、陰陽相濟，就是這變中之常。人頭頂青天、腳踩大地、三才貫通、參贊化育，於是能夠奪取造化，得以替天行道。

由於事物的普遍聯繫，任何技術都可以被引申到不同方面。但作為柔性武術拳種的太極拳之本源和本真「問題域」，卻在於討論面對強敵、身臨困境，到底如何迅速有效應對、自我防衛，藉以保命全身、擺脫困境、盡其天年；價值論於是進入方法論，陰陽相濟的生剋制化也就凸顯出來。不能否定太極人可以有不同的價值取向和個性特點，也不能否定不同事物的普遍交往和功能代價。現在讓人感慨的是：當異化完成以後，本真反成另類，這真的不知道讓人說什麼為好！

有道是混沌死則世界生，「一花一世界、一葉一菩提，一人一太極、一動一陰陽」；太極之道就是宇宙之道，但萬物一體的全息映照又不意味其不可類分。中國文化講究以族類辨物，技術的多種流變應用並不等於它本具多重不同屬性；就像軍工可以民用或民事可以軍管一樣，太極拳跟養生、中醫、教育、兵法和宗教、舞蹈、民俗、遊藝等等領域確有不少的交叉和替代。不過現在引發爭議的東西，卻是太極拳技術文化自身形成並得以傳承的本源和本真；也像軍事無法取代民政一樣，太極拳同樣無法取代或混同專門的養生、舞蹈、禮儀和宗教修練。宗教信仰是以下事上的虔誠膜拜（至於其內部不同教派的爭執，則是另外的一回事），決不允許你來我往的爭執打鬥。

　　技術並不外在於文化，凡是人區別於本能的操作的行為都可稱之為文化；但這個文化，又有方面、屬性、類型和層次之分。研究太極拳文化必須區別和把握其技術性能、操作技能、活動功能三個相互聯繫的不同層面，還有這背後「理、氣、象」的三個形上場域，視野恐怕不能僅僅侷限於訓練場、競技場和表演舞台上。至於其引申出來的待人、接物、處事，也不能執著於一種固定的形態上。作為一種普適技術，人們確實可以從不同立場、不同領域、不同角度、不同方式和根據不同需要、所處不同環境、擁有不同條件，去討論和實踐自己心目中的太極拳，並由此引起其社會應用和演化變遷；但作為一個歷史積澱形成的既定技術體系，卻又有著某些不依後人理解和闡釋的客觀規定。中國文化意象思維、族類辯物，沒有西方式明確的邏輯界定，於是並沒有簡單的非此即彼；但在這類

聚群分裏，各有所司不等於斷絕交通，功能替代也不等於本性消亡。

面臨強敵困境，必有韌性抗爭，生死博弈並不等同於打情罵俏。沒有衝突何來和解？缺乏和諧才要追求和諧；所謂發展變化，不外是衝突失衡與重新平衡的歷史性交替。「青蛙要命蛇要飽」，生物演化的食物鏈條上各有各的位置，問題在於面對競爭對手，不同物種怎樣保命全身、得以綿延；儘管蛇居上游，但其生存策略未必能符合青蛙的生活方式。

所謂太極拳的生命智慧，在於超越動物世界弱肉強食的叢林法則，為弱勢人群的生命權利尋找出路；它那「以弱對強、以柔克剛」的生存策略，始終給處下守弱的普通人帶來希望。離開人的生存狀況、面臨危機、現實應對去設計美好的生活方式和表現高尚的倫理道德，顯然是不切實際的。無視現實、否認矛盾、逆來順受、謳歌奴性，很難說就是「眾生平等、保命全身」的生命權利和「每個人自由全面發展」的文化精神。

一種應對強敵、依理抗爭的生存技術，不能混同於維繫既定強權的道德說教，更不能等同於接受侵犯的妥協屈從。太極文化「陰陽相濟、生剋制化」給人們展示出來的，是一個「柔弱的強者」、「不爭的鬥士」和相應那「溫柔的暴力」、「退守的進攻」之辯證形象。任何技術背後都有其價值涵義（實質是人的操作）；但作為技術理論，武術文化的核心是方法論而不是倫理學。技術性能當要服從但卻無法直接推出價值取向，而且並不普世的價值取向也解釋不了普適的技術性能。我們當然不能迴避社會

關係並離開人的操作，孤立地討論技術文化；但任何社會活動又必須藉助技術操作才能進行（特別是當今「高科技」的時代背景）。不能完全割裂這裏相互聯繫的社會問題和技術問題，但又不能把它們完全混為一談。技術問題是個體應對的普適性操作方法，社會問題則涉及不同價值取向和政治經濟關係。

筆者強調，陰陽相濟是太極運行的總綱，虛實變換是避實擊虛的方式，生剋制化是發展變化的機理，各有短長是揚長避短的根據，圓轉走化是曲中求直的條件，黏走相生是後發先至的關鍵，因應隨變是以柔克剛的前提。這些東西背後，確實要有價值的支撐和道德的約束，但卻需要另外專門討論，無法直接從技術性能和操作技能引申出來。這裏研究議論的領域，主要也就是普適性之方法論問題；其著眼點乃為探究事物的運行機理，並不執著於某種永恆不變的信仰設定。

## 二 時髦誤讀點評

為了探討太極拳文化，人們除了繼續挖掘整理「八門五步」的技術結構和相應功理、功法（這方面近年確實有所進展，但也有不少胡編附會之作）以外，還有很多人關注到其綜合性的操作要求和運行方式，並從中作出當今背景下的新式概括，希望由此可以找到這背後的總體性文化意蘊，而且獲得若干普遍性的啟發。筆者歡迎這方面的努力，但卻很不認同他們一些時髦概括。

例如，當下不少時髦的太極拳理論權威，就有意無意地無視上述涉及「孤陽不生、獨陰不長；萬物莫不有對」

的太極文化基本共識，用形式主義、單邊固化、隨意分割、線性圖解、時尚推動和改變原意的「定、隨、捨」三字真言去概括和解釋太極拳的操作要求和實質，並把它們分別解釋為工業標準、規範模式，服從支配、接受安排和感恩奉獻、施捨付出（據說這是普度眾生的「成佛之途」，此說得到知名的特大企業家支持，特別符合資本對勞動的要求；然而這資本的獲利要求，卻不等同勞動的生存空間）。這些解釋看來相當美妙，但又明顯缺乏人的生命權利維繫和操作隨機應對之思考。

平心而論，字面上這「三字真言」的概括不能說是錯誤；但問題在於這些理論家們對其理解和詮釋，又不但背離了「有無相生、陰陽相濟、虛實變換、生剋制化」的太極拳理，而且還從根本上離開了太極拳以弱對強、保命全身的「問題域」；他們用腐儒的道德說教取代肢體應對規律，把同時性的操作要領解釋為歷史性的次第進階。這背後的文化意蘊，很大程度上恐怕還是透露出兩極分化和階層固化背後那強勢群體的統治要求，無視弱勢人群的生存空間。

另外還有武術理論權威人士於此還進一步斷言，太極拳的文化意蘊就是「強而不霸」。（可以把它看作是「三字真言」的價值表達。此說已納入國家項目的科研成果；見於王崗《太極拳的文化意蘊論略》，北京.中國社會科學網 - 中國社會科學報 2017 年 7 月 6 日；這是國家社科基金「中國武術的國家地位與社會責任研究」【014BTY076】階段性成果。並參看王崗《新時代必須強化中國武術的「技外之理」研究和探索》，中國發佈網

太極拳道新探 太極拳的道家文化探究

2019-11-25 18:10。）把單方面的態度宣示許諾說成是技術背後本具的文化意蘊，這確實令人迷茫疑惑。

這個說法或可跟「韜光養晦」一類的宣傳廣告相呼應，但卻很難說就是肢體應對以弱對強的恰當方針；這裏全面否定活動中肢體衝突應對因素，完全無視傳統武術產生的緣由根據及其運作的技術性能，藉以附會和迎合某種時髦意識形態口號。

上述兩說自說自話或許自有其不得不如此的理由，但總的傾向都是無視矛盾、拘泥當下，而不是正視現實、走出困境，具有「武術文化非武術」（屏蔽肢體應對反侵犯）的「泛道德化」傾向。在矛盾混雜、對抗不斷的局面下，這種離開太極拳「本真問題域」的研究方式，恐怕可能會把人引向歧路和窮途。我們應該而且可以從技術操作過程中尋找其背後的文化意蘊，但卻很難離開技術操作而給它貼上倫理道德的標籤。

## 1. 先訂正「三字真言」的操作要求

人是一種目的性存在物；任何人體活動都必須心有所主、明晰方向，意有所專、有序運行（不能失去主宰、胡亂躁動）。但「定」的前提恰好為大化流行中的「不確定」；漢語中的「定」字，有穩定、平靜、確定、必定、約定、規定之意。作為武術技術主心骨的「定」，就是「變易、簡易、不易」那「變中之不變」，涉及其歷史形成的緣由根據和操作行為的本質規定，操作上強調心主神明、意氣領先、組織整合、內外協調，講究不偏不倚、不徐不疾、恰如其分、正當其時的恰當適宜，是一種上下相

隨、八面支撐、沉著靈動、中正安舒的穩態運動，是運行中黏走相生、蓄發互寓、連綿不斷、全面序化的隨遇而安；它不是形式主義那機械模式、擺款作秀、跟風從眾、一哄而起指向目的之胡闖亂冒，而是操作運行指向目的之整體把握、個性應對、動中求靜、回饋平衡的穩態運行。

所謂「動中觸動動猶靜、因敵變化示神奇」；這是動靜開合之間的靈變，在不平衡狀態中尋找新的平衡。其背後的文化精神，類似於時下所云「不忘初衷、不離底線、拒絕異化、恪守本根」要求，但同時又表現出一種「因應隨變、與時偕行、率性任情、自然無為」狀態；拳諺云「循規矩而脫規矩、脫規矩卻又合規矩」，「雖變化萬端、而理為一貫」，此之謂也；這就是太極拳所說的變中之常、動中求靜。

漢語中「隨」字，表示跟從、馴服、任憑、就便，突出其操作上的被動形式；但武術中「隨」卻是「應」的手段和狀態，講究其「不隨物流，不為境轉」那因應得宜的主體性操作，並沒有依附無奈、馴服屈從含義，不能放棄主權、改變目標，當為順應中的反抗（藉助客觀機勢、不作實力抗衡）；這是獨立自主的隨機就勢、因應各方，絕不是為人所制的逆來順受、不得不從。其真實內涵是有感而應、因敵成形、張網設套、引進落空，而不是跟風逢迎、曲學阿世、認賊作父、為虎作倀。

漢語中「捨」表示放棄、施捨、給予、奉獻，強調一種無條件的斷離和付出；但武術中「捨」卻是「引」的方式和過程，也沒有逆來順受、為人所制傾向。它背後是一種自我調控克制，但並沒有喪失靈明、接受安排那放棄權

利、感恩奉獻規定。面對強敵必須因應走化、靈活變通。不能拘於教條、固守成規；但背後卻是「由得我而由不得你」，當為否定中的肯定（否定主觀想像、堅持主體操作）。其準確意義在於不著名相、破除兩執、以退為進、誘敵深入，而不是迷失自我、放棄權利、遷就敵手、接受奴役。

作為太極拳操作特點那有感而應的「隨」與因應自如的「捨」，並不是改變初衷、越出底線、迷失本性、盲目追隨的苟且偷生、全面異化，而是去掉遮蔽、明理善用、人剛我柔、我順人背的曲中求直、後發先至。就不同層面或者不同問題而言，手段確實可以目的化、目的也可以手段化；但就同一層面或同一個問題來說，手段與目的之界限還是相當明晰的。就像戰爭可以為了和平但並不就是和平一樣，技擊也可以為了和諧而並不就是和諧。

非攻不禁武、知兵非好戰；保衛和平必須反對侵犯，自我維繫當要拒絕異化。「定、隨、捨」三個字的落腳點，是心主神明、借勢假物、從心所欲、因應自然（而不是六神無主、放棄主權、失機落勢、任人擺佈）那「制人而不制於人」之克敵取勝要求，講究動靜開合那隨性因敵、取捨自如的對立統一。這其實就是傳統太極拳技擊操作所云之「意由己出、力從人借，黏走相生、蓄發互寓，引進落空、得實即發」，是生命活動普遍交往中的主體性操作。

太極拳講究「重意不重形」，它所說的「定」是動中求靜的調控整合，其要在心主神明不在機戒規定；「隨」是因應環境的借勢假物，其要在有感而應不在形成依賴；

「捨」是反求諸己的不假外求，其要在引進落空不在迷失自我。衝突應對絕不允許僵化呆滯，生死博弈也不認同逆來順受。就技術理論而言，時髦思路顯然很不理解「反為道動、弱為道用」的道家方法論特質。

作為武術技術性能那太極拳的「定」，並不是招式動作的機械標準（拘於名相、泥於兩執），更不是如如不動（絕對服從、不能變通）那僵死教條，而是變化無常而又維繫自我那「定無常定、是為中定」；它是操作運行時堅持原則、守住底線（「知止而後定」，止為運作底線邊界）的操作要領，絕不可以是形式主義那機械規定和外在形制，講究機動靈活、因應隨變的自我整合、活動序化。至於有感而應的「隨」與你來我往的「捨」，更不應是迷失本性、越出底線的為人所制、苟且附敵、全面異化、接受奴役，而是組織整合、主體操作的黏走相生、蓄發互寓、假物借勢、因敵制勝，講究心主神明、多向互動的不丟不頂、因應自如、曲中求直、後發先至。

在這裏，「隨」是「應」的方式，當要有「定」的制衡；「捨」是「取」的手段，更要反求諸己。不屈不撓的柔性應接、韌性抗爭，太極文化絕不是妄圖為社會製造一種「可支配的人格」，由此維繫鞏固不合理的等級差序依賴關係；而是堅定維繫每個人平等的生命權利，爭取自己歷史性的生存空間。「有什麼敵人、打什麼樣的仗，有什麼條件、打什麼樣的仗」，跟「你打你的、我打我的，你發揮你的長處、我也發揮我的長處」，是同一問題的兩個方面。內向的調控整合併不是鬆散無序，外向的因應就便也不是簡單的聽命追隨。

柔性操作必須「定」（不能左右搖擺、不得軟弱退縮），以弱對強則要「捨」（無法針鋒相對、避免實力抗衡）；但「定」是機動靈活而不是變換不靈，「捨」要堅守底線而不能放棄主權，而「隨」則要因應環境而又必須以我為主。放下不是放棄，從人本是由己。程顥有云：「所謂定者，動亦定，靜亦定；無將迎，無內外。」這裏動靜、將迎、內外的變換演化和對立統一，確實值得深入研究。太極拳操作講求「動而能安、順中用反」，在敵我力量抗衡關係中尋求一個能量變換最佳的「傳力點」；其總體要求是研幾破執、去蔽悟真、拒絕異化、因應自然的返本還原（不問外緣得失、本由初心己意）。

「菩薩畏因、凡夫畏果」，因果循環不斷，人們很難無視原因而只看結果。前述操作上的「三字真言」，或許可以看作是太極拳（實現意圖而不是改變目的）那「對立統一」的手段性操作特色，但卻並不直接是其得以成立的緣由根據，也不直接是其操作運行的價值旨歸，而只是工具性那「術」的層面幾個操作要領；它那正確解釋（而不是任意曲解）確實可以跟「道」相通，處處都包含「有無相生、陰陽相濟、內外相合、虛實變換」的哲學意蘊，但事實上又跟「道」處在兩個不同的層面上，一定要有對立面的支撐。

中國文化講究「術道不二、體用一如」，追求二者的辯證統一（而不是「混而為一」），關注「術」的境界提升；但給這三個字披上某種倫理道德或宗教體驗外衣，甚至還把它說成是人生價值終極要求，並不等於解決了其實質上的社會分化、文化分層和個性理解等問題。技術上的

規定不宜過度引申，給出倫理學解釋。

作為具有完整自我意識的人，當要有自我主宰的生命權利（「我命在我不在天」），不能為了異己的利益而犧牲自己的健康和生命（與此相應的另一面，則還有為了種群綿延的殺身成仁和捨身取義）。作為群體生活的社會化個人，一方面不能陷入自我中心的一廂情願，另一方面又當為每個人自由全面發展創造條件。主宰「定、隨、捨」方針的基本依託是「心主神明、意氣領先、借勢假物、因應自然」，其運行機理是「意到氣到、氣到勁到」；操作上如果沒有意氣運行、能量支撐的「定、隨、捨」，只能是為人所制、接受奴役。必須指出，「三字真言」是相互聯繫的統一整體；儘管它們在不同階段結合和展開的水準並不一樣，但在原則上都是「共有時空」的同時性要求，而不是「先後次第」的歷時性階梯式遞進。無論什麼時候，「定」都必須由「隨」與「捨」來展開；無論什麼環境，「隨」與「捨」也必須要有「定」的支撐。任何操作，都同時要求明確目標、因應情勢、調控自我。把這三個因素孤立和割裂開來，讓其分別從屬於著熟、懂勁、神明三個不同階段，講究「練招知定、練勁能隨、練神明捨」的階梯式發展，看來並不一定準確。（例如，毛澤東抗戰期間對革命軍人提出「不可缺一」的三條同時性基本要求：「堅定正確的政治方向、艱苦奮鬥的工作作風、靈活機動的戰略戰術」。）太極拳的特色並不在這應對操作的普遍共性，而是在貫穿於這共性中陰陽相濟、虛實變換、黏走相生、蓄發互寓的具體方法上。

一般說來，主張寬容的人往往是既得利益者，他損著

別人的牙眼，害怕別人跟他算賬。太極拳原本是一種以技行擊、應對衝突、自我防衛、緊急避險的用武之術，不是無視矛盾、逃避現實、放棄抗爭、接受奴役的欺世之說；其基本特點在於面對強敵時操作主體「自強用弱、以柔克剛」的彈性抗爭，而不是屈從外力、為人作嫁的妥協獻媚。它可以介入多種活動，但並不等於具有不同性能。它運行中所體現的是新陳代謝那本具的生命權利，而不是市場交換中的廣告標籤。一方面是不確定中的確定（「以萬變保不變」），另一方面又是確定中的不確定（「以不變應萬變」）；所謂「知定、能隨、明捨」的實質，當是尚智用巧的不屈不撓而不是迷失本性的馴服追隨。特別是當今社會，講究眾生平等的獨立自主、自力更生、分工合作、交往互利，並不認同等級差序單向度那「感恩、奉獻」一類人格依賴。

## 2. 再質疑「強而不霸」的運行方針

運行方針是操作主體與環境條件相互作用的產物，並非是一廂情願的心想事成。在這裏，知進不知退的妄自尊大不為真強，己所不欲卻要強加於人即為行霸。

太極拳以弱對強的前提設定，整體（而不是局部）上限制了恃強凌弱的關係態勢；其隨曲就伸的運行方式和以柔克剛的目標追求，也從根本（而不是形式）上解構任性莽撞、囂張武斷行為；還有以退為進、以守為攻的操作特點，更讓「強而不霸」成了無厘頭之無的放矢。特別是太極拳制人取勝的落腳點，則是己所不欲卻要強加於人，這又使不霸的承諾宣示顯得相當勉強，甚至完全淪為欺詐。

外在的道德許諾不一定就是內在的文化意蘊，自我價值期許更不等於固有的技術精神。

強字當頭意在威懾，不霸許諾則有安撫功能，「強而不霸」很大程度是逞強者君臨一切後對弱勢者的安撫許諾（這讓人自然聯想到古代的「和親文化」），但事實上未必有多少人能真的相信這些恐嚇和許諾。這是一種自我中心一廂情願的「精神意淫」，其單向綫性的簡單僵化思維方式，無視矛盾對抗的複雜性、環境條件的制約性、狀態流變的歷史性和操作方式的多樣性，背離太極拳以弱對強、以靜待動、以小制大、以柔克剛的戰略設定，完全沒有太極拳有感而應、因敵成形、隨機就勢、捨己從人的操作規定，徹底顛覆太極文化陰陽相濟、虛實變換、生剋制化、窮變易通的革命精神。

技擊的前提是不能選擇敵人，肢體應對是一種力的對抗，即使你暫時佔優，但問題在於力有盡時、勢會變化，體量何足道；人在江湖、身不由己，天命不可違！反為道之動、弱為道之用，信言不美、美言不信，予將欲無言；人無遠慮、必有近憂，能無憂患乎？有道是「有麝自然香、何須東風養？強者自得勢、不必到處逞！反為道之動、弱為道之用，善意得人心、賭咒反生疑。」

太極拳技術操作並不具「強而不霸」的構成要素、運行機制和外部特徵，其「引化拿發」四大核心操作環節，「引、化」不亢不卑、不頂不抗，沾黏連隨應人而動很難稱之為逞強，「拿、發」得心應手、制人取勝，硬把自己意志強加於人怎麼好說是不霸，憑什麼可以莫名其妙地把這些技術操作的異化形態宣佈為其文化意蘊？即使僅就其

運作特色而言，動分靜合、隨曲就伸、人剛我柔、我順人背、急應緩隨、因應自然，也難以用單向度的「強而不霸」來形容。

引進落空確實不好說是逞強，所向無敵也很難定義為不霸。操作上敵我不分、任務不明、走向倒錯、自我欺騙，難道真的就是我們可以胡混下去的生命智慧？文化傳統中的泛道德、泛和諧傾向，證明不了我們在世界上現實的道德與和諧水準；它那持續不斷的反覆說教，反倒在很大程度透露出其中的缺失和缺陷（標榜和訴求都是以遺失、稀缺，而不是滿足、充實為前提的）。

人們搞不清楚，武術理論權威到底為什麼要這樣莫名其妙地提出問題，而且還要無端指責不能臣服者「認知上的膚淺，心智上的不尊，文化上的不敬」；難道用一種自我中心的擺款作秀取代衝突應對的生剋制化，就是認知上的深刻，心智上的尊貴，文化上的敬畏？為什麼你說就是對的，莫非我只是根木頭？人們在這裏看到的，難道不就是「自以為是」和「好為人師」那種狂妄、任性和傲慢、偏見？「弱小和無知都不是生存障礙，傲慢才是」，這種情況確實讓人感慨。

反抗因為侵犯而起，鬥爭不是仇恨而成，正視矛盾不是挑起事端，反抗壓迫更不是破壞和平；所謂因緣假合，人的思想感情其實是結果而不是原因。現代文明拒絕暴力，肢體衝突非我所願。但一個巴掌拍不響，凡事皆有因果；不承認不等於不存在，揚湯止沸並不就是釜底抽薪。我們不可能在保留乃至擴大某種原因的同時，去消滅這個原因所帶來的結果。把強勢者的宣傳許諾說成是弱勢者的

生存方針，確實有點匪夷所思。在肢體衝突面前，任性逞強、隨意許諾、不許質疑、亂貼標籤，無助於技術提高、無補於問題解決。

霸蠻反效果、許諾失信用，太極拳技擊操作乃至整個中國兵法都講究「讓開正中找斜中」那避實擊虛原則；避讓不作頂撞並非強字出頭，擊虛使人無法反抗當為實質行霸。面對生死零和博弈，誰也不能當「蠢豬式的宋襄公」。這大踏步後退的同時又是大踏步的前進，在捨己從人的同時實現從心所欲；能夠概括為「強而不霸」嗎？

逞強者未必就是得勢，發願者背後必有所求。相對性的「強」者狀態，絕不允許自我中心、自吹自擂，而要多方論證和關係說明；而且人們不可能始終面對弱者，任何人都有其不如人意的時期和方面。正所謂「沒有最強、只有更強」，「強中自有強中手、一山還比一山高」，人們無法永遠壟斷強者地位；而且尺有所短、寸有所長，相互較量也不會總是處在同一個層面上。揚長避短、避實擊虛解構了僵死的強弱定勢。

逞強示威不是高度自信表現，謙卑低調反而更具發展空間；尚智用巧很難說是道德卑下，生死博弈不能讓敵方控制。生存競爭遵循「強則攻、弱則守」規則；基於操作「成本考慮」，恃強者待人處事絕不會採用迂迴曲折那遷就對手的三字方針。

至於以弱對強又不得不調控自我（「隨」）並付出代價（「捨」）；但這被動形式背後又包含著非常主動的內容，絕不依附對手而接受奴役。所謂自強不息，當是建立在承認勢弱、彌補短板的基礎上。

所謂「不霸」的宣示告白，更是不得裝模作樣、信口開河，而當有措施保證和力量制衡。「不做鐵砧、就做鐵錘」，信誓旦旦、未必靠譜；特別是市場競爭壓力並不允許人們始終甘居下游。處於生死存亡呼吸之間，隨機就勢、捨己從人無法為逆來順受、為人所制背書。所謂「毫釐禦眾、英雄無敵、戰而勝之、取而代之」，這裏問題不在其道德上的高尚與否；至於人心的向背更不是一廂情願導致，自我宣示、空頭許諾未必就能獲得同情。而在操作上是否能「意由己出、力從人借」的心主神明，則必須依託多個方面的形勢分析，並非宣佈一下便能實現。

所謂霸與不霸本來是一種競爭狀態，不只是擺個姿勢的宣示形式（莊子有云：「有其道者不必穿其服，穿其服者未必知其道」）；作為相互關係，顯然不能由單方面的一廂情願決定。作為態度當然可以突出「依自不依它」，但其操作前提條件，卻仍得依託環境時運和力量對比。否則黃粱夢醒，仍得「打回原形」。不過如果「天降大任於斯人也」，那也就「無可逃於天地之間」。

用外部的道德評價去界定博弈方式特徵，顯然是不得要領。生命權利不是一時得失，面對強敵，需要的是堅韌而不是放棄；而解決問題，需要的則是決斷而不是偽善。無霸形式不等於不霸宣示，居高臨下憐憫恩賜的「不霸」宣示，很難獲得自尊者認同。

### 三 本書意見主張

前面我們已經就操作運行層面議論了一些時髦論斷脫離實際反常識的理論困境，現在進一步討論其背後所涉及

的若干更為原則之核心問題。

本書始終強調太極拳「以弱對強、以柔克剛」的技擊性能，認為它相當典型地表達了中國人在弱肉強食叢林法則中得以持續生存和發展的生命智慧；其方法論上「陰不離陽、陽不離陰，陰陽相濟、方為懂勁」，就是這裏最為核心和精彩的東西。

「文化」是人的存在方式，「意蘊」指蘊涵的社會意義；「文化意蘊」表達的更多是人的生存策略或曰生活方式，而不是某些停滯僵化的倫理道德信條和意識形態口號。作為傳統武術的太極拳原本到底是怎樣形成和用來幹什麼的呢？其操作實踐在生活中到底起什麼作用？研究武術文化卻忌談用武之事，論域大多停留在訓練場、競技場和表演場上，完全不顧現實生活中大量無法避免的肢體衝突（其起源遠遠早於大群體戰爭發生之前，其結束也遠遠落於大群體戰爭消亡之後），突出渲染的都是溫文爾雅、風花雪月、感恩奉獻、愛戀纏綿的歌舞昇平。

這就像研究軍事只講訓練演習、外交禮儀，不管行軍作戰、戰略威懾一樣；討論武術也是只講訓練表演、馴服教化，不管衝突摩擦、環境應對。這確實相當怪異而且令人費解，不知其源頭出自何方？正視矛盾並不等於「極化思維」，迴避現實也未必就是道德高尚，行善積德更不表現在手舞足蹈的行為藝術上。所謂「依法辦事」；這些理論權威為什麼不去考慮現實生活中人的生命權利，不尊重《刑法》的立論依據？必須恢復太極拳作為肢體應對技術操作的原意，探究不同操作主體在不同條件下相互作用的交往方式和恰當策略問題。

事物流變當然不能執著非此即彼，但對象把握卻不要混淆界限，因應隨變當是出自己意，借勢假物不能依附屈從。滄海桑田總處流變之中，「王侯將相寧有種乎」、「彼可取而代之」，中國文化並無西方奴隸和印度種姓的文化基因。本書冒昧，建議用直白操作的鬆靜為本、意氣領先、陰陽相濟、以柔克剛「四項原則」，取代模糊意向的定、隨、捨「三字真言」；拒絕強字當頭的「強而不霸」許諾宣示，恢復尚智使巧那「自強用弱」操作方針。

三字真言是從《太極拳論》承題開講那動分靜合、隨曲就伸、人剛我柔、我順人背的狀態描述概括而來，尚未進入具體應對的運作機理分析和操作正誤辨別，可以看作是總體技術在實際運行的若干操作要求，但由此解釋多有歧義。承認現實不等於遷就環境，內外相合也不就是自我中心；所以該論結尾時還要回過頭來特別提醒：「本是捨已從人，多誤捨近求遠，所謂差之毫釐，謬之千里，學者不可不詳辨焉！」

本書所云的「四項原則」概括或許未必十分精當，但其語有所本且涉及主體、操作、結構、效應等多個方面；心主神明尋找目標、意氣領先推動操作、陰陽相濟調控運行、以柔克剛實現意圖，於此力圖建立操作參照坐標體系（不是簡單的「只提要求」或「只看結果」）。這不能說沒有一定參考價值。

至於「強而不霸」的倫理許諾宣示，更是明顯違背太極拳尚智使巧的「弱者戰略」和肢體衝突的「用武」狀況，硬生生地把人導致一個莫名其妙的混亂空間。心主神明毋須到處逞強，解決問題不用賭咒許諾；「表明心跡」

的君子動口不動手，恐怕難以納入肢體衝突應對技術的操作內涵。特別是任何衝突解決都需要能量支撐和操作技巧，但力的技巧和相應那能量支撐又並不永恆。環境制約下技術如何發揮和體能可以支撐多久，始終都是需要研究的基本問題。

所謂強弱本是條件約束下的相對性狀態，強字當頭必需要有關條件支撐。強者運作難免熵值增大，弱者努力不無演化空間。生物演化人們往往只看表層的「優勝劣敗」，卻很難看到這背後那「遞弱代償」。特別是「強而不霸」處於主位顯示，「自強用弱」身居客位呼應。強字當頭是逞雄表現，不霸宣告則為示愛努力。從生物遺傳基因論和社會行為學來說，「強而不霸」很大程度是吸引異性的逞雄示愛，但性命相搏的技擊應對卻不可能是討好異性的愛情宣言；道家文化講究「知雄守雌、知白守黑」，其要在於自我收斂的「不表現」，但「強而不霸」的逞雄示愛，卻只能是一廂情願之「好表現」。「拳者權也」；勢頭上人們確實可以不管黑貓白貓逞一時之快，但弱勢者卻不得不藉助「聽勁」處理訊息，權衡操作成本的收支平衡；其操作狀態頗有點如臨深淵，而不是盲目自信。就整個操作內涵而言，「強而不霸」是取悅他人那假道學的「重在表現」，而「自強用弱」倒是保命全身之真性情的立足應對。面對各種矛盾衝突，我們確實不能高估自己、低估對手、盲目樂觀、麻痺大意。

就文化層面說，道家文化強調的是「無得便無失」（老子書的原話是「無為故無敗，無執故無失」，佛禪所謂「淨土何須掃、空門不用關」、「本來無一物、何處惹

塵埃」亦有此意），而不是時論所謂「有捨才有得」那「吃小虧而占大便宜」；這是一種擺脫依賴的超脫瀟灑（莊子的說法是「若夫乘天地之正，而御六氣之辯，以游無窮者，彼且惡乎待哉？故曰：至人無己，神人無功，聖人無名。」），而不是投資獲利「成功學」的策劃分析，我們很難認同時下「感恩奉獻」一類市場傳銷的話語霸權。

太極技術本身確實是世俗應對的，但其背後卻隱藏著超越精神；活在當下必須走出當下，僵死固化沒有明天（這讓人想起《浮士德》的結局），返璞歸真是拒絕異化，因應隨變要守住底線。科學研究的基本要求是「不問利害、只論是非」，把「無所待」的因應自如變成精密計算的「心靈雞湯」；這很難說就是弘揚了「太極精神」。

時論離開以技行擊的技術性能（去武化）、陰陽相濟的運行方式（單極化）去討論太極拳文化意蘊，完全不得要領；中國武人非身份和非職業的各師各法，更是難以硬將其定於（儒學大一統）一尊，腐儒的道德說教不可能是真正的武術精神。自我防衛、緊急避險不是購買服務，自我修煉、自家受用不是經營謀利；所謂武術職業化的結果，很可能是讓普適性的生存策略和應對技巧轉變成特異性的專業技術，把特立獨行、桀驁不馴變質為接受奴役、聽命於人，由此維繫不合理的弱肉強食現狀，加速中國人生活方式的兩極分化。把太極拳的拳打腳踢、引化拿發說成是感恩奉獻、合作共贏的實現形式，這更讓人無語。生存競爭的零和博弈，不能泯滅應對意識而要明確生命權利；實際生活中心主神明、隨機應對自當優先於跟風從

眾、盲目追隨。換句話說，以太極命名卻不分陰陽虛實，屬傳統武術卻沒有敵情觀念，共同要領又要分出先後次第，技術性能則被說成是道德規範；這麼一套東西並不是我們所理解的太極拳。

「強而不霸」更多是顯示自我中心的精神意淫，「自強用弱」卻突出應對環境的操作手段。「自強」反對逞強卻在趨強，強不是當下前提；「用弱」不是行霸但又無法離開能量支撐，不能沒有主宰，操作應對仍得制人而不制於人。技擊技術「為客不為主」的著眼點，始終是「為主不為奴」。

太極拳操作不是小說裏武林至尊的獨孤求敗，而是現實中面臨強敵困境的保命全身。人在生死呼吸之間，容不得任何矯揉造作、擺款作秀。逞強勢易盡、無霸不用宣，擺款欠自信、許諾失保證；運作時不分陰陽虛實、不懂生剋制化、不會剛柔相濟、不行進退開合、不能靈活變通者，無法以弱對強而制人取勝，不能稱之為傳統武術太極拳。這裏所謂揚長避短、乘虛得實、曲中求直、後發先至、黏走相生、不丟不頂、相連不斷、各得其所的恰當得宜，當是回饋調控而不是先驗設計，是主體操作而不是接納服從，是制人取勝而不是妥協認命，講究獨立自主、自力更生基礎上的相互作用和相互轉化，突出「依自不依它」那得心應手的心想事成。

群體性的生活方式、普遍交往的人性規定，決定了不可能有絕對孤立的「閉關自守」；問題在於多向交往的主客關係，環境條件的運行制約，以及其自我把握的操作尺度、範圍、方式。

太極拳道新探 太極拳的道家文化探究

「強」字當頭的文化意蘊，不但違背道家文化所謂「反者道之動、弱者道之用」和「無為而無不為」那「處下、居弱、守虛、用反」的基本走向，取消了太極拳以弱對強的前提設定和隨機就勢的運行方式、以柔克剛的目標訴求，完全不考慮事物內部陰陽相濟的對立統一，排除環境制約的主客互動，缺乏危機應對的憂患警醒。強弱態勢不僅需要有歷史積累、內部調控、能量支撐，還要看外部的力量對比、運行秩序和對手認證。

　　太極拳不先出手、勿先動步，穩字當頭、借勢假物，張網設套、引進落空、尚智用巧、曲中求直的一系列技術要求，還有自我防衛、反抗侵犯，緊急避險、危機應對乃至見義勇為、抱打不平，扶危濟困、替天行道等等的多種活動屬性，都不是什麼逞強宣示。如果有人借其為非作歹，又會因違反操作要領而難以盡情發揮。

　　還有它那「不霸」的宣傳廣告更是十分蒼白無力，生死博弈中人們根本不相信敵手的好話或者恐嚇；只有超越外在的依賴和無奈，才有可能進入真正自由。霸與不霸並不取決於個人願望或許諾，而要依託外部的力量對比、運行態勢和客觀關係，還有內部的政策需要、執政方式、群眾呼聲。

　　太極拳強不出頭、弱不放棄，緩不失時、捷不爭先，不著名相、不拘形式，當機切要、乘虛得實，柔韌跟進、永不言敗，奪取造化、替天行道；這種不在同一層面的逍遙灑脫，絕對不是什麼霸與不霸所能形容的。全身透空、無處著手體現在敵人感覺（而不是自我意淫），得實即發、實現目的卻直接是主體行為（而不是為人所動）。毫

不著力而又掤勁不丟，虛空粉碎卻是一觸即發，這陰陽相濟的落腳點全在制人取勝。不霸許諾不符合你死我活那肢體衝突的客觀狀況，武術技擊不是慈善事業也不是商業營銷；它文化的價值走向不應是憐憫施捨的「積德行善」，更不應是「先富階層」成本核算的利潤（「財產性收入」）訴求，而應當是眾生平等、自我維繫的生命權利。

所謂「得道多助、失道寡助」是社會關係走向，很難歸結為自我中心的宣傳告白。生死禍福自有因果循環，躬行天命乃我等本分，是是非非總有歷史公論，妙有真空不能弄成死寂頑空。我們搞不明白，那些「吃小虧占大便宜」的斤斤計較和「拉大旗作虎皮」以勢壓人的虛情表白，於此到底有何重大意義？

再說一次，人剛我柔、絕不頂抗的「走化」很難稱之為逞強，我順人背、制人取勝的「黏發」也不好說是不霸。既然沒有這方面問題，為何要作這方面戒勉？居高臨下、差序俯視不是生死博弈前提，高度警醒、多種準備倒是緊急避險心態。生死禍福、因果輪迴，對象把握不能指鹿為馬、形勢判斷不要坐井觀天、方向選擇不當南轅北轍、流變分析不應刻舟求劍。就像賺錢買賣無法定義為無私奉獻一樣，技擊打鬥也不好認定是接納馴從。所謂「欲練神功、必先自宮」，硬讓反抗者自我閹割來認同既定秩序，難道這就是武術追求的終極目標？

肢體衝突中把侵犯稱之為友誼，用接受取代了反抗；在把外向的應對操作說成只能是內向的自我修練之同時，卻把自家受用的使用價值演變成交換價值的生意買賣，把自我維繫轉換為討好他人。這恐怕很難說就是精確並完整

地解釋了傳統的武術精神，為什麼還要把這悖理逆天的東西，美化為一種普世的施捨奉獻。基於中國文化「知行不二、體用一如」格局，不能否認武術訓練和實踐反思中包含有很強的自我修練成分；但作為其核心的操作應對，又是外向而不是內向的。

太極拳內向協調整合的落腳點，就是外向迎敵的應接得當。所有應對操作實質都是要改變對象、實現目的，而並不是放棄主權、諂媚附敵。不是要求和諧嗎？有壓迫就會有反抗，有侵犯自然要制止，由此武術詞典的關鍵詞便應是「反抗與制止」，而不當是「馴服與遵循」。

「強而不霸」的宣傳許諾暗示人們當要知恩圖報，這不但背離武術衝突應對的技術本質，而且還遠離逆境求生的文化取向；「自強用弱」的防衛方針思考的卻是人們的生命安全，面對強敵、備而後戰、敢於承擔、化解危局，在很大程度上卻反映了我們民族的韌性戰鬥精神。

離開因應操作對象，很難說什麼武術覺知修持。禮多情疏、詩多情假，武林性格更多傾向於率性而為。作為江湖交往身分識別的武術禮儀，並非是其技術本質規定。生剋制化的一氣流行，乃宇宙間不易之理；而弱勢者的生存空間，絕不是出自強勢者的大度恩賜。

技術哲學討論的是「技中之理」而不是「技外之理」，外貼標籤不能說明問題。技術意義全在人的操作，本身性狀只是提供可能。國家原是階級統治工具，社會責任則由主事人來承擔。普適技術本為中性，操作主體不能擺脫干係。某種技術的「國家地位」不外是人們的重視程度，而這得由社會需要和歷史發展所決定。作為應對技術

的武術，其內向修持內涵不應是自我中心的精神意淫，而當是客觀應對的實踐反思。

老子有云：「上德不德，是以有德；下德不失德，是以無德。」本書提醒：時人喜歡把道德信念的「好壞高低」或商業交換之「成敗利害」設作標準，去討論應對用武的進退取捨。但這線性高調的道德標榜和自我中心的成敗利害，無法檢驗不同主體相互作用那歷史意義的是非對錯。特別是在面臨各種侵犯、掠奪、殺戮、壓榨、欺凌的矛盾衝突中，竟然還要突出維繫當下、固化現狀那感恩、奉獻、接納、依附、跟追、馴從的奴性說教，否定武術技術本真的技擊性能，無視武林生活的愛恨情仇，美化當下危機四伏的生活秩序；這恐怕是遠未得道悟真。

倫理史觀和商業史觀並非是不易之理；技術水準的高低及其背後的社會意義，顯然不是倫理標榜或商業利潤所能衡量的。不執著分別之心不等於毋須以類辨物；我們不反對武術文化多維度、多層面和多學科的研究，歡迎揭示其在社會生活中的不同方面意義，但問題在於什麼才是真正核心那本源和本真。

無對不成為太極，非武難稱之為拳；武術源於肢體衝突並要解決這個衝突，追求和諧並不就是和諧。不執著非此即彼並不要求乾脆不辨對象，自家受用更不等於放棄主體生存。任何研究都要把握對象和明確目的；文化意蘊確實需要引申發揮，但作為技擊技術的太極拳文化意蘊，不在倫理宣示而在高維智慧。

技擊應對的前提，是自我維繫的生命權利而不是逆來順受的依附人格；其操作則是因應對抗之運行方式而不是

身不由己的異化消亡。在這裏，獨立自主並不就是封閉保守，借勢假物也不就是放棄權利，退讓避禍更不認同接受奴役，大愛無疆完全不等於放縱邪惡。用「梁祝化蝶」的愛戀纏綿樂曲去表達太極拳攻守進退的黏沾連隨，確實扭曲了事物的本性。

誠然，作為肢體應對的太極拳術是一種普適性技術，其構成元素和操作技巧可以被泛化引申進入各種性質不同的社會活動，並在不同的操作主體中表現出很不一樣的文化精神；但其背後的方法論原則卻又應該是確定的。走出自我中心並不等於放棄主體操作，維繫生命權利絕不能只靠感恩奉獻；如果已經成了強敵口中之食，那就已經沒有了任何恐懼和反抗，只有和諧和付出的「美味」。

用異化效應去論證本真性能，把操作技能等同於技術性能，將一時成敗得失當作是永恆絕對真理（即所謂「標準」），顯然都不得要領。

儘管倫理道德是人們心中的「絕對命令」，但作為涉武人員操作行為自覺自律之「武德」並不是武術文化核心。本書不認同歷史觀上倫理歸因和道德追究，確信技術操作的理論基礎在方法論而不在倫理學，並不直接討論行為的善惡問題。

互助共贏是操作主體的價值訴求，不是技術規定的基本性能。任何技術操作都需要倫理道德約束（這也反映了技術本身並不包含倫理道德因素），但這種社會性約束並不是技術文化核心，不能決定技術的本質。

作為操作手段的以退為進、以守為攻、彈性應對、曲中求直，更不等於任務目標的妥協遷就、無所作為、賣身

投靠、接受奴役。所以必須強調；跟軍事作戰一樣，武術的基本任務在於「制人而不制於人」的制人取勝。人們弄不明白，為什麼一定要把自家受用的使用價值變成藉以賺錢的交換價值，並為攻守殺伐的暴力手段穿上倫理道德外衣？

跟歐洲騎士和日本武士不同，中國武人是非身分化和非職業化的。武德不是公共道德也不是職業道德，作為個人私德必須依附性質不同人群，而不是藉助不同技術。武林群體黑白兩道、正邪兩體根本「尿不到一個壺上」；還有一大堆不黑不白的「吃瓜群眾」，很難一下子把他們都提高到聖人水準。

操作主體歸屬不一的道德理想無法解釋價值中立的技術邏輯，再加上操作上那些凶、狠、陰、毒、險的招式勁路也很難說是道德教化手段。肢體打鬥不屬禮儀規範，暴力橫行不是無私奉獻，你死我活不是感恩戴德，捨己從人不能迷失自我，以柔克剛不會接受奴役，自家受用不歸市場交換，江湖行走的恩怨情仇也不能簡單地用儒家信念和道德規範化解。

人世間「沒有無緣無故的愛，也沒有無緣無故的恨」；武林人士的愛恨情仇確實無法用肢體打鬥方式解決（「冤冤相報何時了」），但同樣也無法用道德說教方式進行（「抽刀斷水水更流」）。

社會矛盾跟技術性能是兩個不同的維度；儘管運行時它們可以相互作用、相互影響，但討論時卻不能互相混淆。武德形成依據並不是什麼技術規範，更不是什麼聖賢教誨和門派幫規；這背後有社會與人歷史性的雙向制約和

改造，並非只是自我中心的一廂情願。

　　我們不是道德虛無主義者，然而事情在於每種事物都有自己特定操作主體，並處於不同關係和相應活動範圍，由此產生頗為不同的道德形態；儘管這些不同人群活動運行上可以相互交叉、相互制約和相互影響，但社會問題與技術問題、群體活動與個體操作，畢竟不能相互取代混淆。在這裏，人們需要務實的批判能力而不是虛誇的「心靈雞湯」。

　　武功修為原點，不在因信稱義的宗教冥想，不在意味無窮的審美感受、不在傳統道德的自詡張揚，而在肢體應對的實踐反思。就終極價值方向而言，菁英群體壟斷權力的狂妄傲慢，永遠取代不了眾生平等那生命權利的理性抗爭。

# ▍ 附錄　探索軌跡

阮紀正業餘武術文化研究著述統計表（未列相關的社科類職務研究成果）

| 一、以下共 43 篇為報刊登載的武術文化類學術論文 | | | | | | |
|---|---|---|---|---|---|---|
| 1 | 中國武術和中國文化 | 論文 | 獨作 | 6千 | 珠江體育報 | 1988年試刊第3、4期 | 本文原是 1988 年深圳國際武術節書面發言，同年 11 月 15 日、12 月 9 日兩期連載，這是筆者公開發表的第一篇武術論文。 |
| 2 | 中中國武術的文化學內涵 | 論文 | 獨作 | 5千 | 百科知識 | 1989年第7期 | 《新華文摘》同年 11 期全文轉載。 |
| 3 | 太極拳系統文化論綱 | 論文 | 獨作 | 1萬2千 | 成都體育學院學報 | 1990年第1期 | 本文原是 1986 年筆者在中國文化書院函授班的畢業論文，1989 年 3 月「中日第二屆太極拳交流大會」上作報告並印發，在海內外武術界都有大量的引用以至抄襲。 |
| 4 | 中國武術的本體、載體縱橫談 | 論文 | 獨作 | 8千 | 體育與科學 | 1990年第4期 | 又載《中國武術與傳統文化》，北京體育學院出版社 1990 年 8 月版。 |
| 5 | 中國武術的民族文化特徵 | 論文 | 獨作 | 8千 | 旅潮 | 1990年第6期 | 編輯約稿。 |
| 6 | 試談太極拳的勁路系統 | 論文 | 獨作 | 3千 | 武林 | 1991年第5期 | 書稿節錄。 |
| 7 | 武術——中國人的存在方式 | 論文 | 獨作 | 1萬 | 體育與科學 | 1992年第1期 | 原為第一屆世界武術錦標賽特約稿，《（廣東）科技導報》1992 年第 1、2 期合刊全文轉載。 |
| 8 | 論太極拳的動靜開合 | 論文 | 獨作 | 1萬2 | 少林與太極 | 1992年第1—2期連載 | 又收入余功保主編人民體育出版社 2005 年 12 月版《中國當代太極拳精論集》。 |

| 9 | 廣東南拳簡況 | 論文 | 獨作 | 3千 | 武林 | 1992年第11期 | 《廣東百科全書》條目試寫徵求意見稿。 |
|---|---|---|---|---|---|---|---|
| 10 | 陰陽相濟、以柔克剛 | 論文 | 獨作 | 6千 | 北京體育學院學報 | 1993年第16卷（增刊） | 獲北京體育學院院慶暨全國太極拳理論研討會優秀論文三等獎，中國管理科學院優秀論文一等獎，世界文化藝術研究中心推薦參與「國際優秀論文評選」。 |
| 11 | 太極拳技擊形態簡論 | 論文 | 獨作 | 1萬2 | 體育與科學 | 1993年3、4期 | 兩期連載。 |
| 12 | 太極拳克敵形態 | 論文 | 獨作 | 6千 | 太極學報 | 1995年第2期 | 台北出版。 |
| 13 | 太極拳與現代發展戰略 | 論文 | 獨作 | 6千 | 少林與太極 | 1995年第1期 | 又收入《太極拳》1995年第二期（中國溫縣第三屆國際太極拳年會論文專輯） |
| 14 | 「氣功熱」是一種社會文化心理現象 | 論文 | 獨作 | 3千 | 運動與健身 | 1995年第7期 | 編輯約稿。國內最早提出要警惕氣功熱中的邪教傾向。 |
| 15 | 武術——中國人的存在方式（修訂稿） | 論文 | 獨作 | 1萬 | 開放時代 | 1996年第5、6期 | 編輯發現推薦。原為第一屆世界武術錦標賽約稿的改寫稿，修改後入選「全國中西比較哲學研討會」。 |
| 16 | 「武以觀德」——試論武術文化的倫理道德結構 | 論文 | 獨作 | 1萬2 | 太極拳 | 1997年第3期 | 會議特約稿，收入《中國溫縣第四屆太極拳年會論文專輯》又收入《廣東體育科技》1997年（總刊）。 |
| 17 | 鄧小平理論在體育領域中的運用 | 論文 | 合作 | 1萬 | 華南師範大學學報 | 1997年第6期 | 第一作者關文明，本人排名第三。是為支持朋友的掛名應景之作。 |
| 18 | 試論太極拳的道家取向 | 論文 | 獨作 | 1萬2 | 太極學報 | 1997年第6-7期 | 台北出版，加按語分兩期連載。大陸《太極》雜誌也全文轉載。 |
| 19 | 太極拳與古代兵法 | 論文 | 獨作 | 9千 | 太極 | 1998年12月 | 書稿節錄。 |
| 20 | 太極拳與中醫原理 | 論文 | 獨作 | 1萬2 | 嶺南文史 | 1998年第6期 | 書稿節錄。 |

| 21 | 太極拳與周易原理 | 論文 | 獨作 | 9千 | 太極 | 1999年第2期 | 書稿節錄。 |
|---|---|---|---|---|---|---|---|
| 22 | 「法輪功」現象思考 | 論文 | 獨作 | 8千字 | 哲學研究 | 1999年第12期 | 原是1995年文章的修訂改寫，編輯發現推薦。 |
| 23 | 反思法輪功——阮紀正研究員對法輪功的文化剖析 | 論文 | 獨作 | 5千字 | 廣州日報綜合理論版 | 2000年3月6日 | 編輯發現推薦。大標題，編輯處理，大半版，配發照片。 |
| 24 | 一代武哲李小龍 | 論文 | 獨作 | 3千 | 武林 | 2000年第11期 | 原為紀念李小龍的會議文章，《廣東體育史料》轉載。 |
| 25 | 中國傳統武術的有機整體觀 | 論文 | 獨作 | 3千 | 體育文史 | 2001第2期 | 編輯約稿。 |
| 26 | 太極拳的文化內涵 | 論文 | 獨作 | 1萬2 | 嶺南文史 | 2002年第2期 | 編輯約稿。 |
| 27 | 樸實的真理—學習「發展體育運動，增強人民體質」題詞散論 | 論文 | 獨作 | 7千 | 廣東體育史料 | 2002年第3期 | 原載廣州體育科學學會編的《紀念毛澤東同志題詞發表50週年學術研討會論文集》，後被編入《中國當代思想寶庫》，有單位為此文評獎。 |
| 28 | 試論《王宗岳太極拳譜》 | 論文 | 獨作 | 5千 | 太極 | 2005年第2期 | 書稿提要節錄。 |
| 29 | 太極拳出現是中國武術史上的大事 | 論文 | 獨作 | 6千 | 廣州體育科技 | 2005年第2期 | 原為會議文章。 |
| 30 | 傳統太極拳的三項基本原則 | 論文 | 獨作 | 8千 | 太極 | 2007年第4期 | 原為會議文章，獲大會三等獎。《中州學刊》2007年第4期再刊發。 |

| 31 | 關於中華武術及其發展的若干思考 | 論文 | 獨作 | 3.8萬 | 武當 | 2008年9月開始連載 | 此文原是2007年新疆師範大學體育學院等發起《民族文化建設與當代中華武術學術論壇》的一個約稿。後因不合潮流而未能入選,當年曾掛在河南大學喬鳳傑的《自由橋》網頁和中國社會科學院李志寧個人網頁的《友人文薈》欄目上權當發表。2008年9月起被《武當》雜誌採用多期連載。 |
|---|---|---|---|---|---|---|---|
| 32 | 一本獨具特色的武術文化著作 | 論文 | 獨作 | 1萬 | 文化與傳播 | 2008年第2期 | 筆名季真。 |
| 33 | 中國生命哲學與道家養生原則 | 論文 | 獨作 | 8千 | 文化與傳播 | 2009年第1期 | 原為會議論文。 |
| 34 | 現代武術跟傳統武術的分道揚鑣 | 論文 | 獨作 | 8千 | 武當 | 2009年1、2期 | 《武當》繼續連載。全文又被貼在《國際博武網》上。 |
| 35 | 中華武術文化與構建和諧社會 | 論文 | 獨作 | 5千 | 少林與太極 | 2009年第01期 | 編輯約稿。 |
| 36 | 中國生命哲學和太極拳養生原則 | 論文 | 獨作 | 1萬 | 太極 | 2009年第5期起連載 | 原為會議文章。 |
| 37 | 武以觀德——試論武術文化的倫理道德結構(修訂重寫本) | 論文 | 獨作 | 2萬 | 太極 | 2010年第6期起連載 | 本文是原有文章基礎上的補充重寫本,篇幅為原文的兩倍多,後又曾被掛在廣州的華南農業大學哲學系的網頁上。 |
| 38 | 中國武術的動靜開合 | 論文 | 獨作 | 1萬 | 武魂 | 2014年8期 | 「世界太極拳網」推薦。配發照片 |
| 39 | 準確推進傳統武術文化研究 | 論文 | 獨作 | 1萬 | 河北體育學院學報 | 2015年第3期 | 原為會議講座講稿改寫,曾在河北體院武術系作文化講座。 |
| 40 | 傳統武術養生體系的文化學分析 | 論文 | 獨作 | 1.3萬 | 少林與太極中州體育 | 2015年07期 | 原為「廣東省健康服務業協會運動與體質健康促進專業委員會2015年年會」論文。曾載入大會論文集 |

| 41 | 傳統太極拳的生命智慧 | 論文 | 獨作 | 1.6萬 | 體育學刊 | 2016年第5期 | 原為三亞首屆世界太極文化節論壇論文，獲大會一等獎，會後又補充改寫。 |
|---|---|---|---|---|---|---|---|
| 42 | 太極拳操作體系文化內涵初探 | 論文 | 獨作 | 1萬 | 武當 | 2017年第3、4、5三期連載 | 原為2016年大理羅荃國際太極拳高端論壇暨太極拳名家聯誼會論文。有報導和錄像，載世界太極拳網、亞洲太極拳網等，另有騰訊視頻，可在網上查閱。 |
| 43 | 傳統武術文化論綱 | 論文 | 獨作 | 1.6萬 | 體育學刊 | 2017年第6期 | 原為2016年蕭山國際武術文化湘湖論壇會議論文，獲一等獎，會後又補充改寫。 |
| 二、以下24本為參與撰寫的涉及武術的論文集 | | | | | | | |
| 44 | 中國武術與傳統文化 | 論文集 | 合作 | 30萬 | 北京體院出版社 | 1990年8月版 | 《體育文史》雜誌社等編輯，載本人論文《中國武術本體載體縱橫談》約1萬字。 |
| 45 | 武術科學探秘 | 論文集 | 合作 | 46萬 | 人民體育出版社 | 1990年9月版 | 徐才主編，全書46萬字，收入本人論文《試談太極拳的文化學研究》約12千字。 |
| 46 | 第一屆世界武術錦標賽論文報告會論文選編 | 論文集 | 合作 | 10萬 | 中國武術協會等 | 1991年10月版 | 載本人論文《武術——中國人的存在方式》提要3千字。 |
| 47 | 亞洲民族體育的現狀與未來 | 論文集 | 合作 | 10萬 | 上海體育學院 | 1991年11月 | 日本體育科學學會人類學分會、上海體育學院體育人類學研究會等編，載本人論文《武術——中國人的存在方式》提要1千字。 |
| 48 | 中外文化新視野 | 論文集 | 合作 | 55萬 | 黃山書社 | 1991年5月版 | 戴劍平主編，載本人《太極拳系統文化論綱》論文提要3千字。 |
| 49 | 第四屆全國體育科學大會論文摘要彙編 | 論文集 | 合作 | 70萬 | 中國體育科學學會 | 1992年12月版 | 原為會議論文，因故未能出席，作書面發言，載本人《試論太極拳的技擊形態》論文提要1千多字。 |

| | | | | | | |
|---|---|---|---|---|---|---|
| 50 | 嶺嶠春秋——嶺南文化論集（二） | 論文集 | 合作 | 50萬 | 中國社科出版社 | 1995年10月版 | 廣東炎黃文化研究會編。載本人論文《廣東精武體育會的文化精神》1萬字。 |
| 51 | 第六屆全國體育科學大會論文摘要彙編（一） | 論文集 | 合作 | 100萬 | 中國體育科學學會 | 2000年12月版 | 載本人論文《在偽氣功背後——「法輪功現象剖析」》提要1.3千字。在大會分會場發言，並為武漢大學宗教學系作講座。 |
| 52 | 2000年廣州體育科學論文報告會論文集 | 論文集 | 合作 | 60萬 | 廣州體育科學學會 | 2000年12月版 | 載本人論文《在偽氣功背後——「法輪功現象剖析」》全文約1萬字。 |
| 53 | 紀念毛澤東同志「發展體育運動、增強人民體質」學術研討會論文集 | 論文集 | 合作 | 30萬 | 廣州市體育局等 | 2002年6月版 | 載本人論文《樸實的真理》7千字。《廣東體育文史》全文轉載，此文後又被收入多種論文集。 |
| 54 | 佛學與文化論集（第一輯） | 論文集 | 合作 | 40萬 | 宗教文化出版社 | 2011年9月版 | 載本人論文《中國生命哲學與太極拳整體動態養生原理》9千字，《中華武術本來究竟是什麼》12千字，共兩篇。 |
| 55 | 佛教與中尼文化交流國際學術研討會論文集 | 論文集 | 合作 | 64.1萬 | 佛教與文化出版社 | 2011年10月版 | 載本人論文《中國生命哲學與太極拳整體動態養生原理》9千字。 |
| 56 | 第3屆申江國際武術論壇論文彙編 | 論文集 | 合作 | 10萬 | 上海體育學院 | 2012年9月版 | 載本人論文《太極拳的生命智慧》8千字。 |
| 57 | 首屆國際傳統武術錦標賽紀念特刊 | 論文集 | 合作 | 10萬 | 香港武術聯會 | 2013年5月版 | 載本人論文《一個愛好者所理解的傳統武術》3千字。 |
| 58 | 佛學與文化論集（第二輯） | 論文集 | 合作 | 45萬 | 宗教文化出版社 | 2013年6月版 | 載本人論文《中華武術本來究竟是什麼》12千字。 |
| 59 | 佛學與文化論集（第三輯） | 論文集 | 合作 | 36萬 | 宗教文化出版社 | 2014年5月版 | 載本人論文《中華武術本來究竟是什麼》《中華武術本來其實不是什麼》3萬字。 |

| 60 | 第十屆中國鄭州國際少林武術節論文報告會論文集專輯 | 論文集 | 合作 | | 少林與太極.中州體育 | 2014年10月版 | 載本人論文《試談中國傳統武術文化的研究》提要6千字.此文是筆者為大會論壇所做的專家講座。 |
|---|---|---|---|---|---|---|---|
| 61 | 廣東省健康服務業協會運動與體質健康促進專業委員會2015年年會論文集 | 論文集 | 合作 | | 廣東省健康服務業協會 | 2015年 | 載本人《傳統武術養生體系的文化學分析》一文,1.3萬字 |
| 62 | 廣東老子文化學會2015年年會論文集 | 論文集 | 合作 | | 廣東老子文化學會 | 2015年 | 載本人《傳統武術中的道家用反論》,8千字 |
| 63 | 第二屆全國武術運動大會暨武術科學大會論文集 | 論文集 | 合作 | | 國家體育總局武術管理中心 | 2016年9月 | 載本人論文《試論傳統太極拳操作體系的三大層面》1萬字。獲大會論文一等獎。 |
| 64 | 2016年中國.焦作國際太極拳高峰論壇論文集 | 論文集 | 合作 | | (同上) | 2016年10月 | 載本人論文《太極拳操作體系文化內涵初探》1萬字。獲大會論文二等獎。 |
| 65 | 《禪宗六祖文化與「一帶一路」學術研討會》論文集。 | 論文集 | 合作 | | 廣東文化傳播學會 | 2017年5月 | 載本人論文《少林武術──禪武結合的象徵》8千字。 |
| 66 | 國德教育 | 論文集 | 合作 | | 世界圖書出版公司 | 2017年10月 | 梁國德主編,載本人論文《「志於道」與「游於藝」》,9千字。 |
| 67 | 中華傳統美德傳承與國學文化傳播研討會論文集 | 論文集 | 合作 | | 廣東文化傳播學會 | 2018年1月 | 載本人論文《中華武德文化的再認識》,9千字。 |
| 68 | 太極拳的養生文化初探 | 論文集 | 合作 | | 北京師範大學 | 2019年11月 | 跟承德市太極拳輔導站的趙麗英合作,論文是我起草,由她代表出席。文章作為2019年首屆國際太極拳健康科學大會書面發言。 |

| | | | | | | |
|---|---|---|---|---|---|---|
| 三、以下 5 本為出版的涉武工具書 | | | | | | |
| 69 | 廣東百科全書 | 工具書 | 合作 | 265萬 | 中國大百科全書出版社 | 1995年11月 | 廣東百科全書編纂委員會編，本人為文教分篇編委、體育部分責任編輯、參與框架設計及全部武術條目撰稿。 |
| 70 | 廣東百科全書（新編） | 工具書 | 合作 | 436萬 | 中國大百科全書出版社 | 2008年1月 | 廣東百科全書編纂委員會編，本人為文化分篇副主編、參與框架設計及有關條目的組織和審稿。 |
| 71 | 中華太極人物誌 | 工具書 | 合作 | 125萬 | 中國社會出版社 | 2004年8月 | 邱催忠主編，本人為編委，提供約 1 千字文稿，並組織廣東省籍人物稿件。 |
| 72 | 嶺南百科全書 | 工具書 | 合作 | 200萬 | 中國大百科出版社 | 2006年12月 | 嶺南百科全書編纂委員會編，本人為其中 10 個武術社團條目特約撰寫人。 |
| 73 | 世界太極拳藍皮書：世界太極拳發展報告（2019） | 工具書 | 合作 | 502千 | 社會科學文獻出版社 | 2020年5月 | 由中國社科院牽頭，李慎明主編，組成了一個龐大的編輯機構。本人是該機構的專家委員會委員和實際參與撰寫人員。 |
| 四、以下 6 篇為涉武學術著作序跋 | | | | | | |
| 74 | 馬梓能主編《佛山武術文化》序 | 序跋 | 獨作 | 20萬 | 佛山市社科聯 | 2001年 | 載本人獨作序文 5 千字。 |
| 75 | 于志鈞《中國傳統武術史》序 | 序跋 | 獨作 | 207千 | 中國人民大學出版社 | 2006年2月 | 載本人獨作序文約 6 千字。 |
| 76 | 楊祥全《民族傳統體育歷史與文化論叢》序 | 序跋 | 獨作 | 40萬 | 台灣逸文武術文化有限公司 | 2009年9月 | 載本人獨作序文約 3 千字。 |
| 77 | 楊祥全《耕餘論劍》序 | 序跋 | 獨作 | 456千 | 山西科技出版社 | 2017年9月 | 載本人獨作序文約 4 千字。 |
| 78 | 顏農秋《心靈太極道》序 | 序跋 | 獨作 | 493千 | 廣東人民出版社 | 2017年4月 | 載本人獨作序文約 5 千多字。 |

| 79 | 陳銘佳《太乙二十三擒撲》序 | 序跋 | 獨作 | 15萬 | 羊城晚報出版社 | 2017年10月 | 載本人獨作序文約3千字 |
|---|---|---|---|---|---|---|---|
| 五、以下共4本為已出版的武學專著 | | | | | | | |
| 80 | 拳以合道——關於太極拳的道家文化探究 | 專著 | 獨作 | 44萬多 | 上海、人民出版社 | 2009年10月 | 這是一本武術文化專著，原題名《王宗岳太極拳譜的文化學研究》。初稿寫於廣州體育學院武術系任內，離任後則做了較大的補充和改寫。上海發現有多種盜印本。 |
| 81 | 至武為文——中國傳統武術文化論稿 | 專著 | 獨作 | 64萬 | 廣州出版社 | 2015年1月 | 這是作者部分武術論文和書稿的編輯精選集，曾得到暨南大學中印比較研究所和廣州市委政策研究室、廣州市科技協會等單位的大力鼓勵與出版支持。 |
| 82 | 中國國學通用教程 | 專著 | 合作 | 83.3萬 | 中國博學出版社 | 2017年3月版 | 此書由北京的中國國學研究院集體編著，作為幹部國學教育推薦教材。筆者為編委之一，載入筆者撰寫的（第十三章）《武術文化》3萬字。 |
| 83 | 拳道:《王宗岳太極拳譜》文化學釋讀 | 專著 | 獨作 | 35.6萬 | 汕頭大學出版社 | 2020年1月版 | 這是由廣州體育學院牽頭組織的「廣東非遺文化（武術類）叢書」之一。 |
| 六、以下共14種為有關採訪記、講座錄像和網絡文章 | | | | | | | |
| 84 | 太極阮紀正 | 訪問記 | 合作 | 3千 | 鐵道部《旅伴》編輯部 | 2006年5月 | 採訪錄，並附照片。 |
| 85 | 李小龍的成長，是一種創造 | 訪問記 | 合作 | 1千 | 《僑星》雜誌 | 2007年5月 | 這是中央電視台在佛山召開的一個研討會時的訪談錄。 |
| 86 | 風骨氣概——與太極拳研究家阮紀正對話 | 訪問記 | 合作 | 25千 | 人民體育出版社 | 2008年9月 | 載余功保編著《上善若水——太極拳名家採訪對話錄（三）》收入本人談話《就太極拳文化答余功保採訪錄》2萬5千字。 |

| | | | | | | |
|---|---|---|---|---|---|---|
| 87 | 太極拳大揭秘 | 講座錄像光碟 | 合作 | | 九洲音像出版公司 | 2008年 | 載余功保主持的講座《太極拳大揭秘》共9張光碟,其中5張碟內本人為主講嘉賓。 |
| 88 | 哲學家感悟太極拳 | 採訪報導 | 合作 | | 海峽都市報(福建福州) | 2009.12-04 | 本人應邀在福州衣錦坊明清博物館作學術講座時記者採訪。 |
| 89 | 功夫傳奇(5)-實戰太極 | 採訪錄像 | 合作 | | 香港電台電視部 | 2011年 | 載入有對本人的三組採訪鏡頭,已在海內外電視台多次播放。 |
| 90 | Tai Chi Master:「My life was a torment」 | 訪問記 | 合作 | | 亞洲傳媒有限公司 | 2011年 | 載《README》雜誌。 |
| 91 | 太極拳的奧秘 | 訪問記 | 合作 | | 人民體育出版社 | 2014年10月 | 余功保編著,編入筆者談太極拳的多次採訪談話記錄,約2萬多字,並附拳照。 |
| 92 | 阮紀正:不解的武術情緣 | 訪問記 | 合作 | | 《北大人》編輯部 | 2014年 | 載《北大人》(廣東校友會三十週年紀念特刊)。 |
| 93 | 一位民間太極拳師眼中的「徐、雷約架」 | 網絡文章 | 獨作 | | 《體育學評論》 | 2017年5月11日 | 編輯約稿。 |
| 94 | 武林外傳(第7集) | 電視採訪 | 合作 | | 中央電視台10台 | 2018年5月14日首播 | 載入有對本人採訪鏡頭,已在在中央電視10台播放。 |
| 95 | 《百姓英雄》欄目新聞發佈會暨南北武術文化高端論壇 | 電視採訪 | 合作 | | 佛山電視台 | 2018年7月10日首播 | 當年9月份繼續接受上門採訪,對其項目設計提出自己對武術產業化的不同意見。 |

| 96 | 當代武蹤之大浪淘沙 | 記敘述評 | 合作 | 北京傳世家書文化發展有限公司 | 2019年6月 | 于志鈞著。書中第十八章「當代儒俠」第一節「阮紀正」對本人武術成就進行介紹。 |
| 7 | 我對太極拳與養生關係的粗淺看法 | 網絡文章 | 合作 | 《體育學評論》 | 2020年1月17日 | 編輯推薦 |
| 七、以下2本修訂最新出版著作 | | | | | | |
| 98、99 | 《太極拳道新探--太極拳的道家文化意蘊》、《太極拳譜釋義--太極拳理的文化學分析》 | 專著 | 獨作 | 每本25萬共50萬 | （台灣）大展出版社有限公司 | 2020年，11月 | 原是上海人民出版社《拳以合道》一書的修訂改版，接受編輯建議，補充改寫後分作兩本，有較多的刪節和大量改動、補充。 |
| 八、此外還有2本為未能完成的草稿筆記：《武林春秋》、《太極拳系統文化論》 | | | | | | |

# ▊ 修訂版後記

　　本書是一項關於太極拳道家文化取向的初步思考和探究，力圖超越時下武術理論界那指鹿為馬的道德說教和神祕主義的巫術忽悠，著眼於「道進乎技」和「以技體道」；其出發點是「志道游藝論文化」，落腳點是「入道歸真拒異化」。離開「陰陽相濟、虛實變換、生剋制化、大化流行」那一廂情願的憑空想像和自我吹噓，不可能表現出真正的太極拳。我們的太極拳文化研究，必須要拒絕時下商業營銷、受制市場的宣傳廣告，擺脫原始巫術、神祕主義的蠱惑忽悠，回歸不論利害、只求是非那真正獨立的學術立場。

　　序論「道以啟技」就哲學角度分別從太極拳的立論根據、運行方式和價值旨歸等方面，討論其道家文化取向。書中各篇文章最早是筆者上世紀八、九十年代撰寫和發表（由此明顯帶上當年認知的歷史痕跡）的幾篇研究論文之進一步修訂、補充和編輯、發揮；透過「道體全息」、「道在養生」、「道術典型」、「道家應對」、「道門氣質」、「以拳入道」、「道旨弘揚」、「拳意再探」八個題目，並結合當代文化背景簡要地介紹作者對太極拳基本理論的文化思考探究。

　　這是從道家文化的基本理論去觀照和指導太極拳，即「道進乎技」。其中「拳以合道」和「道體全息」、「道在養生」、「道家應對」、「以拳入道」、「道旨弘揚」等六篇補充修改後，曾經收錄進上海人民出版社 2009 年

出版的《拳以合道》一書中再次發表;「道術典型」、「道門氣質」兩篇,則是據筆者拙作《至武為文》(廣州出版社 2015 年版)一書所載材料改寫;最後一篇「拳意再探」,則為今年未發表新作。現跟上海人民出版社和廣州出版社的 5 年合同期已過,為應相關讀者需要,經全面修訂、補充和細心整理後,抽出來編輯整合,並跟原先合編的《太極拳譜釋義》分作兩本書,題名《太極拳道新探》,交台灣大展出版社重新出版。

所謂「人身小宇宙、宇宙大人身」,在中國文化的生態擬人宇宙觀中,「修身、齊家、治國、平天下」是完全相通的;由此「不為良相便為良醫」。不過本書的任務在於材料分析而不是結論宣示,而且不執著於歷史考據和功法討論,主要強調其帶普遍性的哲學方法論之啟示。與同類著作比較,本書相對突出太極拳在古今中外文化交匯裏全方位的宏觀文化審視和義理發揮。

全書中西錯雜、學術並重,以學為主,不離操作;力求其學可成一家之言,並注意術的可操作性。編撰時有話則長、無話則短,不強求形式上的對稱。本書原是多年前舊作修訂,原先框架不便大動,引用材料和得出結論恐怕也相對陳舊並有些過時(本版已經做了力所能及的刪改和補充),然而大勢未變,相信其文化積累和啟發思維之功自當存焉。

作為愛好者和探索者的一家之言,僅是作者個人體會的一孔之見,知識、眼界和環境、條件的限制實在是無法避免。筆者希望能夠努力以平實、平易、平淡、平和、平等討論的態度,並透過相關材料爬梳整理和相應的理論分

析，跟人們一起去作出自己的思考和判斷，並以此作為接受同道批評和跟同好對話的平台；因而難以認同市場上那些裝腔作勢、故弄玄虛、譁眾取寵、強加於人的商業炒作和道德說教。由於寫作時間不同，而且是回顧整理，其中拳諺成語以及個別內容或有所重複，但願讀者諒解為盼。讀者對象預設為中等文化以上的太極拳愛好者、中國文化愛好者和武術專業研究者。

　　作為一個無論哪個方面都是缺乏師承的自學出身業餘愛好者，筆者自知個人淺陋不才、觀念滯後，實在難以跟上時髦，希望借此得到海內外各位前輩老師和先進同道不吝賜教指正。

　　不勝惶恐、先行謝過！

　　　　　　　　　　　後學小子：阮紀正

國家圖書館出版品預行編目資料

太極拳道新探─太極拳的道家文化探究／阮紀正著.
─ 初版 ─ 臺北市，大展，2020 [民 109.12]
面；21公分─（武學釋典：44）
ISBN　978-986-346-314-6（平裝）
1.太極拳
528.972　　　　　　　　　　　　　　　109013532

# 太極拳道新探─太極拳的道家文化探究

著　　　者／阮紀正
責任編輯／艾力克
發 行 人／蔡森明
出 版 者／大展出版社有限公司
社　　　址／臺北市北投區（石牌）致遠一路2段12巷1號
電　　　話／（02）28236031，28236033，28233123
傳　　　真／（02）28272069
郵政劃撥／01669551
網　　　址／www.dah-jaan.com.tw
E-mail／service@dah-jaan.com.tw
登 記 證／局版臺業字第2171號
承 印 者／傳興印刷有限公司
裝　　　訂／佳昇興業有限公司
排 版 者／菩薩蠻數位文化有限公司
初版1刷／2020年（民109）12月

定價／480元

大展好書　好書大展

品嘗好書　冠群可期